Kawhia
Te Awamutu
Rotorua
Opotiki
Otorohanga
Tokoroa
Rotorua
Lake Tarawera
Waitomo Caves
Te Kuiti
Murupara
Tolaga Bay
North Taranaki Bight
Taupo
Lake Taupo
Gisborne
Taumarunui
Lake Waikaremoana
Waikaremoana
New Plymouth
Turangi
Wairoa
Inglewood
National Park
Chateau Tongariro
Kap Egmont
Stratford
Hawke Bay
Mahia Peninsula
Raetihi
Ohakune
Opunake
Waiouru
Napier
Hastings
Hawera
South Taranaki Bight
Taihape
Havelock North
Patea
Whanganui
Waipukurau
Bulls
Feilding
Palmerston North
Woodville
Levin
Kapiti Island
Paraparaumu
Masterton
Castlepoint
Porirua
Upper Hutt
Featherston
Ferry
Lower Hutt
Martinborough
Lake Wairarapa
WELLINGTON
Cook Strait
Cape Palliser
1
2
3
3A
4
5
30
31
32
38
41
43
45
47
48
49
53
54
56
57
58

Michael Möbius
Annette Ster

NEUSEELAND: DIE NORDINSEL

selbst entdecken

Regenbogen Reiseführer Klaus Stromer

Autoren und Redaktion dieses Reiseführers haben alle veröffentlichten Angaben nach bestem Wissen erstellt. Obwohl die Redaktion die Fakten mit größtmöglicher Sorgfalt überprüft hat, sind inhaltliche Fehler nicht vollständig auszuschließen. Daher besteht auf die Angaben keinerlei Garantie seitens des Verlages oder der Autoren – für alle Angaben übernehmen weder der Verlag noch die Autoren Gewähr.
Dieser Umstand gilt besonders auch für die Preise; denn auch nach dem Recherchieren vor Ort dauert es einige Zeit, bis ein Reiseführer produziert ist und erscheinen kann. Hinzu kommt die schwer berechenbare Inflation.
Wenn man aber auf die in diesem Buch angegebenen Preise einen Erfahrungswert schlägt, kommt man auch in den folgenden Jahren noch auf das dann herrschende Preisniveau.

1. Auflage 1997

CIP-Kurztitelaufnahme der Deutschen Bibliothek

Möbius, Michael
Neuseeland – Die Nordinsel selbst entdecken/Michael Möbius; Annette Ster
Konstanz, Regenbogen Reiseführer Klaus Stromer 1997
ISBN 3-85862-247-8
NE:GT

Lizenzgeber: Baumann & Stromer AG
Reihenkonzept: Klaus Stromer
Redaktion: Alexander Geh
Fotos: Annette Ster
Produktion: Hirn & Stromer GmbH
Druck: Poppe & Neumann

Inhalt

Die Nationalparks

Die Treks

Lesertips

Schreiben Sie uns, wenn Sie Preiskorrekturen, Adreßänderungen oder Ergänzungsvorschläge haben! Der Autor, Michael Möbius, und der Verlag freuen sich über jede Zuschrift. Wird Ihr »Tip« in der nächsten revidierten Ausgabe veröffentlicht, schenken wir Ihnen ein *Freiexemplar.* Achtung: An uns gesandte Bücher mit persönlichen Notizen können wir leider nicht retournieren.

Regenbogen-Reiseführer
Stichwort »Neuseeland«
Münzgasse 3
D-78462 Konstanz

Vor der Reise

Information

Touristenbüros

■ **Fremdenverkehrsamt von Neuseeland**, Friedrichstraße 10–12, 60323 Frankfurt, Tel. 069/971 21 10, Fax 069/97 12 11 13. Ist auch für Österreich und die Schweiz zuständig. Vor allem der jährlich aktualisierte »Neuseeland Reiseführer« kann viele Fragen erschöpfend beantworten.

■ **In Neuseeland** selbst unterhält eigentlich jede größere Ortschaft, die von touristischem Interesse ist, ein gut ausgestattetes *Visitor Information Centre* (ausgeschildert mit einem grünem »i«). Momentan verteilen sich mehr als 80 solcher Informationszentren über das Land. Dort kann man u.a. kostenlose Stadtpläne, Hotel-, Camping-, Backpacker-, Transport- und Aktivitätsverzeichnisse abrufen, außerdem reichlich Broschüren zur jeweiligen Region sowie auch zu ganz Neuseeland, kann Trekking- und Straßenkarten nebst Postkarten, englischsprachigen Reise- und Naturführern sowie Bildbänden erstehen und obendrein Unterkünfte, Ausflüge, Transporte, Outdooraktivitäten jeder Art buchen.

Ansonsten veranschaulichen Foto-Ausstellungen und Video-Shows, wie es wo aussieht, was wo zu unternehmen ist. Das Personal ist stets sehr sachkundig, oft gar deutschsprachig. – Die entsprechende Adressen finden sich unter »Information« im Reiseteil dieses Buches.

■ Ansonsten bietet der **Automobilclub von Neuseeland** (*Automobile Association of New Zealand – AA,* 99 Albert Street, Auckland, Tel. 0064/9/377 46 60, Fax 0064/9/309 45 63) umfangreiches Informations- und Kartenmaterial, und wer Mitglied z.B. in ADAC oder ACE ist, bekommt Karten zu ermäßigten Preisen.

■ Regelmäßige Informationen, nicht nur aus dem Tourismus-Sektor, bietet das Magazin **»Neuseeland heute«,** das viermal im Jahr erscheint und anzufordern ist über: Paul D. Chilvers-Grierson, Liebfrauenstr. 8a, 63538 Großkrotzenburg, Tel./Fax 06186/90 00 09.

■ Spezielle Informationen zu **Outdoor aktiv** und **»Alternativtourismus«** (Besuch von Öko-Farmen, Kommunen etc.) kann man abrufen über den landeskundlich versierten *Martin Osing* (23 A Pearn Place, Northcote Shopping Centre, Northcote, Auckland, Telefon 0064/9/418 17 49, sowie 8 Henry Rose Place, Albany, Auckland, Tel. 0064/9/415 43 33), der selbst entsprechende Touren anbietet.

◀ *Unterwegs im Whanganui-Nationalpark*

Arbeiten und Einwanderung

Wer in Neuseeland einwandern oder dort eine Arbeit aufnehmen will (s.u. unter »Arbeiten und Auswandern«), muß den entsprechenden Antrag bereits in seinem Heimatland stellen und sich in jedem Fall auf einen langwierigen Papierkrieg einstellen. Ob sich der Aufwand lohnt bzw. man überhaupt eine Chance hat, ist im voraus schwer zu sagen, weshalb es sinnvoll ist, seine Chancen von einem auf solche Fragen spezialisierten Beratungsbüro einschätzen zu lassen. Solch ein Service ist in aller Regel kostenlos; zahlreiche Büros sind insbesondere in Auckland und Wellington zu finden, die meisten sogar deutschsprachig.

Als eine der besten Adressen gilt:

■ **Hahn & Associates Ltd.,** Immigration & Employment Consultants, P.O. Box 5274, Wellington, Tel. (ab BRD) 0064/4/562 80 81, Fax 0064/4/562 73 37.

Diplomatische Vertretungen

Für besondere Fragen, Visa-, Arbeits- und Einwanderungsanträge etc. wendet man sich am besten an folgende Adressen:

■ **In Deutschland:** Neuseeländische Botschaft, Bonn Centre, HI 902, Bundeskanzlerplatz 2-10, 53113 Bonn, Tel. 0228/22 80 70, Fax 0228/22 16 87.

Neuseeländisches Generalkonsulat, Heimhuder Str. 56, 20148 Hamburg, Tel. 040/442 55 50.

■ **In der Schweiz:** Neu Zealand Consulate General, 28 a Chemin Du Petit Saconnex, 1209 Genf, Tel. 022/734 95 30, Fax 022/734 30 62.

■ **In Österreich** unterhält Neuseeland keine eigene Botschaft; zuständig sind die diplomatischen Vertretungen in Deutschland.

Einreisebestimmungen

Reisedokumente

Für die Einreise nach Neuseeland benötigen Bürger der Bundesrepublik Deutschland, der Schweiz und Österreichs einen Reisepaß, der am Tag der Ankunft noch mindestens drei Monate über das Rückreisedatum hinaus gültig sein muß; für Kinder sind Kinderausweise vor geschrieben, sofern sie nicht im Paß der Eltern (Familienpaß) mit aufgeführt sind bzw. einen eigenen Reisepaß besitzen. Eine Impfpflicht besteht nicht.

Aufenthaltsdauer

Die erlaubte Aufenthaltsdauer für Touristen beträgt 3 Monate. Ein Visum ist nicht erforderlich, sehr wohl aber ein bezahltes Ticket für die Ausreise mit bereits fixiertem Rückflugdatum; *open date* ist nicht erlaubt. Die Beamten interessieren sich auch für die finanzielle Mittel der Touristen, ob sie für ihren Aufenthalt in Neuseeland selbst aufkommen können: Rund 1000 $ pro Monat können als Nachweis verlangt werden; am einfachsten dokumentiert man die eigene Liquidität mit einer Kreditkarte.

Bereits im Flugzeug erhält man eine *New Zealand Arrival Card* (Touristenkarte), die bei der Einreise abgestempelt wird, im Paß aufgehoben und bei der Ausreise wieder abgegeben werden muß; bei Verlust der Card wende man sich an die zuständige Botschaft in Wellington.

Aufenthaltsverlängerung/ Langzeitaufenthalt

■ Wer **länger als 90 Tage** in Neuseeland bleiben will, wende sich an ein Büro des *Department of Immigration,* (in jedem größeren Ort), wo in der Regel weitere 3 Monate gewährt werden; mitzubringen sind 2 Paßfotos, der Paß sowie die o.g. *Arrival Card,* und normalerweise wollen die Beamten das gültige Rückflugticket aus Neuseeland heraus sehen – vor der Aufenthaltsverlängerung muß das Rückflugdatum dementsprechend geändert werden – und auch einen Blick auf die Geldmittel werfen.

■ Auch eine zweite Verlängerung um 3 Monate ist möglich, und in Ausnahmefällen kann die erlaubte Aufenthaltsdauer auf bis zu ein Jahr ausgedehnt werden. Doch plant man einen solchen **Langzeitaufenthalt,** ist es wesentlich einfacher, billiger und zeitsparender, beantragt man bereits vor der Einreise bei den diplomatischen Vertretungen Neuseelands ein entsprechendes Langzeitvisum. Die Bearbeitungsdauer beträgt rund 3–4 Wochen.

■ **Maximale Aufenthaltsdauer:** Mehr als maximal 1 Jahr wird allerdings nicht gewährt, denn nach den Einwanderungsgesetzen ist es Ausländern ohne *Permanent-resident*-Status verboten, sich innerhalb von 24 aufeinanderfolgenden Kalendermonaten länger als 12 Monate in Neuseeland aufzuhalten.

Arbeiten und Auswandern

Achtung: Touristenvisa bzw. Aufenthaltsgenehmigungen können nicht nachträglich in Arbeits- oder Einwanderungsgenehmigungen umgewandelt werden!

■ **Arbeitserlaubnis:** Zwar werden, insbesondere von Farmern, Obst- und Weinbauern, mitunter Saisonjobs angeboten, etwa Erntearbeiten (um 10 NZ$/Std.), meist zwischen Februar und Mai. Doch offiziell erlaubt ist es für Ausländer nicht, auf solche Weise die Reisekasse aufzubessern. Wer in Neuseeland eine Arbeit aufnehmen will, muß in Besitz einer gültigen

Arbeitserlaubnis sein. Bei den neuseeländischen Botschaften gehen jährlich Tausende solcher Anträge ein, wobei die meisten allerdings abschlägig beschieden werden. Denn nur Angehörige gewisser Berufsgruppen haben eine Chance (s.u.); obendrein ist der Nachweis eines Jobs in Neuseeland zu erbringen sowie die Bestätigung des Arbeitgebers, daß man für die Stelle auch in besonderem Maße prädestiniert ist und gebraucht wird.

■ Neuseeland zählt noch immer zu den klassischen Einwanderungsländern auf Erden, und zwischen dem 30. Oktober 1995 und dem 30. Juni 1996 wurde nicht weniger als 16000 Anträgen stattgegeben. Dabei können Einwanderungsanträge anhand zweier verschiedener Kategorien bewertet werden: Generell unterscheidet man zwischen der *General Skills Category* und der *Business Investor Category,* die beide einem eigenen Punktsystem unterliegen. Es gilt, eine Mindestpunktzahl zu erzielen, die *Pass Mark,* die wöchentlich anhand einer Formel unter Zugrundelegung der Einwanderungsquote neu festgesetzt wird.

In der General-Skills-Kategorie werden Punkte je nach Ausbildung, Arbeitserfahrung, Alter und sog. Settlement-Faktoren verteilt. Extrapunkte kann einheimsen, wer den Nachweis eines Arbeitsvertrages mit einem neuseeländischen Arbeitgeber erbringen kann. Die Business Investor Category hingegen wendet sich an Unternehmer und Investoren, die sich in Neuseeland selbständig machen oder investieren wollen; dabei steht die Art und Höhe der eigentlichen Investition im Vordergrund der Bewertung, aber auch die Person des Unternehmers findet, so die Statuten, Berücksichtigung.

Zur Zeit haben Investoren nur dann eine Chance, bringen sie wenigstens umgerechnet eine halbe Million DM mit ins Land, und bei den Berufen, die auf der *New Zealand Occupational Priority List* stehen, handelt es sich meist um solche aus den Bereichen Forschung, Ingenieurwesen, Lehre, Finanzwesen und insbesondere Informatik. – Genaue Auskünfte erteilen die neuseeländischen Botschaften (s.o.) sowie die *Immigration & Employment Consultants* (s.o. unter »Information«), die sich darauf spezialisiert haben, potentiellen Einwanderern mit Tips und Tricks zu helfen.

Devisen/Zoll

Devisen dürfen unbeschränkt ein- und ausgeführt werden.

Neben den persönlichen Gebrauchsgegenständen darf man Geschenke bis zum Gegenwert von 500 NZ$ sowie 200 Zigaretten (oder 50 Zigarren oder 250 g Tabak) und 1 l alkoholische Getränke (oder 4,5 l Wein und Bier) zollfrei einführen; was insbesondere für Tabakwaren sinnvoll ist, da sie im Land bis zu fünfmal teurer sind als im zollfreien Einkauf.

Nicht mitgeführt werden dürfen Drogen, Waffen, Tiere, Pflanzen, Obst, Trockenfrüchte, Gemüse, Samen, Honig, Fleisch, Wurst, Milch und Milchprodukte; von dieser Regelung nicht betroffen sind getrocknete Tees und Vollkonserven.

Jeder Einreisende muß eine *Agriculture-Quarantene and Customs Declaration* ausfüllen, und das Gepäck wird in aller Regel peinlich genau überprüft. Wer gegen die Bestimmungen verstößt, muß mit drastischen Strafen rechnen. Auch Hunde (zum Erschnüffeln u.a. von Haschisch) sind im Einsatz, und wer Campingausrüstung, Fahrrad etc. mitbringt, muß mit längeren Wartezeiten am Zoll rechnen, da solche Gegenstände zuweilen desinfiziert werden.

Reisezeit

Auf der Nordinsel Neuseelands sind alle Klimazonen zwischen subtropischem und warm gemäßigtem Klima vertreten. Als die beste Reisezeit gelten der Frühling, Sommer, Herbst und Winter, wobei die Jahreszeiten in Neuseeland entsprechend der Lage des Landes auf dem Globus natürlich den europäischen entgegengesetzt sind. – Neuseeland hat eigentlich immer Saison, es kommt ganz darauf an, wohin auf der Nordinsel man reisen möchte und was man wo unternehmen will:

■ **Der Frühling,** der hier von Ende August bis November herrscht, wartet in aller Regel mit äußerst wechselhaftem Wetter auf; der Einfluß des Westwindes ist in dieser Zeit am stärksten ausgeprägt, und insbesondere entlang der Westküste kann es dann tagelang »wie aus Eimern schütten«. In den Höhenlagen des vulkanischen Plateaus kann man sich bis in den September hinein noch an der weißen Winterpracht erfreuen und auch skifahren. Abgehärteten Naturen bietet dann das Meer mit Temperaturen zwischen 13°C (Tasman-See) und 16°C (Pazifikküste) bereits Bade- und Surffreuden. Fast überall im Land erfreut die Obstblüte, die Preise sind niedrig, und Touristen aus dem In- und Ausland machen sich noch rar, so daß es nie ein Problem darstellt, eine vakante Unterkunft zu finden. Die Tage sind mit mittleren Höchstwerten um 17–19°C und mittleren Tiefstwerten um 7–11°C bereits angenehm warm, aber nachts kann es, insbesondere in den Höhenlagen des Vulkanplateaus sowie im Umland von Taupo und Rotorua, noch recht kühl werden.

■ **Im Sommer,** also zwischen

November/Dezember und Februar/März, erwärmt sich das Wasser im Meer auf bis über 22°C sowie bis nahezu 30°C in den Seen. Bei Tageshöchstwerten um 25°C, an der Ostküste auch bis 30°C, kann man ganz schön ins Schwitzen geraten, weshalb Wärme- und Sonnenstrahlungs-empfindliche Naturen diese Zeit lieber meiden sollten. Wer Ruhe und Einsamkeit sucht, ist fehl am Platz, denn es herrscht Hochsaison, und gerade zwischen Weihnachten und Februar, der neuseeländischen Ferien- und Hauptreisezeit, kann man sich in den bekannten Ferienorten durchaus ein wenig wie an der Costa del Sol fühlen. Die Campingplätze sind brechend voll, alle Unterkünfte werden knapp, für Aktivitäten wie Jet-Boot-, Kajak-, Kanufahren etc. muß man schon Tage, wenn nicht Wochen im voraus reservieren, die Preise sind am höchsten, und auf den sonst oft so ruhigen Straßen kann man vor lauter Urlauberverkehr die Lust am Fahren – schon gar am Fahrradfahren – verlieren.

■ **Der Herbst** setzt hier im März ein, währt bis Mai/Mitte Juni und besticht mit ausgeglichenem Wetter. Die gesamte Nordinsel genießt jetzt lange Sonnenperioden, überall in Meer und See locken noch Badefreuden, es herrscht Erntezeit (mit dem entsprechenden großen Angebot an billigem Obst und Gemüse), und weil die Ferien vorbei sind, auch eher wenige Fernreisende den Weg hierher finden, hat man Campingplätze, Unterkünfte und schon gar so manche Straße oft ganz für sich allein. Entsprechend günstig sind die Preise, es herrscht die sogenannte Nebensaison, die Sonnenstrahlung nimmt angenehme Dimensionen an, und je später im Jahr, desto farbenprächtiger, also herbstlich bunt gefärbt, präsentiert sich das Land. – Egal, ob man nun mit einem Mietwagen, mit öffentlichen Verkehrsmitteln oder dem Fahrrad unterwegs ist, egal auch, ob man eher einen Sightseeing- oder einen Outdoor-Urlaub plant: Spätsommer (März) und Herbst markieren die ideale Reisezeit.

■ **Winter:** Die herrliche Herbstfärbung geht erst Anfang Juni ins Braungrau des bevorstehenden Winters über, aber da auf der Nordinsel nicht laubabwerfende Bäume, sondern vielmehr die wintergrüne dominieren, präsentiert sich die Landschaft für europäische Augen auch während dieser Zeit fast sommerlich. Die Temperaturen erinnern mit Tageswerten zwischen 12°C (Süden) und 16°C (Norden) sowie Nachtwerten zwischen 4 und 9°C nicht gar so sehr an den Winter, und eigentlich nur auf dem Vulkanplateau kann es nachts mit Tiefstwerten von unter -8°C so richtig knackig kalt werden. In den Wintersportorten der Insel lockt jetzt das Skifahren, in den tieferen Lagen hingegen bildet sich nie eine geschlossene Schneedecke, und dies schon gar nicht im Küstenbereich, wo ein ganzjährig ausgeglichenes Klima erfreut. Zwar herrscht in den touristischen Orten während dieser Zeit gähnende Leere, aber manch einer wird auch dies genießen, zumal Einrichtungen wie Unterkünfte, Campingplätze, Touristenbüros etc. keineswegs geschlossen sind.

Kleidung und Ausrüstung

Kleidung

»Der« Neuseeländer trägt, wenn er nicht ohnehin barfuß geht, Sandalen oder Turnschuhe, Socken oder Kniestrümpfe und natürlich Shorts, sommers wie winters. Das alles sind Klischees, aber daß es sie gibt, hat gute Gründe, sieht man sich doch bereits nach der Ankunft am Airport zahlreichen kurzbehosten Flughafen-Arbeitern gegenüber, sieht ständig nackte Beine und, ob nun im Supermarkt, auf der Straße oder auf dem Wanderweg, immer wieder auch Neuseeländer jeden Alters, die unbeschuht daher gehen.

Krawatte, Anzug und ähnliches kann man als Tourist getrost zu Hause lassen, denn auch in den besten Restaurants und Hotels besteht schon lange kein bestimmter Kleidungszwang mehr.

Was also an Kleidung – zumindest während der Saison zwischen Oktober und Mai – unbedingt ins Gepäck gehört, dürfte klar sein, doch neben der üblichen legeren Sommerkleidung (möglichst reine Fasern) sollte man stets auch warme Sachen wie lange Hose, Sweatshirt etc. im Gepäck haben. Regenkleidung gehört dank dem Klima ebenso zur Standardausrüstung. Wer im europäischen Sommerhalbjahr in Neuseeland unterwegs ist, wird auch sehr warme Winterbekleidung nicht missen wollen.

■ Nacktbaden sollte man in Neuseeland überhaupt nicht. »Oben ohne« ist ebenfalls nicht en vogue, und trotz der sonst stets legeren Sommerkleidung sind knappe »Streifenhöschen« etc. eher verpönt. Also entsprechende **Badebekleidung** nicht vergessen.

■ **Rucksack, Reisetasche oder Koffer?** Letzteres Behältnis bringt einem von seiten der »Traveller« ironische Blicke ein, ist mit »Imageverlust« verbunden und – sofern man mit öffentlichen Verkehrsmitteln reisen will, aber auch nur dann – ziemlich unpraktisch. Die Reisetasche bietet die Vorteile des Koffers ohne dessen Nachteile, läßt sich z.B. im Bus sogar wesentlich besser verstauen als ein Rucksack, ist aber freilich nur bedingt zum längeren Tragen geeignet. Was dem Yuppie seine Rolex, ist dem »Traveller« sein Rucksack. – Um »in« zu sein, muß man ihn einfach haben, und um »off the beaten track« überhaupt durchzukommen, kann man in der Tat nicht auf ihn verzichten.

Will man für jede Situation gewappnet sein, empfiehlt sich ein »Reisetaschen-Koffer-Rucksack«, also ein solches Behältnis, das mit wenigen Handgriffen von einem Zustand in den anderen transformiert werden kann.

■ **Fotografie:** Alles, was benötigt wird, sollte man möglichst von zu Hause mitbringen. In Sachen Filme ist Sparsamkeit unangebracht, denn Neuseeland ist ein einziges großartiges Motiv, und wer vor Ort nachkaufen muß, hat tief in die Tasche zu greifen.

■ **Weitere Tips:** Anti-Mückenmittel sind immer zweckmäßig, ebenso Sonnenschutzmittel und Sonnenbrille. Und viele Situationen lassen sich mit Taschenlampe, Taschenmesser, Reisewecker, Vorhängeschloß und Steckdosen-Adapter besser meistern.

Für Urlaubsaktivitäten muß man entsprechend ausgestattet sein. Welche Wander-/Trekking-Ausrüstung erforderlich ist, wird unter »Outdoor aktiv« beschrieben.

Camping

■ Wer größere Wanderungen plant oder einfach mobil sein will, benötigt eine Campingpingausrüstung (siehe unter »Camping« im Kapitel »Unterwegs in Neuseeland«), die bestehen muß aus **Unterlegematte** (Isomatte), **Unterlegeplane** (oft steiniger Boden), einem für alle Jahreszeiten tauglichen **Schlafsack** und möglichst auch einem **Kocher:** Campinggaz-Kocher sind untauglich; die Gaskartuschen sind nicht überall zu bekommen. Auch Spiritus-Kocher können kaum empfohlen werden; der Brennstoff ist oft schwer aufzutreiben. So bieten sich insbesondere Benzinkocher sowie Petroleum-Kocher an bzw. solche, die mit beiden Brennstoffen arbeiten, wie z.B. MSR-Kocher, zu beziehen über die bekannten Ausrüstungsläden.

■ Bleibt das **Zelt,** das absolut wasserdicht und sturmsicher sein muß, denn so manche Landesteile werden mitunter von einem unablässig fauchenden Sturm beherrscht, dem sich alles zu beugen hat. Zelte, »vom Winde verweht«, gehören auch auf der Nordinsel sozusagen zum Outdoor-Alltag, und mehr als einmal hatten wir obdachlos gewordene Wanderer in unserem Zelt eine Nacht zu Gast. Auch unser Zelt mußte sich freilich »beugen«, und nach insgesamt vier Monaten hatte es die Form eines sehr unregelmäßigen Tunnels angenommen. Aber es hielt stand, Nacht für Nacht, was bei Windgeschwindigkeiten von teilweise bis über 80 km pro Stunde ganz und gar nicht selbstverständlich ist. Selbst in regenreichen Regionen diente es uns stets als sicheres, vor allem trockenes Heim, ebenso wie es die Zeltboden-zermürbenden Stein- und Geröllstellplätze im hohen Norden ohne jeden Schaden überstand.

Wir bevorzugen seit Jahren die Zelte des schwedischen Herstellers »Hilleberg«: Die gibt es in Tunnel- und Kuppelform; alle Modelle sind extrem windstabil und wasserdicht, sind mit sowohl für Mücken als auch die winzigen Sandflies undurchdringlichen Moskitonetzen versehen, sind optimal ventiliert, trocknen schnell und gelten mit als die leichtesten Zelte überhaupt (ab 1,6 kg; unser 4-Personen-Zelt wiegt 4 kg). Alle auch sind sowohl für Sommer- als auch Wintereinsatz konzipiert, in arktischen Regionen ebenso optimal einsetzbar wie in Wüstenzonen oder auch in den Tropen und haben, da handverarbeitet, eine extrem lange Lebensdauer: Unser »Keron« war während der vergangenen 5 Jahre rund 3 Jahre im Einsatz, zeigt noch nicht den geringsten Verschleiß. Freilich hat eine solch herausragende Qualität ihren Preis.

Information: Hilleberg A/S, Box 144, S-84043 Hackås/Schweden, Tel. (0046-) 63-770400, Fax (0046-) 63-770516. Hier kann man auch einen umfangreichen Informationsprospekt abrufen.

Geld

Den größeren Teil des Reisebudgets in Reiseschecks, den kleineren in bar mitführen, außerdem vielleicht eine Kreditkarte. Euroschecks werden in Neuseeland nicht akzeptiert.

Währung

Die neuseeländische Währung heißt *New Zealand Dollar,* und New Zealand Dollars werden im Land meist mit *$* abgekürzt. Auch das Kürzel *NZ$* kommt vor, und im Reiseteil dieses Buches steht das »$«-Zeichen stets für New Zealand-Dollar.

1 $ entspricht 100 Cents (»c«).

■ **Geldscheine** gibt es zu 1 $, 2 $ (beide nur selten), 5 $, 10 $, 20 $, 50 $ und 100 $.

■ **Münzen** gibt es zu 1 c, 2 c (beide werden momentan aus dem Verkehr gezogen), 5 c, 10 c, 20 c und 50 c sowie zu 1 $ und 2 $.

■ Der **Wechselkurs** für 1 DM lag im Herbst 1996 bei rund 1,05 $, so daß man beim Umrechnen der Kurse in DM den Neuseeland-Dollar mit der Deutschen Mark gleichsetzen kann.

Bargeld

Die $-Kurse sind im Ausland wesentlich schlechter als in Neuseeland; der Verlust beträgt bis zu 10 %. Wechselschalter finden sich auf dem internationalen Flughafen in Auckland, und da nach Ankunft einer Maschine stets auch ein Bankschalter geöffnet hat, kann man getrost darauf verzichten, bereits zu Hause neuseeländisches Geld einzuwechseln.

Auch Schweizer Franken und Österreichische Schillinge werden neben der DM anstandslos überall im Land akzeptiert, sofern daß man den oft zu lesenden Tip, bevorzugt US-Dollar oder Englische Pfund nach Neuseeland mitzunehmen, vergessen kann.

Reiseschecks

Reiseschecks sollten am besten auf DM ausgestellt sein; möglichst in unterschiedlicher Stückelung. Sie sind sicherer als Bargeld, da eventuell gestohlene oder verlorene Schecks von der Bank zurückerstattet werden. Das ist allerdings mit einigen Umtrieben verbunden (Polizeirapport, Wartezeiten von ca. 1–2 Wochen etc.). Am besten sind Schecks von weltweit tätigen Banken wie etwa *American Express, City Bank, Bank of America, Thomas Cook,* wobei Schecks von *Thomas Cook* zu bevorzugen sind, da in Neuseeland weit verbreitet und da man im Fall eines Verlustes am schnellsten Ersatz bekommt.

Die Bank kassiert beim Verkauf generell 1 % des Scheckbetrages als Gebühr. Dafür erzielen die Schecks aber auch stets einen um gut 1 Prozent höheren Wechselkurs. Und nicht vergessen: die Schecknummern notieren und, wie die Kaufbescheinigung, separat aufbewahren.

Kreditkarten

Ähnlich wie in den USA kann man mit einer Kreditkarte auch in Neuseeland nahezu überall seine Rechnung begleichen: Ob im Hotel oder auf dem Campingplatz, im Restaurant, an der Tankstelle, im Supermarkt, im Laden, wenn nicht am kleinen Kiosk, wird das Plastikgeld anstandslos akzeptiert. Wer einen Wagen mieten will, erspart sich dank Karte das Hinterlegen einer Kaution, und zudem kann man bei den örtlichen Bankvertretungen des Kreditkartenausstellers Bargeld abheben bzw. – sofern die Karte mit einem Pin-Code ausgestattet ist – auch an nahezu jedem Automaten Bargeld erhalten.

Ein weiterer Vorteil ist, daß das Geld vom heimischen Konto erst nach 4–8 Wochen abgebucht wird. – Und zwar zum Briefkurs, der bis über 15 % günstiger sein kann als der Bargeldkurs.

Die größte Akzeptanz in Neuseeland besitzt *Mastercard,* gefolgt von *Visa, American Express* sowie *Diners.*

Konto eröffnen

Wer länger als nur für ein paar Wochen in Neuseeland zu bleiben gedenkt, sollte sich am besten ein *Savings account* (Sparkonto) bei einem neuseeländischen Geldinstitut einrichten. Das ist auch für

Ausländer problemlos und bietet zahlreiche Vorteile: Man bekommt Zinsen, die in Neuseeland wesentlich höher als etwa in Deutschland liegen, die Reisekasse ist sicher, und obendrein kann man in jeder Filiale des jeweiligen Geldinstituts Bares abheben bzw., sofern man sich für das Konto eine Scheckkarte (*Eftpos Card*) mit Geheimnummer ausstellen läßt, an jedem Geldautomaten Geld erhalten und überall Rechnungen bargeldlos bezahlen; die *Eftpos*-Karten genießen eine größere Akzeptanz als die o.g. internationalen Kreditkarten.

Die meisten Niederlassungen haben u.a. die *ANZ-*, *BNZ- New Zealand-* und *Westpac-Bank,* doch im Vergleich am besten schneidet die *Postbank* ab, da dort in der Regel die höchsten Zinsen gewährt werden und die Postämter generell länger geöffnet sind.

Als Postadresse für Kontoauszüge etc. kann man übrigens eine Poste-Restante-Adresse (siehe im Kapitel »Unterwegs in Neuseeland/Praktisches A-Z«) angeben.

Geldüberweisungen

■ Am schnellsten funktioniert der **Geldtransfer per Bank,** der etwa 3 Arbeitstage in Anspruch nimmt, sofern das Geld von der heimischen Bank per Fax zu deren Korrespondenzbank in Neuseeland überwiesen wird; die Kosten betragen rund 2 % der überwiesenen Summe.

■ **Per Post** überwiesen muß man mit einer Transferzeit von mindestens 7 Tagen rechnen, wobei auch 2-3 Wochen möglich sind, insbesondere, wenn das Geld in die Provinz überwiesen wird.

■ Wer ein **eigenes Konto** in Neuseeland eingerichtet hat (s.o.), kann sich darauf natürlich auch Geld überweisen lassen und an jedem Ort über die Summe verfügen.

Lebenshaltungskosten

Generell ist zu sagen, daß die Lebenshaltungskosten in Neuseeland geringer sind als in Mitteleuropa, daß auch Mietwagen, Mietwohnmobile sowie Spritkosten wesentlich günstiger kommen, während organisierte Ausflüge und Outdoor-Aktivitäten, wie etwa Kajaktouren, Jetboot-Fahrten etc., ausgesprochen teuer sind.

■ **Unterkunft:** Das günstigste Bett in einem Backpackers/Jugendherberge schlägt mit rund 10 $ zu Buche; im Durchschnitt muß man mit 12 $ rechnen. Das Zelten kommt auf 3–10 $, ein Wohnmobil-Stellplatz auf 10–20 $, Hütten auf Campingplätzen gibt es ab 25 $ (für 2 Personen). In Motels muß man ab 30 $ pro Person rechnen, Mittelklasse-Hotels sind mit Preisen ab ca. 120 $ für ein Doppelzimmer ziemlich teuer, wie auch Ferienhäuser mit Preisen um 120 $ pro Tag.

■ **Transport:** Mietwagen, gut und gepflegt, gibt es schon ab sage und schreibe 25 $ pro Tag (bei einer

Mietdauer von mindestens 30 Tagen), kleine Wohnmobile ab 50 $. Für gebrauchte Autos sind mindestens etwa 2000 $ anzusetzen, Mietwagenkauf mit Rückkaufgarantie kostet rund 1000 $ pro Monat. Für 100 km Transport muß man mit der Bahn rund 12 $ bezahlen, mit dem Bus rund 10 $, und im Flugzeug muß man mit den doppelten Kosten wie im Zug rechnen. Der Benzinpreis schließlich liegt bei 1 $ je Liter.

■ **Essen und Trinken:** Genauere Preisangaben für Lebensmittel finden sich im Kapitel »Unterwegs in Neuseeland/Essen und Trinken«.

Ein opulentes, warmes Frühstück kostet etwa 6 $. In guten Restaurants bekommt man Gerichte ab etwa 15 $, doch in den unzähligen Fisch & Chips-Lokalen kann man sich für rund 5 $ inklusive Getränke verköstigen. Lebensmittel sind im Durchschnitt zwischen 15 und 30 % billiger als etwa in Deutschland; auch Alkohol ist günstig, doch Tabak ist mit rund 15 $ pro 50 g bzw. pro Packung Zigaretten sehr teuer.

■ **Aktivitäten:** So umfassend das Aktivitäts- und Outdoor-Angebot in Neuseeland auch ist, so teuer ist es gleichzeitig: Der Bungy-Jump ist kaum unter 80 $ zu haben, eine Jet-Boot-Fahrt ab 50 $ möglich, wofür auf spektakulären Strecken auch der dreifache Preis verlangt wird. Ein Rafting-Trip kostet ab 100 $, ein Seekajak rund 50 $ pro Tag, Mountain bikes um 30 $ pro Tag, Tauchgänge rund 150 $. Die teuersten Vergnügen wie Sightseeing-Flüge verschlingen schnell mal mehrere hundert Dollar pro Stunde, wie auch Bootstouren, etwa zur Walbeobachtung, schnell die Reisekasse plündern. – Sind solche Erlebnisse vorgesehen, muß man ein Sonderbudget in Höhe von 2000 $ pro Reisemonat veranschlagen!

Reisebudget

Die nachfolgenden Angaben beinhalten nicht die Kosten für Aktivitäts- und Outdoor-Erlebnisse (s.u.).

■ Der **Billigreisende** zeltet so oft wie möglich wild bzw. auf den *DOC*-Campingplätzen (siehe im Kapitel »Unterwegs in Neuseeland/Unterkunft«), wohnt sonst in Jugendherbergen/Backpackers im Schlafsaal, verpflegt sich selbst mit Lebensmitteln vom Markt, verzichtet auf Pubbesuche, trampt oder fährt mit dem Fahrrad, benutzt nur selten die öffentlichen Verkehrsmittel. Budget etwa 20 $ pro Tag; zu zweit kann man mit ca. 30 $ gut hinkommen.

■ Der **Budgetreisende** zeltet auf Campingplätzen oder wohnt in Backpackers in Doppelzimmern, verpflegt sich teils selbst bzw. ißt in einfachen Restaurants, gönnt sich hier und da einen Kneipenbesuch, nutzt die öffentlichen Verkehrsmittel. – Anzusetzen sind etwa 30 $ pro Tag; zu zweit ist man mit etwa 50 $ dabei.

■ Der **Komfortreisende** nächtigt in Hütten auf Campingplätzen, wenn nicht in Bed & Breakfast-Unterkünften, bevorzugt Restaurants, besucht des öfteren die Pubs, reist mit einem günstigen Mietwagen – und muß etwa mindestens mit 90 $ pro Person rechnen; zu zweit kann man's bei 120 $ einhalten.

■ Der **Luxusreisende** gönnt sich gute Mittelklasse-Hotels und Motels, feine Restaurants, eine adäquate Reiselimousine oder ein kleineres Wohnmobil – und benötigt mindestens 200 $ pro Tag, bei 2 Personen vielleicht 300 $.

Gesundheitsvorsorge

■ Neuseeland braucht in bezug auf seinen **Hygiene-Standard** keinen Vergleich mit Mitteleuropa zu scheuen. Das Land kennt weder Typhus, Cholera, Gelbfieber oder andere epidemische Krankheiten, weshalb auch keine speziellen Impfungen vorgeschrieben sind. Die **medizinische Versorgung** läßt keine Wünsche offen. Viele Ärzte – die meisten haben keine eigene Praxis, sondern sind in den Krankenhäusern angestellt – sprechen Deutsch und/oder Englisch. In den **Apotheken** *(chemists)* stehen die gleichen Medikamente zur Verfügung wie zu Hause.

■ Die Mitnahme eines umfangreichen Medizinkoffers kann man sich also getrost schenken, wohingegen eine **Reise-Krankenversicherung** durchaus zu empfehlen ist: Da zwischen Neuseeland, der Bundesrepublik, der Schweiz und Österreich keine Sozialabkommen bestehen, müssen Krankenhausaufenthalte (um 450 $ für einen Tag) und Arztbesuche (um 30 $ je Konsultation) selbst bezahlt werden. Lediglich bei Unfällen sieht das neuseeländische Gesundheitssystem auch für Touristen eine kostenlose Erstbehandlung sowie eine beschränkte Entschädigung bei Unfallfolgen vor.

■ Angst vor giftigen Tieren braucht man keine zu haben (siehe im Kapitel »Begegnung mit Neuseeland/Flora und Fauna«), und das Leitungswasser kann überall bedenkenlos getrunken werden. Nur vor dem mikroskopisch kleinen Parasiten **Giardia**, der sich seit Ende der 80er Jahre etwa in nahezu allen Flüssen und Seen des Hinterlandes ausgebreitet hat (angeblich ausgelöst durch touristische Verschmutzung des Wassers mit Kot), sollte man sich hüten. Magenkrämpfe, starke Blähungen, Durchfall und rapider Gewichtsverlust sind die Symptome, und behandeln läßt sich die Krankheit nur mit relativ starken Antibiotika (s.u.). Aufgenommen wird der Parasit durch infiziertes, also nicht (mindestens 3 Minuten) abgekochtes, entkeimtes oder gefiltertes Wasser. Den erfrischenden Schluck aus dem Bach muß man sich also verkneifen, und da sich der Erreger durch den menschlichen Kot weiter verbreitet, sollte man seine Notdurft in der Wildnis nur weit von der Wasserstelle entfernt verrichten und vergraben. Aber keine Panik: An allen bekannteren Wanderwegen und auch Kanuflüssen informieren Handzettel des *Department of Conservation,* ob das Wasser gefahrlos getrunken werden kann; wenn nicht, sind an den Lagerplätzen und Übernachtungshütten Trinkwassercontainer aufgebaut so daß es eigentlich kein Problem ist, der Ansteckung zu entgehen.

■ Nicht entgehen können wird man in Neuseeland der **Sonnenstrahlung,** genauer: der höchst aggressiven UV-B und UV-C-Strahlung, die dem Ozonloch über der Antarktis geschuldet ist. Die Erde ist klein geworden, und die Verfehlungen der einen schlagen auf die anderen zurück: Denn ohne selbst für die Ausdünnung der schützenden Ozonschicht durch die FCKW-Moleküle Chlormonoxid verantwortlich zu sein, müssen die Neuseeländer (und u.a. auch Australier) ausbaden, was die Industrienationen auf der nördlichen Erdhalbkugel verursacht haben. Nicht umsonst hält Neuseeland die weltweit höchste Rate an Hautkrebs und Augenkrankheiten. Ernstzunehmenden Untersuchungen zufolge muß jeder zweite Neuseeländer mit einer Hautkrebs-Erkrankung rechnen, und auch als Tourist tut man gut daran, die bekannten Schutzmaßnahmen zu ergreifen. Auf Sonnenbäder im Costa del Sol-Stil wird man also verzichten müssen; der offene Sonne-Haut-Kontakt gilt schon nach wenigen Minuten als gesundheitsschädigend. Nicht bedeckte Körperteile sind bei Aufenthalten in der Sonne mit Sonnencremes zu schützen: Neuseeländer schwören auf Lichtschutzfaktor 30 bis 40! Sonnenhut und starke Sonnenbrille gehören zur Standardkleidung, und wer empfindlich ist, wird den Slogan »Between eleven and three/ slip under a tree« ernst nehmen.

■ Abschließend nun eine kleine Liste (nicht nur) »alternativer« Mittel für die **Notapotheke,** in die als Grundausstattung die üblichen Bestandteile wie Verbandszeug, Desinfektionstinktur und Fieberthermometer gehören:

Insektenstiche

In manchen Landesteilen können einem Insekten (siehe im Kapitel »Unterwegs in Neuseeland/ Praktisches A–Z/Sandflies & Co«) das Reisen mitunter erschweren, und nicht nur der erklärte Outdoor-Freak tut gut daran, ein Mittel zur Abwehr sowie zur Linderung des Juckreizes parat zu haben:

■ **Wilmas Nordic-Summer:** sehr wirksame Insektenschutzpaste aus Schweden auf natürlicher Basis (Holzteer); Nachteil: intensiver

Teergeruch. Vorteil: vertreibt die Plagegeister für Stunden und ist hautverträglich. Erhältlich aber nicht in Neuseeland, sondern nur in guten Ausrüstungsshops in Europa.

■ **Autan:** Dieses bekannteste Gegenmittel ist äußerst schädlich für Haut und Schleimhäute, ätzt u.a. auch Farben und Lacke weg, beschädigt Kunstfasertextilien, hilft aber als Vorbeugung gegen alle Krabbeltierchen.

■ **Nelkenöl:** zur Vorbeugung sehr gut gegen Mücken und Sandflies, außerdem starkes Mittel gegen Zahnschmerzen. Erhältlich in Europa in den Apotheken.

■ **Citronella:** starkes Zitronenöl, das nicht nur angenehm frisch riecht, sondern insbesondere die lästigen Sandflies für Stunden verjagt und außerdem für die Haut unschädlich ist. Man bekommt es in der Apotheke, auch zu Hause, aber in Neuseeland ist es wesentlich billiger.

■ Viele Neuseeländer schwören auf eine Mixtur, die zu 50 % aus **Desinfektionslösung** (etwa »Sagotan«) und zur anderen Hälfte aus Babyöl besteht. Die Wirkung ist nachhaltig, aber eben nicht nur im Fernhalten der Insekten, sondern auch im Zerstören der Haut.

Gegen Schmerzen

■ **Nelkenöl:** Bei Zahnschmerzen mit von außen erreichbarem Schmerzherd, z.B. einem freiliegenden Nerv, hilft schon ein Tropfen.

■ **Knoblauch:** Zehe abgepellt, auf die Zahnhöhle gelegt, zugebissen und reingedrückt. Kann schmerzfrei machen, wenn ein ganzes Paket Chemie kläglich versagt.

Gegen Unwohlsein, Durchfall etc.

■ **Knoblauch** ist ein natürliches Antibiotikum, das bei leichten Infektionskrankheiten wahre Wunder vollbringen kann, sofern es in ausreichender (sehr großer) Menge genommen wird. Im Bedarfsfall nehme man die Zehen von zwei Knollen, hacke sie klein und bereite daraus eine Suppe.

■ Wird der Dünnpfiff zum schwächenden Durchfall, sollte man eventuell auf das Pharma-Präparat **Immodium** zurückgreifen. Hat stark stopfende, aber keine therapeutische Wirkung. Deshalb zusätzlich und gerade bei Verdacht auf Giardia (s.o.) eventuell ein

■ **Antibiotikum:** Vor allem **Flagyl** soll sich im Kampf gegen den Parasiten bestens bewährt haben, hat aber auch mannigfache Nebenwirkungen. Einmal damit begonnen, muß man die Einnahme 7 Tage fortsetzen. Zu bekommen in Neuseelands Apotheken.

■ Die WHO propagiert gegen Durchfall **Zucker-Salz-Wasser:** mindestens 40 g Rohrzucker (1 Eßlöffel) und eine gute Prise Kochsalz auf einen Liter *sauberes* Wasser.

■ **Sodawasser:** ein Glas davon mit 1/2 Teelöffel Salz und dem Saft von zwei ausgedrückten Limonen – Magendrücken und Übelkeit schwinden. Schmeckt widerlich, aber hilft ausgezeichnet.

■ Schwäche und Schlappheit, auch Kopfschmerzen, sogar Fieber, können Folge von Salz- und Mineralmangel sein. Dagegen helfen Salztabletten und **Elektrolyte**-Pulver; letzteres enthält alle wichtigen Mineralstoffe. Bei starkem Schwitzen, während anstrengenden Treks.

Wundbehandlung/ Desinfektion

■ Als eines der besten Mittel zur Wunddesinfektion gilt **Calendula**, eine aus Extrakten der Ringelblume gewonnene Salbe/Tinktur. In Deutschland in jeder Apotheke erhältlich.

■ Gegen eitrige Wunden empfiehlt sich die »Wundersalbe« **Betaisodona:** Sie tötet Pilze, Bakterien, diverse Viren, befreit in kürzester Zeit auch von großflächigen Eiterflechten.

Reisen mit Kindern

»Es hat wenig Sinn, Kinder mitzunehmen, die jünger als etwa 12 Jahre sind«, schreibt ein ausgewiesener Landeskenner in einem Buch über Neuseeland. – Woran man sehen kann, daß auch viel Unsinn geschrieben wird, denn unsere eigenen Erfahrungen weisen in eine ganz andere Richtung. Schon im Alter von vier Jahren genossen es unsere Kinder sichtlich, in Neuseeland unterwegs zu sein. Andere Kinder fanden sie reichlich. Die Neuseeländer sind kinderfreundlich, in vielen Restaurant gibt's Wickelräume und Kinderstühle, und Spielplätze lassen sich viel häufiger (nämlich auf fast jedem Campingplatz) finden als in heimischen Breiten.

Zuallererst einmal möchten wir ans Herz legen, das verbreitete Vorurteil »Fernreisen bringen nichts für Kinder« über Bord zu werfen. Gelingt das, steht einer Familienreise nach Neuseeland nicht mehr viel im Weg. Kinder bis zu 2 Jahren ohne eigenen Sitzplatz fliegen in der Regel zu 10 % des offiziellen IATA-Tarifs, obwohl es auch Fluggesellschaften gibt, bei denen sich die 10 % auf den Billig-Preis beziehen. Für ältere Kinder wird ein Discount von 30–50 % gewährt, teils auf den IATA-, teils auf den Billig-Tarif – Vergleiche helfen also, Geld zu sparen. Für die Kleinsten stehen in allen Großraumflugzeugen Babybetten zur Verfügung, zumindest eine Toilette ist stets mit Wickeltisch ausgestattet, auch Pampers und Babynahrung sind erhältlich.

Unter dem Klimawechsel nach Ankunft haben die »Oldies« meist mehr zu leiden als die »Youngsters«, für die allerdings die Zeitverschiebung ein Problem darstellt.

Es folgen ein paar halb durchwachte Nächte, aber die gehen vorüber.

Wesentlich ist, bei der Routenplanung die Bedürfnisse der Kinder zu berücksichtigen! Lange Bewegungsunfreiheit und Hitze mögen sie gar nicht, Ruhe und Natur und gerade auch Outdoor-Aktivitäten wie Reiten, Kanu- und Kajakfahren, Rafting, Fahrradfahren, bekommen am besten.

Die medizinische Versorgung könnte besser nicht sein, und in allen Ortschaften sind natürlich auch die üblichen Babypflegeartikel erhältlich, natürlich auch Babynahrung (meist von Nestlé und Milupa) sowie Pampers. Apropos Pampers: Für die reinen Reisezeiten sind sie gut – aber auch nur dafür. Sonst gibt's fürchterlich wunde Hinterteile, mitunter rasch Infektionen. Wir benutzten (früher) stets die nostalgischen Stoffwindeln, aber ohne Plastikhose (!), oder ließen unsere Kinder, wie es viele Neuseeländer auch tun, ohne Hosen herumlaufen. Das erregte auch im »Ernstfall« nie Ärgernis.

Gegen das Problem starker UV-Strahlung (s.o. unter »Gesundheitsvorsorge«) helfen ein Sonnenhut, ein Baumwollhemdchen sowie natürlich Schatten und Sonnenschutzmittel, das es in Neuseeland mit dem Schutzfaktor 25 speziell für Babys gibt (von der US-Firma »Coppertone«). Zu achten ist unbedingt auf sauberes, also Giardia-freies Badewasser, womit das Bad in Bach, Fluß und See tabu ist; denn wenn infiziertes Wasser über die Lippen in den Magen dringt, kann es schnell zu ernsthaften Magen-/Darmproblemen kommen. Für Outdoor-Touren, etwa Treks, ins Hinterland, empfiehlt sich ein *Katadyn*-Taschenfilter. Der kostet zwar ca. 350 DM, filtert aber dafür auch zuverlässig und schnell den Giardia-Parasiten aus dem Wasser heraus; und zwar, ohne chemische Stoffe zuzusetzten. Daß auch kleine Schrammen und Kratzer sofort desinfiziert werden müssen, sollte klar sein. Vorsicht bei der Wahl eines Anti-Mückenmittels: Autan, das bekannteste auf dem Markt, ist definitiv nichts für Kinderhaut! Pflanzliche Mittel wirken oft genauso gut (s.o. unter »Gesundheitsvorsorge«).

Da neuseeländische Ärzte bei Krankheiten jeder Art üblicherweise sofort zu Antibiotika greifen, ist die Mitnahme folgender Medikamente zu erwägen:

- Einen Set mit den wichtigsten **homöopathischen Medikamenten** für Kinder kann man in Europa in jeder Apotheke erstehen; inklusive einem ausführlichen Handbuch.
- **Erysidoron I + II** ist ein (auch bei Erwachsenen) außerordentlich wirksames Naturmittel zur Fiebersenkung und Therapie bei Infektionen. Wird oral verabreicht, hilft aber auch bei äußerlicher Anwendung, etwa Ohrenentzündung. Von »Weleda« (in allen Apotheken).

■ **Mercurialis:** für äußere Anwendung, etwa bei Halsschmerzen, Mandelentzündung, Bronchitis, aber auch Brustdrüsenentzündung (als Umschlag).

■ **Eukalyptus-Paste:** zum Auftragen auf die Haut (Umschläge) bei inneren Infektionen.

■ **Arnika-Salbe:** bei Gelenk- und Muskelschmerzen, Prellungen etc.

■ **Ferrumphosphoricum D4:** gegen Durchfall und Fiebererkrankungen auch bei Säuglingen.

■ **Oralpädon:** zur oralen Elektrolyttherapie bei Durchfall und Erbrechen; auch/gerade für Säuglinge geeignet.

■ **Aconitum comp.:** gegen Ohrenentzündungen bei Säuglingen und Kleinkindern.

■ **Lavendelöl:** ein paar Tropfen auf ein Tuch, Umschlag auf die Brust (über Nacht); lindert enorm bei Reizhusten, starker Erkältung.

■ Mit den hinlänglich bekannten **Tees** haben wir außerordentlich gute Erfahrung gemacht (etwa Kamillentee bei Magenproblemen, Lindenblütentee bei Fieber); im Kräuterhaus beraten lassen oder erst vor Ort kaufen in einem der in allen größeren Ortschaften zu findenden Bio- oder Naturkostladen.

Keine Chance für den Dieb

In Sachen »Sicherheit« gehört Neuseeland mit seiner niedrigen Kriminalitätsrate zu den sichersten Reiseländer auf Erden.

Aber wie in Europa auch, sind gewisse Vorbeugemaßnahmen stets zu empfehlen:

■ **Wenig Bargeld** mit sich herumtragen. Wenn's trotzdem sein muß, dann im Geldgurt oder in einer Geheimtasche.

■ **Kameras,** Uhren oder Schmuck nicht provokativ zur Schau stellen.

■ Es gibt Leute, die **im Hotelzimmer** Geld und Paß, Walkman und Kamera offen herumliegen lassen – eine Einladung an jeden schlecht bezahlten Hotelangestellten (oder dessen Komplizen).

■ Es nützt schon, **Wertgegenstände** ins Gepäck einzuschließen oder in den Rucksack zu stopfen; noch besser: Rucksack mit Kette und Schloß in einen Schrank einschließen.

■ Auch Fenster und Balkontüren schließen, wenn man die Unterkunft verläßt. **Einschleichdiebstähle** sind weitaus häufiger als das Aufbrechen von Türen und Schlössern.

■ **Wenn etwas passiert,** keinen Widerstand leisten, sondern Wertsachen hergeben, besonders wenn die Gauner bewaffnet sind.

■ **Sofort Polizei,** das Touristenbüro, die Botschaft oder das Konsulat verständigen – je nach Schwere des Falles. Die Versicherungen zu Hause zahlen nur, wenn ein Polizeirapport vorliegt oder zumindest eine andere offizielle Bestätigung des Delikts.

■ Doch soll man sich von alldem nicht verwirren und ängstigen lassen, sondern vielmehr seinem **gesunden Menschenverstand** folgen, nicht stets und ewig übervorsichtig sein, nicht zum Sicherheits-Neurotiker werden – sonst bringt man sich selbst um viele Reiseeindrücke.

Bücher und Karten

Schmöker für die Reise sollte man von zu Hause mitbringen. Wer auch englische Bücher liest, findet vor Ort freilich eine größere Auswahl.

Deutschsprachige Literatur

Für die Lust auf mehr Hintergrund-Informationen, hier eine Liste empfehlenswerter, weiterführender Literatur in deutscher Sprache.

■ **Apa-Guide Neuseeland:** wunderschöner Reiseführer mit vielen Farbfotos sowie guten Landschafts- und Situationsbeschreibungen, aber kaum Reisetips.

■ **Bildbände** zu Neuseeland gibt es auf dem deutschsprachigen Buchmarkt mittlerweile wie Sand am Meer in allen Preislagen und Ausstattungen. Wer das Beste vom Besten sucht, wird den Neuseeland-Bildband vom DuMont-Verlag/Köln bevorzugen. Sehr viel weniger Geld kostet beispielsweise der »HB-Bildatlas Special Neuseeland«, und in der mittleren Preisklasse sind die Bände des KaJo-Verlages zu empfehlen: »Bilder aus Neuseeland« (von K. Johaentges und J. Blackwood) und »Above New Zealand« (Bildband mit Luftaufnahmen von C. Potton).

Wem es aber letztlich nicht reicht, sich nur schöne Bilder anzusehen, wer also nach Neuseeland reisen will, tut gut daran, erst dort einen Fotoband zu kaufen: Die Auswahl ist enorm, und die Preise sind in der Relation günstiger als zu Hause.

■ **Gericke, Wolf-Rüdiger:** »Neuseeland«. Mehr ein Buch zum Einstimmen als ein Reiseführer, das kritisch und detailliert den kulturellen und politischen Alltag des Landes hervorhebt.

■ **Hüttermann, Armin:** »Neuseeland«. Kunst- und Reiseführer mit Landeskunde, teuer, aber ausführlich, verfaßt von einem gestandenen Landeskenner.

■ **Hulme, Keri:** »Unter dem Tagmond«. »Der« Roman überhaupt, um auf die Reise einzustimmen oder vor Ort an regnerischen Tagen verschlungen zu werden. Die mehr als 650 Seiten bieten allergrößtes Lesevergnügen, spielt doch das von der Mythen- und Symbolwelt der Maori beseelte Werk – mit den renommiertesten Romanpreisen ausgezeichnet – in einer entlegenen Gegend an der Küste Neuseelands. Im Zentrum der Geschichte stehen ein Mann, eine Frau und ein Junge, die eine seltsame Art von Familie bilden und die alle ihre individuellen Höllen durchschreiten müssen, bevor sie ihre Form des Zusammenlebens finden. – Ein ungewöhnliches, eindrucksvolles, dabei spannendes und mitreißendes Buch, das laut »Frankfurter Allgemeine Zeitung« alles hat, um das große neuseeländische Nationalepos zu werden.

Von der gleichen Autorin ist in deutscher Sprache noch die Kurzgeschichtensammlung »Der Windesser« erschienen.

■ **Müller, Martin:** »Neuseeland entdecken und erleben«. Mit vielen Farbfotos ausgestattetes Buch, das in 13 Reportagen Bekanntes und Unbekanntes vorstellt und mit dem Folklore-Image der Maoris aufräumt, auch Outdoor-Tips auflistet und im kapitelbezogenen Serviceteil versucht, »Geheimtips« bekannt zu machen.

■ **Schellhorn, Matthias:** »Reiseführer Natur Neuseeland«. Für alle, die bevorzugt an den außergewöhnlichen Landschaften, der Flora und Fauna Neuseelands interessiert sind. U.a. stellt das Buch die einzelnen Nationalparks ausführlich vor, insgesamt über 30 herausragende Landschaften und Großräume, beschreibt auch Wanderungen sowie längere Treks und ist mit mehr als 30 Karten und 200 Fotos bestens ausgestattet.

■ **Wegner, Dirk:** »Neuseeland anders reisen«. Einfühlsam und sachkundig beschreibt der Autor »Licht und Schatten im Paradies«, wirft lange Blicke auf Geschichte, Wirtschaft und Politik sowie insbesondere auf die Lage der Maoris, gibt aber auch viele Anregungen für Touren und Begegnungen.

Englischsprachige Reise- und Trekkingführer

Es gibt nichts Vergleichbares auf dem deutschen Buchmarkt. Solche Bücher sind in Deutschland und der Schweiz nur schwer oder gar nicht zu beziehen. Zwei Ausnahmen:

– **Travel Book Shop,** Rindermarkt 20, CH-8001 Zürich, Tel. 01/2 523 883. Hier kann man auch telefonisch bestellen und sich umfassend über Reiseliteratur zu Neuseeland (und alle anderen Länder der Erde) beraten lassen; auch aktuelle Karten sowie Topokarten sind stets auf Lager.

– **Buch- und Kartenvertrieb Norbert Lux Verlag,** Steinfeldweg 11, 90765 Fürth, Tel. 0911/979 95 11, Fax 0911/9799588. Der Verleger ist selbst Autor mehrer Bücher zu Neuseeland und vertreibt zahlreiche Publikationen zum Land sowie Karten.

■ **Lonely Planet New Zealand:** Über 800 Seiten starkes Standardwerk aller englischsprachigen Rucksackreisenden; umfassend und aktuell.

■ **Lonely Planet – Trekking in New Zealand:** »Der« Trekking-Führer überhaupt für den ganzen Archipel; Haupt-Schwerpunkt liegt auf der Südinsel, wo zig Touren ausführlich vorgestellt werden.

■ **Jasons Accomodation Guides:** Jährlich aktualisierte Unterkunftsführer (genaue Adresse, verläßliche Beschreibung; mit Preisen), wobei ein Band lediglich Hotels und Motels vorstellt (fast 800 Seiten, viele Bilder), ein anderer die besten Campingplätze, Backpackers, Hüttenvermietungen, Bed & Breakfast (rund 160 Seiten). In Buchläden und in den Touristenbüros muß man 5,95 $ für den dünnen und 9,95 $ für den umfangreichen Führer bezahlen, aber in den meisten Unterkünften kann man eine kostenlose *Complimentary Guest Copy* bekommen.

■ **Leisure & Accomodation Guide New Zealand:** In zwei Bände (North Island und South Island) aufgesplitteter, großformatiger, jährlich aktualisierter Führer mit je rund 300 Seiten. Auf allgemeine Tips, insbesondere für Autofahrer, folgen Kurzbeschreibungen der einzelnen (und durch Straßenkarten transparent gemachten) Regionen, bevor die Highlights genauer vorgestellt werden; es schließen sich eine Auflistung der möglichen Aktivitäten sowie eine Auswahl der besten Unterkünfte (in allen Kategorien; mit genauen Adressen, Preisangaben) und Outdoor-Veranstalter an.

Herausgegeben in Neuseeland vom Automobilclub (s.o. unter »Information«), Kostenpunkt zwischen 9,95 $ (im Buchhandel und in den Touristenbüros) und gar nichts (in vielen Unterkünften, auf Campingplätzen):

Karten

■ **Topo-Karten:** Topographisches Kartenmaterial, für Treks unerläßlich, ist in Europa kaum zu bekommen. Nur der »Travel Book Shop« (s.o.), in Zürich sowie der »Buch- und Kartenvertrieb Norbert Lux Verlag«, die offizielle Verkaufsstelle des neuseeländischen Vermessungsamtes, haben eine Auswahl an solchen Karten.

In Neuseeland kann man in nahezu jedem Ort von touristischem Interesse ausgezeichnetes Kartenmaterial zu den gängigen Treks erstehen: über die Buchläden oder besser über die Touristenbüros.

■ **Straßenkarten** sind Mehrere sind auf dem Markt, aber in Europa ist die Auswahl gering, und zudem sind viele der hier erhältlichen Karten nicht auf dem aktuellen Stand. Abhilfe schaffen der o.g. Travel Book Shop sowie der Kartenvertrieb, über die man u.a. auch aktuelle Übersichtskarten zur Reiseplanung sowie in kleinem Maßstab Regional- sowie spezielle

Auto- und Fahrradkarten abrufen kann.

Beste Straßenkarten zu Neuseeland gibt der Automobilclub des Landes heraus (s.o. unter »Information«). Und ist der *Guide to Discover New Zealand* vom Format her für Autofahrer zugeschnitten, so sind es die Regional-Faltkarten für den Biker. ADAC- und ACE-Mitglieder übrigens bekommen die Karten in den Büros des Automobilclubs in Neuseeland kostenlos bzw. stark ermäßigt (Vorlage der Mitgliedskarte).

Überhaupt sollte man es sich vielleicht schenken, zu Hause Geld und Zeit zu investieren, um gute Karten aufzutreiben. In Neuseeland sind sie allemal billiger, auch überall zu bekommen, und für eine grobe Urlaubsplanung reicht eine »Hildebrands Urlaubskarte Neuseeland« (11 DM) oder die »Übersichtskarte Neuseeland« des »RV-Verlags« (15 DM) aus.

Anreise

Drehpunkt des internationalen Flugtourismus ist Auckland. Angeflogen wird die Stadt mittlerweile von fast allen renommierten Airlines, und die derzeit schnellste Verbindung bietet die »Air New Zealand« (s.u.), die über die Westroute via USA und die Südsee fliegt (3 Stops unterwegs sind kostenlos) und das 20 000 km entfernte Ziel schon in sage und schreibe 25 Stunden erreicht; zudem hat diese Fluggesellschaft Gabelflüge, zum Beispiel Flug nach Auckland, Rückflug ab Wellington, im Programm. Wer über die etwas längere Ostroute via Asien (etwa Bangkok, Singapore, Bali) fliegen will, kann von der Kooperation der deutschen »LTU« (die nonstop nach Südostasien fliegt) mit »Air New Zealand« profitieren (s.u.). Stopover in Australien kommen dabei recht preisgünstig, wie auch derjenige, der um die Welt reisen will (z.B. Hinflug auf der West-, Rückflug auf der Ostroute) mit dem »Round the World Ticket« von »LTU« und »Air New Zealand« am besten und billigsten fliegt.

Mit Air New Zealand

■ Am angenehmsten, weil komfortabel und schnell, fliegt die »Air New Zealand« dreimal wöchentlich von Frankfurt am Main über die **Westroute** direkt nach Auckland oder Wellington. Umzusteigen braucht man gar nicht (sonst bei allen Airlines obligatorisch), und je nach Abflugtag kann man zwischen lediglich einer Zwischenlandung (z.B. in Los Angeles) oder diversen Stopovers auf Hawai und/oder in der Südsee wählen.

■ Die »Air New Zealand« braucht auf ihrer schnellsten Route **25 Stunden**; bei anderen Airlines sind 30–48 Stunden normal. Der Rückflug ist ebenso schnell möglich, sofern kein Abstecher in die Südsee vorgesehen ist. Immerhin **drei Flugunterbrechungen** sind im regulären Ticketpreis der »Air New Zealand« von Europa nach Neuseeland nämlich inklusive (!); als Stopover-Destinationen bieten sich dabei u.a. die **Südseeziele** Samoa, Tahiti, Rarotonga, Tonga, Fiji und Hawaii an.

■ Der **Service** dieser renommierten Airline gilt vorbildlich. Als weiteres Plus darf man nicht nur, wie etwa auf der Ostroute üblich, 20 kg an Freigepäck, sondern vielmehr gleich zwei Gepäckstücke zu je 32 kg mitnehmen, also **64 kg**; wobei **Fahrräder** (sowie andere Sportausrüstungen) kostenlosinnerhalb dieser Freigrenze befördert werden, während andere Gesellschaften für das Bike bis zu 50 % des Ticketpreises als Aufschlag verlangen.

■ Die **Preise** können allemal mit denen oft ziemlich dubioser Gesellschaften konkurrieren. Kinder unter 2 Jahren zahlen z.B. nur 10 % des Flugpreises, Kinder bis zu 12 Jahren bekommen 50 % Rabatt (bei anderen Airlines meist nur 30 %), und bucht man nicht sogleich im erstbesten Reisebüro, sondern holt Angebote ein, vergleicht, kann man (recherchiert Ende 1996) durchaus schon für knapp unter **2000 DM** mit »Air New Zealand« ans andere Ende der Welt und zurück fliegen.

■ **Gabelflüge** sind nur mit dieser Airline möglich, so daß es gegen einen geringen Aufpreis problemlos ist, z.B. Auckland anzufliegen, später von Christchurch aus zurückzufliegen oder von einem anderen der 31 von »Air New Zealand« im Land angeflogenen Airports. Auch die Vorteile des **Air New Zealand-Flugpass** wiegen schwer im Vergleich mit den Angeboten aller anderen Airlines, und Auskünfte einholen sowie Reservierungen vornehmen kann man über:

■ **Air New Zealand**
Friedrichstraße 10–12
D-60323 Frankfurt
Tel. 069/97 14 03-0
Freephone (kostenlos) 0130 81 77 78
Fax 069/97 14 03 90.

Mit »LTU«

■ Die Kooperation zwischen dem Düsseldorfer Ferienflieger »LTU« und der »Air New Zealand« erschließt für Weltenbummler neue, attraktive Reiseziele in Neuseeland, Australien, Kanada, den USA, in der Südsee sowie Südostasien. Mit dem **Round-the-World-IT-Tarif** ab Düsseldorf, Frankfurt am Main oder München nach Neuseeland sind die »LTU«-Ziele Los Angeles, San Francisco, Bangkok oder Denpasar/Bali mit vielen Zielen der »Air New Zealand« unterschiedlich kombinierbar. Auf dem Kooperationsprogramm stehen Auckland, Wellington, Christchurch in Neuseeland, Brisbane, Cairns, Sydney, und Melbourne in Australien sowie Vancouver in Kanada. Wen es von Neuseeland in die Südsee zieht, fliegt mit »Air New Zealand« z.B. nach Samoa, Papeete, zu den Cook Islands oder nach Honolulu.

■ Der **Tarif** für dieses »LTU«/»Air New Zealand«-IT-Ticket ist in allen deutschen IATA-Reisebüros schon ab 2650 DM zu buchen. Stellt man Vergleiche an, wird offenbar, daß man für ähnliche Rund-um-die-Welt-Flüge bei anderen Airlines deutlich mehr hinblättern muß, daß diese interessante Flug-Kombination nur rund 500 DM teurer kommt wie ein einfaches Hin- und Rückflugticket nach Neuseeland ohne Stopover-Möglichkeiten. Kinder unter 2 Jahren bezahlen nur 10 % und haben, international einzigartig, dennoch 20 kg Freigepäck; Kinder von 2–11 Jahren fliegen für 50 %, und Jugendliche zwischen 12 und 21 Jahren bekommen 25 % Ermäßigung, was ebenfalls keine andere Airline bietet.

■ Auf der Ostroute darf das **Freigepäck** bei einer Reisedauer über 28 Tage 30 kg betragen; das genießt man sonst nur als First-Class-Passagier. Zusätzlich darf man pro Person noch einmal Sportgeräte (wie Fahrräder, Windsurfbretter, Faltkajaks, Bergsteiger-, Tauchausrüstung etc.) bis zu einem Gewicht von 30 kg mitnehmen, so daß man komplett auch auf der Ostroute auf 60 kg Freigepäck kommt; normal sind 20 kg. Auf der Westroute dann sind generell 64 kg frei, und wiederum darf man Sportgeräte im Gewicht bis zu 30 kg extra mitnehmen.

■ **Anreise:** Hin kommt man nach Düsseldorf und München zu spottbilligen Sondertarifen mit der Bahn oder einem preisgünstigen »LTU Drive & Fly«-Mietwagen (Abgabe am Flughafen). Wer sich vor dem Abflug oder nach der Rückkehr eine Nacht in einem Luxushotel gönnen will, zahlt unter dem Motto »LTU Sleep & Fly« nur ab 60 DM pro Person in Häusern von internationalem Standard.

■ **Sicherheit** und **Flugkomfort** werden groß geschrieben, wofür stehen mag, daß die »LTU« z.B. vom Flugzeughersteller »McDonnell Douglas« für die beste Wartung des neuen Großraumflugzeugs MD-11 ausgezeichnet wurde.

Billig-Flüge

Mit Billig-Flugtickets (meist sogenannten »Graumarkttickets«) reist es sich ganz normal nach Neuseeland, nämlich auch mit Linienflügen, etwa der »Air New Zealand«. Erhältlich sind diese Tickets jedoch nicht direkt bei den Airlines, sondern nur bei spezialisierten Billig-Reisebüros.

■ Da sich in **Deutschland** weit über 100 solcher Billig-Reisebüros etabliert haben und diese »Szene« laufend in Bewegung ist, soll hier auf Adreßangaben verzichtet werden. Die sogenannten Stadtzeitungen bzw. Szenemagazine der verschiedenen Landstriche bieten diesbezügliche Informationen; aber auch in den regionalen oder überregionalen Tageszeitungen sowie in den Reisemagazinen finden sich (oft klitzekleine) Inserate. Als billig und zuverlässig haben sich auch die Schüler- und Studenten-Reisebüros erwiesen, die in Universitätsstädten meist dem Campus angegliedert sind und in der Regel auch für Nicht-Studiosi gute Angebote parat haben.

Wer nahe der holländischen Grenze beheimatet ist und nichts gegen einen Abflug ab Amsterdam einzuwenden hat, sollte sich im Nachbarland umtun. Hier bekommt man oftmals Tickets, die allein schon dank der Währungsdifferenz bis zu 10 % billiger sind als in Deutschland. Nach unserer Erfahrung bietet das in jeder größeren Stadt vertretene »NBBS« stets die günstigsten Tarife an: etwa das in Arnheim direkt an der deutschen Grenze, Tel. Holland 071/22 14 14. Man kann auch aus dem Ausland telefonisch reservieren und buchen.

Der Billig-Flug-Dschungel wird fortlaufend dichter und entwickelt sich in der Tendenz zu einer Börse mit aktuellen Sonderangeboten und »Tagespreisen«. Wir verzichten daher auf exakte Tarifangaben, die morgen schon überholt sein können. So soll das nachfolgende Beispiel lediglich Anhaltspunkte für einen »marktgerechten« Preis geben: von Frankfurt nach Auckland ab ca. 1900 DM (via Bangkok, Hongkong, Singapore, Jakarta, Bali und/oder Australien) bzw. ab 2000 DM über die Westroute via USA oder Kanada und die Südsee.

Besondere Beachtung verdient auch die Gültigkeitsdauer des in Frage kommenden Flugtickets, denn die Flugscheine lassen sich nicht über ihre ursprüngliche Gültigkeitsdauer hinaus verlängern.

■ **Ab der Schweiz:** Abflug in Zürich oder Genf, die Tickets sind in der Regel ein Jahr gültig, und die günstigsten Tarife bietet hier der »Globetrotter Travel Service«, u.a. in Zürich, Rennweg 35, Tel. 01/211 77 80.

Ab Österreich: Abflug in Wien, und auch für Österreicher bietet es sich an, beim Globetrotter Travel Service in Zürich anzufragen.

Abflüge ab Graz, Klagenfurt, Linz, Salzburg sind in den meisten Fällen auch möglich; die Tickets werden dadurch jedoch um einiges teurer.

Von Asien/Australien

Ab Südostasien: Es bieten sich Flüge an von Bangkok/Thailand sowie Singapore und Bali nach Auckland. *Die* Airline auch auf diesen Strecken ist »Air New Zealand«, die zudem interessante Stopover-Angebote in Australien im Programm hat und eben auch mit dem deutschen Ferienflieger »LTU« zusammenarbeitet (s.o.), so daß man beispielsweise mit der »LTU« von Düsseldorf, Frankfurt oder München aus nach Südostasien fliegt, dort nach einem Stopover in die »Air New Zealand« umsteigt und direkt oder via Australien nach Auckland oder Wellington reist.

Weitere Airlines, die Neuseeland ab Südostasien bedienen, sind insbesondere »Thai Airways«, »Singapore Airlines« nebst der indonesischen »Garuda« und der australischen »Quantas«. Da sowohl Bangkok als auch Singapore und Bali Billig-Flugzentren sind, kann man die Tickets dort relativ günstig erstehen. So kostet ein Ticket von Bangkok (oder Singapore) nach Auckland und retour umgerechnet 1200 DM, und von Bali aus kann man schon für unter 800 DM nach Neuseeland hin und zurück reisen.

Addiert man aber diese Flugpreise zu denen für das Ticket von Europa nach Südostasien (ab 1200 DM, im Durchschnitt bei 1500–1700 DM), liegt der Gesamtpreis wesentlich höher als der für ein »Durchticket«, ja sogar noch höher als das oben beschriebene »Round the World Ticket«, das die »LTU« zusammen mit der »Air New Zealand« anbietet.

Ab Australien unterhalten zahlreiche Airlines Verbindungen nach Neuseeland, aber keine fliegt häufiger und von derart vielen Städten aus wie die »Air New Zealand«: u.a. bieten sich Flüge von Cairns, Perth, Sydney, Brisbaine, Melbourne aus an. Die Preise sind niedrig; ab Sydney kann man Retourtickets nach Neuseeland schon für umgerechnet 350 DM bekommen. Aber addiert man die Preise für das Ticket von Europa nach Australien hinzu, kommt es spürbar teurer, ersteht man zusätzliche Flugtickets erst unterwegs.

Begegnung mit Neuseeland

Steckbrief Neuseeland

■ **Lage:** Neuseeland erstreckt sich zwischen dem 166. und 179. Grad östlicher Länge sowie dem 34. und 47. Grad südlicher Breite im Südpazifik, rund 18 000 km von Mitteleuropa und noch 1600 km von Australien entfernt

■ **Staatsform:** konstitutionelle Monarchie im Commonwealth

Geographische Daten

■ **Fläche:** ca. 270 986 qkm (BRD: 365 945 qkm), davon entfallen 151 006 qkm auf die Südinsel, 117 663 qkm auf die Nordinsel, 1746 qkm auf die Stewart Island und der Rest auf die Chatham, Raoul- sowie Campbell-Inseln; hinzu kommen 474 280 qkm Hoheitsrechte über die Ross Dependency in der Antarktis

■ **Küstenlinie:** über 11 000 km

■ **Ausdehnung:** ca. 1600 km in Nord-Süd-Richtung, maximal 300 km in Ost-West-Richtung

■ **Höchste Berge** (alle auf der Südinsel): Cook 3754 m, Tasman 3500 m, Dampier 3440 m, Silberhorn 3279 m, Lendenfeldt 3201 m

■ **Höchste Vulkane** (alle auf der Nordinsel): Ruapehu 2797 m, Egmont 2518 m, Ngauruhoe 2290 m, Tongariro 1968 m

■ **Längste Flüsse:** Waikato (Nordinsel) 425 km, Clutha (Südinsel) 322 km, Wanganui (Nordinsel) 290 km, Taieri (Südinsel) 288 km, Rangitikei (Nordinsel) 241 km

■ **Größte Binnenseen:** Taupo (Nordinsel) 606 qkm, Te Anau (Südinsel) 344 qkm, Wakatipu (Südinsel) 293 qkm, Wanaka (Südinsel) 192 qkm, Ellesmere (Südinsel) 181 qkm

■ **Gletscher:** Über 350 Gletscher auf der Südinsel, die größten sind Tasman-Gletscher, Franz-Josef-Gletscher und Fox-Gletscher

Bevölkerung

■ **Bevölkerung:** ca. 3,54 Mio., von denen rund 16 % auf dem Land und 84 % in den Städten leben (in Deutschland leben rund 80 Mio., der Anteil der Stadtbevölkerung beträgt über 90 %).

■ **Bevölkerungsverteilung:** 2,64 Mio. Menschen, also rund 75 % aller Neuseeländer, leben auf der Nordinsel, hingegen nur 25 %, also rund 900 000 Menschen, auf der Südinsel

■ **Bevölkerungszuwachs pro Jahr:** ca. 0,4 %

■ **Bevölkerungsdichte:** ca. 12 Einwohner/qkm (BRD: 212 /qkm)

■ **Ethnische Minderheiten:** Maori (13 %), Polynesier (5 %), Chinesen (1,3 %), Inder (0,9 %)
■ **Lebenserwartung:** Frauen 79 Jahre, Männer 72 Jahre (BRD: 79 Jahre bzw. 73 Jahre)
■ **Religion:** Anglikaner (24 %), Presbyterianer (18 %), Katholiken (15 %), Methodisten (5 %), andere Religionen (22 %), Atheisten (16 %)
■ **Hauptstadt:** Wellington/Nordinsel (329 000 Ew.)
■ **Sonstige Städte:** Auckland/Nordinsel (929 000 Ew.), Christchurch/Südinsel (318 100 Ew.), Hamilton/Nordinsel (158 300 Ew.), Dunedin/Südinsel (112 400 Ew.)

Wirtschaft und Handel

■ **Bruttosozialprodukt/Kopf:** um 21 000 $ (BRD: über 30 000 DM)
■ **Wirtschaftswachstum:** über 2 %
■ **Arbeitslosigkeit:** durchschnittlich über 10 %
■ **Anteil der Landwirtschaft am Bruttoinlandprodukt:** ca. 8 %
■ **Anteil der Industrie am Bruttoinlandprodukt:** um 31 %
■ **Anteil der Dienstleistungen am Bruttoinlandprodukt:** um 61 %
■ **Hauptsächliche Exportgüter** (in Mio. $): Fleisch von Schaf und Rind (2799), Milchprodukte (2795), Nutzholz (2470), Früchte/Gemüse (1068), Wolle (1180)
■ **Hauptsächliche Importgüter** (in Mio. $): Maschinen (3018), Elektronikartikel (1865), Autos (2260), Mineralölprodukte (728)

»Das schönste Ende der Welt«

Geographie

Neuseeland – ein Abbild der Erde im Kleinformat. Zwischen dem 34. und 47. Grad südlicher Breite, auf halbem Weg zwischen Äquator und Südpol im Südpazifik gelegen, zieht es sich mit seinen beiden durch die (an der schmalsten Stelle 25 km breiten) Cook Strait voneinander getrennten Hauptinseln als ein Kaleidoskop geographischer Gegensätze über mehr als 1600 km Länge hin. Scheinbare Gegensätze rücken hier dicht aneinander: Wähnt man sich gerade noch im irischen Hügelland, so geht es alsbald schon durch Steppen, die an Zentralasien erinnern können. Palmengesäumte Sandstrände kontrastieren mit ebenmäßig geformten Vulkankegeln; oft ist es nur ein »Sprung« vom immergrünen Regenwald in heimisch anmutende Buchenwälder; zwischen Mondberge spannen sich sattgrüne Schafweiden und tiefblaue Seen; blubbernde Schlammtümpel, fauchende Geysire sowie Fumarolen und farbenprächtige Sinter-Terrassen sind weitere markante Merkmale der Nordinsel.

Im Westen wird das »schönste Ende der Welt«, wie es die Werbeprospekte ankündigen, von der Tasman-See umspült, im Osten vom Pazifischen Ozean. Die abgeschiedene Lage wird noch augenfälliger, vergegenwärtigt man sich die Entfernung nach Australien (mindestens 1600 km) oder gar nach Südamerika, die immerhin rund 12 000 km beträgt. Das hervorstechende Merkmal dieses Landes, dessen Bevölkerung zu über 80 % in Sichtweite der Küste lebt und dessen Küstenlinie mit 11 000 km länger als die der USA ist, ist seine enge Verbundenheit mit dem Meer, was auch der Name »Neuseeland« unterstreicht. Er geht zurück auf den Namen der überaus »amphibischen« holländischen Provinz Zeeland, der Heimat des berühmten Seefahrers *Abel Janszoon Tasman,* der 1642 als erster Europäer Neuseeland entdeckte.

Es gibt noch einen zweiten Namen für das Land, den nicht die Europäer, sondern vielmehr die zuvor eingwanderten Maoris prägten. Er lautet *Aotearoa* – »Land der langen weißen Wolke« – und spielt, wie das häufig für Neuseeland verwendete Synonym »pazifische Schweiz« auch, auf die Gebirge an, die über 30 % der gesamten Landmasse bedecken. Drei Viertel des neuseeländischen Bodens liegt höher als 200 m über dem Meer, Steilhänge von über 30 % Neigung bedecken die Hälfte der Landesfläche, und die Southern Alps der Südinsel türmen sich gar zu 22 Dreitausendern auf, von denen der Mount Cook mit 3754 m der höchste ist.

Neuseeland ist einzigartig, ja überwältigend und hebt sich mit seiner Vielfalt an Naturformen von allen anderen Ländern der Erde ab. Diesem Umstand verdankt es heute seinen touristischen Stellenwert, doch vergißt der Reisende bei aller Begeisterung für das abwechslungsreiche Erscheinungsbild nur allzu schnell, daß die ursprüngliche Natur nur in wenigen Ländern in so kurzer Zeit ähnlich massiv von Menschen zerstört und verändert: Noch vor 150 Jahren zu über 98 % mit primärer Vegetation bedeckt, besteht heute schon mehr als die Hälfte der Landfläche aus Weiden sowie Ackerland, und lediglich in den Nationalparks, die insgesamt rund ein Zehntel des Landes ausmachen, präsentiert sich die Natur noch mehr oder weniger in ihrer ursprünglichen Form. Und nur dort sind die sonst so allgegenwärtigen Zäune endlich verschwunden, und auf einer Fahrt über die Nordinsel wundert man sich ein um das andere Mal, wieviel Raum nur rund 2,6 Mio. Menschen für sich beanspruchen, von denen hier fast zwei Drittel immerhin in Städten leben. Selbst in den einsameren Regionen der Nordinsel macht sich die wirkliche Wildnis rar, und die ehemals so einzigartige Naturwelt beschränkt sich auf wenige geschützte Refugien.

Geologie und Morphologie

Dem Meer entstiegen, aus Feuer und Eis geboren

Die zahlreichen geologischen Eigenarten Neuseelands und ihr ästhetischer Anblick verleihen jeder Reise einen besonderen Zauber. Das Land offenbart in seinen Vulkanen und Geysiren, Bergen, Steppen und Tälern, Fjorden, Gletschern und Seen überall seine geologische Vergangenheit, läßt einen ständig Einblicke ins faszinierende Buch der Erdgeschichte nehmen. Es ist, aus heutiger geologischer Sicht betrachtet, das Ergebnis einer wodurch auch immer hervorgerufenen langsamen Bewegung riesiger Platten, aus denen die Oberflächenschichten der Erde bestehen. Dieser durch die Erdzeitalter andauernde Prozeß faltet durch Plattenkollision, bei denen unvorstellbare Kräfte wirksam sind, nicht nur Gebirge auf, er läßt auch Ozeane entstehen und vergehen sowie zerbricht und verformt ganze Kontinente.

So soll es auch vor etwa 500 Millionen Jahren geschehen sein, als Afrika, Südamerika, Australien, Neuseeland und die Antarktis mit Indien in einen einzigen großen Kontinent, *Gondwanaland,* vereint lagen. Er zerbrach in vier auseinander driftende Stücke, darunter der Kontinent *Tasmantis,* der aus Australien, Tasmanien und Neuseeland bestand und mit der Antarktis über eine Landbrücke verbunden war. Die stetige Absenkung des Meeresbodens, die etwa vor 250 Millionen Jahren einsetzte, sowie die äonenlang an den Küsten nagende Erosion führte schließlich dazu, daß das Meer in die Senken zwischen Neuseeland und Australien sowie der Antarktis einbrach, wodurch vor rund 70 Millionen Jahren die isolierte Entwicklung des damals noch von Neukaledonien bis zu den Chatham Inseln reichenden Ur-Neuseelands ihren Anfang nahm.

Nach 40 Millionen Jahren etwa, als sich die Dramartugie auf der südlichen Planetenhälfte wiederum änderte, hatte die Ersoion Neuseeland, das einst Berge bis über 10 000 m Höhe gehabt haben soll, in eine zerrissene Inselgruppe verwandelt, die nicht mal ein Viertel der heutigen Landmasse umfaßte. Doch saß die eine Hälfte dieses weit auseinandergezogenen Archipels dem Rand der australisch-indischen Kontinentalplatte auf, so andere Teile dem Rand der pazifischen Platte, die sich nun, hervorgerufen durch die Kontinentaldrift, quasi ineinander verkeilten. In der Folge schob sich die indisch-australische Erdplatte auf die pazifische; von nun an und bis in unsere Tage hinein waren die neuseeländischen Inseln Schauplatz ständiger geologischer Aktivitäten:

Unter dem enormen Druck der Plattenkollision wurden entlang der Frontalränder die neuseeländischen Berge aufgefaltet. Überall entstanden Falten und Mulden, Gräben und Erhebungen; gleichzeitig stieg Magma zur Erdoberfläche und brach aus den Vulkanen hervor. Daß der Prozeß der neuseeländischen Genese noch lange nicht beendet ist, beweisen die vielen ruhenden Vulkane nebst den drei überaus aktiven Mount Ruapehu, Mount Ngauruhoe und Mount Tongariro ebenso wie die brodelnden Schlammlöcher und Geysire im thermalen Wunderland Rotoruas. Auch die rund 150 Erdbeben, die heute von den zahlreichen seismographischen Stationen des Landes jährlich verzeichnet werden, sind diesen Spannungen im Erdinnern geschuldet; wie die Statistik zu vermelden weiß, kommt es »nur« ein rundes Dutzend Mal pro Jahr zu stärkeren, spürbaren Beben der Stärke Fünf auf der Richterskala sowie etwa alle 10 Jahre zu einem Beben der Stärke Sieben oder mehr.

Aber Neuseeland verdankt seine Schöpfung nicht nur dem »Feuer«, sondern auch dem Eis, wurde es doch im Zeitalter des Pleistozäns, das vor rund 2 Millionen Jahren begann und erst vor etwa 10 000 Jahren endete, maßgeblich von den Eiszeiten geformt. Die Gletscher des südlichen wie nördlichen Berglandes wuchsen, in geologischen Zeiträumen gemessen, blitzartig an, verbanden sich zu mächtigen Eisströmen, die schließlich, Lage um Lage, das gesamte Land unter einem dicken Eispanzer begruben. Auf den Höhepunkten der Vereisung soll die Eisdecke bis über 1000 m stark gewesen sein. Unter der Last von Milliarden Tonnen Eis tauchte das Land tief in den darunterliegenden Erdmantel ein. So ist – im Zeitraffer der Erdgeschichte gesehen – nichts auf der Welt für die Ewigkeit geschaffen. Auch die Berge nicht, denn was das Eis mit den neuseeländischen Bergen angerichtet hat, findet auf der Erde nur wenige Gegenstücke. Viele hundert Meter Urgestein hat es von den Gipfeln abgetragen, fast unvorstellbar geriet das Ergebnis der Hobelarbeit in den Tälern. Es ist bestimmt nicht übertrieben zu sagen, daß Neuseeland ein vollkommen vom Eis geformtes Land ist.

Vor ca. 10 000 Jahren schließlich begann als Folge von noch ungeklärten Klimaverbesserungen das Eis zu schmelzen, und schon etwa 5000 Jahre später, eine erdgeschichtliche Nanosekunde nur, beschränkt es sich lediglich auf wenige Refugien im Bereich der Bergwelt, wo noch heute landesweit sieben große und rund 350 kleinere Gletscher zu zählen sind.

Im Bann der Eiszeit

Warum die Eiszeiten entstanden, ist eine Kernfrage, über die die Diskussion noch immer kontrovers ist. Die Wissenschaft hält verschiedene Hypothesen bereit. U.a. die einer kurzeitigen Abnahme der Strahlungsintensität der Sonne, einer geringen Änderung des Standes der Erdachse oder der Bewegung der Erde um die Sonne, eines gewaltigen Vulkanausbruchs, der die Sonne verdunkelte, und viele andere mehr. Noch keine vermochte es bislang, die Ursachen insgesamt befriedigend zu erklären. Vereinfacht gesagt, entstand die Vereisung vermutlich als Folge von Klimaverschlechterungen, wobei diese selbst nicht Ursache, sondern Wirkung waren.

Der Einbruch der Kaltzeit führte dazu, daß die Sommer immer kürzer und die Winter immer länger wurden, der Schnee in immer größeren Mengen fiel und immer länger liegen blieb, bis es zuletzt das ganze Jahr über schneite. Die weiße Pracht häufte sich an, insbesondere natürlich in den Gipfelzonen der Berge, und wandelte sich nach Überschreiten eines Grenzwertes durch den entstandenen Druck in Firnschnee (dichter, körniger und luftärmer als Schnee), darauf in Firneis (plastische, dadurch bewegliche gekörnte Masse mit Luftzwischenräumen) und schließlich in dichtes (da luftloses) Gletschereis um, dessen spezifisches Gewicht etwa 0,9 g beträgt, weshalb Eisberge schwimmen können, und dessen Eiskörnchen lamellar aufgebaut sind, weshalb es sich unter Druckeinwirkung verschiebt. So kam das Eis, der Schwerkraft folgend, in Bewegung, stieß von den Bergen herab und bildete schließlich eine Eiskuppe, die an der Westküste der Südinsel bis zu 1000 m stark gewesen sein soll.

Dieser Glazialpanzer band unvorstellbar viel Wasser, worauf die Ozeane derart stark zusammenschrumpften, daß der Meeresspiegel nahezu 100 m unter den heutigen sank. Dennoch nahm die Landmasse nicht etwa zu, sondern sogar ab, da die gigantische Eislast große Teile des heutigen Neuseelands in die Erdrinde hinabdrückte. Aber die Eiswalze stauchte das Land nicht nur zusammen, sondern veränderte es grundlegend, weil sie praktisch wie eine Kombination aus Planierraupe, Bulldozer, Fräse und Dampfwalze arbeitete. Alles erlag ihrer Gewalt, nichts konnte widerstehen, am wenigsten der präglaziale Schutt, den sie forttrug und an den Rändern ihres späteren Abschmelzens als Endmoränen wieder preisgab. Auch die feste Gesteinsoberfläche wurde von der zusammenhängenden Inlandeisdecke in charakteristischer Weise und je nach den vorhandenen Gesteinsarten modelliert.

Steter Tropfen höhlt den Stein

Als die eiszeitlichen Gletscher abgeschmolzen waren – ein Vorgang, der in Neuseeland erst vor ca. 5000 Jahren ein Ende fand –, wurde eine völlig von Erde und Pflanzendecke entblößte Felslandschaft freigelegt, die schutzlos den Kräften der Erosion ausgeliefert war. Diese sind unverändert am Werk und führen dazu, daß die Landschaft ständigen Veränderungen unterworfen ist – fast unmerklich zwar, aber dennoch unaufhaltsam.

Eine der wichtigsten Waffen in dieser Schlacht sind die Niederschläge, die Jahr für Jahr herabprasseln. Regen und geschmolzener Schnee sammeln sich in Felsspalten, dehnen sich winters aus, wenn sie gefrieren, und sprengen dadurch Felsen, erweitern Spalten und vertiefen Rinnen. Die weicheren Gesteinsschichten – etwa die sedimentären – sind natürlich am anfälligsten, aber selbst härtestes Gestein (wie Gneis und Granit) wird schließlich auf diese Weise bezwungen. In den Monaten zwischen November und März aber, wenn die Temperaturen größtenteils über dem Gefrierpunkt liegen, muß das Regenwasser, das auf die Berge fällt, auf seinem Weg zum Meer einen Höhenunterschied von bis über 3000 m überwinden. Somit ist die Kraft, mit der es in den Fels eindringt und Gestein davonträgt, das gerade vom Frost herausgesprengt wurde, wesentlich größer als die, die der Regen hat, wenn er sich über eine Küstenebene ergießt.

Noch wirkungsvoller sind vielleicht die Wellen und die Sedimentfrachten, die sie mitbringen, wenn sie gegen die Küste anbranden und ihr bei jedem Wogenschlag zusetzen. Wasser kann in natürliche Felsspalten eingeschlossen werden, wodurch es zu solch starker Komprimierung der Luft kommt, daß Druckkräfte entstehen, die durchaus in der Lage sind, tonnenschwere Felsbrocken abzusprengen. Gegen Klippen anbrandende Wellen umfluten und vergrößern unaufhörlich alle Spalten und Risse im Gestein, tragen den Fuß des Felsens ab, bis der unterspülte Überhang herabstürzt. Andere Bereiche werden so weit abgetragen, bis nur noch waschbrettartige Felsbänder übrig sind. Aber auch sie werden von den wie Schmirgel wirkenden Felsbrocken und Kieseln abgeschliffen, die sie selbst den Wellen überlassen haben. Durch diesen Prozeß werden die Felsbänder weiter abgetragen, bis sie unter Wasser liegende Plattformen bilden. Auf denen lagert sich Gesteinsschutt, der allmählich immer feiner zermahlen wird, bis er jene Körnigkeit aufweist, daß man ihn als Sand bezeichnen kann. Anfangs ist die Sandschicht noch dünn, aber innerhalb weniger Jahrhunderte kann ein echter Strand entstehen: schmal und begrenzt durch

Felszungen und Klippen, gegen die das Meer jetzt in seinem unablässigen Kampf gegen die Küste angreifen kann.

Licht über Neuseeland

Farben sind die lebendige Sprache des Lichts. In Neuseeland läßt sich in besonderem Maße erfahren, wie Farben Einfluß auf die menschliche Psyche nehmen können. Abgesehen von dem ästhetischen Genuß am Schönen, den sie vermitteln, wird noch etwas Tieferes und Subtileres durch diesen Einfluß der Farben im Bewußtsein ausgelöst: Stille. Genau diese Stille prägt das Licht über der Nordinsel. Seine andere Qualität ist die Transparenz. Die Konturen ferner Gebirge erblickt man wie aus einem Glaskasten, das die Unendlichkeit als Relief zeigt. Und welche Farben dieses Licht hat! Mal hält es sich schwebend zwischen Blau und Grau mit Andeutungen satten Gelbs, dann scheint es aus Ultramarin gewebt oder aus jenem Blau, wie es im Perlmutt schimmert. Mal ist es von solcher Kraft, daß sich die Landschaft vom Himmels abhebt, als ob sie die Quelle des Lichts wäre. Dann wieder ist es grau, und Seen und Fjorde liegen wie blind gewordene Spiegel silbergrau unter einem eintönigen, doch niemals langweiligen Himmel. Natürlich kennt es auch Rot- und Brauntöne bzw. sämtliche Nuancen dazwischen. Das Licht herrscht nicht über Neuseeland, es ist Neuseeland. Selbst die Nächte sind nicht völlig dunkel: Ein seltsam diffuses Licht durchdringt das Land, das von den außerordentlich hell strahlenden Sternen ausgeht und so im wahren Sinn des Wortes »astral« ist.

Flora

Mit weniger als 2000 höheren Arten gehört Neuseeland zu den Regionen mit einer vergleichsweise armen Pflanzenwelt. Extrem hoch dagegen ist der Anteil an endemischen, also nur hier und nirgends sonst vorkommenden Pflanzen; so sind nahezu alle Bäume und zudem über 80 % der Blütenpflanzen endemisch. Dieses Phänomen tritt auch in anderen Inselstaaten auf, etwa auf den Kanaren, Madagaskar oder Hawaii. Die Gründe diskutieren die Wissenschaftler seit Jahren, und die Erklärungen reichen von vulkanischen Einflüssen bis zur zufälligen Mutation mit folgender Selektierung (Mutationshypothese). Einleuchtender scheint die Relikthypothese, die Endemismus als authentisches Überbleibsel aus längst versunkenen erdgeschichtlichen Epochen versteht. Als Beweis verweisen die Befürworter darauf, daß an vielen Orten in Chile, auf Australien und anderen Ländern, die einst zusammen mit Neuseeland zum Urkontinent Gondwanaland gehörten, Fossilien von Blättern und Früchten gefunden wurden, die heute nur noch auf Neuseeland gedeihen.

Auch die Relikthypothese vermag nicht alle Rätsel zu lösen, warum es etwa hier viel mehr Lokalendemismus als anderswo gibt, ja, wieso Lokalendemismus überhaupt entstehen kann. Ein neuseeländisches Schulbuch zur Biologie antwortet originell und ehrlich: »Wir wissen es nicht; wie man soll man über den Ursprung einer Pflanzenwelt etwas aussagen können, wenn sich die Botaniker bis heute noch nicht einmal über den Artenbegriff selbst einigen konnten...?«

Die Vegetationszonen

Alexander von Humboldt machte die wissenschaftlich so bedeutsame Entdeckung, daß die Vegetation in ihrer ursprünglichen Ausprägung stets das Abbild der klimatischen Gegebenheiten ist. Die Idee der Pflanzengeographie erklärt, daß jeder Klimazone eine bestimmte, ihr eigene Vegetationszone entspricht, mit der die Tierwelt natürlich in Wechselbeziehung steht. – Dieser Idealzustand erfuhr durch menschliche Einflüsse vielerorts eine starke Veränderung: In Neuseeland hat man Wälder gerodet, Kulturpflanzen angebaut, Strauchsteppen der Weidenutzung unterworfen, so daß die natürliche, größtenteils endemische Vegetation weitgehend verdrängt worden ist. Selbst die Nationalparks (s.u.) geben kein adäquates Bild der Vergangenheit wieder (s.u. unter »Grenzen des Wachstums«).

■ Aufgrund des gemäßigten Klimas, ozeanisch beeinflußt und größtenteils feucht, entwickelte sich in weiten Teilen der beiden Hauptinseln Neuseelands **immergrüner Regenwald** als Primärvegetation. Er gilt als direkter Nachkomme der Urwälder vom Urkontinent Gondwanaland (s.o. unter »Geologie«) und vermag hier selbst Steilhänge von bis zu 50° Neigung in Grün zu kleiden, weshalb oft die steilsten Flanken mit dichtem Bewuchs überraschen. Welche Pflanzen in diesem Regenwald tonangebend sind, hängt von der Breitenlage sowie der Höhe ab: Die sogenannten Kauri-Podocarpaceen-Hartholz-Wälder, in denen der bis zu 50 m hohe und bis zu 3000 Jahre alte *Kauri*-Baum dominiert, Neuseelands einziger Vertreter der Araukariengewächse, kommen nur nördlich des 38. Breitengrades im Norden der Nordinsel vor.

Auch in den südlicheren Lagen sind die Podocarpaceen-Hartholz-Wälder vertreten. Diese Mischwälder gedeihen bevorzugt im Tiefland und in den unteren Höhenlagen der Nordinsel. Sie dominieren *Podocarpaceen,* eine archaische Koniferenfamilie, die vor Ort mit acht Gattungen vertreten ist, sowie besonders der bis zu 30 m hohe *Totara,* der bis zu 60 m hoch wachsende Sumpfbewohner *Kahikatea* nebst dem *Rimu,* Neuseelands wichtigstem und bis 30 m hohen Nutzholzbaum. Sein Pendant unter den Laubbäumen dieser Waldformation ist der *Kamahi,* und nur an den Bergrücken wird man häufiger auf Südbuchenarten (s.u.) stoßen.

Neben den Podocarpaceen-Hartholz-Wäldern bilden die Hartholz-Küstenwälder die zweite Variation des Regenwaldes. Sie bestehen im großen und ganzen aus breitblättrigen Laubbäumen sowie aus Farnen und Nikau-Palmen, die diesen Wäldern einen üppigen, ja tropischen Anstrich verleihen. Bei der Nikau-Palme, die hier bis zum 44. Breitengrad gedeiht und Höhen von bis zu 10 m erreichen kann, handelt es sich um die am südlichsten vorkommende Palme überhaupt; vor allem im Bereich von Coromandel und Northland bildet sie größere Bestände. Auf Farne hingegen kann man im Küstenbereich fast überall stoßen; von den weltweit rund 900 bekannten Arten kommen etwa 200 auf Neuseeland vor. Am besten bekannt ist der Silberfarn, bis 9 m hoch und der an seiner Farnwedel-Unterseite unschwer zu erkennen. Er bildet das Nationalsymbol neuseeländischer Sportler bei internationalen Wettkämpfen, kann aber in Sachen Größe und Schönheit nicht mit dem schwarzen Baumfarn konkurrieren, der anhand seines schlanken Stammes (bis 18 m hoch) und der bis 12 m durchmessenden Wedel leicht zu bestimmen ist.

■ Der **immergrüne Bergwald,** auch Südbuchenwald und hier meist *beech forest* geheißen, herrscht auf der Nordinsel überall dort vor, wo aufgrund von Höhe oder Breitenlage die Temperaturen geringer als im Tiefland sind. Da aber die größten Bestände den Äxten der Pioniere zum Opfer fielen, sind diese Wälder nur noch entlang des Berglandes zu finden, das sich vom Ostkap aus südwestwärts bis zum Lake Taupo erstreckt und sich vornehmlich aus den Schutzgebieten des Raukumara-Forest-Parks, Urewera-Nationalparks sowie Whirinaki- und Kaimanawa-Forest-Parks zusammensetzt. Von seinem Aufbau her ist er wesentlich einfacher als der »mehrgeschossige« Regenwald, kennt nämlich nur eine Ebene, präsentiert sich aber dennoch als schier undurchdringliche Wand, die erst im Bereich der Baumgrenze etwas lichter wird. Bestandbildend sind in diesen Wäldern eine oder mehrere immergrüne Arten der Gattung *Nothofagus,* die ebenfalls als Relikt des Urkontinentes Gondwanaland gelten und nur wenig mit den europäischen

Riesenfarn am Fuße des Mount Taranaki ▶

Buchen gemeinsam haben. Vier Arten kommen in Neuseeland vor: Bevorzugt der bis 40 m hoch wachsende *Red Beech* eher feuchte Böden in mittlerer Höhenlage, so gedeiht die *Silver Beech,* die häufigste Art, in allen Zonen zwischen Meeresniveau und Baumgrenze; die *Black Beach* sowie *Hard Beech* sind insbesondere in den mittleren Lagen vertreten; und die Unterart *Mountain Beech* schließlich macht bis in die subalpine Zone hinein von sich sehen.

■ Oberhalb der Baumgrenze, die auf der Nordinsel bei 1100 m liegt, prägt **Buschwerk** die Vegetationszone. Sie besteht im großen und ganzen aus immergrünen, subalpinen Sträuchern und geht mit zunehmender Höhe in die nächste Zone über, ins

■ **Grasland** vom Typ *Tall Tussock:* Diese Formation arrangiert sich mit Trockenheit und Wind und wird von den bis zu 2 m hohen, vor Ort aber nur bis 50 cm aufragenden Büschelgräsern dominiert, von denen der *Snow Tussock* und der aufgrund seine Farbe *Red Tussock* geheißene am weitesten verbreitet sind.

Grünes Universum

Blaugrün schimmerndes Licht, die Luft von zäher Feuchtigkeit erfüllt. Es riecht nach Moder und einem in Jahrmillionen gewachsenen Kompostboden aus toten Blättern und faulendem Holz. Aus umgestürzten Stämmen wuchern weiße und rosafarbene Giftpilze. An den Rinden der bis 5 m dicken Baumriesen sprießen büscheldicke Parasitengewächse mit aufreizend gelben und violetten Blüten. Dunkelgrüne, armdicke Lianen ranken wie eine zweite Haut zum 50 m entfernten Licht empor und verwickeln sich zu monströsen Strängen, die in der Höhe diese grünen Kathedralen zu tragen scheinen...

Das »grüne Universum« des immergrünen Regenwaldes dient seit über 130 Millionen Jahren der Evolution als unerschöpfliches Experimentierfeld. Rund 5 Millionen der insgesamt ca. 10 Millionen auf der Erde vorkommenden Arten leben hier, wo allein über 3500 verschiedene Baumarten bekannt sind, von denen manche wiederum bis zu 1700 Insektenarten als Lebensraum dienen.

Charakteristisches Kennzeichen des Regenwaldes ist seine stockwerkartige Gliederung. Bis 60 m hohe Holzgiganten überragen Bäume von 30 oder 40 m Höhe, deren dichtes Kronendach Licht und Regen filtert, das Klima bis hinab zum Boden bestimmt. Dazwischen siedeln Parasiten und Epiphyten, etwa Lianen, Orchideen, Farne, Rhododendren: Pflanzen, die zwar auf anderen wachsen, sich aber im Gegensatz zu den Parasiten selbständig ernähren. Eine Strauch-, Moos- oder Krautschicht fehlt nahezu völlig. Der Boden selbst ist meist lehmig, nur mit einer dünnen Humusschicht bedeckt und nicht etwa fruchtbar, sondern geradezu nährstoffarm. Das steht jedoch nicht im Widerspruch zur Fruchtbarkeit des Regenwaldes, denn dieser bildet ein in sich geschlossenes System, dessen vorwiegende Nahrungsquelle seine eigene verwesende organische Substanz ist.

»Flammendes Feuermeer«

Die Laubfärbung der »Foliage«, wie die Kanadier ihr »flammendes Feuermeer« des Spätherbstes nennen, hat nichts (bzw. nichts Ausschließliches) mit der Breitenlage von Nordneuseeland zu tun, sondern vielmehr etwas mit Biochemie und natürlich den vorkommenden Bäumen und Sträuchern. Im Sommer, wenn der Tag hier bis 17 Stunden währt, produzieren die Blätter mit Hilfe der Sonnenenergie Zucker und andere Nährstoffe, die die Pflanze zum Leben benötigt. Konkret findet in diesen »Zuckerfabriken« eine Umwandlung von Kohlendioxid und Wasser statt, wofür neben Licht auch Chlorophyll vorhanden sein muß, ein grünes Pigment, das in den Blättern ebenso enthalten ist wie gelbe, goldene und rote Farbstoffe.

Letztere kommen sommers, wenn Chlorophyll dominiert, nicht zum Zug, sehr wohl aber im Herbst, wenn die Blätter die Produktion drosseln und ihre Lager an Zucker und anderen verwertbaren Stoffen räumen, die nun als Wintervorrat in die Zweige sowie den Stamm abtransportiert werden. Jetzt zerfällt das Blattgrün, und hervor kommen andere, den Blättern inhärente Pigmente: das gelbe Xantophyll, das goldene Carotin und schließlich, aber nicht in allen Bäumen und Sträuchern enthalten, das Anthocyan. Aber es kann sich nur bilden, wenn kalte Tage vorausgingen, auf die noch einmal sommerliche Wärme folgt. Dann nämlich nehmen die Blätter die eingestellte Zuckerproduktion erneut auf, doch wegen der Kälte zur Nachtzeit ist der Abtransport blockiert, wodurch der Zucker festsitzt.

Dies die Voraussetzung des »Indian Summer«, und auch Erklärung, warum er nicht alljährlich seine Pracht entfaltet. Warum er sich aber, wenn zum Tragen kommend, nicht immer in der gleichen Farbe präsentiert, ja warum Bäume der gleichen Art oft unterschiedlich gefärbt sind, das hat eine andere Ursache. Nämlich die, daß dieses Pigment wie Lackmuspapier reagiert und jede Farbe zwischen Blutrot und Bläulich annehmen kann, je nach dem, ob die übrigen Substanzen im Blatt sauer oder alkalisch sind.

Fauna

Auch die Tierwelt Neuseelands kennt eher wenige Arten, vergleicht man sie mit ähnlich großen

Lebensräumen in gemäßigten Breiten. Schuld daran trägt die lange Isolation der Insel, denn als der Urkontinent Gondwanaland auseinanderzubrechen begann, wurde die Welt noch von den Sauriern beherrscht, so daß keine höheren Säugetiere, die sich seinerzeit erst langsam auf der Erde auszubreiten begannen, einwandern konnten. Der Kontinent Tasmantis dann war von anderen Landmassen isoliert, und als schließlich auch die letzte Landverbindung zwischen Neuseeland und der Antarktis sowie Australien zerbrach, lebten im Inselreich so wie zuvor keinere höheren Arten, sondern lediglich Vertreter bzw. Nachkommen der archaischen Gondwana-Fauna. Daran hat sich, auch über die Eiszeiten hinweg (als viele archaische Arten zudem ausstarben), bis heute eigentlich nichts geändert. Ausnahmen bilden lediglich die von den europäischen Besiedlern eingeschleppten bzw. eingeführten Tierarten. Denn während der rund 80 Mio. Jahre währenden Inselisolation erreichten nur solche Lebewesen von außerhalb den Archipel, die schwimmen oder fliegen konnten. Deshalb weist die einheimische Fauna ein paar wenige tropisch-melanesische sowie vor allem australische Elemente auf, kennt aber, mit Ausnahme von zwei Fledermausarten, keine natürlichen Landsäuger.

Die Vögel

Die Vögel sind mit rund 250 Arten, darunter aber nur 190 Brutvogelarten, zwar nicht gerade übermäßig vertreten, bieten aber doch den größten Artenreichtum der neuseeländischen Fauna überhaupt, da es diesen Tieren natürlich am leichtesten fiel, etwa von Australien her einzuwandern. Andere Arten sind uralt, zählen gar zu den ursprünglichsten überhaupt. Ungewöhnlich ist allerdings die hohe Anzahl an Vögeln, die die Fähigkeit zu fliegen entweder ganz oder teilweise verloren haben. Dieses Phänomen resultiert daraus, daß es hier keine für Vögel gefährlichen Landsäuger gibt, also keine natürlichen Feinde.

■ So konnten die Landvögel ökologische Nischen besetzen; und ein typisches Beispiel für die erstaunliche Anpassungsfähigkeit ist der **Kiwi,** Neuseelands Wappentier und gleichzeitig wohl prominentester Vertreter der insularen Vogelwelt überhaupt. Er ist um 40 cm groß, trägt ein graubraunes Gefieder, einen sehr langen, spitzen Schnabel und lebt im Wald, den er nachts, und zwar zu Fuß, nach Nahrung durchstöbert. Er hat sich, noch vor wenigen Jahrzehnten landesweit vertreten, mittlerweile in dünn besiedelte Gebiete zurückgezogen. Schuld daran trägt der Mensch, indem er Tiere, insbesondere Säuger einführte, die innerhalb kurzer Frist ganze Populationen einheimischer Tiere, an keine Feinde gewohnt, zerstörten. So ist der Kiwi heute vom Aussterben bedroht, wie Neuseeland überhaupt mit der ökologischen Katastrophe leben muß, daß der Anteil bedrohter oder gerade ausgestorbener Vogelarten ziemlich hoch ist.

■ Auch der **Takahe,** flügellos und mit einem herrlichen Gefieder in Blau und Grün ausgestattet, gilt als Vertreter der archaischen Fauna und ist heute vom Aussterben bedroht bzw. galt bereits als ausgestorben, bis man 1948 in einem unzugänglichen Tal im Fjordland eine letzte Kolonie dieses huhngroßen Vogels fand. Bis heute ist es nicht gelungen, mehr als 200 Takahes in unsere Zeit hinüberzuretten, da im anstehenden Lebensraum eklatanter Nahrungsmangel herrscht; das vom Menschen eingeführte Rotwild frißt nämlich die gleichen Pflanzen.

■ Andere Vogelarten haben wichtige ökologische Funktionen auf dem Archipel übernommen haben, die anderswo u.a. von den Säugern bzw. Insekten versehen werden. Das bekannteste Mitglied dieser Familie stellt der rund 30 cm große **Tui,** der an seinem grünschwarzen Gefieder und einem Büschel weißer Federn an der Kehle unschwer zu erkennen ist. Er ernährt sich von Honig, bestäubt daher nektartragende Blumen und hat sich der durch den Menschen veränderten Umwelt gut angepaßt, weshalb seine schrillen Pfeiflaute genauso zu Neuseeland gehören wie der glockenähnliche Klang der **Bellbirds.** Diese Vögel, olivgrün gefärbt und daher im Wald, ihrem Lebensraum, kaum je auszumachen, nehmen die Stellung der europäischen Nachtigall ein, gelten also als vortreffliche Sänger. Wer in Neuseeland unterwegs ist, wird es ein ums andere Mal genießen können, bei Sonnenaufgang vom »Gebimmel« eines ganzen Bellbird-Chors geweckt zu werden.

■ Auch der einzig bekannte Bergpapagei auf der Erde, der **Kea,** hat sich der veränderten Umwelt gut angepaßt. Er wandelte sich vom Vegetarier zum Fleischfresser, genießt aber weder bei In- noch bei Ausländern ein hohes Ansehen, da er für seine »Bösartigkeit« berüchtigt ist: Ganz wild scheint er auf Gummidichtungen an Autos zu sein, die er gnadenlos zerbeißt; auch Autoantennen und Scheibenwischer zu verbiegen bereitet ihm anscheinend eine Freude, und selbst das Zerstören von Schuhen und Trekkingstiefeln sagt man ihm nach. Wer jemals Augenzeuge dabei war, mit welcher Lust sich ein Kea-Schwarm auf ein Zelt stürzen kann, um die Zeltwand zu zerstören, der wird zukünftig auf der Hut sein und vielleicht nicht gerade dort zelten, wo diese Papageienvertreter zuhauf vorkommen.

■ Weit verbreitet sind sonst eigentlich nur die **Watvögel** und insbesondere die **Seevögel,** die zu rund 60 % endemisch sind und u.a. so auch so seltene Vertreter wie die **Pinguine** umfassen.

Säugetiere

■ Die natürlichen **Landsäuger** machen sich auf der Inselwelt äußerst rar: Lediglich zwei Fledermausarten kamen einst von Australien herüber.

■ Die vom Menschen, insbesondere von den europäischen Pionieren, **eingeschleppten Säugetiere** stellen heute die größten Populationen im neuseeländischen Tierreich überhaupt. Läßt man die Haustiere wie Schafe, Ziegen, Katzen, Schweine, Rindviecher etc. außer Acht, haben vor allem Kaninchen, Vertreter der Marderfamilie, Rotwild und Opossums die Fauna des Inselreiches derart aus dem Gleichgewicht gebracht haben, daß man von einer ökologischen Katastrophe sprechen kann, die sich folgenreicher als die Eiszeit auswirkte!

■ Aus Ställen ausgerückte **Kaninchen** beispielsweise, die in Neuseeland keine natürliche Feinde hatten, vermehrten sich binnen kurzem derart stark, daß die Grasländer in ernsthafte Gefahr gerieten und bald schon die Versorgung sogar der Schafe gefährdet war. In Australien, wo die Entwicklung ähnlich verlief, setzte man im Kampf gegen die Nager bösartige Viren ein, doch weil man hier nicht den Fehler des Nachbarlandes wiederholen wollte, importierte man Wiesel und Marder. Doch die Räuber ließen die Kaninchen unbehelligt und gönnten sich lieber einen Vogelschmaus, da hier viele Vögel nicht des Fliegens mächtig sind. – Deshalb verzeichnet Neuseeland die höchste Rate an gerade ausgestorbenen und direkt vom Aussterben bedrohten Vogelarten, und deshalb stellte man, um der Plage Herr zu werden, vergiftete Fallen für die Kaninchen auf.

■ Ebenso fand das importierte **Rotwild,** Rehe und Hirsche, keine Feinde vor und vermehrte sich derartig, daß ganze Waldbestände vom Untergang bedroht waren. Seitdem erlegte man unzählige Tiere von Helikoptern aus mit Maschinengewehren. Diese »effektive« Jagdmethode gewährleistet einen hohen Wildverzehr im Land.

■ Auch **Opossums,** zu Anfang dieses Jahrhunderts für den Aufbau einer Pelzindustrie von Australien her eingeschleppt, würden wohl millionenweise verspeist werden, wäre ihr Fleisch nicht oft mit TBC verseucht. Nur ein einziges Restaurant in Wellington hat sich bislang auf die Zubereitung dieser putzigen Tiere spezialisiert. Weil dem nachtaktiven Nager durch nichts beizukommen ist, wurden überall im Land vergiftete Fallen aufgestellt. Doch ist er meist zu schlau, um so ins »Netz« zu gehen. Selbst Fellprämien zu zahlen hat sich als nicht sehr ergiebig erwiesen, weshalb nun die Regierung versucht, jeden Neuseeländer persönlich in den Kampf zu integrieren, indem sie z.B. öffentlich dafür Stimmung macht, daß Autofahrer den zutraulichen Opossums auf der Straße nicht ausweichen: »Dann wissen Sie, daß sie Neuseeland einen Gefallen getan haben« Was davon zu halten ist, mag jeder für sich selbst entscheiden; wir zumindest halten diesen Versuch der Problemlösung für inhuman, sahen wir doch viele angefahrene Opossums halb verendet über die Straße kriechen.

Sicher: Rund 80–100 Millionen Opossums, dies die geschätzte Zahl, sind eine ökologische Belastung, und jährlich werden es angeblich rund 25 Millionen mehr, die den bislang auf jährlich etwa 50 Millionen Dollar geschätzten Schaden noch erhöhen: Opossums fressen Vogeleier, Baumrinde, Sprößlinge, können durchaus ganze Wälder vernichten. Doch sollte sich ein Land, daß sich sonst so stolz auf seine »Ehrfurcht vor dem Leben« gibt und gegen Massenmorde anderswo engagiert, anderer Mittel besinnen, will es nicht an Glaubwürdigkeit verlieren.

Amphibien

Die Amphibien, die hier nur in drei kleinen Arten vorkommen, stellen die älteste Gruppe der Landtiere. Den nur auf Neuseeland beheimateten, nachtaktiven **Leiopelma-**Frosch, der nicht am Wasser lebt, bezeichnen Zoologen als »Urfrosch auf Erden«.

Reptilien

Die Reptilien sind mit ca. 40 Arten nicht gerade reich vertreten. Schlangen fehlen ganz, ebenso Landschildkröten, und eigentlich kommen nur Eidechsen vor sowie natürlich der **Tuatara,** eine Brückenechse, die sich während der letzten 200 Mio. Jahre nur unwesentlich verändert hat und daher als »lebendes Fossil« bezeichnet wird. Finden wird man diese steinalte Kriechtiergattung, die als Nachfahre der Saurier gilt, bis zu 60 cm lang und rund 1 kg schwer werden kann, als Laie aber kaum: zum einen bewohnt sie nur noch wenige geschützte Refugien, zum anderen versteckt sie sich tagsüber in Höhlen und geht nachts auf Jagd.

Wirbellose

■ Die Wirbellosen vertreten in der Inselwelt eine auffallend große Anzahl an **Wurm- und Schneckenarten**, über 500 etwa. Die meisten von ihnen waren schon auf dem Urkontinent unterwegs, wie auch viele der Insektenarten wahre Methusalems des Tierreiches sind.

■ Die *Onychophora* beispielsweise, eine wurmähnliche Kreatur mit kleinen Stummelbeinen, gilt als primitivste Ursprungsform der **Insekten**, während die *Vetas,* die in drei Gattungen vorkommen, zu den größten und schwersten Insekten überhaupt zählen. Sie gehören zur Familie der Grillen, erreichen bis zu 35 cm Länge und beschallen zu manchen Jahreszeiten ganze Landschaften.

Auch die Gottesanbeterin kommt vor, ferner Libellen (bis 15 cm groß), viele Schmetterlingsarten (darunter die ältesten der Erde) und – last but not least – auch die meistgehaßten Tiere Neuseelands überhaupt: die Sandflies sowie die Stechmücken, denen unter »Praktische Tips« ein eigener Abschnitt gewidmet ist.

■ Bleibt abschließend nur noch festzustellen, daß man in Neuseeland selbst als völlig der Natur entwöhnter Städter vor nichts, was im Tierreich vorkommt, Angst zu haben braucht! Es gibt **keine gefährlichen Tiere** wie Schlangen, Krokodile, Katzentiere etc. Nicht mal die Insekten fügen einem Schaden zu, und lediglich der Biß der in manchen Landesteilen heimischen, winzig kleinen, schwarzen *Katipo-Spinne* ist schmerzhaft und sollte von einem Arzt behandelt werden.

Leben am Riff

»Wir sind erstaunt, wenn Reisende uns von den ungeheuren Ausmaßen der Pyramiden und ähnlicher Bauwerke berichten, doch die größten unter ihnen sind ohne Bedeutung, vergleicht man sie mit diesen Gebirgen aus Stein« – so notierte *Charles Darwin* in seinem 1842 erschienenen Buch *The Structure and Distribution of Coral Reefs: Being the First Part of the Geology of the Voyage of the 'Beagle', 1832 to 1836,* als er zum ersten Mal in seinem Forscherleben ein Korallenriff erblickte.

So ergeht es den meisten Menschen, wenn sie, dem Diktat der Schwerkraft entronnen, Vögeln gleich in diese geheimnisvolle Welt hinabgleiten. Vermittelt schon das Schnorcheln oder Tauchen in »normalen« Gewässern einen fast euphorischen Zustand, so wird's über einem Korallenriff zu einer ästhetischen Erfahrung. *Hans Hass* (*Geo*) schwärmt: »Starr greifen biegsame Korallen mit gewundenen Armen über das von ihren Polypen geschaffene Netzwerk. Aus Spalten lugen Fangfäden und Fächer hervor. Röhrenwürmer entfalten ihre gefiederte Tentakelspirale... Heerscharen unter leuchtend gefärbten Fahnen kämpfen gegeneinander: purpurrote Kalkalgen, gelbe Bohrschwämme, rasenbildende Grünalgen, kolonienbildende Blumentiere... Eine Welt der Kontraste. Erlesene, bizarre Schönheit im Winzigen. Entschleiertes Geheimnis im blauen Licht.« Gebilde wie Teller, Blumen, Pilze, wie Geweihe oder Spitzenfächer oder wie menschliche Gehirne werden belebt von Seesternen und Seeigeln, Krabben, Garnelen, Langusten und Hummern, Muscheln, Seeschlangen, Schnappern, Kaiserfischen und Millionen anderer Fische. Myriaden von Geschöpfen schießen und kreuzen am Korallenriff umher. Wer soll sie alle katalogisieren und klassifizieren? – Was bleibt, ist das Staunen.

Und dabei fängt alles so winzig und unscheinbar mit den mikroskopisch kleinen Larven der *Korallenpolypen* an: Auf dem geschlechtlichen Weg gezeugt, treiben sie so lange im Meer dahin, bis sie sich an einen passenden Ort, wo das Wasser warm genug (zwischen 20 und 30 Grad) und der Meeresboden nicht zu tief ist (max. 50 m), anheften. Langsam entwickeln sie Tentakeln, wachsen zu echten, 2,5 bis max. 10 mm großen Korallenpolypen heran, bilden gleichzeitig ihr Kalksteingehäuse, ihr »Skelett«, und vermehren sich sodann auf zweierlei Weise: durch die (langsame) geschlechtliche Befruchtung (die Larven treiben davon) oder, indem sie Äste oder Knospen hervorbringen, die zu Tochterpolypen werden und selbst Knospen treiben. Der Vorgang wiederholt sich in ständig wachsendem Tempo, und in kürzester Zeit ist eine Kolonie Tausender eng verbundener Korallenpolypen entstanden – der Grundstock des Riffs. Alte Polypen sterben ab, die abgesonderten Kalkskelette bleiben, neue Polypen »bauen« weiter. Auf diese Weise wächst das Riff jährlich um durchschnittlich 1 cm in die Höhe.

Tagsüber erscheint das Riff, von den Fischen abgesehen, relativ farblos; nur die Formen faszinieren. Nachts aber, wenn die Nahrungsaufnahme (nicht nur) der Korallenpolypen erfolgt, wird das Riff zu einer einzigen bunten, wogenden Tentakelmasse, mit deren Hilfe die Polypen den mikroskopisch kleinen *Plankton* fangen und dann verzehren. Millionen winziger Fische, die in den Höhlungen des Riffs leben, ernähren sich ebenfalls von Plankton, werden ihrerseits Fischfutter für größere, die wiederum von noch größeren gefressen werden.

Natur total: fressen und gefressen werden. Den Schnorchler oder Taucher wird in Neuseeland wohl kaum irgendetwas fressen – aber dennoch: Vorsicht! Nicht zu nah an die Korallenwände tauchen, Höhlungen on außen betrachten: Hier hält sich tagsüber die bis zu 3 m lange *Muräne* auf, deren messerscharfe Zähne riesige Fleischwunden reißen, was wieder Haie anlocken könnte. Man sollte die Korallen überhaupt am besten gar nicht berühren: Die Gefahr, sich an den scharfen Kanten eine Wunde zuzuziehen, ist groß. Genauso gefährlich wie die Muräne ist der *Steinfisch*: ein kurzer, stumpfer, im Aussehen wie ein Stein wirkender Fisch, bedeckt mit Auswüchsen und Warzen – er liegt auf dem Boden, perfekt getarnt, und durchsticht mit seinen Stacheln selbst

Gummisohlen – sein Gift kann tödlich sein.

Für die Korallen aber ist es tödlich, werden sie abgebrochen oder mit Stangen, Messern etc. verletzt. Was man in Sekunden vernichten kann, bedarf Jahrzehnten des Wachstums. Deshalb: »sanft« tauchen und das Riff als etwas Wunderbares, Einzigartiges behandeln.

Die Nationalparks

Refugien der Natur

»Ich bin überzeugt, daß der Mensch unter seiner Erdferne, seiner Trennung von den anderen Lebewesen dieser Welt leidet: Die Entwicklung seiner Bedürfnisse als Individuum hat mit der Evolution seines Intellekts nicht Schritt gehalten, und um sein Gleichgewicht nicht zu verlieren, muß er immer noch ab und zu ein Fleckchen Erde betrachten können, das von seinen Eingriffen verschont geblieben ist.« *Cavin Maxwell* (»Ring of Bright Water«, 1960)

Verglichen mit seinem heutigen Zustand, war Neuseeland noch im 19. Jahrhundert eine Naturlandschaft von fast unvorstellbarer Vielfalt und Üppigkeit. Vom Nordkap bis zur Stewart Island, von der Tasman-See bis zum Pazifik verteilten sich Sümpfe, Wälder und Moore, Gebirge, Steppen und Wiesen unregelmäßig verstreut – Biotope, die von vielen verschiedenen Lebewesen bewohnt waren. Die Eingriffe des Menschen machten mehr als der Hälfte aller Tiere den Garaus, sei es durch die Jagd, sei es durch sein Geschick im Roden und Bebauen des Bodens.

Es ist nicht übertrieben zu sagen, daß Neuseeland heute fast »nur noch« das ist, was die europäischen Einwanderer daraus gemacht haben. Vor diesem Hintergrund ist es von eminenter Bedeutung, daß auch im »Großen Naturparadies Neuseeland«, wie es die Prospekte lobpreisen, mehr und mehr Nationalparks eingerichtet werden. Gebiete also, in denen der Urzustand erhalten bleibt, wo die ortsansässigen Lebewesen frei und ungehindert nach ihren eigenen Gesetzen leben können, wo das natürliche Gleichgewicht nicht gestört ist und wo nicht zuletzt auch der Mensch Freiheit, Ruhe und Einsamkeit finden kann.

Man schrieb das Jahr 1870, als in den USA erstmals auf Erden ein besonders schönes Naturgebiet für und vor dem Menschen geschützt wurde: der Yellowstone-Nationalpark. Die Vereinigten Staaten waren Vorreiter für Neuseeland, das 1894 das Gesetz für den ersten Nationalpark des Landes erließ, für den Tongariro-Nationalpark (Nordinsel). 12 weitere Nationalparks sowie 3 Maritime Parks und

Lagunenlandschaft am Hokianga Harbour ▶

19 Forest Parks mit einem eingeschränkteren Schutzstatus sind nebst 4000 Landschaftsreservaten seitdem hinzugekommen, und insgesamt stehen rund 19 % der gesamten Landfläche unter Schutz. Das Ziel lautet, das Leben in freier Natur zu sichern, die biologische Vielfalt zu bewahren, und im Gegensatz zu vielen anderen Ländern ist das Etikett »Nationalpark« in Neuseeland wirklich ein »Gütesiegel« für den Schutz der Landschaft, die hier vom *Department of Conservation (DOC)* verwaltet wird.

Diese Umweltschutzbehörde gerät seit einigen Jahren zunehmend in Bedrängnis, da sich die Folgen des extrem angestiegenen Tourismus gerade in den Nationalparks mit über 10 000 km Wanderwegen sowie fast 1000 Hütten und 300 Zeltplätzen unangenehm bemerkbar machen. Schon sind die ersten Stimmen laut geworden, die nur Wissenschaftlern einen Zugang zu den Schutzgebieten gestatten oder zumindest neue Zugangsbeschränkungen einführen wollen. Und sicher: Der Andrang auf die Nationalparks hat überhand genommen, gelten sie doch als die meistbesuchten Reiseziele im Land und verderben Touristen, nach landläufiger Meinung, nicht nur die Preise, sondern auch die Natur. Aber die verträumten Moore und Wälder hören erst dann auf zu träumen, wenn ein Busunternehmer eine bequeme Zufahrt entdeckt und seine Frau eine Konzession für die Fish 'n'Chips- und Andenkenbude erhalten hat. Oder, ganz konkret, wenn mitten durch die herrlichsten Schutzgebiete laut dröhnende Jet-Boote hämmern und Helikopterflüge innerhalb der Nationalparks legal sind.

Wer wirklich in die Wildnis einsteigen will, in der Regel nur zu Fuß und mit einem gewissen Aufwand möglich, ist auch naturverbunden genug, daß er ihr keinen Schaden zufügt. Und der kommt auch als ein anderer von der Begegnung zurück. Nur inmitten der Natur nämlich kann der Mensch begreifen, was Natur ist, und sich selbst als Bestandteil derselben erfahren. Davon muß man ausgehen, denn wird diese Annahme negiert und setzen sich diejenigen durch, die nur Wissenschaftlern einen Zugang zu den Refugien gestatten wollen, dann haben die Nationalparks ihre Existenzgrundlage verloren.

Deshalb kann gar nicht dringlich genug darauf hingewiesen werden, den neuseeländischen Umweltschutz-Kodex für die ausgewiesenen Gebiete (die im Reiseteil allesamt detailliert vorgestellt werden) peinlich genau zu beachten. Die einzelnen Verordnungen können zwar von Park zu Park variieren – Sonderregelungen sind getrennt erlassen und werden durch Beschilderung mitgeteilt –, aber insgesamt sind die folgenden Sondervorschriften von Bedeutung.

Im Bereich der Nationalparks ist es untersagt,
- die natürliche Beschaffenheit der Erdoberfläche oder fester, natürlich entstandener Gegebenheiten zu zerstören oder zu beschädigen und Mineralien zu entnehmen;
- lebende oder abgestorbene Bäume und Büsche zu fällen oder zu beschädigen und andere Pflanzen oder Teile von Pflanzen zu entnehmen;
- ohne besondere Genehmigung Fischfang zu betreiben;
- wildlebende Tiere zu jagen, zu fangen und vorsätzlich zu töten oder getötete oder gefangene Tiere von einem Ort zu einem anderen zu bringen und Eier, Nester und Rogen zu beschädigen oder zu entnehmen.

Grenzen des Wachstums

Die Gemeinschaften von Pflanzen und Tieren in Neuseeland unterscheiden sich von den Ökosystemen anderer Breiten durch eine größere Biomasse bei gleichzeitig geringerer Produktivität. Statt vieler Arten mit relativ wenigen Exemplaren findet man hier relativ wenige Arten mit vielen Exemplaren. Gerade solche Systeme reagieren auf Eingriffe des Menschen hin noch deutlich anfälliger als die anderer Zonen, wo die Vielfalt von Lebewesen manches von der Mißhandlung durch die »Krone der Schöpfung« ausgleichen kann. Und doch sind die großen tropischen Regenwälder faktisch nicht mehr vorhanden, beklagen Biologen und Zoologen das Aussterben von vielen Arten, sind die Wälder aller Breiten allesamt krank – um nur wenige Beispiele dafür zu nennen, zu was der Mensch, der seit der Entwicklung verschiedener Technologien das Gesetz der Evolution umgehen kann, selbst da fähig ist, wo die Ökosysteme alt und scheinbar stark sind.

Wie wohl überall, so ist auch im stark exportorientierten Neuseeland die Schmerzgrenze längst überschritten, wie jedem Reisenden schon bei der Ankunft in Auckland offenbar wird: Der Verkehr erstickt an seinen Fahrzeugen. Die Trawler der neuseeländischen Fischereiflotte müssen immer weiter auf den Pazifik hinausfahren, um die gewohnten Mengen an Speisefisch zu fangen. Die einheimischen Lachszuchtanlagen, die drauf und dran sind, sogar Norwegen zu überflügeln, vergiften die Zuchtgewässer durch maßlose Überdüngung. Immer neue Staudämme lassen ganze Landschaften im Wasser ertrinken. Unverändert dröhnen die Motorsägen, um den Holzexport in Schwung zu halten, werden chemische Entlaubungsmittel zur Gewinnung landwirtschaftlicher

Nutzflächen eingesetzt, werden Obstplantagen und Felder gleich vom Flugzeug aus mit Herbiziden und Pestiziden besprüht, werden unberührte Wasserläufe in Kanäle verwandelt, Straßen durch Naturschutzgebiete gezogen usw.

Und je größer das Ausmaß der Zerstörung wird, desto lauter wird der Erhalt von, absolut betrachtet, relativ kleinen Natur-Enklaven gefordert, worunter zum Beispiel die vielzitierten »letzten Wildnisgebiete« Neuseelands fallen. Aber auch dort leben Menschen, die ganz bestimmte, vom auf Wachstum angelegten Wirtschaftssystem determinierte Bedürfnisse haben. Die Zukunft des Landes sieht ein Holzfäller eben anders als ein Greenpeace-Förderer, ein Rinder- oder Schafzüchter anders als ein Tourist, ein Fischer oder Wasserbau-Ingenieur anders als ein Geologe. Jedenfalls ist die Erde klein geworden, schlagen die Verfehlungen der einen auf die anderen, wenn nicht auf alle zurück, wie uns das modifizierte Weltklima und die Zerstörung der Ozonschicht gerade in Neuseeland vor Augen halten.

So scheint Umweltschutz im kleinen (worunter auch der in Neuseeland-Größe zu verstehen ist) heute von vornherein zum Scheitern verurteilt, weshalb die Evolutionsbiologen die Auffassung vertreten, daß wir unser auf Ausbeutung der Natur beruhendes Wirtschaftssystem mit allen Konsequenzen in ein ökologisches umbauen müssen. Denn wie in der Demokratie die Freiheit des einzelnen dort endet, wo sie die Freiheit der anderen angreift, müssen wir – so die Argumentation der Wissenschaftler – begreifen, daß in der Biosphäre die Freiheit des Menschen dort aufhört, wo sie die Existenz anderer Arten, schon gar die des Menschen selbst, bedroht. Wir müssen erkennen, daß Umweltschutz auch Menschenschutz ist, und entsprechend lernen, uns zu beschränken, das Unvorstellbare zu denken: nämlich den Verzicht auf Wachstum sowie durchaus eine Absenkung des Lebensstandards. Es ist höchste Zeit, daß wir uns von dem Zwang befreien, Grenzen überschreiten zu wollen, und vielmehr akzeptieren, daß wirkliche Freiheit nur da ist, wo wir an einer Grenze sagen: Es ist genug.

Geschichte

Die junge Historie eines alten Landes

■ **Vor ca. 10 000 Jahren** beginnt der Glazialpanzer der letzten Eiszeit abzuschmelzen, und bis weit über die Zeitenwende hinweg ist Neuseeland ein vollkommen menschenleeres Land.

■ Erst **um 800** herum, so wird heute angenommen, betreten die ersten Menschen neuseeländischen Boden, und wie vermutet wird, handelt sich bei diesen Ur-Einwanderern – es gibt ja keine Ureinwohner – um Ostpolynesier, die in großen Kanus wahrscheinlich von Samoa und/oder Tonga herüber kommen. Wichtigstes Mitbringsel aus der Südsee ist die Süßkartoffel *Kumara,* die allerdings, Rätsel über Rätsel, eigentlich aus Südamerika stammt.

■ Die ältesten archäologischen Funde stammen aus der Zeit **um 1000**. Es handelt sich um Knochenfunde vom (heute ausgestorbenen) Riesenvogel *Moa,* der von den ersten Einwanderern gejagd wurde, weshalb diese Kultur auch den Namen »Moa-Jäger« trägt.

■ **Um 925** herum landet gemäß der Maori-Überlieferung der begnadete Navigator *Kupe* auf der Nordinsel von Neuseeland. Er gehört zum Volk der Maori (Polynesier), die nun in verschiedenen Einwanderungswellen innerhalb der nächsten vier Jahrhunderte von ihrer sagenhaften Heimat Hawaiki her kommen. In sieben großen Kanus soll das Volk die Reise angetreten haben, Zielpunkt war wahrscheinlich die Bay of Plenty auf der Nordinsel, und die einzelnen Maori-Stämme führen ihre Herkunft noch heute auf jeweils eines dieser Kanus zurück.

■ **Um 1200** ist der erste Ackerbau auf Neuseeland belegt, und spätestens **um 1500** herum soll ganz *Aotearoa,* dies der Maori-Name für Neuseeland, von den Maori besiedelt worden sein.

■ **Etwa 1560** erforschen spanische Seeleute den Pazifik vor Neuseeland auf der Suche nach der sagenhaften »Terra Australis«, doch den Archipel selbst entdecken sie nicht.

■ Der **16.12.1642** dann gilt als erste gesicherte Geschichtszahl von Neuseeland, denn an diesem Tag wird das Land von dem holländischen Seefahrer *Abel Janszoon Tasman* entdeckt, für Holland in Besitz genommen und auf den Namen *»Staten-Land«* getauft. Nach der Rückkehr des Entdeckers nach Holland wird die Inselgruppe schließlich nach der Provinz Zeeland in *»Nieuw Zeeland«,* also »Neu-Zeeland«, umbenannt.

■ Doch die Holländer kümmern sich in der Folge keinen Deut um ihre neue Besitzung im Südpazifik, und so vergehen über 100 Jahre, bis der nächste Europäer die Inselgruppe besucht: Am **6.10.1769** sichtet *James Cook,* der berühmte englische Seefahrer, auf seiner Suche nach dem imaginären und sagenhaft reichen Kontinent *Terra Incognita Australis* die neuseeländische Küste (Ostküste/Nordinsel) und geht an Land, wo er sofort in Kämpfe mit angreifenden Maori verwickelt wird. So sticht er wieder in See, geht im Nordosten der Nordinsel erneut an Land, wird dort freundlicher aufgenommen und nimmt Neuseeland für den englischen König Georg III. in Besitz. Im folgenden halben Jahr kartiert er den gesamten Archipel, bevor er am 31.3.1770 Kurs auf Australien nimmt.

■ Schon 18 Jahre später, **um 1800,** laufen die ersten Walfangschiffe und Robbenjäger Neuseeland an. Entlang der Küste entstehen vereinzelte Camps; ab etwa **1806** lassen sich die ersten Siedler im Inselreich nieder. **1810** haben es die Eindringlinge geschafft, die Robben auszurotten, schon suchen britische, amerikanische und französische Fische die neuseeländischen Küsten zum Fischen auf. **1814** gründet *Samuel Marsden* die erste Missionsstation in Neuseeland .

■ **1817** wird das britische Recht auf Neuseeland ausgedehnt, und mit diesem Jahr nimmt die eigentliche Ausbeutung des Landes seinen Anfang: Sägemühlen werden errichtet, die ersten Wälder fallen, und in zunehmendem Maße kommt es jetzt zu bewaffneten Auseinandersetzungen mit den Maori, die **1809** im Hafen von Whangaroa in einem regelrechten Massaker gipfeln, nachdem die Engländer einen Maori-Häuptling öffentlich ausgepeitscht hatten.

■ **1827** kommen die ersten britischen Soldaten ins Land, um für »Ordnung« zu sorgen. Doch **1830** sieht *Charles Darwin* anläßlich einer Forschungsreise auf Neuseeland noch alles im argen, da für ihn die meisten hier lebenden Engländer nichts als »Abschaum der Gesellschaft« darstellen.

■ **1838** wird die *New Zealand Company* gegründet, die ersten offiziellen Vertreter der britischen Krone kommen ins Land. Zu diesem Zeitpunkt etwa wird Neuseeland von 100 000 Maori sowie rund 1000 europäischen Einwanderern bewohnt.

■ Mit geschickten Schachzügen wissen es die Briten zu verhindern, daß sich die einzelnen Maori im Kampf gegen die immer anmaßender werdenden Europäer zusammentun, und am **6. Februar 1840** wird vom ersten Gouverneur Neuseelands, Kapitän *William Hobson,* und den Maori-Häuptlingen der *Treaty of Waitangi* unterzeichnet. Gemäß diesem Vertrag wird Neuseeland zur britischen Kolonie erklärt, und die Maori-Anführer übertragen all ihre Souveränitätsrechte an die britische Krone, wofür sie zu gleichberechtigten Untertanen ernannt werden und Landbesitz garantiert bekommen. Doch der Vertrag ist sehr ungenau abgefaßt; die Maori werden von den Briten keineswegs als gleichberechtigt behandelt, sondern zu Bürgern zweiter Klasse degradiert, weshalb es in den folgenden Jahrzehnten immer wieder zu kriegerischen Auseinandersetzungen zwischen Briten und Maori kommt.

■ Ebenfalls im Jahre **1840** werden mit Auckland, Wellington und Wanganui die erste eigentlichen

Siedlung der *New Zealand Company* gegründet. **1842** kommt es zur Gründung von Nelson, **1848** von Dunedin sowie, zwei Jahre später, von Christchurch. Allein bis 1843 gelingt es der Company, rund 20000 britische Auswanderer in Neuseeland anzusiedeln.

■ **1850** beginnen die Einwanderer, im Osten der Südinsel die wichtige Schafzucht aufzubauen.

■ In den folgenden Jahren eignen sich die Einwanderer nahezu alle zur Agrarwirtschaft tauglichen Landstriche an, und **1852** gesteht die englische Krone ihrer Kolonie mit dem *New Zealand Constitution Act* die begrenzte Selbstverwaltung zu. Neuseeland bekommt eine erste Verfassung sowie ein Zwei-Kammern-Parlament und wird verwaltungstechnisch in zwei Kammern aufgeteilt. Nur 4 von 99 zu verteilenden Parlamentssitze sind für die Maori vorgesehen – und dies lediglich auf dem Papier. Bis **1872** tobt der mehr oder weniger offene Kampf zwischen Maori und Siedlern, deren Population jetzt sprunghaft ansteigt.

■ **1860** nämlich fand *Gabriel Read* in Otago die ersten Goldnuggets, und von dieser Entdeckung angelockt strömen bald 50000 Glücksuchende aus der ganzen Welt aufs Inselreich. Das Goldfieber geht um, und im Verlauf des kommenden Jahrzehnts fließen mehr als 50 Milliarden Dollar aus dem Goldgeschäft ins Land. Nun auch leben schon nahezu gleich viele Siedler wie Maori auf dem Archipel, jeweils rund 60 000. In großen Kriegszügen versuchen die Ureinwohner noch einmal, freilich vergeblich, das Blatt zu ihren Gunsten zu wenden.

■ **1865** wird Wellington zur Hauptstadt Neuseelands erklärt.

■ **1867** werden den Maori wirklich die vier Parlamentssitze zugestanden, was in der damaligen Zeit einmalig und revolutionär ist. Dennoch gehen die Kriege weiter, die erst **1872** nachlassen. Doch die endgültige Kapitulation des Maori-Führers erfolgt nicht vor **1881.**

■ Im gleichen Zeitraum kurbelt *Sir Julius Vogel,* der Schatzmeister des Landes, durch kluge Anleihepolitik die Wirtschaft seines Landes an; der Goldrausch verebbte schon ab 1867.

■ Auch gesellschaftspolitisch tut sich jetzt viel im Inselreich, indem **1877** ein kostenloses Schulsystem mit Schulpflicht eingeführt wird. **1879** erhalten alle Männer über 21 Jahre, inklusive der Maori, das allgemeine Wahlrecht, und **1893** gewährt Neuseeland als erstes Land überhaupt auch allen Frauen das Wahlrecht.

■ **1882** segelt das erste Kühlschiff mit Fleisch an Bord von Neuseeland (Dunedin) nach London, womit ein erneuter, spürbarer wirtschaftlicher Aufschwung einsetzt.

■ **1898** führt Neuseeland erstmalig auf Erden eine staatliche

Altersversorgung für Männer ein. Laut einer Volkszählung gibt es zu diesem Zeitpunkt bereits mehr als 705 000 Neuseeländer, darunter aber nur noch etwa 50 000 Maori.

■ Bis **1901** strömen weitere 200 000 Einwanderer ins Land. In diesem Jahr beginnt Neuseeland auf den heute so gewinnbringenden Tourismus zu setzen, eröffnet nämlich das erste Fremdenverkehrsamt.

■ **1907** erhält Neuseeland von London den Dominion-Status, womit der Kolonialstatus defacto aufgehoben wird.

■ **Zwischen 1914 und 1918** zieht Neuseeland an Englands Seite in den Ersten Weltkrieg; rund 50 000 Tote und Verwundete sind zu beklagen, während sich die Wirtschaft des Landes dank der Kriegswirren im gleichen Zeitraum saniert.

■ **1919** erhalten Frauen auch das passive Wahlrecht.

■ Die um **1929** einsetzende Weltwirtschaftskrise stürzt Neuseeland tiefgreifende Sozialprobleme. Über 100 000 Menschen sind nun arbeitslos, und **1933** erreichen die Schulden einen internationalen Rekordstand.

■ Dennoch kommt es zu neuen Sozialreformen: **1936** wird die 40-Stunden-Woche im Arbeitsgesetz festgeschrieben. **1938** garantiert der Staat die kostenlose Gesundheitsversorgung für alle Neuseeländer, und spätestens seit diesem Jahr geht es in wirtschaftlicher Hinsicht wieder rapide bergauf.

■ Bereits am **2. Sept. 1939** tritt Neuseeland an Englands Seite in den Zweiten Weltkrieg ein.

■ **1945** wird Neuseeland Gründungsmitglied der Vereinten Nationen.

■ Am **25.11.1947** erhält Neuseeland die vollständige Unabhängigkeit von England. Aus wirtschaftlicher Sicht könnte es dem Land nicht besser gehen, garantiert doch England, dessen Staatsoberhaupt weiterhin oberste politische Instanz bleibt, die Einfuhr neuseeländischer Waren ohne jede Einschränkung.

■ **1950** entsendet Neuseeland Truppen auf amerikanischer Seite in den Korea-Krieg, und **1951** wird zusammen mit Australien und den USA das *ANZUS*-Verteidigungsbündnis geschlossen. In diesem Jahr werden knapp über 2 Mio. Neuseeländer europäischer Abstammung und rund 140 000 Maori gezählt. Noch immer, bis Mitte der 60er Jahre, fördert Wellington die Einwanderung, vor allem aus Großbritannien.

■ **1953** gelingt dem Neuseeländer *Edmund Hillary,* einem ehemaligen Imker, als erstem die Besteigung des Mount Everest.

■ Von **1965 bis 1972** kämpfen neuseeländische Soldaten auf seiten der USA im Vietnam-Krieg.

■ **1973** zählt zu den bedeutsamen Daten der neuseeländischen Geschichte, denn in diesem Jahr (Neuseeland zählt über 3 Mio. Einwohner), tritt England der EG bei. Damit ist der größte Absatzmarkt des Landes für Agrarprodukte quasi über Nacht verloren; gleichzeitig steigen die Ölpreise, und in den kommenden Jahren geht es drastisch bergab mit der insularen Wirtschaft. Die Staatsverschuldung steigt extrem an, die Inflationsrate auf fast 20 % zu, und allein die Sozialleistungen sowie die Subventionen für Farmer kosten den Staat jährlich fast 50 % seiner Steuereinkommen. Die Arbeitslosigkeit steigt in bislang ungeahnte Höhen: 1977 sind rund 25 000 Neuseeländer arbeitslos gemeldet, 1984 gar 130 000. Der Staat ist quasi bankrott.

■ **1984** kommt es zu Neuwahlen. Die fortan regierende Labour-Partei setzt ein umfangreiches Reformprogramm in Gang, dessen Ziel es ist, die Staatsbetriebe zu privatisieren, die Körperschaftssteuer sowie die Höchststeuersätze zu senken und das alte System von Subventionen und Einfuhrzöllen durch das Einführen einer Mehrwertsteuer abzulösen. Gleichzeitig werden neue Absatzmärkte erschlossen und Maßnahmen zur Senkung der Arbeitslosigkeit ergriffen.

■ Auch in anderer Hinsicht wagt der neue Ministerpräsident *David Lange* Außerordentliches, erklärt nämlich Neuseeland **1984** zum ersten atomwaffenfreien Land, 1987 im Gesetz verankert, und legt sich dadurch mit den Amerikanern an, denen es nun untersagt wird, mit atomgetriebenen Schiffen bzw. Schiffen mit Atomwaffen an Bord neuseeländische Hoheitsgewässer zu befahren. Damit verstößt er allerdings gegen den ANZUS-Verteidigungspakt; die USA erwägen einen Wirtschaftsboykott, und in der Folge erklären sie lediglich, nicht mehr Neuseeland, sondern nur noch Australien beizustehen, falls es zu einem Verteidigungsfall kommen sollte.

■ **1985** wird das Greenpeace-Schiff »Rainbow Warrier«, das zu einer Protestaktion gegen die französischen Atomtests auf dem Mururoa-Atoll auslaufen will, von französischen Agenten im Hafen von Auckland versenkt. Weltweite Proteste sind die Folge, und spätestens seit diesem Jahr ist Greenpeace in Neuseeland eine hoch angesehene Naturschutz- und Umweltorganisation, zumal sie beharrlich gegen die Atomversuche der Franzosen im Südpazifik Stellung bezieht.

■ **1987** kommt es zum Börsenkrach an der Wallstreet, wodurch das Land, das gerade anfängt, sich wieder zu sanieren, erneut an den Rand des Ruins rückt. Aus den 65 000 Arbeitslosen des Jahres 1985 werden schnell mehr als 200 000. Der Lebensstandard muß drastische Einschnitte hinnehmen.

■ Erst ab **1992** etwa, als das Land die bislang höchsten Exporteinkommen verzeichnet, geht es langsam wieder bergauf. Dies auch dank dem Tourismus, der größter

Devisenbringer des Landes wird. **1993** strömen schon mehr als 1 Mio. Touristen nach Neuseeland, darunter und 50 000 Deutsche. Und 1997 soll mit über 2 Mio. Besuchern jährlich die »Schallmauer« durchbrochen werden. Über 100 000 Neuseeländer finden inzwischen in dieser neuen Branche ihr Auskommen; und da gleichzeitig mit Erfolg in sogenannte Nischenmärkte wie Obst- und Weinanbau investiert wird, steht die neuseeländische Wirtschaft momentan wieder recht gut da.

Die Maori heute

»We are now one people – He iwi tahi tatou«, so sagte es der erste britische Generalgouverneur nach der Unterzeichnung des Waitangi-Vertrages im Jahre 1841. Doch dieses »Wir sind nun ein Volk« wurde sehr schnell Lügen gestraft, denn zu gierig waren die weißen Siedler und zu gering achteten die Weißen die Maori, die faktisch bis in die 1980er Jahre hinein Bürger zweiter Klasse blieben und sich auch heute, wo sie sich zu einer machtvollen Minderheit konsolidiert haben, noch lange keiner vollen, wirklichen Gleichberechtigung erfreuen können.

Gerade heutzutage nehmen Ressentiments seitens der weißen Mittelschicht wieder zu, fordern doch mehr und mehr Maori ihr einst von der Krone sowie von Siedlern enteignetes Land zurück. Daß es dabei nicht um Kleinigkeiten gehen kann, ist daran abzusehen, daß den Maori im Vertrag von Waitangi der »exklusive Besitz ihres Landes« garantiert wurde und daß die Maori seinerzeit ganz Neuseeland, also rund 27 Mio. Hektar, besaßen. Bis heute ist dieser Besitz auf rund 1,3 Mio. Hektar zusammengeschrumpft; und die ganze Südinsel etwa, auf der zur Zeit nur noch 9 % aller Maori leben, wurde den Maori-Stämmen schon im 19. Jahrhundert für 15 000 englische Pfund abgeschwindelt.

Ein Großteil dieses Landes wird nun zurückgefordert, und alles in allem sieht sich der Staat, der 1975 das Waitangi-Tribunal einrichtete – vor diesem Tribunal können Maori ihre Landansprüche geltend machen und gegen Rassismus klagen –, Ansprüchen seitens der Maori gegenüber, die sich immerhin auf über 70 % des gesamten Landes beziehen. Auch die Fischereirechte fordern die Ureinwohner zurück, und mehr und mehr geht Auckland nun dazu über, zumindest in Staatsbesitz stehendes Land an seine ehemaligen Besitzer zurückzugeben und auch die Fischereirechte wieder den Maori zuzusprechen. So wurden ihnen etwa die Exklusivrechte für die Küstengewässer fast der gesamten Südinsel zugesprochen. Deshalb grassiert in Kreisen der weißen Mittelschicht zunehmend die Angst, was sich zum

Beispiel in großen Plakatwänden niederschlägt, auf denen etwa zu lesen ist »Neuseeländer steht auf« oder auch »Neuseeland den Neuseeländern«, womit natürlich nicht die Maori verstanden werden.

Trotzdem sieht die Zukunft für die Maori wieder vielversprechender aus, denn galt das Volk noch im 19. Jahrhundert als vom Aussterben bedroht, ließen sich 1993 schon über 510 000 Neuseeländer als Maori zählen. Das sind immerhin 13 % der Gesamtbevölkerung, und nach der Jahrtausendwende, so die Hochrechnungen, könnte der Maori-Anteil auf über 20 % ansteigen. Auch das schürt freilich Ängste, doch steht kaum zu befürchten, daß es zu Rassenunruhen kommt. Die Ureinwohner denken weniger an eigenen Staat als an eine Maori-Nation innerhalb der neuseeländischen Nation, und derzeit arbeiten beide Seiten an Entwürfen für eine bikulturelle Gesellschaft.

Auch der *Maori Language Act* von 1985 weist in diese Richtung, schrieb er doch die Maori-Sprache als zweite offizielle Sprache Neuseelands fest, wodurch das Selbstverständnis der Minderheit extrem gestärkt wurde und überhaupt erst das Interesse an der verlorengegangenen Kultur wieder erstarkte. Man ließ altes Brauchtum wieder aufleben. Landesweit entstanden über 500 reine Maori-Schulen; auch eigene Radio- und Fernsehsender wurden ins Leben gerufen, in Wellington gründete man ein eigenes Department für Maori-Kunst, wie diese Kunst z.Zt. überhaupt eine Renaissance erlebt und heute auch vielen Weißen als das Kostbarste gilt, was Neuseeland als Kulturerbe vorzuweisen hat.

Da ist es verständlich, daß viele Maori langsam, aber sicher wieder stolz sind, Maori zu sein, und nun zunehmend versuchen, in gehobene Positionen des Landes vorzurücken. Dies freilich ist bislang nur teilweise von Erfolg gekrönt, denn zu groß noch sind die Vorurteile der (nahezu stets) weißen Arbeitgeber. Entsprechend hoch ist die Arbeitslosigkeit unter den Maori, entsprechend niedrig ihr Lebensstandard, entsprechend hoch die Kriminalität vieler jüngerer Maori, die perspektivlos und desillusioniert durch die Großstädte irren, wo heute fast 70 % der Volksgemeinschaft zu Hause sind. So kommt es, daß mehr als die Hälfte aller Gefängnisinsassen Maori sind bzw. jeder dritte Maori-Mann zwischen 18 und 30 Jahren schon einmal im Gefängnis saß.

Als Tourist wird man in Neuseeland kaum etwas von den hier nur angeschnittenen Problemen mitbekommen, denn die Maori leben für sich, in den Städten oft in regelrechten Maori-Siedlungen – von ihrem Habitus her durchaus als Ghettos zu bezeichnen. Wie es schon zwischen den Kiwis (wie sich die weißen Neuseeländer gerne nennen) und den Maori kaum Kontakte gibt, so erst recht nicht zwischen Touristen und Maori. Für ausländische Besucher erschöpft sich der Kontakt mit dem Maoritum zumeist im Besuch folkloristischer Veranstaltungen sowie im Erwerb von kitschigem »Maori«-Kunsthandwerk und natürlich Postkarten, auf denen der *hongi*, der alte Maori-Gruß, bei dem die Nasen kurz aneinandergepreßt werden, bis zum »Erbrechen« als immerwährendes Motiv dargestellt ist.

Ansonsten wird man von den Kiwis häufig gewarnt, in reine Maori-Gebiete zu reisen; Originalton: »Die klauen wie die Raben...«. Weil die Maori oft sehr nachlässig gekleidet und wild tätowiert sind (traditionell gelten Tätowierungen als Statussymbole), meist in schrottreifen Autos fahren und auch ihre Häuser nur selten der »gewohnten Ordung« entsprechen, werden sie von Reisenden aus Übersee oft nur mit schiefen Blicken bedacht und ansonsten als freilich fotogene Exoten abgetan. Auch die Maori zeigen ihrerseits wenig Lust, mit Touristen zu kommunizieren. Nur um Rotorua herum, wo alles, was mit den Maori zu tun hat, zum Geschäft geworden ist, wird man normalerweise Gelegenheit haben, ein *marae*, den traditionellen Versammlungsplatz einer Maorisiedlung, kennenzulernen: Solche Besuche, meist gekoppelt mit Folkloreveranstaltungen, sind mit der letzte Renner der Reisebranche, und entsprechend viele Veranstalter haben »Besuche bei den Natives« im Programm.

Unterwegs in Neuseeland

Transport

Trampen

In Neuseeland ist das Hitchhiken nicht nur in Kreisen sparsamer Backpacker populär, einfach, ja geradezu en vogue. Nirgendwo sonst dürften die durchschnittlichen Wartezeiten für Daumenreisende kürzer sein, stößt der Tramper auf derart freundliche und hilfsbereite Fahrer, die einen am Ende eines *lifts* oft sogar nach Hause einladen, auf daß man die großzügige neuseeländische Gastfreundschaft kennenlerne.

Wer billig herumkommen will, ein wenig Zeit hat und Kontakt zu Einheimischen sucht, sei das Trampen somit uneingeschränkt empfohlen, zumal es in Neuseeland noch immer als denkbar sicher gilt. Überfälle auf Tramper sind die absolute Ausnahme, und wer die notwendige Vorsicht walten läßt, z.B. als Frau besser nicht alleine trampt, wird wohl kaum je unangenehme Überraschungen erleben.

Wirklich schwierig ist das Fortkommen nur während der Ferien (wenn die Autos voll sind, jeder so schnell und angenehm wie möglich seinen Urlaubsort erreichen will), im Umfeld der großen Städte (am besten einen Bus raus aus der Stadt nehmen und sich an einer Ausfallstraße postieren) und in entlegenen Gebieten.

Travelpool

Das *Travelpool*-Konzept, in Europa besser bekannt als »Mitfahrerzentrale«, hat keine Tradition im Lande, weil eben Trampen so einfach und populär ist; nur in Auckland konnte sich bislang ein Mitfahrerbüro etablieren. Da es schwierig und zeitaufwendig sein kann, an den Ausfallstraßen vor Auckland einen Lift zu bekommen, drängt es sich für Sparsame geradezu auf, den Service dieser Mitfahrerzentrale zu nutzen. Insbesondere für die Hauptroute Richtung Süden, gen Wellington, wird es kein Problem sein, dort gegen einen geringen Unkostenbeitrag einen Fahrer zu finden.

■ **Travelpool Auckland,** PO Box 56-126, Auckland 3, Telefon 09/307 00 01.

Mit dem Bus

Der Autobus ist das wichtigste und populärste öffentliche Transportmittel für den Überlandverkehr: schnell, günstig (s.u.) und sehr komfortabel, denn im Rahmen der Modernisierung wurden die Überlandbusse mit Video, Toilette, Stereokopfhörer, Schlafsessel etc. ausgestattet, und anders als in Europa etwa bekommt man hier auch im regulären Linienbus z.B. etwas über Sehenswürdigkeiten am Straßenrand erzählt, wird über Geschichte informiert, hört man viel Interessantes und Wissenwertes über Land und Leute.

Das bestehende Busnetz ist derart dicht, daß man problemlos jede größere Ortschaft im Land erreichen kann. Abfahrtsort ist in aller Regel ein mehr oder weniger zentral gelegener Busbahnhof, von dem es in größeren Städten durchaus mehrere geben kann; dort erhält man auch die Fahrkarten, obwohl Tickets ebenso in den meisten Reisebüros sowie in vielen Unterkünften (insbesondere Backpackers) verkauft werden und man zudem kostenlos von jedem Telefon aus eine Platzreservierung vornehmen kann. Die Busunternehmen verfügen alle über ein landesweites Buchungssystem, und besonders während der Hochsaison von Dezember bis Februar sowie während der Ferienzeit ist eine Reservierung mehrere Tage vor Reiseantritt unbedingt zu empfehlen. Abfahrtzeiten übrigens werden genau eingehalten, und Diebstahl im Bus ist in Neuseeland definitiv kein Thema.

■ Die drei größten Unternehmen sind die privaten Busgesellschaften:

– **Mount Cook Landline** (Freephone für Information/Reservierung landesweit 0800 800 287),

– **Newmans** (Freephone für Information/Reservierung landesweit 0800 733 500) sowie die staatliche

– **InterCity** (Freephone für Information/Reservierung landesweit 0800 802 802), die nahezu alle Ortschaften im Land untereinander verbinden und neben den Standardtarifen (siehe Tabelle auf S. 69) zahlreiche Fahrpreisermäßigungen anbieten:

Fahrpreisermäßigungen:
Kinder bis zu 4 Jahren fahren stets kostenlos, und bis einschließlich 15 Jahren wird ein Discount von 40 % gewährt; 30 % Rabatt erhalten Senioren über 60 Jahre, wie auch Schüler und Studenten (mit internationalem Studentenausweis), Mitglieder im internationalen Jugendherbergsverband YHA sowie Besitzer einer »Backpacker Discount Card« und anderer Karten in den Genuß einer 30%igen Ermäßigung kommen.

Darüber hinaus gibt es eine Vielzahl anderer Rabattsysteme, die bis zu 60 % gewähren. Um sich in diesem wahren Discount-Labyrinth zurechtzufinden, ist es unumgänglich, die von den einzelnen Unternehmen herausgegebenen Broschüren (die man alle schon am Flughafen bekommen kann, außerdem in den meisten Backpackers, Motels, Hotels etc.) ausführlich zu studieren und zu vergleichen.

Buspreise – Nordinsel

Stand 1996

	Auckland	Bulls	Cambridge	Hamilton	Huntly	Levin	Linton	Manukau City	Otaki	Palmerston North	Paraparaumu	Porirua	Rotorua	Taihape	Taupo	Turangi	Waiouru	Wellington
Auckland		57	20	18	15	61	60	-	62	60	63	65	29	48	34	41	46	67
Bulls	82		43	44	46	-	-	54	-	-	15	17	39	-	28	22	16	20
Cambridge	29	61		-	-	47	46	18	48	45	50	53	-	36	21	27	33	55
Hamilton	26	63	8		-	48	46	15	49	46	51	54	15	36	22	27	34	55
Huntly	21	66	14	11		50	48	-	52	48	53	56	20	38	25	29	35	57
Levin	87	14	67	68	71		-	58	-	-	-	-	43	20	35	29	22	-
Linton	86	11	65	66	69	8		57	-	-	-	14	41	17	32	27	20	15
Manukau City	-	77	25	22	17	83	81		60	57	61	62	27	46	32	36	43	64
Otaki	89	17	69	70	74	8	11	85		-	-	-	45	21	37	32	25	-
Palmerston North	86	8	64	66	69	15	7	82	18		15	18	41	15	31	26	20	20
Paraparaumu	90	21	72	73	76	13	15	87	8	21		-	47	25	41	34	27	-
Porirua	93	24	76	77	80	16	20	89	14	26	9		50	27	43	38	31	-
Rotorua	42	56	19	22	28	62	59	39	64	58	67	71		33	17	21	31	53
Taihape	69	18	51	52	54	27	24	65	30	22	35	39	47		20	14	-	30
Taupo	49	40	30	31	36	50	46	45	53	44	58	62	24	28		-	16	46
Turangi	58	32	38	39	42	42	39	51	45	37	49	54	30	20	14		-	41
Waiouru	65	23	47	48	50	32	29	61	36	27	39	44	44	9	23	16		32
Wellington	96	27	78	79	82	19	22	92	17	28	14	8	75	43	66	58	46	

Standard-Preise für Erwachsene

Ermäßigte Preise für Senioren, Studenten, Schüler und mit »Backpackers Discount Card«

Fahrpreise:
Damit man sich einen ungefähren Überblick verschaffen kann, hier ein paar Preisbeispiele:

Auckland-Wellington:	67 $
Auckland-Rotorua:	29 $
Auckland-Turangi:	41 $
Auckland-Napier:	63 $
Auckland-Pahia:	41 $
Rotorua-Hamilton:	22 $
Rotorua-Wellington:	53 $
Rotorua-Turangi:	21 $
Rotorua-Napier:	37 $

Buspässe:
Wer voraussichtlich viel mit dem Bus fahren wird, sollte sich vielleicht einen Bus-Pass *(Coach Travel Pass)* zulegen, der wiederum von jeder der drei o.g. Buslinien angeboten wird und für verschieden lange Zeiträume gültig ist.

■ Der **Inter City Travel Pass** gilt nicht nur für die »Inter City«-Busse, sondern berechtigt auch zum kostenlosen Benutzen der Züge (s.u.), der Interisländer-Fähre zwischen Nord- und Südinsel sowie, gegen Aufpreis, für einen Inlandflug mit »Ansett New Zealand« (siehe unter »Flug«) und kostet 350 $ (für 5 Tage Reisen innerhalb von 10 Tagen), 470 $ (für 8 Tage Reisen innerhalb von 21 Tagen), 590 $ (für 15 Tage Reisen innerhalb von 35 Tagen) bzw. 690 $ (für 22 Tage Teisen innerhalb von 56 Tagen).

Wer einen kostenlosen Inlandflug mit »Ansett« integrieren will, muß 555 $, 675 $, 795 $ bzw. 895 $ bezahlen.

■ Der **Kiwi Coach Pass** von »Mount Cook« ermöglicht die uneingeschränkte Benutzung auch des »Newmans«-Busnetzes (und beinhaltet zudem einen kostenlosen Flug über die Cook-Straße von Wellington nach Blenheim oder Nelson). Er kostet 418 $ (7 Tage innerhalb von 14 Tagen), 501 $ (10 Tage innerhalb von 21 Tagen), 580 $ (15 Tage innerhalb von 35 Tagen), 692 $ (25 Tage innerhalb von 60 Tagen) bzw. 735 $ (33 Tage innerhalb von 90 Tagen), wobei in diesen Preisen zahlreiche weitere Rabatte (z.B. auf Flüge mit »Mount Cook«, auf Fahrten mit anderen Busunternehmen, auf Eintrittspreise) enthalten sind.

■ Bleibt der **Newmans Coach Pass,** der wiederum auch kostenloses Benutzen der »Mount Cook«-Busse beinhaltet sowie entweder für die Nord- oder die Südinsel gültig ist oder aber für beide Inseln. Nur für eine Insel gültig, kostet er 345 $ (7 Tage), 420 $ (10 Tage), 590 $ (20 Tage), 680 $ (25 Tage) oder 755 $ (30 Tage). Will man auf beiden Inseln mobil sein, ist der Pass in jeder Version 40 $ teurer.

Mit dem Backpacker-Bus

Neben den oben vorgestellten reinen Busunternehmen gibt es eine Besonderheit in Neuseeland, nämlich eine Vielzahl von sogenannten Backpacker-Bussen, die vor allem jüngere, wenig finanzkräftige Reisende ansprechen (obwohl es kein Alterslimit gibt), denen daran gelegen ist, zusammen mit Gleichgesinnten das Land oder Teile davon organisiert zu bereisen.

In allen Backpacker-Unterkünften liegen reichlich Prospekte solcher Veranstalter aus, und aus dem unübersehbaren Angebot sollen hier lediglich die interessantesten kurz vorgestellt werden:

■ **Magic Bus,** Ground Floor Union House, 36 Quay Street, Auckland, Tel. 09/358 56 00, Fax 09/358 34 71.

Diese Gesellschaft gehört zu »Inter City« (s.o.), deckt Neuseeland flächendeckend ab und gibt *Magic Passes* heraus, die jeweils für 6 Monate auf der zuvor gebuchten Route gültig sind, was bedeutet, daß man die organisierte Busreise unterbrechen darf, wo und solange man will. Die Preise beinhalten lediglich den Transport, doch wird man vor Ort zu einer Unterkunft nach Wahl gefahren – der Fahrer gibt Empfehlungen, reserviert auch auf Wunsch – und später wieder abgeholt.

Zur Zeit der Recherchen waren insgesamt 12 verschiedene Routen im Angebot, die teilweise auch auf die Südinsel führen; hier eine sinnvolle Auswahl: *New Zealand Magic Adventure* führt zu allen Highlights auf der Nord- sowie Südinsel, kostet 449 $ und dauert mindestens 15 Tage; *New Zealand North & South* führt von Auckland via Rotorua und sodann auf der kürzesten Strecke nach Wellington und via- der Nord- und Westküste via Queenstown und Dunedin nach Christchurch (359 $, mind. 11 Tage); *North Island* beschreibt eine mindestens 5 Tage lange Rundfahrt von Auckland via Waitomo, Rotorua, Taupo, Napier, Wellington, Turangi, Bay of Plenty und Coromandel-Halbinsel retour nach Auckland; *Auckland to Wellington* verläuft via Rotorua ans Ziel (127 $, mind. 3 Tage); *Top of the North* (125 $, mind. 3 Tage) führt zu den Sehenswürdigkeiten zwischen Auckland, Waitomo, Taupo, Rotorua, der Bay of Plenty sowie der Coromandel-Halbinsel; und *Wellington to Auckland* schließlich führt via Wanganui und Waitomo wieder nach Auckland zurück (99 $, mind. 2 Tage).

■ **Flying Kiwi,** Deer Park Road, Koromiko, R.D.3, Blenheim, Tel./Fax 03/573 81 26, Freephone (nur innerhalb NZL) 0508 738 126.

Mit originell bunt bemalten Uraltbussen und in Gruppen von durchschnittlich nur 18 Personen geht's mitsamt Kanu auf dem Dach und Mountain bikes auf dem »Rücken« durchs ganze Land. Spaß ist inklusive, wem die Fahrt zu langweilig gerät, kann radeln (Share bikes sind im Preis enthalten), hier und da auch (kostenlos) Kanu fahren, dabei auch das eigene Fahrrad mitbringen. Da die Reise beliebig oft unterbrochen werden kann und man unterwegs jederzeit zusteigen darf, ermöglicht diese Art des Reisens größtmögliche Individualität. Übernachtet wird auf Campingplätzen, gekocht wird zusammen (um 7 $ pro Tag und Person ist an Lebensmiteln anzusetzen). Die Preise beinhalten Transport, Campgebühr sowie Zelt, Schlafsack, Isomatte, wobei man die eigene Ausrüstung mitbringen darf.

Acht große Routen sind derzeit im Programm (zwischen Oktober und Mai): Der *Northern Express* (120 $, mind. 3 Tage) verkehrt zwischen Wellington und Auckland via Tongariro, Taupo und Waitomo, der *Northern Wanderer* hingegen zwischen Auckland und Wellington auf mindestens 8 Tage langer Route via Coromandel, Bay of Plenty, Rotorua, Urewera-Nationalpark und Napier (450 $). Die anderen Touren konzentrieren sich auf die Südinsel.

■ **Kiwi Experience,** 36 Customs Street, Auckland, Tel. 09/366 16 65, Fax 09/357 05 24.

Das Angebot dieses alternativen Busunternehmens deckt sich weitgehend mit dem von »Flying Kiwi« (s.o.). Zusätzlich stehen weitere interessante Routen auf der Nordinsel im Programm: so u.a. *Bay of Islands and the Kauri Coast* (3 Tage Northland), *North Cape Shuttle* (6 Tage Northland) und *East Cape* (7 Tage von Auckland nach Gisborne).

■ **New Zealand Nature Safaris,** Travel Centre, Auckland Central Backpackers, 9 Fort Street, Auckland, Tel. 09/358 48 74, Fax 09/358 48 71; außerdem in Wellington am 52 Holborn Drive, 6008 Stokes Valley, Tel./Fax 04/563 73 60.

Spürt die schönsten Natur-Sehenswürdigkeiten auf. Gefahren wird in kleinen Gruppen bis max. 10 Personen mit Mini-Bussen, geschlafen wird auf DOC-Camps (um 3 $/Person) oder in einfachen Hütten und Cabins (um 10–15 $/Person), und das Essen wird gemeinsam gekocht, wobei jeder Teilnehmer pro Tag 8 $ zusteuern muß. Mit dabei sind versierte Guides, die meist Geologie, Geografie, Vulkanismus, Botanik oder Zoologie studiert haben. – Wer die schönsten Natur-Sehenswürdigkeiten wirklich kennenlernen will, dabei auch aktiv sein möchte und an fundierten Hintergrund-Informationen interessiert ist, findet keine bessere Adresse als diese.

Drei große Rundtouren stehen derzeit im Programm, davon zwei auf der Süd-, eine auf der Nordinsel: *Northern Exposure* ist Name einer 8 Tage währenden Tour von Auckland nach Wellington. – Am 1. Tag geht es nach Coromandel, wo eine erloschene Vulkankette erklommen und Kauri-Wälder durchwandert werden; am 2. Tag steht Surfing, Beaching und Diving auf dem Programm, bevor es nach Rotorua geht; am 3. Tag geht es durch das Thermal-Wunderland von Rotorua, sodann in den

Urewera-Nationalpark, wo ein 3stündiger Trek wartet; der 4. Tag ist heißen Quellen, der Umrundung des Lake Taupo sowie dem Kaimanawa Forest Park (4stündiger Trek) vorbehalten; am 5. Tag geht es weiter aufs Vulkanplateau und darauf auf den schönsten Tagestrek der Insel, den Tongarito Crossing; am 6. Tag stehen die Waitomo Caves sowie die Beaches an der Tasman-See auf dem Programm; am 7. Tag dann geht es an der Flanke des Mt. Taranaki hinauf (2 Stunden Trekking); und am 8. Tag schließen sich ein Vulkan-Trek sowie die Weiterreise nach Wellington an. – Alles zusammen kostet 395 $.

Mit dem Zug

»Das große Neuseeland-Abenteuer«, wie es die Broschüre der staatlichen »New Zealand Rail« sieht, ist das Bahnfahren heutzutage zwar nicht mehr, denn die Züge sind hochmodern, schnell und komfortabel; aber ein »Landschaftserlebnis auf festem Gleis« ist und bleibt es allemal. Panoramafenster ermöglichen großzügige Ausblicke, an die meisten Züge sind Speisewagen angekoppelt, und während man sich relaxed zurücklehnt, zieht draußen eine unaufhörliche Kulisse aus »Paramount Pictures« vorbei.

Acht Hauptstrecken werden noch bedient, davon fünf auf der Nord- und drei auf der Südinsel. Es gibt nur eine einzige Klasse, die Unterschiede zwischen der *Standard fare* und den *Discount fares* können bis zu 50 % betragen, und wer in Besitz eines Schüler- oder Studentenausweises, eines internationalen Jugendherbergsausweises oder einer Backpacker Card oder aber älter als 60 Jahre ist, bekommt eine 30%ige Ermäßigung auf die Standardtarife.

Einen speziellen Bahnpass gibt es nicht; der *Inter City Travel Pass* der Bahnbusse gilt auch für die Eisenbahn (s.o. unter »Bus«).

Da sich das Bahnfahren in Neuseeland großer Beliebtheit erfreut und man gerade während der Hochsaison mit längeren Wartezeiten rechnen muß, sollte man stets rechtzeitig eine (kostenlose) Reservierung vornehmen. Für Fahrplan-Informationen und Reservierungen ist landesweit die Freephone-Nummer 0800 902 802 zuständig.

Bahnstrecken auf der Nordinsel:

■ Der **Overlander** verkehrt täglich und in beiden Richtungen zwischen Auckland und Wellington, ist für 685 km rund 11 Stunden unterwegs und kostet zwischen 129 $ (Standard-Preis) und 65 $.

■ Der **Northerner** verkehrt auf der gleichen Strecke wie der Overlander, aber nicht tagsüber, sondern nachts, ist ebenfalls rund 11 Stunden unterwegs und kostet zwischen 109 $ und 55 $.

■ Der **Kaimai Express** verkehrt

einmal täglich in beide Richtungen zwischen Auckland und Tauranga (Ostküste der Nordinsel), ist dafür rund 3,5 Stunden unterwegs und kostet zwischen 49 $ und 25 $.

■ Der **Geyserland** bedient, seinem Namen treu, die Strecke zwischen Auckland und Rotorua, wofür er rund 4 Stunden benötigt; Preise von 59 $ bis 30 $.

■ Der **Bay Express** verkehrt täglich zwischen der Bay of Plenty (Hastings) und Wellington, benötigt rund 6 Stunden für die 335 km lange Distanz und kostet 63 $ bis 32 $.

Mit dem Flugzeug

Wer knapp an Zeit ist oder einen Abstecher etwa von Auckland auf die Südinsel beabsichtigt, wird kaum umhin kommen, die eine oder andere Strecke per Flieger zu überspringen. Neben vielen kleinen Gesellschaften, die auch »den letzten Ort« noch mit der Außenwelt verbinden, versorgen hauptsächlich die drei großen Airlines »Air New Zealand«, »Ansett New Zealand« und »Mount Cook Airlines« die Inlandfluggäste. Drehscheibe des Inland-Flugverkehrs ist dabei nicht Auckland, sondern Wellington; Direktflüge zwischen Auckland und der Südinsel gibt es im Prinzip nur nach Christchurch, so daß alle anderen Flüge via Wellington gehen. Angeflogen werden insgesamt mehr als zwei Dutzend Städte auf beiden Inseln, und die Preise auf manchen Strecken sind teilweise derart moderat, daß der Flug billiger als der Bus oder die Fähre über die Cook-Straße sein kann.

Rabattsysteme:

■ Auch hier gibt es wieder zahlreiche **Preisermäßigungen**: Wer beispielsweise nach 19 Uhr (»Ansett«) oder 20 Uhr (»Air New Zealand«) fliegt, bekommt bis zu 65 % Rabatt; ein internationaler Jugend- oder Studentenausweis gewährt satte 50 % Ermäßigung bei allen drei Gesellschaften, ebenso der internationale Jugendherbergsausweis, während die *Backpacker Card* bei »Mount Cook« nur für 30 % Rabatt gut ist, die *Backpacker Discount Card* hingegen wiederum bei allen drei Airlines für 50 %.

■ Auch **Flugpässe** helfen, Geld zu sparen. Wer voraussichtlich viel fliegen wird – was freilich schade ist in Neuseeland –, sollte den Kauf eines Airpasses erwägen, der bis zu 50 % Ermäßigung gewährt. Jede der drei Hauptgesellschaften bietet eigene Pässe an, aber da die meisten bereits vor Reiseantritt im Heimatland gekauft werden müssen, sollte man sich dort bereits ausführlich informieren: entweder über das Reisebüro, bei dem man auch das internationale Ticket gekauft hat, oder aber direkt über die Gesellschaften: »Air New Zealand« s.o. unter »Anreise«; für »Mount Cook« Infos über »Air New Zealand«. Nur der Flugpass von »Ansett« kann in Neuseeland direkt erworben werden.

Auskünfte und Buchungen vor Ort:

■ **Air New Zealand,** Head Office, Private Bag, Auckland, Freephone (nur innerhalb Neuseelands) 0800 737 000, Tel. 09/357 30 00.

■ **Ansett New Zealand,** Head Office, P.O. Box 4168, Auckland, Freephone (nur innerhalb Neuseelands) 0800 502 146, Telefon 09/302 21 46.

■ **Mount Cook Line,** Mount Cook Travel Centre, 34 Queen Street, Auckland, Freephone (nur innerhalb Neuseelands) 0800 800 737, Tel. 09/377 83 89.

Preisbeispiele einfacher Flug:

Auckland-Wellington:	210 $
Auckland-Rotorua:	145 $
Auckland-Christchurch:	283 $
Wellington-Christchurch:	160 $
Wellington-Picton (oder Nelson bzw. Blenheim):	ab 49 $

Mit der Fähre

Wer ab Wellington einen Abstecher auf die Südinsel einschieben möchte, nimmt im Normalfall das Schiff: Hauptfähren sind noch die beiden der staatlichen Eisenbahn gehörenden *Interislander* (Autofähren) sowie der *Lynx* (Katamaranfähre, auch Autotransport), die zwischen Wellington und Picton verkehren und im Laufe des Jahres 1997 Konkurrenz bekommen werden: dann nämlich werden auch private Beförderer auf den Markt dringen. Geplant sind u.a. Verbindungen zwischen Wellington und Nelson.

The Interislander:

3–4 Stunden währt es, die Cook Strait zwischen der Nord- und Südinsel mit einem Fährschiff der staatlichen »Interislander« zu überspringen. Selbst verwöhnte Reisende werden unumwunden zugeben müssen, daß die Passage, die zuerst an der Skyline der Hauptstadt vorbeiführt und am Ende die herrlich grünen Marlborough Sounds durchquert, zu einer der schönsten überhaupt gehört.

■ **Verbindungen** bestehen in beide Richtungen zwischen 1 x (montags), 4 x (Sa und So) und 5 x täglich, die beiden in Dienst stehenden Schiffe entsprechen modernsten Anforderungen, und die **Preise** belaufen sich auf 44 $ pro Person (Kinder zwischen 4 und 14 zahlen die Hälfte, Senioren über 60 zahlen 30 $), 160 $ je Auto bis 6 m Länge, 44 $ für Motorräder, 12 $ für Fahrräder, während für Wohnmobile und Gespanne 160 $ bis 6 m Länge verlangt werden; darüber hinaus kostet jeder zusätzliche Meter 35 $. Ein Rückfahrticket bringt keine Ermäßigung, dafür aber der *Family Saver* für Familien.

Zwischen dem Bahnhof in Wellington und dem Fähranleger verkehrt ein Shuttle-Bus; rund 1 Stunde vor Ablegen des Schiffes

muß man am Terminal sein. Wer nach Fährankunft auf der Südinsel gleich mit Bus oder Zug weiter will, sollte in Wellington ein *Throughticket* buchen, das inkl. Fähre 59 $ bis Christchurch kostet, 42 $ bis Kaikora, 43 $ bis Nelson.

■ **Reservierung:** Gerade während der Hochsaison sowie stets zur Ferienzeit ist die Strecke hoffnungslos überlastet, wenn, vor allem für Autofahrer, Wartezeiten von bis zu mehreren Tagen auftreten können. Rechtzeitige Reservierung schafft Abhilfe; georderte Tickets muß man bis spätestens 2 Stunden vor dem Ablegen der Fähre am Terminal abholen und bezahlen. Landesweite Fahrplan-Auskunft und Reservierung erfolgt über Freephone 0800 568 999.

■ Ist kein Platz mehr frei, sollte man **Standby** sein Glück versuchen, da es in letzter Minute häufig immer noch möglich ist, mit an Bord zu kommen; Passagiere ohne Fahrzeug sind im Vorteil, obwohl auch Autofahrer durchaus Chancen haben, wie wir aus Erfahrung berichten können: in diesem Fall auf die eigens ausgeschilderte *Waiting Line* fahren, das Ticket am Schalter kaufen und warten. Erst 20 Minuten vor der Abfahrt entscheidet sich, ob man mitkommt, und wenn nicht, kann man das Ticket am folgenden Tag benutzen oder aber zurückgeben (keine Gebühr).

The Lynx:
Beim »Luchs« handelt es sich um einen 1995 in Dienst gestellten, 75 m langen Katamaran, der mit einer Geschwindigkeit von bis zu 85 km/h dahingleitet und als komfortables, schnelles und modernes Fährschiff gilt. Auch Autos und Wohnmobile können mit an Bord, und da der Fahrpreis höher als beim »Interislander« liegt, findet sich hier meist noch ein Platz, wenn dort schon alles ausgebucht ist.

Das Schiff verkehrt dreimal täglich in jede Richtung zwischen Wellington und Picton, die Fahrzeit beträgt 105 Minuten. Die Preise belaufen sich auf 59 $ pro Person, 190 $ fürs Auto, 59 $ fürs Motorrad, 15 $ fürs Fahrrad und 220 $ für Wohnmobile bis 6 m (darüber hinaus 40 $ je angefangener Meter). Die Fahrpreisermäßigungen sind mit denen des »Interislander« identisch, ebenso das System für Reservierung und Standby.

Mit dem Auto/Motorrad

Es gibt Reisende, die geben gleich mehrere tausend Mark je Weg aus, um ihr Auto von zu Hause nach Neuseeland verschiffen zu lassen; andere wiederum fallen auf die Angebote der heimischen Urlaubsver(un)stalter herein und bezahlen für ein einfaches Mietauto über 100 DM pro Tag, während die dritten über die internationalen Vermieter schon zu Hause einen Mietwagen buchen und ebenfalls ab 100 DM

◀ *Fährterminal von Wellington mit dem Highspeed-Katamaran Lynx*

pro Tag dafür berappen müssen. Und dann kommen sie am anderen Ende der Welt an und müssen gefrustet feststellen, daß man gute Gebrauchtfahrzeuge ganz ohne Streß und Papierkram schon ab ca. 2000 $ bekommt, auch Fahrzeuge mit Rückkaufgarantie erstehen kann oder daß neue Mietwagen mit ausreichend Platz für 2–3 Personen lediglich 35 $ pro Tag kosten, eventuell sogar nur 16-25 $, mietet man für länger als 20 Tage...

Da zudem der Sprit sehr preigünstig – um 1 $ je Liter – und das Verkehrsaufkommen minimal ist, die Straßen sicher und bestens beschildert sind und man eben nur mit einem Fahrzeug absolut mobil ist, ja, viele der größten landschaftlichen Highlights überhaupt erst erreichen kann, möchten wir jedem Reisenden wärmstens ans Herz legen, sich eine Fahrzeugmiete, wenn nicht einen Fahrzeugkauf (lohnt aber nur bei langen Reisen) genauestens zu erwägen.

Leihwagen:

Wer auf die Angebote der internationalen Verleihfirmen wie »Avis«, »Budget« etc. hereinfällt, zahlt im Durchschnitt rund viermal zu viel und bekommt doch nicht mehr an Service und Inklusivangeboten, als würde er bei einem der zahlreichen lokalen Verleiher anmieten. Auch das Sicherheits-Argument zieht nicht, denn selbst wer von zu Hause aus telefonisch einen Wagen in Neuseeland vorbucht, kann das Auto auf Wunsch schon nach der Ankunft am Airport übernehmen.

■ **Reservierung:** Für die Nebensaison ist eine Rervierung schon von zu Hause aus eigentlich unnötig. Telefonisch am Airport geordert, kann man sein Auto jedenfalls schon nach ca. 30 Minuten in Empfang nehmen. Für die Zeit zwischen November und Februar/März hingegen sollte man unbedingt schon vor Reiseantritt einen der u.g. Vermieter in Auckland kontaktieren und die Reservierung vornehmen.

■ Die **One-way-Miete** – also zum Beispiel in Auckland mieten, in Wellington zurückgeben – ist bei den meisten nationalen Verleihfirmen zwar möglich, aber kostenpflichtig und nur bei wenigen im regulären Mietpreis enthalten, s.u.

■ Bei fast allen Vermietern enthalten sind die üblichen **Mietnebenkosten** wie Mehrsteuer und Versicherung, meist Vollkasko mit 800 $ Selbstbeteiligung. Beim Anmieten ist darauf zu achten, daß sich der Mietpreis für *unlimited miles* versteht, der Vertrag also keine begrenzte Kilometerzahl enthält, denn die Kilometer addieren sich schnell in Neuseeland!

■ **Voraussetzung** zur Wagenmiete ist ein gültiger nationaler Führerschein; der internationale erweist sich jedoch als Vorteil, da es damit zu keinen Verständigungsschwierigkeiten kommt. Der

Distanzen und Reisezeiten – Nordinsel –

	Cape Reinga	Chateau Tongariro	Dargaville	Gisborne	Hamilton	Hicks Bay	Kaitaia	Masterton	Napier	New Plymouth	Paihia	Palmerston North	Rotorua	Taupo	Taumarunui	Tauranga	Thames	Waikaremoana	Waitomo	Whanganui	Wellington	Whakatane	Whangarei
Auckland	8:15 / 440	5:35 / 345	3:05 / 184	8:20 / 449	1:55 / 126	9:05 / 503	6:00 / 324	9:20 / 646	6:35 / 421	6:20 / 357	4:15 / 240	7:40 / 537	3:35 / 234	4:05 / 278	4:45 / 268	3:20 / 205	1:50 / 114	7:50 / 390	3:10 / 200	8:00 / 457	9:15 / 658	4:55 / 298	3:00 / 169
Cape Reinga		13:50 / 784	5:25 / 285	16:35 / 939	10:10 / 566	17:20 / 943	2:15 / 116	17:35 / 1086	14:50 / 861	14:35 / 797	4:30 / 223	15:55 / 977	11:50 / 674	12:20 / 718	13:00 / 726	11:35 / 645	10:05 / 554	16:05 / 830	11:25 / 640	16:15 / 897	17:30 / 1098	13:10 / 738	5:15 / 271
Chateau Tongariro			8:40 / 529	6:55 / 429	3:40 / 219	8:25 / 467	11:35 / 669	4:50 / 332	4:00 / 240	4:20 / 242	9:50 / 585	3:10 / 223	2:50 / 177	1:30 / 97	0:50 / 59	3:45 / 236	4:40 / 303	6:05 / 283	2:45 / 159	2:45 / 141	4:45 / 344	4:15 / 262	8:35 / 514
Dargaville				11:25 / 683	5:00 / 310	12:10 / 687	3:10 / 169	12:25 / 830	9:40 / 605	9:25 / 541	2:20 / 129	10:45 / 721	6:40 / 418	7:10 / 462	7:50 / 470	6:25 / 389	4:55 / 298	10:55 / 574	6:15 / 384	11:05 / 641	12:20 / 842	8:00 / 482	1:05 / 58
Gisborne					6:30 / 394	3:40 / 180	14:20 / 823	6:45 / 448	3:25 / 215	10:25 / 585	12:35 / 739	6:05 / 393	4:50 / 286	5:25 / 332	7:20 / 449	5:00 / 298	7:05 / 410	2:55 / 162	7:30 / 445	7:15 / 467	8:15 / 538	3:25 / 201	11:20 / 668
Hamilton						7:15 / 398	7:55 / 450	7:25 / 520	4:40 / 295	4:25 / 231	6:10 / 366	5:45 / 411	1:40 / 108	2:10 / 152	2:50 / 160	1:55 / 106	1:50 / 108	5:55 / 264	1:15 / 74	6:05 / 331	7:30 / 532	3:05 / 193	4:55 / 295
Hicks Bay							15:05 / 827	10:25 / 628	7:05 / 395	11:10 / 589	13:20 / 743	9:45 / 573	5:35 / 290	6:55 / 370	8:50 / 487	5:45 / 302	7:50 / 414	6:35 / 342	8:15 / 449	10:40 / 643	11:55 / 718	4:10 / 205	12:05 / 672
Kaitaia								15:20 / 970	12:35 / 748	12:20 / 681	2:15 / 107	13:40 / 861	9:35 / 558	10:05 / 602	10:45 / 610	9:20 / 529	7:50 / 438	13:50 / 714	9:10 / 524	14:00 / 781	15:15 / 982	10:55 / 622	3:00 / 155
Masterton									3:20 / 233	5:15 / 343	13:35 / 886	1:40 / 109	6:35 / 448	5:15 / 368	6:05 / 348	7:40 / 524	8:25 / 574	6:30 / 416	8:00 / 450	2:50 / 183	1:50 / 102	8:00 / 533	12:20 / 815
Napier										6:15 / 412	10:50 / 661	2:40 / 178	3:50 / 223	2:30 / 143	4:25 / 260	4:55 / 299	5:40 / 349	3:10 / 183	5:05 / 306	3:50 / 252	4:50 / 323	5:15 / 308	9:35 / 590
New Plymouth											10:35 / 597	3:35 / 234	5:35 / 299	5:25 / 296	3:30 / 183	5:40 / 308	6:15 / 339	10:00 / 482	3:30 / 173	2:25 / 160	5:10 / 355	7:00 / 384	9:20 / 526
Paihia												11:55 / 777	7:50 / 474	8:20 / 518	9:00 / 526	7:35 / 445	6:05 / 354	12:05 / 630	7:25 / 440	12:15 / 697	13:30 / 898	9:10 / 538	1:15 / 71
Palmerston North													4:55 / 339	3:35 / 259	4:25 / 239	6:00 / 415	6:45 / 465	5:50 / 361	6:20 / 341	1:10 / 74	2:10 / 145	6:20 / 424	10:40 / 706
Rotorua														1:20 / 80	2:50 / 172	1:30 / 86	2:40 / 164	4:15 / 156	2:45 / 166	4:25 / 309	6:30 / 460	1:25 / 85	6:35 / 403
Taupo															1:55 / 117	2:25 / 156	3:10 / 206	4:35 / 186	2:35 / 163	3:05 / 229	5:10 / 380	2:45 / 165	7:05 / 447
Taumarunui																4:05 / 235	4:40 / 268	6:30 / 303	1:55 / 102	3:15 / 171	5:15 / 371	4:15 / 257	7:45 / 455
Tauranga																	2:05 / 116	5:45 / 242	2:30 / 151	6:35 / 439	8:00 / 546	1:35 / 97	6:20 / 374
Thames																		6:55 / 320	3:05 / 182	6:55 / 479	8:20 / 568	3:40 / 209	4:50 / 283
Waikaremoana																			7:00 / 322	7:00 / 435	8:00 / 506	5:40 / 241	10:50 / 559
Waitomo																				5:10 / 273	7:10 / 473	4:05 / 235	6:10 / 369
Whanganui																					2:45 / 195	5:10 / 358	10:00 / 626
Wellington																						7:55 / 545	12:15 / 827
Whakatane																							7:55 / 467

Fahrzeuglenker muß zudem über 21 Jahre alt sein. Das lästige Hinterlegen einer Kaution umgeht man durch die Vorlage einer Kreditkarte.

■ Es folgen die **Adressen** der bekanntesten nationalen Verleihfirmen in Auckland, dem üblichen Ankunftsort der Fernreisenden; die genannten Preise verstehen sich inklusive unbegrenzter Kilometerzahl:

– *ACE Tourist Rentals,* 39 The Strand, Parnell, Auckland, Tel./Fax 09/309 22 58, Freephone 0800 50 22 77. Ab 23,5 $ pro Tag (mindestens 20 Miettage); die Rückgabe ist auch in Wellington möglich.

– *Alternative Rentals,* 115 Beach Road, Auckland, Tel. 09/373 38 22, Fax 09/373 38 20. Ab 29 $ pro Tag; auf bestimmten Strecken auch One-way-Miete.

– *Affordable Rental Cars & Vans,* 12 Kenyon Ave, Mt. Eden, Auckland, Tel. 09/630 15 67, Fax 09/630 36 92. Auch Mini-Busse; Preise ab 38 $ pro Tag; Einwegmiete möglich.

– *ARF Rentals,* 710 Great South Rd, Auckland, Tel. 09/579 31 12, Fax 09/571 04 51. Ab 20 $ pro Tag.

– *Dollar Save Car Hire,* 200 Victoria Street West, Auckland, Tel. 09/36606 46, Freephone 0800 486 677, Fax 09/419 16 95. Ab 27 $ pro Tag.

– *Big Save Car Rentals,* 43 The Strand, Parnell, Auckland, Tel. 09/303 39 28. Ab 23,5 $ (3 Wochen) bzw. ab 35 $ (mind. 4 Tage).

– *Camping Cars,* Auckland, Tel. 09/35l. 09/303 39 28. Ab 23,5 $ (3 Wochen) bzw. ab 35 $ (mindestens 4 Tage).

– *Camping Cars,* Auckland, Tel. 09/358 48 60, Fax 09/357 62 22. Ab 55 $ inklusive kompletter Campingausrüstung: Zelt, Schlafsäcke, Kocher, Tisch, Stuhl etc. – eine Alternative zum Wohnmobil also.

– *Rental Camping Station Wagons,* Auckland, Tel./Fax 09/412 91 89. Vermietet ausschließlich Kombis inklusive kompletter Campingausrüstung, die während der Hochsaison 65 $ (für 2 Personen) kosten bzw. 84 $ (für 4 Personen).

– *Kiwi Travel Office,* 430 Queen Street, Auckland, Tel. 09/358 39 99. Ab 19 $ (Winterhalbjahr) bzw. 22 $.

– *Omega Rentals,* 137 Newton Rd, Auckland, Tel. 09/358 30 83, Fax 09/358 30 63. Ab 29 $; Einwegmiete ist möglich.

– *Sharmas Rent-A-Car,* 90 Portage Rd, Otahuhu, Auckland, Tel. 09/276 99 77, Freephone 0800 366 488, Fax 09/276 46 48. Preise ab sage und schreibe 16 $ inkl. alles.

Leih-Wohnmobil:

Was zum Thema »Leihwagen« gesagt wurde (s.o.), gilt auch für Mietwohnmobile: Denn bekommt man solche Fahrzeuge über die internationalen Verleihfirmen nicht unter 150–200 DM (mit Schlafplätzen für 2–3 Personen), so sind es vor Ort mitunter 40 $; selbst Luxusgefährte mit 6 Betten, Dusche etc., über Reiseveranstalter nicht unter 300 DM pro Tag zu ergattern, sind in Neuseeland schon ab etwa 130 $ pro Tag erhältlich.

Ob man nun einen normalen Mietwagen oder ein Mietmobil bevorzugt, ist eine Frage des persönlichen Geschmacks, doch würden wir, falls es ein Wohnmobil sein soll, immer ein kleineres bevorzugen, denn duschen kann man gegen ein minimales Entgelt auf jedem Campingplatz. Vor allem birgt der zusätzliche Komfort eines großen Fahrzeugs einen Verlust an Mobilität, denn für grobe Pisten etwa, und davon gibt es in Neuseeland eine ganze Menge, zeigen sich die schweren Wohnmobile beim besten Willen nicht geeignet.

■ Folgende **Verleihfirmen** kommen u.a. in Frage:

– *Aristocrat Motorhomes,* P.O. Box 117, Pukekohe, Auckland, Tel. 09/238 87 89, Fax 09/238 37 04. Wohnmobile mit 2–6 Betten ab ca. 70 $ pro Tag.

– *Brits New Zealand Rentals,* 18 Rennie Drive, Airport Oaks, Auckland, Tel. 09/275 90 90, Freephone 0800 831 900, Fax 09/275 18 34; außerdem kann man bereits in Deutschland über die Europa-Vertretung von »Brits« buchen: Plinganser Straße 12, 81369 München, Tel. 089/746 00 57, Fax 089/725 45 16.

Diese Firma gilt in Neuseeland als einer der Marktführer in Sachen Wohnmobil; drei Kategorien an Fahrzeugen stehen zur Verfügung: der *Hitop* auf Mini-Bus-Basis mit 2–3 Betten, der *4-Wheel-Drive Bushcamper* auf Jeep-Basis mit 2–3 Betten, das Nonplusultra für alle, die Neuseeland abseits der Hauptstraßen entdecken wollen, und das luxuriöse *Explorer Motorhome,* das 5–6 Personen ausreichend Platz gewährt. Die Fahrzeuge sind größtenteils jünger als 2 Jahre, bestens gepflegt, und die Preise variieren je nach Saison und Mietdauer von 64 $ bis 150 $ für den »Hitop«, von 104 $ bis 220 $ für den Jeep und von 100 $ bis 212 $ für das fahrbare Luxusheim. – Ein Spitzenangebot, zumal auch die Einwegmiete problem- und kostenlos ist.

– *Kiwi Travel Office,* 430 Queen Street, Auckland, Tel. 09/358 39 99. Wie schon für PKWs, bietet dieses Unternehmen auch für Wohnmobile günstige Preise, die sich für ein 2–3-Bett-Wohnmobil je Saison auf 39–49 $ und für eines mit bis zu 6 Betten auf 69–95 $ belaufen.

Leih-Motorrad:

Verglichen mit der Autoreise, ist die Motorradtour, wie viele meinen, unvergleichlich schöner und abenteuerlicher, die Miete jedoch nicht unbedingt billiger. Die Preise pro Tag inkl. allem, auch Packtaschen, bewegen sich zwischen 30 $ und 70 $, je nach Saison und Modell:

– *Auckland Honda,* 310 Great North Rd, Grey Linn, Auckland, Tel. 09/360 21 47, Fax 09/360 19 82.

Weniger Vermietung als Verkauf mit später garantiertem Rückkauf.
– *Cyclesport Honda,* 73 Barry's Point Rd, Takapuna, Auckland, Tel./Fax 09/486 11 36. Ebenfalls Verkauf mit Rückkaufgarantie.
– *New Zealand Motorcycle Rentals,* 85 Customs Street West, Auckland, Tel./Fax 09/3582252. Viele Marken (auch Enduros) zwischen 250 und 900 ccm ab 39 $ pro Tag inkl. allem.

Autokauf:
Wer sein Auto von Europa nach Neuseeland mitnimmt, muß ein Trottel sein, denn eingedenk der Transportkosten lohnt der Spaß nicht einmal dann, wenn man ein ganzes Jahr lang vor Ort unterwegs sein will.

Interessanter, als das eigene Fahrzeug mitzubringen, ist der Autokauf vor Ort, wobei der Verkauf am Reiseende relativ schnell vonstatten geht. Bei einer Reisespanne von nur wenigen Wochen freilich lohnen Aufwand und Zeitverlust kaum; da kommt ein Mietwagen wesentlich günstiger. Mindestens vier, besser sechs Monate sollte man schon vor sich haben, denkt man ernsthaft über einen Autokauf nach.

■ Wer sicher gehen will, das Fahrzeug wieder loszuwerden, sollte einen **Kauf mit Rückkaufgarantie** erwägen, wie ihn zahlreiche Autohändler anbieten. Die anstehenden Fahrzeuge sind im Durchschnitt um 4 Jahre alt, in gutem Zustand, und da man beim Kauf meist auch gleich eine Reparaturversicherung mit abschließen kann, ist das ganze Projekt eine ziemlich risikofreie, wenn auch zunächst viel Geld bindende Angelegenheit. Und gar so billig kommt dieser Kauf mit Rückkaufgarantie nicht, denn wie unsere Recherchen ergaben, muß man bei einem Kleinwagen Marke »Honda Civic« oder »Toyota Corolla« nach 1 Monat mit einem Verlust von rund 1500 $ rechnen, nach 2 Monaten von 2000–2500 $ und nach 3 Monaten von 4000 $, freilich ein neueres Modell vorausgesetzt. – Da ist man mit einem Mietwagen der Mittelklasse rasch billiger dran, hat zudem keine Risiken zu tragen. Wer dennoch interessiert ist, kann sich gleich nach Ankunft am Infoschalter im Auckland-Flughafen ein paar Adressen von Autohändlern geben lassen.

■ Das größte Angebot an **Gebrauchtwagen** hat man selbstverständlich in Auckland, wo sogar eine eigene Gebrauchtwagenzeitung erscheint. Die Auswahl ist freilich mit einigen Tagen an Zeitverlust verbunden, und viel einfacher und schneller ist's, nach der Ankunft in Auckland die populärsten Backpacker (siehe unter »Auckland/Unterkunft«) abzuklappern: Es müßte schon ein schwarzer Tag sein, wenn man nicht innerhalb weniger Stunden ein halbes Dutzend in Frage kommender Fahrzeug gefunden hätte, denn auf den Infowänden dieser Unterkünfte wimmelt es zumeist von Verkaufangeboten rückreisender Touristen, die ihr Wohnmobil so schnell wie möglich los werden wollen bzw. müssen. Entsprechend günstig sind oft die Preise, die für ein fahrbares Vehikel bei etwa 1000 $ anfangen. Ab etwa 2000 $ kann man schon ein zuverlässiges Gefährt bekommen: Wir selbst kauften während unserer letzten Reise bereits 5 Stunden nach der Ankunft in Auckland einen 18 Jahre alten »Toyota Corolla«, bezahlten dafür 2000 $, legten innerhalb von 4 Monaten rund 30 000 km ohne jedes Problem zurück und verkauften das Gefährt schließlich wieder für 1000 $ an gerade angekommene Touristen weiter.

Eine andere Möglichkeit, an einen günstigen Gebrauchtwagen zu kommen, bieten die *Car Auctions* bzw. *Car Fairs*, die stets an Samstagen und Sonntagen abgehalten – daher möglichst einen Flug wählen, mit dem man freitags in Auckland ankommt – und von vielen Privatanbietern genutzt werden. Die günstigsten Schnäppchen macht man direkt nach Eröffnung zwischen 8 und 9 Uhr; denn wer erst mittags aufkreuzt, findet meist nur noch teure Luxusgefährte vor. Mehrere solcher Car Fairs finden allwöchentlich in Auckland und Umgebung, vorwiegend auf großen Parkplätzen statt. Wer interessiert ist, sollte gleich nach Ankunft im Flughafen das Touristenbüro kontaktieren, wo man eine Liste solcher Fairs erhält.

■ Worauf beim Autokauf zu achten ist, sollte hinlänglich bekannt sein; wer sich der technischen Fitness des gewählten Vehikels nicht sicher ist, kann das Fahrzeug gegen einen Unkostenbeitrag von 80 $ beim neuseeländischen Automobilclub (Adresse siehe unter »Auckland«) durchchecken lassen. Die Verkehrstüchtigkeit eines Autos aber wird in Neuseeland durch eine **Warrant of Fitness** *(WOF)* bescheinigt. Die Untersuchung ähnelt der beim deutschen TÜV, nur mit dem Unterschied, daß sie in nahezu jeder Werkstatt gemacht wird und daß lediglich Bremsen, Licht und Reifen geprüft werden. Ist alles in Ordung, bekommt man eine Plakette, die an der Windschutzscheibe zu befestigen ist – ohne eine solche gültige Plakette darf kein Auto in Neuseeland fahren. Ist die Plakette des ausgewählten Fahrzeugs nicht mehr oder nur noch für kurze Zeit gültig, sollte man noch vor der Ummeldung auf einer neuen Untersuchung (um 30 $) bestehen, die der Verkäufer zu zahlen hat.

■ Anders als zum Beispiel in Deutschland, nimmt das **Anmelden eines Fahrzeugs** in Neuseeland nur wenige Minuten in Anspruch. Man geht einfach mit dem Verkäufer aufs nächste Postamt oder in den nächsten Postshop, fragt dort nach den Formularen *Change of Ownership* sowie *Manual Application for Motor Vehicle Licence,* füllt sie aus (denkbar einfach, auch mit rudimentären Englischkenntnissen problemlos), gibt sie ab, und muß nun als Käufer nur noch seinen (nationalen) Führerschein sowie Paß vorzeigen, eine Adresse angeben (auch Poste Restante möglich, siehe unter »Post«), bekommt vom letzten Besitzer das *Certificate of Registration* (KFZ-Schein) ausgehändigt – und fertig.

■ **Versicherung:** Die geringe Registrationsgebühr umfaßt zwar eine Haftpflichtversicherung für Personenschäden, aber sonst nichts – es gibt hier keine Versicherungspflicht, Sachschäden sind selbst zu bezahlen. Wem das Risiko zu groß ist, muß einem der zahlreichen Versicherer (Adressen im Telefonbuch) oder bei der *New Zealand Automobil Association* (Automobilclub, Adresse unter »Auckland«) eine Zusatzversicherung abschließen. Die Kosten sind gering und liegen bei 65 $ für einen Kleinwagen (3 Monate).

Auf Neuseelands Straßen unterwegs:

■ Die Verkehrsbestimmungen entsprechen im großen und ganzen den in Mitteleuropa üblichen, nur daß man eben in guter britischer Manier auf der **linken Seite** fährt und dementsprechend rechts lenkt. Das ist zu Anfang etwas gewöhnungsbedürftig, aber trotzdem kein Problem, wie man sich auch recht schnell daran gewöhnt, daß trotz dieses »verkehrten« Fahrens die **Vorfahrtsregel** »rechts vor links« gilt und Rechtsabbieger Vorfahrt haben. Der Verkehr im Kreisverkehr hat immer Vorfahrt. **Überholt** wird üblicherweise rechts, doch auf den mehrspurigen Motorways, nur im Umkreis der wenigen Großstädte, darf sowohl rechts als auch links überholt werden.

■ In geschlossenen Ortschaften gilt für PKWs und Motorräder ein **Tempolimit** von 50 km/Std; außerhalb darf man 100 km/Std fahren. An diese Limits sollte man sich halten auch wenn kein Schild auf eine Radararfalle hinweist: mit spielenden Kinder etwa oder, viel häufiger noch, mit auf der Straße dösenden Schafen muß man stets und überall rechnen.

■ Die **Straßen** sind, bis auf Nebenstrecken *(metal road, unsealed road)*, alle gut asphaltiert bzw. geteert, aber teilweise kurvig und eng. An das Befahren der Pisten muß man sich als Mitteleuropäer erst gewöhnen, denn zum einen ist stets mit Schlaglöchern zu rechnen, außerdem mit Steinschlag, der schnell ein Loch in den Tank schlägt. Und da die Fahrbahn oft nicht eben und der Belag lose ist, hat man ständig das Gefühl, als schlingere das Fahrzeug, was in Kurven schnell zu einem seitlichen Wegrutschen führen kann.

■ An den stellenweise unkonventionellen neuseeländischen **Fahrstil** müssen sich viele dogmatisch geschulte Ausländer erst einmal gewöhnen: Ge- und Verbote werden nicht immer als bindend betrachtet, die Vorfahrtsregeln sind zwar fix, doch mitunter diskutierbar, die Fahrzeuge entbehren der »fürsorglichen Hand« eines TÜV, sind z.T. in mangelhaftem Zustand und nachts manchmal nur teilweise beleuchtet. Entsprechend viele **Unfälle** sind zu beklagen. Der Fahrzeuglenker sollte niemals ein Schuldgeständnis abgeben, sondern außer der Polizei sofort die Vermietstation anrufen, sich ferner Name, Adresse und Versicherungsdaten des Unfallgegners geben lassen.

■ Die **Verkehrszeichen** unterscheiden sich in der Regel nicht von unseren, lediglich folgende Vorschriften weichen ab:
- *Give Way,* Vorfahrt achten;
- *LSZ* bedeutet, daß hier eine *limited speed zone* beginnt und daß man besser nicht schneller als 50 km/h fahren sollte;
- *Seals End,* Ende der Asphaltstrecke, Beginn der Schotterstraße; also sofort runter vom Gas!
- *No U Turn* steht für »Wenden verboten«;
- *No Exit* bedeutet »Sackgasse«;
- *Free Turn* erlaubt das Abbiegen auch bei roter Ampel.

■ **Diebstähle** aus geparkten Fahrzeugen häufen sich, hauptsächlich im Umfeld der großen Städte sowie der Touristenzentren. Auf dem Land ist das Autoknacken die absolute Ausnahme. Dabei haben es die Langfinger selten auf den Wagen selbst abgesehen, sondern vielmehr auf den Inhalt: deshalb in den gefähdeten Zonen das bepackte Fahrzeug niemals unbeaufsichtigt parken; an besonders gefährlichen, also von Dieben in Vergangenheit häufig frequentierten Plätzen, weisen Schilder auf die Diebstahlgefahr hin.

■ **Tankstellen** gibt es in Neuseeland in ausreichender Zahl, aber bei weitem nicht in der Dichte, die man von Mitteleuropa her gewohnt ist. In manchen Landesteilen können die Entfernungen von Zapfsäule zu Zapfsäule schnell mal 150 km und mehr betragen, so daß man gut beraten ist, stets einen Reservekanister mit sich zu führen.

An Sprit-Varianten gibt es *Unleaded* (bleifreies Benzin knapp unter 1 $ der Liter), *Diesel* (um 80 c/l) und *Premium* (rund 1,1 $/l). Um den letztgenannten Treibstoff entbrannte 1996 ein landesweiter Streit: dieser Saft wurde quasi über Nacht eingeführt, ersetzte von einem Tag auf den anderen den alten Super-Kraftstoff (98 Oktan), hat aber nur 96 Oktan, weshalb man zusätzlich meist ein Additiv in den Tank schütten muß, und ist mit gewissen Duftstoffen versetzt, die bei älteren Autos die Dichtungen wie Zylinderkopfdichtungen etc.

schnell zerstören. Wie böse Zungen behaupten, ist dies ein Versuch der Multis, Neuseelands Straßen von den alten »Schätzchen« zu befreien und die Neuseeländer zu zwingen, sich neue Fahrzeuge zuzulegen.

■ **Reparaturen** übrigens sind in Neuseeland wesentlich günstiger als beispielsweise in Deutschland, denn kaum ein Mechaniker verlangt mehr als etwa 20–25 $ pro Stunde, eher weniger.

Mit dem Fahrrad

(siehe auch unter »Outdoor-Aktivitäten«)

Dank seines ausgeglichen Klimas und des (außerhalb der Städte) geringen Verkehrsaufkommens bei überwiegend gutem Straßenzustand empfiehlt sich Neuseeland allemal zum Biken; dementsprechend wimmelt es in manchen Landesteilen von stramm in die Pedalen tretenden Reisenden, die gut und gerne zu über 80 % aus deutschen Landen kommen. Anschluß zu finden ist somit auch für Solo-Fahrer kein Problem, und da die Straßen, von wenigen Ausnahmen abgesehen, keine extremen Steigungen kennen, kann hier auch der durchschnittlich trainierte Radler mithalten. Zwar legen überholende Autofahrer mitunter ein rüdes Verhalten an den Tag – aber das ist ja »normal« für Autofahrer und kein Neuseeland-spezifisches Problem.

Ersatzteile für normale Drei- und Fünfgang-Räder sowie auch für Trekking- und Mountain bikes, ja, sogar noch für Tandems kann man in Neuseeland fast überall erstehen, ebenso wie es kaum eine Ortschaft gibt, in der nicht bestens ausgestattete Werkstätten ihre Dienste anbieten. Die Anreise ist problemlos im Flugzeug möglich, sofern nicht die 20 kg-Gepäckfreigrenze überschritten wird; bei »Air New Zealand« (siehe unter »Anreise«) darf man auf der Westroute via USA 64 kg an Gepäck mitnehmen. Im Land selbst kann man das Rad außerhalb der Städte im Bus mitnehmen, wie es auch Eisenbahn und Flugzeug befördern.

■ **Die Bikewahl:** Für die gut ausgebauten und asphaltierten Hauptstraßen reicht eigentlich ein Renn- oder Tourenrad – auch mit nur fünf Gängen kommt man durchaus klar –, aber auf diesen Straßen kann einem der Autoverkehr mitunter den Spaß verderben. Besser ist, man nennt ein Mountain bike sein eigen, mit dem man auf die Nebenstraßen ausweichen, ja, bis ins letzte Pistenabseits des Hochgebirges vorstoßen kann – womit der Spaß ja erst beginnt. Wir selbst haben einen Teil von Neuseeland per MTB recherchiert, fanden's unheimlich toll und haben ausschließlich gute Erfahrungen gemacht!

MTBs gibt's von zahllosen Firmen; da kann man kaum eine besondere Empfehlung aussprechen. Wer jedoch mit Familie auf Radtour gehen will, der braucht – sind die Kinder noch nicht alt genug – ein MTB-Tandem von »Burley«, denn nur an diesen Rädern kann man spezielle Kinder-Tretlager anbbringen, mit dem Erfolg, daß schon Kinder ab etwa 3-4 Jahren als Stoker Platz nehmen können. Wir waren mit zwei dieser Tandems unterwegs – unsere zwei Kids, 5 und 8 Jahre, fungierten als Stoker – und hatten auf der gesamten Strecke von rund 8000 km nichts anderes als Reifenpannen zu beklagen. Für die ganz Kleinen, die nicht selbst radeln können, empfiehlt sich ein Anhänger (ebenfalls von »Burley«), der nur 7 kg wiegt, auf kleinstes Maß zusammengeklappt werden kann; ausgestattet ist das Teil mit Leichtlaufrädern, Sonnen-, Regen- und Moskitoverdeck, und wie wir aus eigener Erfahrung nach mehreren früheren Langzeitbiketouren u.a. durch Argentinien, Chile, Norwegen und Thailand wissen, ist es wesentlich angenehmer für Kind und Radler, mit Hänger als mit einem Körbchen (an der Lenkstange oder auf dem Gepäckträger) zu reisen.

Und überhaupt: lieber 30 kg im Hänger (Maximallast 50 kg) als 20 kg in den Packtaschen.

■ **Die Packtaschen** müssen für Neuseeland unbedingt staub- und vor allem wasserdicht (!) sein, einzeln aufhängbar und möglichst so konzipiert, daß sie auch als Reise-/Schultertaschen eingesetzt werden können und selbst arge Pistenstrecken unbeschadet überstehen. Die einzigen auf dem Markt, die diese hohen Anforderungen erfüllen, sind die der Firma »Ortlieb«, die zudem wasser- und staubdichte Packsäcke für die Schlafsäcke etc. vertreibt (über Ausrüstungsläden zu beziehen) und die es in Neuseeland nur für sehr viel Geld zu kaufen gibt, weshalb man sie lieber schon von zu Hause mitbringen sollte.

■ An speziellen **Ausrüstungsgegenständen** benötigt man vor allem einen Helm, nicht nur wegen des Unfallrisikos, sondern auch als Schutz vor der extremen UV-Bestrahlung (siehe unter »Gesundheitsvorsorge«). Starke Sonnenbrille und Sonnenschutzcreme mit Lichtschutzfaktor 40 sind unabdingbar, und selbst an heißen Tagen sollte man, so schwer es auch fällt, eine lange Hose sowie ein langärmeliges Shirt tragen.

■ Wer das eigene Bike nicht mitnehmen möchte, kann vor Ort eines kaufen oder mieten, obwohl die **Miete** mit durchschnitlich 20–25 $ pro Tag, trotz Rabatt bei Monatsmiete, unverschämt teuer ist. Besser ist da schon der Kauf; in Neuseeland bekommt man all die Marken, die zu Hause gängig sind, zu einem vergleichbaren Preis.

Die für Vermietung und **Verkauf** am besten ausgestatteten Läden in Auckland sind:

– *Active Leisure Cycle Express,* 11 Beach Road, Downtown Auckland,

Tel. 09/379 07 79; 7 Tage die Woche geöffnet. Hier bekommt man auch Gebrauchträder, kann außerdem gebrauchte oder neue Camping- und Fahrradausrüstungen kaufen bzw. mieten, und, besonders interessant, Fahrräder auf einer One-way-rental-Basis mieten.

– *Adventure Cycles,* 1 Fort Lane, off Fort Street, Auckland, Tel./Fax 09/309 42 11, Freephone 0800 335 566; 7 Tage die Woche geöffnet. Größter Bike-Verleih-Spezialist, auch Verkauf von Rädern sowie Ausrüstung.

– *Pack'n Pedal,* 436 Newmarket, Auckland, Tel. 09/522 21 61, Fax 09/522 21 63; 7 Tage die Woche geöffnet. Sehr günstige Preise für Neuräder, stets viele Angebote auf Lager und unseres Wissens der einzige Anbieter, der beim Radkauf eine Rückkaufgarantie gibt, so daß man sich am Ende der Reise nicht tagelang mit dem Wiederverkauf abmühen muß.

Unterkunft

Das Spektrum der Übernachtungsmöglichkeiten reicht vom kostenlosen Zelten in der freien Natur über das günstige Nächtigen auf unzähligen Campingplätzen, das Logieren in Jugendherbergen und Backpackers, in Privatzimmern, Bed & Breakfast-Herbergen, Tourist Cabins und Tourist Flats, Pubs und Lodges, Ferienhäusern und Farmen bis hin zum Übernachten in einem der zahlreichen Motels und Hotels. Ein jeder findet hier sein individuelles Plätzchen, ganz nach Bedürfnis und Geldbeutel, und dies auch zu jeder Jahreszeit, obwohl es während der Hauptferienzeit in den Monaten Dezember und Januar ein wenig eng werden kann, wenn nicht wenige Herbergen voll belegt sind.

Backpackers

Die *Backpacker Hostels* – zu kleinen, meist gemütlichen Herbergen umgebaute Privathäuser – sind eine neuseeländische Institution und gehören in der Vorstellung vieler Reisenden genauso zum Land wie etwa die Schafe. Noch vor 10 Jahren gab es lediglich einige private Hostels, die den Jugendherbergen des Landes Konkurrenz zu machen versuchten. Heute, wo ganz Neuseeland auf den Tourismus setzt und immer mehr Einheimische ein wenig am Besucherstrom partizipieren wollen, gibt es landesweit mehrere hundert solcher Häuser; allein die Broschüren der drei größten Backpacker-Vereinigungen listen rund 300 Stück auf.

Und täglich werden es mehr, denn unter den Touristen hat es sich herumgesprochen, daß Backpackers nicht nur jungen Reisenden mit viel Zeit und wenig Geld vorbehalten sind, sondern auch »älteren Semestern« auf der ganz normalen 3-Wochen-Urlaubsreise genau das geben können, was sie suchen: eine familiäre Atmosphäre, gemütliche Aufenthaltsräume, saubere sanitäre Einrichtungen sowie Betten nicht nur in Mehrbett-Zimmern mit 4–6 Betten, sondern auch in Familien-, Doppel- und sogar Einzelzimmern. Außerdem verstehen sich die Backpackers gleichzeitig als Infozentren – die Pinwände quellen oft über vor lauter Hinweisen und Adressen anderer Reisender –, organisieren sie Touren ins Umland sowie Outdoor-Aktivitäten und vermieten Fahrräder. Da die meisten Häuser obendrein in landschaftlich schöner, oder in den Städten in denkbar zentraler, Lage zu finden und die Preise äußerst moderat sind, man oft genug sogar sein Zelt im Garten aufschlagen darf, gibt es zu den Backpackers keine wirkliche Alternative.

■ Die Mehrzahl dieser Hostels gehören zu einer der drei großen **Backpackers-Organisationen,** die jeweils eigene Broschüren herausgeben, die die einzelnen Häuser in bezug auf Lage, Ausstattung, Adresse etc. vorstellen. Diese Listen sind kostenlos, liegen in jedem Informationsbüro ebenso wie am internationalen Flughafen in Auckland und in Wellington aus: zum einen das blaugrüne Heftchen der »Budget Backpacker Hostels« (BBH) mit rund 200 Herbergen, ferner das rote Heftchen der »New Zealand Backpacker Lodges« mit rund 60 Herbergen und schließlich der »VIP Backpackers Accomodation Guide« mit ebenfalls rund 60 Häusern.

■ **Mitgliedsbeiträge** etc. werden keine erhoben. Jeder kann in den einzelnen Backpackers nächtigen, doch wer keinen internationalen Jugend-, Studenten- oder Jugendherbergsausweis dabei hat, sollte sich die *Backpackers Card* der »New Zealand Backpacker Lodges« oder die *VIP Backpacker Card* von »VIP Backpackers« zulegen, die jeweils rund 20 $ kosten und bis zu 50 % Rabatt auf öffentliche Verkehrsmittel etc. gewähren (siehe unter »Praktisches A–Z/Preisermäßigungen«).

■ Die **Preise** liegen zwischen 9 und 12 $ fürs Bett im Schlafsaal (Dormitory) mit mehr als 4 Betten je Raum, 12 und 15 $ im 4-Bett-Zimmer, 12 und 20 $ im Doppelzimmer (DZ) und 20–35 $ im Einzelzimmer (EZ). Auch kleine, komplett mit Küche eingerichtete Hütten werden oft vermietet (um 30–45 $), und in vielen Backpackers wird die Wiese vor dem Haus zum kleinen Zeltplatz (um 5–8 $ pro Person). Da zu jedem Hostel eine komplett eingerichtete Gemeinschaftsküche gehört, die kostenlos benutzt werden darf, kann die Unterkunft in Neuseeland einen relativ billigen Posten im Reisebudget ausmachen.

■ Trotz der Vielzahl an Backpackers kann es während der Hochsaison etwas eng werden. Es empfiehlt sich, in der jeweils nächsten Herberge am anvisierten Reiseweg eine telefonische **Reservierung** vorzunehmen.

Jugendherbergen

Ein dichtes Netz von 58 *Youth Hostels* überzieht das Land zwischen dem Nordkap und der Stewart Island im Süden. Von Angebot, Ausstattung und Preisniveau her sind diese Häuser mit zu den Backpackers zu rechnen, bzw. die Backpackers gingen eigentlich aus den Jugendherbergen hervor. Dementsprechend wirbt die Organisation auch mit dem Slogan »Youth Hostels – The original Backpackers' choice«, und da die Konkurrenz der privaten Hostels in den letzten Jahren übermächtig geworden ist, hat man in den Jugendherbergen viele der sonst so starren Regelungen abgebaut, die einem in anderen Ländern den Aufenthalt in Youth Hostels schnell vermiesen können: So sind die meisten Häuser rund um die Uhr und nicht nur zu bestimmten Zeiten geöffnet, und auch die nervigen kleinen Pflichten wie das vorgeschriebene Putzen etwa der Wasch- und Toilettenräume etc. wurden weitgehend getilgt.

■ In Youth Hostels gilt keine Altersgrenze, dafür aber die Geschlechtertrennung. Die einzige Voraussetzung, die erfüllt sein muß, ist die **Mitgliedschaft im Jugendherbergsverband,** obwohl man, für ein Zusatzgeld von 4 $ pro Nacht und Person, auch diese Regelung umgehen kann. Günstiger ist es aber, legt man sich den internationalen Jugendherbergsausweis zu *(YHA Card),* der in Neuseeland 24 $ kostet, ein ganzes Jahr lang weltweit gültig ist und diverse Preisnachlässe ermöglicht (siehe unter »Praktisches A–Z/Preisermäßigungen«).

■ Die **Preise** für ein Bett liegen im Durchschnitt zwischen 10 und 12 $ (in einfachen Herbergen auf dem Land) bzw. 14 und 17 $ für Senior-Mitglieder (alle über 18), im Doppelzimmer bei 14–20 $ pro Person und im Einzelzimmer zwischen 15 und 30 $. Wer zwischen 15 und 17 Jahre alt ist, zahlt zwei Drittel dieser Preise, während Jugendliche unter 15 für die Hälfte wohnen.

■ Der **YHA Accomodation Guide** (in jeder Herberge, in jedem Informationsbüro) stellt alle Unterkünfte vor, und das landesweite **Buchungssystem** hilft beim Reservieren von Bett oder Zimmer.

Bed & Breakfast

Ganz ähnlich wie im »Mutterland« England, wo Bed & Breakfast bekanntlich »erfunden« wurde, gibt es in Neuseeland ebenfalls derartige Privatunterkünfte, in denen das Frühstück inklusive ist und man als Gast quasi zum Familienmitglied auf Zeit wird. Genächtigt wird meist im Gästeraum oder sogar in den ehemaligen Schlafräumen der nun ausgezogenen Kinder, und der

Komfort variiert zwischen »einfach« und »durchaus luxuriös«. Sicherlich gibt es keine bessere Möglichkeit, den Neuseeländern näher zu kommen und nicht nur immer andere Touristen um sich herum zu haben, als diese Frühstückspensionen, die man in ähnlicher Form auf dem europäischen Kontinent gar nicht kennt. Die Vermieter betreiben ihr Geschäft oft nicht – und darin liegt der gravierende Unterschied zu den Hotels und Pub-Pensionen – um des großen Geldes willen. Sie wollen sicher ein wenig dazu verdienen, aber auch Abwechslung haben, und erfreuen sich an den Kontakten zu den vorbeiziehenden Touristen.

■ Unter die Rubrik »Bed & Breakfast« fällt in Neuseeland auch das sogenannte **Farm Hosting,** also Zimmer mit Frühstück (oder Halb-/Vollpension) auf einer Farm. Im jährlich aktualisierten, umfangreichen Buch *»New Zealands Bead & Breakfast* von Jim Thomas werden die meisten dieser Unterkünfte erschöpfend vorgestellt: 19.95 $, Mooonshine Press, erhältlich in jedem Informationsbüro sowie in vielen Buchhandlungen.

■ Wo immer es möglich war, wurde bei der Auswahl der Bed & Breakfast-Unterkünfte in diesem Führer den alten, charmanten, in irgendeiner Hinsicht herausragenden Häusern der Vorzug gegeben. Die **Preise** je Person belaufen sich im Durchschnitt auf etwa 30–50 $, obwohl es auch Pensionen gibt, in denen man bis zu 80 $ je Nacht hinblättern muß. – Es kommt ganz darauf an, was geboten wird.

Country Pubs

Zimmer in Country Pubs, die vor allem in kleinen Ortschaften und auf dem Land das Hotel ersetzen, ähneln denen in deutschen Gasthöfen. Sie gefallen eigentlich stets mit korrekter Einrichtung sowie einem lockeren, freundlichen Ambiente zu günstigen Preisen. Das Bett kostet im Durchschnitt um 30 $, Doppelzimmer sind auch ab etwa 40 $ zu haben, und die obere Preisgrenze liegt bei rund 90 $ für ein Doppelzimmer, das zumeist mit einem eigenen Bad ausgestattet ist.

Wer einen »allzu nahen« Kontakt zum Vermieter nicht mag (Bed & Breakfast), von heiter gestimmten Jugendherbergsgruppen verschont bleiben will, sich aber auch nicht als Backpacker-Hostel-Typ versteht und bei alledem von der Anonymität etwa der meisten Motels und Hotels abgeschreckt wird, der wird sich in den Zimmern der zahlreichen Country Pubs denkbar wohl fühlen.

Cabins & Flats

Die mehr als 500 neuseeländischen Campingplätze (s.u.) laden nicht nur zum Zelten und zum Nächtigen in Wohnmobilen ein, sondern sind nahezu stets auch mit zahlreichen *Cabins, Tourist Cabins, En-Suite*

Cabins und *Tourist Flats* ausgestattet, die auch Reisenden ohne spezielle Ausrüstung die Benutzung der Plätze ermöglichen.

■ Bei einer **Cabin** handelt es sich im Prinzip um eine kleine Übernachtungshütte, in der sich nicht viel mehr als 2, 4 oder 6 Betten (meist als Doppelstockbetten) befinden. Die Preise belaufen sich auf rund 30 $ für 2 Personen, Bettwäsche und Decken etc. sind mitzubringen (oder können ausgeliehen werden), und zum Kochen, Waschen etc. sind die Gemeinschaftseinrichtungen des Platzes zu benutzen.

■ Die nächsthöhere Komfort- und Preisstufe bilden die **Tourist Cabins**, die fließend Kalt- und Heißwasser sowie eine kleine, voll eingerichtete Küche haben und aus 1–2 Zimmern bestehen. Decken etc. sind mitzubringen oder zu mieten, und der Standardpreis beläuft sich auf 38 $ für 2 Personen.

■ **En-Suite Cabins** sind mit eigenem Bad/WC ausgestattet, aber in aller Regel nicht mit eigenen Kochgelegenheiten. Sie kosten um 42 $ für Personen.

■ Bleiben abschließend die **Tourist Flats,** die den höchsten Komfortstandard in dieser Unterkunftsklasse haben, quasi kleine Ferienhäuser sind und sich somit durchaus auch für einen längeren Aufenthalt anbieten. Sie bestehen aus Wohnzimmer, Küche oder Kochecke, Schlafzimmer, Bad/WC, haben stets auch ein TV, oft Video, sind größtenteils recht gemütlich eingerichtet und kosten im Durchschnitt um 50 $ für 2 Personen.

Motels & Motor Lodges

Das rund 800 Seiten dicke Buch *Jasons Motels & Motor Lodges,* das jährlich aktualisiert wird und zwischen 9,95 $ (Informationsbüros und Buchläden) und gar nichts kostet (in den Motels liegen meist kostenlose »Guest Copies« aus), listet mehr als 1700 dieser Mittelklasse-Unterkünfte auf. Man findet sie in Stadt und Land, eigentlich überall, und sie bieten entweder Zimmer (Motels) oder Bungalows (Motor Lodges), die meist mit kleiner Küche, Geschirr, Bad und WC, TV & Video ausgestattet sind und sich somit an den Bedürfnissen der gutsituierten neuseeländischen Mittelschicht orientieren. Selbst Swimmingpools gehören oft dazu.

■ Die **Preise** sind so unterschiedlich wie das Komfortangebot, variieren von etwa 40 $ für ein Single und 50 $ für ein Double bis zu 130 $ pro Person.

■ Im Reiseteil dieses Führers wurde den in irgendeiner Hinsicht herausragenden Häusern der Vorzug gegeben. Wer voraussichtlich häufig in dieser Unterkunftskategorie zu nächtigen gedenkt, sollte sich vielleicht einen **Motelpass** der zahlreichen Motor-/Lodgeketten, zu denen sich viele Häuser zusammengeschlossen haben, besorgen. So etwa die *Golden Crown Card* der Best Western-Kette, der größten Motel-Vereinigung des Landes, die 25 % Rabatt gewährt. Interessant auch die *New Zealand at Half Price card,* die zwar 89 $ pro Jahr kostet, mit der man aber in den rund 70 Vertragshäusern im Land einen Rabatt von 50 % auf die regulären Tarife bekommt.

Hotels

Selbstverständlich gibt es auch in den rund 1000 Hotels des Landes ein Frühstück nach dem Benutzen der Betten. Der eigentliche Unterschied zu den Bed & Breakfast-Unterkünften liegt in der Art ihrer Führung: Sie sind die Profis in der Branche, diejenigen, die davon leben müssen. Das Angebot beginnt bei unscheinbaren, kleinen Häusern in versteckten Ecken mit Zimmern ab etwa 40 $, zieht sich über die Vertreter der Mittelklasse – die zum Teil sehr sauber geführt und zuweilen ebenso charakterlos wie langweilig wirken, dabei um 80 bis 180 $ kosten – bis hin zu den Größten des Geschäftes. Sie bieten alles, was ein verwöhnter Reisender sich vielleicht erträumen mag, und ist auch der Geldbeutel entsprechend gefüllt – unter 200 $ bekommt man hier kein Zimmer –, steht einer Luxusreise nichts mehr im Weg.

Im *Jasons Executive Travel Bokk* (9,95 $ bzw. kostenlos) werden nahezu alle Hotels des Landes detailliert beschrieben. Auch hier gilt wieder, daß Geld spart, wer sich einen der zahlreichen Hotelpässe erwirbt.

Luxus-/Sport-Lodges

Hinter diesem Namen verbirgt sich eine typisch neuseeländische Attraktion, die freilich solchen Reisenden vorbehalten bleibt, die ab etwa 200 $ für ein Zimmer inklusive Frühstück ausgeben können und auch vor 500 $ und mehr pro Nacht nicht zurückschrecken. Es handelt sich bei diesen Häusern stets um maßlos exklusive Refugien, zu denen es in Europa eigentlich gar kein Pendant gibt. Ihre Lage ist von ausgesuchter Schönheit, die Qualität der Küche könnte einen Lukull erblassen lassen, und da sie meist *in the middle of nowhere* liegen, oft genug nur per Flugzeug oder Helikopter zu erreichen, sind absolute Ruhe und Exklusivität garantiert.

Wer an diesen Lodges interessiert ist, sollte sich an das neuseeländische Fremdenverkehrsamt wenden und dort die Broschüre *New Zealand in Style* anfordern.

Ferienhäuser

Für die »schönsten Wochen des Jahres« ein Ferienhaus zu mieten erfreut sich bei in- und ausländischen Touristen einer zunehmender Beliebtheit. Wer von dieser gleichermaßen romantischen, praktischen wie auch komfortablen Alternative Gebrauch machen will, sollte sich rechtzeitig an ein Vermittlungsbüro wenden. Ferienhäuser gibt es inzwischen überall im Land. Sie bestehen üblicherweise aus Küche, mehreren Schlafzimmern, WC und Wohnzimmer, und die Preise liegen zwischen etwa 80 und 150 $ pro Nacht, je nach Ausstattung, Lage, Mietdauer und -zeitpunkt; ein durchschnittliches Ferienhaus für 4–6 Personen ist während der Saison durchaus schon für etwa 120 $ pro Tag zu haben.

Buchen kann man Ferienhäuser entweder über ein spezialisiertes Reisebüro zu Hause oder, oft wesentlich günstiger, direkt bei einem neuseeländischen Vermittlungsbüro; also Katalog anfordern. Das größte und auch einzige in Europa vertretene ist:

- **New Zealand Holiday Homes,** Postfach 920 113, D-90266 Nürnberg, Tel. 0911/979 95 55, Fax 0911/979 95 88.

Campingplätze

Neuseeland besticht mit einem dichten Netz gut geführter und in sanitärer Hinsicht exzellenter Plätze, die zudem häufig in landschaftlich attraktiver Lage plaziert sind. Von Angebot und Ausstattung her brauchen die Plätze den Vergleich mit europäischen Anlagen nicht zu scheuen: Obligatorisch sind heiße Duschen, Aufenthalts-, Spiele- und Fernsehräume, Feuerstellen, Restaurant, Supermarkt und eine großzügig ausgestattete Gemeinschaftsküche mit Herd, Mikrowelle, Kühlschrank, Spüle, aber ohne Töpfe und Geschirr. Häufig finden die Urlauber auch einen Swimmingpool und einen Kinderspielplatz vor. Sicherheit ist nirgends ein Problem, und die Preise sind mit durchschnittlich 6–8 $ pro Person (inklusive allem) recht günstig.

In den von Touristen stark frequentierten Regionen findet sich die größte Konzentration an solchen Campingplätzen, doch auch im »Abseits« ist es kein Problem, allabendlich auf einem Campingplatz nächtigen zu können. Ein vollständiges Verzeichnis gibt es zwar nicht, da die einzelnen Plätze verschiedenen Ketten angehören; die Broschüre *Holiday Accomodation Parks,* herausgegeben von der neuseeländischen »Camp & Cabin Association«, nennt immerhin die Mehrzahl. Im Reiseteil dieses Führers werden die besten Camps jeder Ortschaft/Landschaft am beschriebenen Weg ausführlich vorgestellt.

DOC-Camps

Organisiertes Campen ist eine Sache, das Nächtigen auf einem der rund 250 Campsites des »Department of Conservation« (DOC), eine Art Naturschutz- und Nationalparkamt, eine ganz andere. Diese Plätze sind zwar in aller Regel spartanisch eingerichtet: Plumpsklo, kaltes Wasser, höchstens mal Grillplätze und Feuerstellen als Zusatzservice. Aber dafür liegen sie stets landschaftlich exponiert, sind oft regelrecht in die umgebende Natur eingebettet. Wieviel das Übernachten kostet (meist um 2–4$ pro Person, mitunter auch kostenlos), entnimmt man jeweils der Infotafel, an der auch die *Donation Box* aufgehängt ist, in die man den Geldbetrag zu stecken hat. – Daß man zahlt, ist Ehrensache, und nur ausländische Touristen nehmen es sich ab und zu heraus, sich vor dem Bezahlen zu drücken.

Wanderhütten

Neuseeland besteht immerhin zu mehr als einem Fünftel aus Natur- und Landschaftsschutzgebieten und ist (nicht nur) in diesen Wildnisregionen von einem dichten Netz an Wanderwegen durchzogen, entlang deren sich in angenehmen Tages-Wanderabständen zahlreiche Übernachtungshütten befinden. Diese in Neuseeeland *Tramping Huts* geheißenen Hütten sind rund ums Jahr geöffnet, stehen jedem offen und werden während der Hochsaison teilweise von einem Hüttenwart beaufsichtigt. Eingerichtet wurden diese Hütten von der neuseeländischen Naturschutzbehörde, dem »Department of Conservation« (s.o. unter »DOC-Camps«), und für ihre Benutzung ist zumeist (aber nicht immer) ein kleiner Obolus zu entrichten. Wo sich welche Hütte findet, ist in den jeweiligen Trekkingkarten verzeichnet; genaue Informationen bekommt man bei den lokalen Büros von DOC (im Reiseteil unter »Information«, jeweils mit angegeben) sowie in den Touristenbüros, die auch einen Hüttenpass verkaufen, der ein paar Dollars sparen hilft.

Eingerichtet sind diese Hütten nur sehr spartanisch; Komfort wie etwa in schwedischen Wanderhütten darf man nicht erwarten. Geschlafen wird meist auf Matratzen auf dem Boden, und auch Geschirr, Töpfe etc. sind mitzubringen.

Wildcampen

Im Prinzip gehört Neuseeland zu den letzten Regionen, in denen sogenanntes Wildcampen (in Zelt, Wohnmobil oder Caravan) erlaubt ist. Viele der Budgetreisenden beziehen daher eine bestimmte Anzahl an kostenfreien und romantischen Freiluftnächten fest in die Reiseplanung mit ein und stellen dann vor Ort oft gefrustet fest, daß außerhalb der Nationalparks, wo man nur an bestimmten, ausgewiesenen Plätzen campen darf, der allergrößte Teil des Landes umzäunt und fest in privater Hand ist. Neuseeland ist eben nicht Skandinavien, wo ein Großteil des Landes nicht umzäunt, weil in Staatsbesitz ist. Aber das muß kein Problem darstellen, sondern bedingt nur etwas mehr »Arbeit«, nämlich auszukundschaften, wem der ausgewählte Zeltplatz gehört; ist das gelungen (einfach beim nächsten Haus nachfragen), muß die Erlaubnis des Besitzers eingeholt werden, der fast ausnahmslos freundlich und entgegenkommend reagiert, oft genug sogar seine Dusche oder sein WC anbietet, einen Imbiß vielleicht, ganz bestimmt aber Trinkwasser, sofern er sich nur sicher sein kann, daß sich der Bittsteller nicht wie die »Axt im Walde« benimmt. Deshalb an dieser Stelle ein paar Ökotips:

■ **Abfälle**, sofern nicht verwert- oder vernichtbar, sollten weder achtlos fortgeschmissen noch vergraben, sondern gesammelt und in den nächsten Mülleimer geworfen werden.

■ **Bäume** und **Pflanzen** wollen wachsen, weder abgeschlagen, angeflämmt noch zertrampelt werden. Wer ein Feuer machen möchte, findet (fast) überall genügend totes Holz und Gestrüpp. Wer einen Stellplatz für Zelt, Auto oder Wohnmobil sucht, sollte sich dabei von der Maxime leiten lassen, so wenig wie irgend möglich an Gewachsenem zu zerstören.

■ **Offenes Feuer** zu entfachen ist (nicht nur im Sommer) stets ein großes Risiko. Wer dennoch nicht auf Lagerfeuer-Romantik verzichten will, sollte den (möglichst kleinen) Holzstapel in einem geschlossenen Kreis aus Steinen errichten, stets auch Wasser bereitstellen, damit später ablöschen und zur Vorsicht noch zusätzlich Erde/ Sand über die Asche häufen.

■ **Kochen** auf dem Lagerfeuer ist z.T. beschwerlich und nicht ökonomisch, da ein Großteil der Hitze (insbesondere bei Wind) wirkungslos verpufft. Abhilfe schafft ein selbstgebautes Öfchen. Zu diesem Zweck hebt man z.B. eine kleine und etwa einen Spatenstich tiefe Mulde aus, »ummauert« sie auf drei Seiten mit Steinen, läßt eine Seite für den Windzug und zum Nachlegen von Brennmaterial offen und legt über die obere Öffnung ein einfaches Rost als Auflagefläche für den Topf (zwei lange Steine erfüllen aber auch den gleichen Zweck). Ein solcher »Ofen« arbeitet schon mit kleinsten Ästen, benötigt an Holz nur einen Bruchteil des offenen Lagerfeuers, zieht enorm, hält die Hitze lange, eignet sich nicht nur zum Kochen, sondern auch zum Grillen, ist obendrein ziemlich sicher. Und romantisch ist's auch. Wer dann noch einen kleinen Topf (mit Teig darin) auf Steinchen in einen großen Topf stellt, diesen abdeckt und mit Steinen beschwert, der ist sogar in der Lage, seinen eigenen Kuchen zu backen.

■ **Waschen:** Das Waschen von Körper und Wäsche direkt in See, Bach oder Fluß ist eine weit verbreitete Unsitte. Die häßlichen Schaumballen an vielen Ufern sind nur die sichtbaren Zeichen dieser Umweltverschmutzung. Viel weniger belastend ist es, wenn man Wasser abschöpft und danach das benutzte Waschwasser in eine Mulde gießt.

■ **Toilette:** Wer nicht nur an sich und heute denkt, verteilt seine Fäkalien nicht rings um den Stellplatz, sondern vergräbt sie z.B. mit Hilfe eines Klappspatens oder schichtet zumindest Steine bzw. einen Erdhaufen darüber.

Essen und Trinken

Neuseeländische Restaurants gibt es in allen Abstufungen zwischen Imbißbuden und wahren Gourmettempeln, und die Quantität steht der Qualität in nichts nach. Selbst in kleinen Ortschaften findet sich unter Garantie ein Pub, in dem schlichte, aber wohlschmeckende, opulente und preisgünstige Gerichte serviert werden; auch ein *Takeaway* wird nirgends fehlen.

Das klassische Schnellessen an Neuseelands Imbißbuden heißt *fish 'n' chips,* eine in aller Regel riesige Portion fritierten Fisches mit Pommes Frites. Preiswert und allgegenwärtig sind auch die chinesischen Takeaways, in denen u.a. Frühlingsrollen, Fried Rice (gebratener Reis) und in zunehmendem Maße auch indische Curries serviert werden. Bleiben die amerikanischen Fastfood-Ketten wie »Kentucky Fried Chicken«, »McDonalds« und »Pizza Hut«, die landesweit vertreten sind und sich unter den Neuseeländern größter Beliebtheit erfreuen. Pizzerias sind ebenfalls ein Begriff, auch chinesiche Restaurants und in Touristenorten japanische und koreanische Restaurants. In den Großstädten, wo innerhalb der letzten Jahre Restaurants wie Pilze aus dem Boden schossen, lädt eine Vielzahl mehr oder weniger exklusiver und entsprechend teurer Schlemmerlokale ein, in denen man sich davon überzeugen kann, daß längst nicht mehr nur Briten hier in den Töpfen rühren. – Neuseelands Küche ist heute besser als ihr Ruf, was nicht zuletzt der »Entwicklungshilfe« zahlreicher europäischer Küchenchefs zu verdanken ist, die das Land auf den Weg zu einer eigenen Nouvelle Cuisine führten.

Abgerundet wird das Angebot durch die neuseeländische Institution der stets eher günstigen *BYO*-Restaurants, wobei »BYO« für *bring your own* steht, was sich auf das Mitbringen eigener Alkoholika bezieht. Man bringt seinen Wein (oder Bier) mit, entrichtet eine *corkage*-Gebühr fürs Entkorken und läßt es sich schmecken, wobei die Gerichte in diesen Restaurants mit Preisen zwischen 10 und 20 $ recht günstig sind. In den o.g. Pubs kann man zwischen 5 und 10 $ eine gute, vor allem sättigende Mahlzeit erhalten. Die große Portion Fish 'n' Chips kostet rund 3–5 $, chinesisches Takeaway 4–8 $ für wahre Monsterportionen und Pizzas, etwa bei »Pizza Hut«, 9–25 $, letztere eine Familienpizza für gut 2–3 Personen. In chinesischen Restaurants der einfacheren Art muß man ab 15$ für ein Essen rechnen, während japanische und koreanische Küche kaum unter 30$ zu haben sind und man in den besseren neuseeländischen Restaurants schnell 50$ oder mehr für ein immerhin exzellentes Essen bezahlen muß.

Die Mahlzeiten

■ Das klassische **Frühstück** der Neuseeländer entpuppt sich als magenfüllende Angelegenheit, besteht es doch aus Wurst, Käse, Marmeladen, Eiern, Schinken, Toast, Fruchtsaft, eventuell auch Porridge oder Müsli, Kaffee oder Tee. Wer *continental* bestellt, bekommt nur Toast mit einem Butterkringel und Marmelade sowie oftmals einer gewöhnungsbedürftigen Paste aus Hefeextrakt, die *Vegemite* oder *Marmite* heißt und von der Farbe her rege an einen Teerbelag erinnert. Von einer Brotkultur kann leider keine Rede sein, und wer bißfestes Brot gewohnt ist, etwa Pumpernickel oder Körnerbrot, sollte auf Selbstverpflegung umstellen, denn in den Restaurants und Herbergen des Landes kommt eigentlich nur jenes schwammige Zeug auf den Tisch, das als Toast bezeichnet wird.

■ **Mittags,** zur *Lunch*-Zeit, nimmt man meist nur einen leichten Snack zu sich, der in aller Regel aus Salat besteht sowie Sandwiches und/oder *pies,* worunter verschieden gefüllte Pasteten zu verstehen sind, die meist in der Mikrowelle erhitzt werden und genauso fade schmecken, wie's die Briten, die die pies erfunden haben, wohl lieben. Auch *sausage rolls* sind zur Mittagszeit beliebt, schlabberige Würstchen in Blätterteig, und letztlich des Landes Spezialität Nummer Eins: Fish 'n' Chips...

■ Daß hier englische Eßgewohnheiten für lange Zeit maßgeblich waren, davon zeugt auch der **Devonshire Tea,** also der Nachmittagstee, der zwischen 14 und 16 Uhr serviert wird, aber heutzutage nicht nur Tee, sondern auch Kaffee beinhalten kann, außerdem Brot und Marmelade, Kekse und Gebäck.

■ Das **Abendessen** heißt *Dinner,* und es ist die eigentliche Hauptmahlzeit des Tages, weshalb man tagsüber in vielen Restaurants nur kalte Gerichte sowie Snacks, aber kein warmes Essen serviert bekommt. Das gibt es erst ab ca. 18 Uhr und in der Regel nur bis 21 Uhr, denn Neuseeländer essen früh zu Abend.

Spezialitäten

Wer kein Risiko eingehen will, bestellt in Neuseeland, dem Land der Schafe, natürlich Lammfleisch, das in vielen verschiedenen Versionen zubereitet wird und wohl nirgends sonst so gut schmeckt wie hier. Lamm gilt nach wie vor als Nationalgericht der Neuseeländer, sieht man einmal von Fish & Chips ab.

Populär sind u.a. auch *lamb chops,* also knusprige Lammkoteletts, die ganz im britischen Stil mit *mint sauce* (Pfefferminzsauce) serviert werden. Ebenso beliebt sind *lamb kidney* (Niere) und *lamb lever* (Leber), allerdings bevorzugt als Vorspeise genossen.

Vension ist Fleisch von neuseeländischem Zuchtwild, meist Reh und Hirsch. Ganz wild sind die Neuseeländer auch auf *chicken,* also Hähnchen (meist fritiert als *chicken 'n' chips*), sowie in zunehmendem Maße auf Rindfleisch (von Neuseelands Farmen; aus England wird nichts mehr importiert, auch kein Futter!), das meist als Rump- oder Sirlion-, wenn nicht T-bone Steak serviert wird, dank der Fleischqualität äußerst gut schmeckt und preiswerter kommt als in Europa. Schweinefleisch hingegen wird weniger in Restaurants als mehr auf Sommer-Gartenparties serviert, bei denen insbesondere *spare ribs* (Rippchen) auf dem Hausgrill landen.

Fasan, Rebhuhn und Truthahn, Kaninchen, Wildenten und auch Wachteln bereichern das kulinarische Angebot. Und in einem Land, wo kein Ort weiter als 225 km von der Küste entfernt liegt, genießen selbstverständlich auch Fisch und Meeresfrüchte eine große kulinarische Tradition. Über 70 verschiedene Fischarten sind hier als Speisefisch bekannt; Tourist freifen hauptsächlich auf bekannte Sorten wie Seezunge, Lachs, Snapper, Gropper, Cod (eine Kabeljauart) zurück, sollten sich aber auch an *whitebait,* einer Art Hering, und dem köstlichen *orange roughy* versuchen, um nur zwei Beispiele zu nennen.

Selbst mit kleinem Budget muß man hier nicht auf *crayfish* (Langusten) verzichten, wie in Neuseeland auch Austern und viele andere Muschelarten mehr erschwinglich und vor allem von hervorragender Qualität sind. Als das Beste vom Besten gelten die exzellenten *bluff oysters* aus der Foveaux Street, südlich der Stewart Island. Beliebt und preisgünstig sind die *greenshell mussels,* die Miesmuscheln ähneln, aber viel größer sind. Wer etwas Besonderes kosten will, ordert die Handtellergroße, unvergleichlich leckere, aber leider sündhaft teuer *tuatua mussel.*

Dank des feuchtwarmen Klimas gedeihen in Neuseeland alle Gemüsesorten, die man auch von Europa her kennt, doch ist ihre Qualität merklich besser. Dazu gesellt sich Obst in delirierender Vielfalt, neben zahllosen Apfel- und Birnensorten Zitrusfrüchte, viele Beerenarten, Aprikosen, Pfirsiche, Nektarinen, Weintrauben, natürlich Kiwis und *nashies,* eine Kreuzung zwischen Birne und Apfel, ferner die orangenartige *tangelo* und die feigenähnliche *feijoa.* Köstlich schmecken auch die *tamarillos,* Baumtomaten, und die *kumara* steht im Ruf einer weichen, saftigen, schlicht leckeren Süßkartoffel.

Getränke

■ **Soft Drinks** wie Mineralwasser und Selters, Tonic und vor allem Coca Cola und Pepsi sowie Fanta und Sprite usw. sind wirklich überall zu bekommen und normalerweise preiswerter als bei uns.

■ Gleiches gilt für frische **Säfte,** die, entsprechend dem Fruchtangebot, in erquickender Vielfalt serviert werden.

■ Neuseeländer trinken vor allem **Tee,** doch auch wer **Kaffee** bevorzugt, wird heutzutage keinen Grund mehr zum Klagen finden, denn mittlerweile kann man nahezu überall Filterkaffee bekommen, selbst Espresso und Cappuccino sind ein Begriff, denn die Zeit, da es in Neuseeland nur Instantkaffee gab, gehört der Vergangenheit an.

■ **Bier-**Trinker können sich in Neuseeland im Paradies wähnen, gibt es doch zig leckere Sorten, die alle einen Versuch wert sind und mit durchschnittlich 3 $ für 1 Pint (ca. 0,565 l) im Pub keineswegs teuer zu stehen kommen. Neben dem recht dünnen englischen *Ale,* meist nicht nach des Deutschen Geschmack, gibt es viele Sorten *Lager,* das in etwa mit unserem Export oder auch Pils vergleichbar ist; hinzu kommen ebenso viele *Draught-* (vergleichbar in etwa dem deutschen Alt-Bier) sowie *Malt-*Sorten (dunkles, ein wenig an Malzbier erinnerndes Getränk), die nur diejenigen Restaurants führen, die auch eine Schanklizenz für Alkoholika besitzen. Ist dies nicht der Fall, bringt man sein eigenes Bier mit, sofern das Restaurant den Zusatz »BYO« (siehe oben) trägt.

■ **Spirituosen** stehen ebenfalls in delirierender Vielfalt zur Verfügung; die Preise sind mit denen in Deutschland vergleichbar. Und auch für **Wein-**Trinker erweist sich Neuseeland als echtes Dorado, finden sich hier doch Lagen, die Spitzentrauben gedeihen lassen. Bis in die 70er Jahre hinein war das noch anders, als sich die Winzer am englischen Geschmack orientierten, weshalb kaum mehr als Sherryähnliche Dessertweine angebaut wurden. Einwanderer aus dem ehemaligen Yugoslawien sowie aus Franken, Baden, dem Burgunderland und anderen traditionellen Weinanbaugebieten mehr waren es, die hier neuartige Rebsorten einführten. Deren Namen slesen sich vertraut – etwa *Riesling, Chardonnay, Chablis, Cabernet-Sauvognon, Müller-Thurgau* –, doch der Geschmack ist unvergleichlich und keiner bekannten Richtung zuzuordnen, weil in Neuseeland ein anderes Klima herrscht und die Böden sich von den europäischen abheben.

Tips für Selbstverpfleger

■ **Lebensmittel:** Neuseelands Geschäfte und Waren unterscheiden sich eigentlich kaum von dem, was man von zu Hause her gewöhnt ist. Selbst der verwöhnteste Konsument braucht auf nichts zu verzichten und wird schnell feststellen, daß des Landes Supermärkte oft sogar besser bestückt sind als die in Deutschland. Die Wursttheke versammelt viele verschiedene Sorten, und in Sachen Käse steht Neuseeland selbst Frankreich in nichts nach. Die Fleisch- und Fischtheken jedenfalls bringen den Schlemmerfreund fast um den Verstand. Das Angebot ist umwerfend und das Preisniveau läßt den Mitteleuropäer durchaus neidisch werden. Gleiches trifft für Obst und Gemüse zu, und weil in Neuseeland viele Einwanderer auch aus asiatischen Ländern leben, bekommt man hier alle Zutaten, die man u.a. für die thailändische, chinesische und indische Küche benötigt.

Neben diesen Supermärkten, die sich stets an den Peripherien der Städte finden und über riesige Parkplätze verfügen, gibt es natürlich auch reine Obst- und Gemüseläden, doch muß man die Preise vergleichen, denn nicht selten sind solche *veggies* wesentlich teurer als die Supermärkte. Auch beim Metzger »an der Ecke« zahlt man mitunter mehr, und die kleinen Tante-Emma-Läden, von denen aber immer mehr schließen, haben das landesweit höchste Preisniveau, wie es überhaupt immer teurer wird, je weiter man sich von den großen Städten aufs Land hinaus entfernt. Wer also Geld sparen will und entsprechend viel Stauraum im Fahrzeug hat, tut gut daran, sich in den größeren Ortschaften jeweils für mehrere Tage im voraus einzudecken.

■ **Brot:** Dies gilt auch für alle, die kein Toastbrot mögen, denn auf dem Land ist definitiv nichts anderes zu bekommen, wohingegen man in den Städten mittlerweile häufig auf Naturkostläden stößt, wo auch Sauerteigbrot, generell Körnerbrot, im Angebot steht.

■ **Alkoholika:** Wein bekommt man auch im Supermarkt, und am güngstigsten ist es, gleich einen 3-Liter-Karton zu kaufen, wobei der Rebensaft dann allerdings nicht in Flaschen, sondern in Plastikcontainer abgefüllt ist. Sonstige Alkoholika sucht man, abgesehen von Leichtbier, vergeblich in den Läden, da Bier und Spirituosen hier nur in speziellen Geschäften, den *liquorstores* oder auch *bottlestores,* verkauft werden dürfen. Die sind meistens einem Pub angegliedert, und weil der Neuseeländer sein Bier stets eiskalt genießt, wird das Dosen- wie auch Flaschenbier meist in speziellen Kühlräumen gelagert. Damit es auch kalt bleibt, kann man hier gleich Eis hinzukaufen, das in Plastikbeuteln verpackt ist und mit dem man beispielsweise eine einfache Kühlbox aus Styropor einen ganz Tag lang eiskalt halten kann. Anstatt Bier in Flaschen oder Dosen zu kaufen, kann man sich in diesen Alkoholläden übrigens auch Bier abzapfen lassen: Es stehen 2-Liter-Plastikflaschen zum Verkauf, die mehrmals wiederverwendet werden können; der so gekaufte Gerstensaft ist wesentlich billiger, schmeckt auch besser und kann, sofern die Flasche geschlossen bleibt, mehrere Tage lang aufbewahrt werden, ohne daß er schal schmeckt.

■ Die **Öffnungszeiten** sind variabel, aber zwischen 9 und 17 Uhr bzw. an Samstagen bis 12 oder 13 Uhr sind alle Geschäfte geöffnet. Sonntags ist Ruhetag; nur die *diaries* (traditionell Milchgeschäfte, heute eher große Kioske) haben dann zumindest bis mittags geöffnet. Doch in den Tankstellen kann man auch an diesen Tagen sowie nach Ladenschluß zumindest das Wichtigste einkaufen: Die meisten Tankstellen verstehen sich auch als kleine Supermärkte, sind aber teilweise extrem teuer.

Die Alkoholshops haben üblicherweise von 10 Uhr bis gegen 21 Uhr geöffnet bzw., sofern sie Pubs angehören, oft auch bis Mitternacht.

Lebensmittelpreise

Damit man sich ungefähr ausrechnen kann, was für ein Budget erforderlich ist, folgen nun ein paar ausgesuchte Preise:

1 Toastbrot:	um 2,00 $
1 Körnerbrot:	ab 3,50 $
500 g Marmelade:	um 3,00 $
500 g Honig:	um 4,00 $
500 g Butter:	um 4,00 $
1 l Milch:	ca. 1,60 S
1 kg Haferflocken:	ab 5,00 $
1 kg fertiges Müsli:	um 9,00 $
1 Dose Tomaten:	ab 0,80 $
Fertiggerichte:	ab 3,00 $
1,5 l Cola:	ab 2,00 $
1 kg Gehacktes:	um 4,00 $
1 kg Steak:	ab 6,00 $
1 l Fruchtsaft:	2,00 $
1 Sandwich:	ab 0,90 $
1 Pie:	ab 0,90 $
1 Flasche Wein:	ab 8,00 $
1 Dose Bier (0,5 l):	um 1,50 $

Praktisches A-Z

Airport Tax

Bei der Ausreise wird am Flughafen eine Ausreisesteuer in Höhe von 20 $ je Person verlangt, ohne die man das Land nicht verlassen kann. – Entsprechend viel also übrig behalten.

Apotheken

Chemists (Apotheken) finden sich in jedem Ort, und sie sind sehr gut mit den üblichen pharmazeutischen Präparaten bestückt, die entweder importiert oder in Lizenz hergestellt werden und eher günstiger sind als etwa in Deutschland.

Banken

Banken findet man in Neuseeland noch im letzten Ort. Die Öffnungszeiten sind landesweit einheitlich: Mo bis Fr 9.30/10–15 Uhr. Bargeld oder Reiseschecks zu wechseln ist hier nie ein Problem, aber wer Bargeld auf Kreditkarte haben will, muß anhand der Plaketten an der Eingangstür zuvor überprüfen, ob das Institut den entsprechenden Partner hat.

Nahezu jede Bank ist außerdem mit Geldautomaten ausgestattet, die oft Dutzende nationaler und internationaler Karten akzeptieren.

Behinderte

Behinderte sind in die neuseeländische Gesellschaft weitgehend integriert. Dementsprechend sind zum Beispiel die meisten öffentlichen Einrichtungen, aber auch viele Gehsteige, Eingänge, Lifts etc. auf die Belange von Rollstuhlfahrern zugeschnitten. Sogar die meisten der kürzeren Wanderwege, die am Straßenrand ausgeschildert sind, wurden für Rollstühle ausgebaut, und seit 1995 gibt es so etwas wie einen speziellen Reiseführer für Behinderte, der randvoll mit sachdienlichen Infos ist und über das neuseeländische Fremdenverkehrsamt bezogen werden kann: *ACCESS – A guide for the less mobile Traveller.*

Diebstahl

Obwohl Neuseeland als eines der sichersten Reiseländer überhaupt gilt, macht auch hier Gelegenheit Diebe. Deshalb tut man stets gut daran, die üblichen Sicherheitsvorkehrungen zu ergreifen. Insbesondere vollgepackte Autos sollten nicht unbeobachtet abgestellt werden; Mountain bikes sind extrem gefährdet und sollten deshalb immer angekettet werden.

Diplomatische Vertretungen

Bei Problemen wie etwa Verlust der neuseeländischen Ankunftskarte, Diebstahl, Krankheit etc. wendet man sich am besten an die diplomatische Vertretung des Heimatlandes:

■ **Deutschland:** Botschaft der Bundesrepublik Deutschland *(Embassy of the Federal Republic of Germany),* 90 Hobson Street, Wellington, Tel. 04/473 60 63, Fax 04/473 60 69.
Konsulat der Bundesrepublik Deutschland *(Consulate of the Federal Republic of Germany)*, 52 Symonds Street, Auckland, Tel. 09/377 34 60.

■ **Schweiz:** Botschaft der Schweiz *(Embassy of Switzerland),* 22 Panama Street, Wellington, Telefon 04/472 15 93, Fax 04/499 63 02.

■ **Österreich:** Österreichisches Generalkonsulat *(Consulate-General of Austria),* 22 Garett House, Wellington, Tel. 04/891 07 09, Fax 04/385 46 42.
Österreichisches Konsulat, 98 Kitchener Street, Milford, Auckland, Tel. 09/489 82 49.

Drogen

Volksdroge Nummer Drei ist nach Alkohol und Tabak *Marihuana,* also Gras, obwohl sowohl Besitz als auch Konsum unter Strafe stehen. Anders als in Europa üblich, wird der Stoff aber nicht eingeschmuggelt, sondern im Lande selbst angebaut, und dies meist nur für den Eigenverbrauch.

Elektrizität

Generell 230 Volt; da aber die Steckdosen anders konstruiert sind, empfiehlt sich die Mitnahme eines Multiadapters, den es ebenso in Neuseeland zu kaufen gibt.

Feste/Feiertage

Da das neuseeländische Fremdenverkehrsamt (siehe »Information« unter »Vor der Reise«) eine alljährlich aktualisierte (kostenlose) Festbroschüre herausgibt, außerdem die lokalen Touristenbüros ebenfalls Fest-Informationsmaterial kostenlos vertreiben und die genauen Daten der meisten Feste jährlich wechseln, soll hier auf eine Auflistung verzichtet werden.

Die Feiertage verteilen sich wie folgt:

- **1. Januar:** *New Years Day* (Neujahrstag)
- **6. Februar:** *Waitangi Day*
- **März/April:** *God Friday* (Karfreitag) und *Easter Monday* (Ostermontag)
- **25. April:** *Anzac Day* (Heldengedenktag)
- **1. Montag im Juni:** *Queens Birthday* (Geburtstag der englischen Queen)
- **Letzter Oktobermontag:** *Labour Day* (Tag der Arbeit)
- **25. Dezember:** *Christmas Day* (Weihnachten)
- **26. Dezember:** *Boxing Day* (2. Weihnachtsfeiertag)

Zusätzlich gibt es noch regionale Feiertage (an denen zumindest die Banken geschlossen sind):

- **22. Januar:** Wellington
- **29. Januar:** Auckland und Northland
- **1. Februar:** Nelson
- **23. März:** Otago und Southlands
- **31. März:** Taranaki
- **1. November:** Hawkes Bay und Marlborough
- **1. Dezember:** Westland
- **16. Dezember:** Canterbury

Ferien

Zur Zeit der Schulferien ist halb Neuseeland in der Heimat unterwegs, und entsprechend eng wird es in allen Unterkünften, den öffentlichen Verkehrsmitteln und auf den Straßen.

– Weihnachtsferien, hier gleich den großen Sommerferien, gibt es von Mitte Dezember bis Anfang Februar. Zu dieser Zeit, wenn auch Australien Ferien hat und gleichzeitig Hochsaison für Reisende aus Europa, Japan, Korea und Taiwan herrscht, kommt es stellenweise zu extremen Kapazitätsproblemen!

– Osterferien gibt es rund zwei Wochen, meist eine Woche vor und eine Woche nach Ostern. Auch zu dieser Zeit muß mit gewissen Engpässen gerechnet werden, die sich aber auf das eigentliche Osterwochenende beschränken.
– Mitte Mai gibt es kurze Herbstferien, und Ende August bis Mitte September ist Zeit für die Winterferien, während deren es in den Wintersportorten entsprechend beengt zugeht.

Fernsehen

Das neuseeländische Fernsehen strahlt drei Programme aus, die die Nation, wie die zahlreichen Satelliten-Programme auch, von morgens bis nach Mitternacht mit amerikanischen Serien, Talk-Shows und Quizzsendungen berieseln. Das Niveau ist wie üblich, also minimal, Werbung unterbricht das Programm alle paar Minuten, und nur die Sportberichte sind von hoher Qualität. Die Nachrichten bringen meist nur Neues aus dem Lande, und lediglich die 18-Uhr-Nachrichten von »Sender III« informieren auch über weltweite Geschehnisse.

Feuer im Freien

Anders als in Mitteleuropa darf man in Neuseeland überall »in der Wildnis« ein Feuerchen entfachen, sofern dies nicht ausdrücklich verboten ist. Da es aber in der Vergangenheit mehrmals zu verheerenden Waldbränden kam, finden sich heute in gewissen Abständen überall an den Hauptstraßen große Infotafeln, die anzeigen, ob die Gefahr, die mit einem Feuer verbunden ist, gering, moderat, groß oder sehr groß ist. – Bei »groß« und »sehr groß« sollte man auf das Entfachen eines Lagerfeuers unbedingt verzichten; selbst am Strand birgt der Funkenflug Gefahren.

FKK

Freikörperkultur hat keine Tradition im Land. Nur dort, wo man von Fremden nicht gesehen wird, schickt es sich, unbekleidet ein Bad zu nehmen; auch Oben-ohne ist in Neuseeland kaum üblich.

GST

Die *Goods and Service Tax,* ähnlich unserer Mehrwertsteuer, beträgt 12,5 %, wird auf alle Waren und Dienstleistungen erhoben und ist gewöhnlich, aber nicht immer, bereits im Rechnungsbetrag enthalten. – Wer nicht nachfragt, kann hier und da unangenehme Überraschungen erleben.

Maße und Gewichte

Zwar hat auch Neuseeland längst vom *Imperial System of Weights and Measures* auf das bei uns gängige metrische System umgestellt, doch im Alltagsleben haben sich die alten Maße gehalten:

1 *inch* .... 2,54 cm
1 *foot* .... 30,48 cm
1 *yard* .... 1,40 cm

1 *mile* .... 1,61 km
1 *acre* .... 4047 qm
1 *ounce* (oz) .... 28,36 g
1 *pound* (lb) .... 0,454 kg
1 *pint.* .... 0,568 l (Pub-Biermaß)
1 *gallon* .... 4,54 l
(gibt oft den Benzinverbrauch eines Autos an)

Nachtleben

Von einem öffentlichen Nachtleben kann man beim besten Willen nicht sprechen, und nur in den größeren Städten machen ein paar Discos von sich hören. Ansonsten spielt sich alles in den Pubs ab bzw. in privater Atmosphäre auf Grillparties etc.

Notruf

Die Notrufnummer für Polizei, Ambulanz und Feuerwehr lautet in ganz Neuseeland einheitlich **111.**

Öffnungszeiten

Nachfolgend die offiziellen Öffnungszeiten, die aber, je nach Region, voneinander abweichen können:

- **Banken:** Mo–Fr 9.30/10 bis 15 Uhr, an einem Tag, meist Fr, ist länger geöffnet (vorwiegend bis 17 Uhr).
- **Postämter/Postshops:** Mo–Fr 9–17/17.30 Uhr, Sa ist geschlossen.
- **Firmen/Büros:** normalerweise Mo–Fr 9–17 Uhr.
- **Touristenbüros:** örtlich verschieden, meist täglich 9/10–18 Uhr.
- **Geschäfte:** öffnen und schließen sehr individuell, normalerweise Mo–Fr 9–17.30 Uhr und Sa bis 12 Uhr; Do und Fr ist oft bis 21 Uhr geöffnet; die in allen Städten vertretenen Dairies öffnen meist schon um 7 Uhr die Pforten, die dann zwischen 21 und 23 Uhr wieder geschlossen werden.
- **Museen:** Mo fast immer geschlossen, an Feiertagen stets, an Sonntagen meist nachmittags.

Ozonloch

Alles Wesentliche über das Ozonloch und den damit einhergehenden Anstieg der ultravioletten Strahlung wurde bereits unter »Gesundheitsvorsorge« im Kapitel »Vor der Reise« gesagt; hier nur noch der Hinweis, daß Radio und Fernsehen täglich durchgeben, wieviele Minuten in der Sonne täglich akzeptabel sind.

Post

Postämter heißen *Post Office* oder, kleiner, *Post Shop,* finden sich auch im letzten Dorf (dann oft einer Tankstelle oder einer Diary angeschlossen) und sind, wie bei uns, für alle gängigen Leistungen zuständig.

- Die **Briefpost** (1,8 $ für einen Brief, 1 $ für Postkarten und Aerogramme) von und nach Neuseeland funktioniert zuverlässig, doch ziemlich langsam: Die Beförderungszeit nach Mitteleuropa beträgt im Durchschnitt etwa 7 Tage von den großen Städten (etwa

Auckland) und 7–14 Tage aus der Provinz. Express-Sendungen sind um 2 Tage schneller da, und Kurierpost, ebenfalls über die Postämter, benötigt 4–5 Tage.

Briefmarken heißen *stamps,* Briefe *letters,* Postkarten *postcards,* ein Eilbrief heißt *express* oder *courier mail,* der Einschreibebrief *registerd letter.*

■ **Pakete** können von allen Postämtern abgeschickt werden, wo auch die praktischen Postpakete zu erwerben sind. Da Luftpost ziemlich teuer ist (1 kg um 30 $), empfiehlt es sich, Pakete per *Surface Air Lifted* (See-, Land-, Luftpost-Kombination) zu versenden (billiger, Zustellzeit um 6–8 Wochen), wenn nicht per *Seamail,* (am billigsten, gut 3 Monate Zustellzeit).

■ **Postlagernde Sendungen,** darunter auch Faxe (jedes Amt hat eine Faxnummer), kann man sich an jedes Postamt schicken lassen. Sie sind mit der Aufschrift *Poste Restante* zu versehen. Solche Post wird auf den Ämtern 4–6 Wochen aufbewahrt und geht dann, falls nicht abgeholt, kostenlos retour an den Absender. Zwar kann man sich die Post auch problemlos zu einer beliebigen Adresse nachsenden lassen (Nachsendeformular ausfüllen), aber mindestens 1 Woche ist dafür schon anzusetzen. Zum Abholen ist der Personalausweis notwendig.

Der Standardbriefkopf sieht folgendermaßen aus:

Name ...
Poste Restante
Stadt...
(eventuell Provinz)
Neuseeland

Preisermäßigungen

Ohne Übertreibung kann man sagen, daß Neuseeland »das« Land für Preisermäßigungen ist, denn nirgends sonst haben wir derart viele und dichte Rabattsysteme wie hier registriert. Das einfachste arbeitet nach dem »Eine-Hand-wäscht-die-andere-Prinzip« – oder anders gesagt: Wer in dieser oder jener Unterkunft wohnt, bekommt beispielsweise bei diesem oder jenem Souvenirladen, diesem oder jenem Outdoor-Veranstalter einen gewissen Rabatt.

Auch Flug-, Bus- und Zugpässe beinhalten stets eine Vielzahl verschiedener Discounts, meist auf Eintrittspreise, Outdoor-Aktivitäten sowie Sightseeing-Flüge. Internationale Schüler- und Studentenausweise erlauben bis zu 50 % Rabatt auf die Benutzung öffentlicher Verkehrsmittel. Ebenso verhält es sich mit dem *YHA*-Ausweis, dem internationalen Jugendherbergsausweis, den man vor Ort in jeder Jugendherberge und am Auckland-Flughafen bekommt, sowie der *Backpackers Card* und *Backpackers VIP Card:* Beide kosten um 20 $ und sind in den meisten Backpackers sowie auch am Flughafen von Auckland zu erwerben und gewähren zwischen 30 und 50 % Ermäßigung auf die Benutzung öffentlicher Verkehrsmittel, Rabatte bei vielen Outdoor-Veranstaltern, verbilligte Sightseeing-Flüge und Bootstouren sowie vieles andere mehr. – Es lohnt sich also durchaus, als Nicht-Student oder -Schüler eine der letztgenannten drei Karten zu erwerben, und dies auch, wenn man gar nicht vorhat, in Jugendherbergen oder Backpackers zu nächtigen.

Radio

Wer in Neuseeland unbedingt deutsche Nachrichten etc. hören will, braucht einen Weltempfänger und ist auf die *Deutsche Welle* angewiesen. Was wann läuft, ist im kostenlosen Programmheft nachzulesen, das man unter folgender Adresse abrufen kann:

■ **Deutsche Welle,** Raderbergürtel 50, 50968 Köln, Tel. 0221/38 90.

Rauchen

Auch Neuseeland hat drastische Maßnahmen ergriffen, um die Rechte der Nichtraucher in der Öffentlichkeit zu stärken; doch ganz so militant wie in Australien (wo es z.B. nicht mal in der Transit Lounge des Sydney Airport eine Raucherecke gibt) und den USA ist man nicht, denn noch immer greifen hier gut ein Drittel aller Erwachsenen zum Glimmstengel. In öffentlichen Verkehrsmitteln sowie öffentlichen Gebäuden ist das Rauchen dennoch verboten, ebenso in Gemeinschaftseinrichtungen, etwa auf Campingplätzen oder in Jugendherbergen. In vielen Cafés und Restaurants darf man nur in bestimmten Raucherecken dem Laster frönen, sofern es, wie in zahlreichen Unterkünften auch, nicht gänzlich verboten ist.

Daß Rauchen sehr teuer ist, wurde schon gesagt; am billigsten kommt natürlich weg, wer sich seine Zigaretten selbst dreht. Zwar sind auch die bekannten holländischen Halfzware und Zware Shags erhältlich, aber die neuseeländischen Tabake stehen diesen in nichts nach: *Park Drive* gilt übrigens als beste Zigaretten-Tabakmischung.

Sandflies & Co

Kein Paradies ohne Schatten – diejenigen, die auf Neuseeland fallen, werden von kleinen schwarzen, höchstens 2 mm großen Tierchen geworfen, die einem mancherorts den Aufenthalt wirklich zur Hölle machen können. Gemeint sind die *Sandflies,* zu deutsch »Sandfliegen«, die man aufgrund ihrer Größe oft überhaupt nicht sieht, oder wenn, dann meist zu spät, also nachdem sie ihr ungemein juckendes Blutgerinnungssekret bereits injiziert haben. Warum hier in der Mehrzahl von ihnen gesprochen wird, verstehen all jene, die schon mal in Neuseeland gewesen sind: Denn die Plagegeister treten niemals vereinzelt auf, sondern nahezu stets in wahren Wolken, die gleich schwarzen Flecken alle unbedeckten Körperteilen attackieren, um die Blutquelle anzuzapfen, die sie vor und nach der Besamung brauchen, um die Aufzucht der Brut zu sichern.

Doch »Schatten« ist nicht gleich Schatten: Es gibt in Neuseeland ein rundes Dutzend verschiedener und auch verschieden juckender Arten, und zudem gibt es ja noch die normale Stechmücke, die hier allerdings größer und aggressiver ist als in Mitteleuropa und manchen Ortes in tanzenden Wolken gleich siegreichen Bataillonen vorrückt, um den Ausverkauf durch die Tourismusbranche zu verhindern. Übel auch die Bremsen, die einem in manchen Regionen gleich dutzendweise auflauern und deren Stiche unangenehm schmerzhaft sind, weil sie vor allem bei Tieren mit widerstandsfähiger Haut Blut saugen und deshalb mit kräftigen Mundteilen ausgerüstet sind. Nicht zu vergessen die gewöhnliche Fliege, die mitunter ausgesprochen zahlreich auftritt und dabei weniger durch Beißen malträtiert als mehr durch ihren Drang, auch in Nase, Mund und Ohren einzudringen...

Zum Glück aber ist es uns im Gegensatz zur Kreatur gegeben, einen gewissen Schutz ergreifen zu können (siehe unter »Gesundheitsvorsorge« im Kapitel »Vor der Reise«). Bedenken wir auch, daß sich hier und da aus unerfindlichen Gründen immer wieder keine Plagegeister einfinden, die Plage im Herbst erträglicher wird und man sich zum Beispiel im Hochgebirge, sofern es von Fels geprägt wird, in der Regel unbeschwert bewegen kann, wenn in den niederen Lagen die Touristen mittels Veitstanz zu entkommen versuchen.

Souvenirs

Wer etwas Typisches mitbringen will, kauft Souvenirs aus Wolle, Holz, Jade oder Perlmutt. Wo immer Touristen auftauchen, finden sich reichlich Geschäfte, die mit solchen Waren aufwarten. Schön, modisch aktuell, günstig und von sehr guter Qualität sind im »Land der Schafe« natürlich Pullover, Jacken etc. aus **Schafwolle,** am besten handgestrickt. Auch **Lederwaren** wie Gürtel, Schuhe, Handschuhe, Taschen, Jacken, Westen und Mäntel gelten als beliebte und qualitativ hochwertige Mitbringsel, und als das feinste vom Feinsten empfiehlt sich Lamm-Wildleder.

Vorwiegend industriell gefertigte sogenannte **Maori-Schnitzereien** sind der Renner jeder Saison, insbesondere auf der Nordinsel erhältlich, mit Schwerpunkt Rotorua. Entweder man mag die überladen und kitschig wirkenden Produkte oder man mag sie ganz entschieden nicht. Originalstücke, von Maori-Schnitzern nach alten Motiven handgefertigt, sind nur in sehr begrenztem Umfang erhältlich und dann stets sehr teuer, wie auch handgefertigter **Schmuck** aus *greenstone* (Jade) recht kostspielig ist. Bleibt als Alternative das Industrieprodukt, und fraglos trägt jeder zweite Tourist das Hei-Tiki-Motiv, Nationalsymbol der Souvenirindustrie, am Hals.

Keramikarbeiten werden im Schwerpunkt um Coromandel und der Bay of Islands gefertigt.

Outdoor- und **Sportartikel** aus Neuseeland gelten als qualitativ hochstehend und sind zumeist auch preisgünstiger als in Europa. Ebenso kann man **Bildbände** (natürlich über Neuseeland) nirgends besser kaufen als hier vor Ort.

Telefon/Telefax

Die neuseeländische *Telecom* hat in den letzten Jahren erheblich investiert, so daß ein dichtes Netz von Telefonzellen besteht – manche arbeiten mit Münzen, doch die Mehrzahl mit Telefonkarten, erhältlich in Kiosken, Lebensmittelgeschäften, auf Campingplätzen, in den meisten Unterkünften sowie in jedem Postamt im Wert von 5 $, 10 $, 20 $ und 50 $. In jeder Telefonzelle hängen narrensichere Bedienungsanleitungen aus.

■ **Internationale Gespräche:** können von jeder Telefonzelle aus geführt werden, sind von guter Qualität (per Satellit), kommen sofort zustande und kosten, je nach Tageszeit, zwischen rund 1,68 $ und 2,9 $ je Minute.

Um ins Ausland zu telefonieren, geht man wie folgt vor: erst die Landeskennziffer wählen (Deutschland: 0049, Schweiz: 0041, Österreich: 0043), danach die Ortsvorwahl ohne 0, gefolgt von der Teilnehmer-Rufnummer.

Von Europa aus lautet die Vorwahl für Neuseeland 0064.

■ Auch **R-Gespräche** – der Gesprächspartner bezahlt – sind von Neuseeland aus nach Übersee möglich: Zu diesem Zweck wählt man für Deutschland 00949, für die Schweiz 00941 und erreicht so einen Operator im jeweiligen Land, der bei dem gewünschten Teilnehmer nachfragt, ob die Gebühren von ihm getragen werden. Wenn ja, ist das Gespräch für einen selbst zwar kostenlos, doch muß der Gesprächspartner in Europa saftige Zusatzgebühren berappen, so daß ein 3-Minuten-Gespräch nicht unter 20 DM kostet.

■ **Nationale Gespräche:** sind ebenfalls von exzellenter Qualität und von den Telefonzentren aus möglich. Die Preise sind äußerst moderat. Kosten Ortsgespräche von einer Telefonzelle aus 20 c je Minute, so sind sie, mit Privatgeräten geführt, sogar kostenlos.

■ **Fax:** Jedes Postamt verfügt in der Regel auch über einen Fax-Service inklusive Empfangsmöglichkeit. Der Preis für die Übersendung einer Din A 4-Seite liegt bei etwa 10 $. Wesentlich billiger (3 $) ist es, Faxe etwa von einem Copy-Centre o.ä. aufzugeben, wo häufig kaum mehr als die Übertragungszeit (1 DIN-A-4-Seite gleich ca. 1 Min.) berechnet wird.

Sind ankommende Faxe mit der Aufschrift »Poste Restante« versehen (siehe unter »Post«), werden sie, wie Briefe auch, für 4–6 Wochen aufbewahrt.

Trinkgeld

Tipping ist eigentlich nicht üblich in Neuseeland. Nur in den besseren Restaurants sowie den guten Hotels sollte man sich für guten Service mit einem *tip* bedanken.

Zeitungen/Zeitschriften

Deutsche Zeitungen und Zeitschriften sind nur in Auckland aufzutreiben. Es bleiben die neuseeländischen Printmedien, deren Schlagzeilen durch lokale und nationale Themen bestimmt werden. Internationale Themen werden, wenn überhaupt, meist nur auf den Innenseiten abgehandelt. Als auflagenstärkste Tageszeitung gilt der *New Zealand Herald*, der in Auckland erscheint, sich aber, wie alle anderen Zeitungen auch, nicht als landesweite Zeitung versteht. Die regionalen und lokalen Blätter sind für den Touristen nur bedingt lesenswert.

Landesweite Illustrierten gibt es auch nicht; nur der *Listener*, eine Programmzeitschrift für Rundfunk und vor allem Fernsehen, sowie die Frauenzeitschrift *New Zealand Woman Weekly* werden überall in Neuseeland vertrieben.

Zeitverschiebung

Aus mitteleuropäischer Sicht ist uns Neuseeland um 10 Stunden (während der europäischen Sommerzeit) bzw. 12 Stunden (während der neuseeländischen Sommerzeit von Ende März bis Oktober) voraus. Nur während der Übergangszeiten beträgt die Differenz 11 Stunden.

Die Uhren müssen also bei Ankunft in Neuseeland um die entsprechende Zeit vorgestellt werden.

Zoll

Zwar kümmert man sich als Tourist in aller Regel um die Zollbestimmungen des Reiselandes, doch geht es dann nach Hause zurück, weiß kaum jemand, was er aus Neuseeland zollfrei mitbringen darf. – Die nachfolgenden Angaben mögen helfen, diese Infolücke zu schließen:

■ **Deutschland:** Reisemitbringsel im Wert vom maximal 100 DM; für Tabakwaren beträgt die Höchstmenge 250 g Tabak oder 200 Zigaretten; an Alkoholika darf man 1 l Spirituosen und 2 l Wein oder Schaumwein einführen; Tee ist auf 100 g begrenzt und Parfüm auf 50 g.

■ **Schweiz:** Waren im Wert bis zu 200 SFr, zusätzlich Tabakwaren und Alkoholika (jeweils wie Deutschland).

Outdoor aktiv

Neuseeland ist ein Paradies für Naturfreunde, Sportbegeisterte und Abenteuerlustige! – Wanderpfade aller Schwierigkeitsgrade führen über Alpenpässe, durch Halbwüsten, Regen- und Bergurwald, zu Gletschern, Geysiren und Vulkankratern sowie entlang menschenleerer Traumstrände im Palm- und Urwaldsaum. Die Gebirgswelt bietet dem alpinen Kletterer anspruchsvolle Herausforderungen, und die bunte Palette der Wassersportarten reicht von tosenden Rafting-Fahrten, Kanutouren durch ursprüngliche Wildnisgebiete und Kajaktrips auf Wildwassern sowie entlang traumhafter Sandstrände bis hin zu Segeltörns durch atemberaubende Inselwelten und Jet-Boot-Fahrten über wild schäumende Gletscherflüsse. Zudem wimmelt es in den Flüssen wie im Meer von Fischen. Ansonsten kann man zum Bungy-Jumpen, Drachenfliegen, Fallschirmspringen, Paragliden antreten, zu Fuß, per Kajak oder Raftingboot Höhlensysteme erkunden, zu Wal- und Delphin-Beobachtungen aufbrechen sowie Seelöwen-Kolonien besuchen,

Jeepsafaris und Radtouren unternehmen, windsurfen und surfen, skifahren und Heliski betreiben, Gold schürfen...

Wirft man einen Blick auf die Angebote der zahlreichen Outdoor-Veranstalter, fällt die Bandbreite auch der organisierten Aktivitäten auf, worin Neuseeland momentan unerreicht sein dürfte! Entsprechend viele Reisende kommen eigens wegen dieser Angebotsvielfalt, und zu bedauern ist eigentlich nur, daß die Preise für solche Vergnügungen in den letzten Jahren sprunghaft angestiegen sind, so daß ein Sonderbudget aufstellen muß, wer daran teilnehmen will.

Wegen des breiten Spektrums möglicher Aktivitäten kann hier nur eine Auswahl getroffen werden. Detaillierte Angaben finden sich im Reiseteil, und gute Infoquellen sind die jeweiligen Touristenbüros (siehe im dort) sowie die Backpacker-Unterkünfte, die häufig selbst Outdoor-Aktivitäten anbieten.

Auch *Martin Osing* (siehe unter »Information« im Kapitel Vor der Reise) – Tauchlehrer, Kanut, Kajak-Freak und versierter Segler mit Patent – bietet sich als Infoquelle an. Weitere Informationen zu Outdoor-Aktivitäten jeder Art bietet das *Department of Conservation,* das auf der Nordinsel folgende Niederlassungen hat:

- Auckland, Tel. 09/307 92 79,
- Hamilton, Tel. 07/838 33 63,
- Gisborne, Tel. 07/867 85 31,
- Napier, Tel. 06/835 04 15,
- Rotorua, Tel. 07/347 91 79,
- Turangi, Tel. 07/386 86 07,
- Wanganui, Tel. 06/345 24 02,
- Wellington (Hauptbüro), Tel. 04/471 07 26,
- Whangarei, Tel. 09/438 02 99.

Bergsteigen/Klettern

Die Vulkane des Tongariro-Nationalparks sowie der Mount Egmont sind wie geschaffen für Bergsteiger und solche, die es werden wollen; es warten zahlreiche Gipfel hier.

Die besten Adressen für Schulung, geführte Bergbesteigungen und auch Winter-Bergsteigen finden sich in Turangi (siehe Route 2) sowie in Whakapapa im Tongariro-Nationalpark (siehe Route 1). Ausführliche Informationen über diese sowie weitere Bergsteiger-Regionen geben die Niederlassungen des *Department of Conservation* heraus (s.o.).

Bungy-Jumping

Das »ultimative Abenteuer«, wie es die Prospekte versprechen, gilt als der »schnellste Weg zu mehr Selbstvertrauen« und hat seinen Ursprung in den Mannbarkeitsriten des Vanatu-Archipels, bei denen sich junge Männer mit einer Liane am Fuß von einem Bambusturm aus in die Tiefe stürzen. Auch in Neuseeland wurde der »Ritus« 1988 eingeführt, doch wird hier ein elastisches Spezialseil aus Gummi verwendet, das den Luftsprung sanft abbremst und den Wagemutigen noch ein paarmal in die Höhe schnellen läßt, bevor er endgültig unten ist und in ein wartendes Schlauchboot gezogen wird. Anstatt des Bambusturmes oder Baumes wird hier freilich von einer Brücke gesprungen, und kaum eine Brücke von ausreichender Höhe ist heute noch im Lande zu finden, an der nicht eine Sprungplattform befestigt wäre. Auch ist es längst nicht mehr nur den Männern vorbehalten, als menschliches Jojo durch die Luft zu rasen, und wie es heißt, gibt es nichts, was einem Körper einen derartigen, noch nach Tagen spürbaren Adrenalinstoß versetzt wie das Bungy-Jumping, das mittlerweile aus Höhen von bis über 100 m durchgeführt wird (in Queenstown gar aus 1000 Fuß Höhe: Heli-Bungy) und dabei völlig sicher sein soll.

Aus medizinischer Sicht ist ganz und gar nicht so problemlos, wie es die Veranstalter glauben machen wollen: Denn der Zug an der Wade, an der das Seil befestigt ist, am Kniegelenk und an der Hüfte ist extrem, wie auch der gewaltige Adrenalinstoß selbst – bei dem u.a. Kapillargefäße im Gehirn platzen oder porös werden können, was erst die Spätfolgen offenbaren – alles andere als harmlos sein soll.

Wer sich davon nicht abschrecken läßt, erlebt Bungy-Jumping als *die* Attraktion in Touristenkreisen. 80–170 $ kostet der einmalige Sprung; Folgesprünge sind billiger. Hunderte Brücken bilden die Plattformen für den Sprung in die Tiefe. Bereits das Zuschauen soll ein Erlebnis der besonderen Art sein...

Luftsport

Neuseeland aus der Vogelperspektive – das ist ein Traum, den man sich in vielen Versionen erfüllen kann. Zentren des Luftsports sind Rotorua und Taupo, aber auch in vielen kleinen Ortschaften am Rande hat man Gelegenheit, in die Lüfte aufzusteigen:

Fallschirmspringen

Das Mindestalter fürs Fallschirmspringen liegt hier bei 16 Jahren, und anders als in Europa üblich, benötigt man für den Sprung sowie die Schulung kein spezielles ärztliches Attest, sondern sollte sich lediglich gesund fühlen; ausgeschlossen sind lediglich Schwergewichtler über 100 kg.

Fallschirmspringer-Schulung sowie *Tandem Skydiving* – man springt zusammen mit einem erfahrenen Fallschirmspringer – werden u.a. in Rotorua, Taupo und Napier angeboten.

Kunstflug

Wer immer schon mal im Cockpit eines offenen Doppeldeckers aus der Zeit des Zweiten Weltkriegs sitzen und u.a. im Sturzflug Richtung Erde rasen, Loopings drehen oder trudeln wollte, fährt nach Rotorua, dem Flugzentrum der Nordinsel.

Scenic Flights

Wo immer es auf der Nordinsel in Sachen Landschaft irgendwas zu sehen gibt, was »scenic« ist, finden sich dort gleich mehrere Veranstalter, die Scenic Flights per Flugzeug oder Helikopter anbieten. Da der Spaß nicht ganz billig ist, sollte man sich auf die ultimativen Flugerlebnisse in den Gebieten von Rotorua, Taupo und dem Tongariro-Nationalpark konzentrieren.

Mountain biking

Allgemeines

Radfahren ist mit die faszinierendste Art, Neuseelands grandiose Natur und seine Menschen aus der Nähe kennenzulernen. Zwar muß der Untrainierte bei so mancher Steigung das Rad wohl schieben, aber anschließend geht es in rasantem Tempo bergab, und außerdem kennt die abwechslungsreiche Landschaft nicht nur anstrengende Berg- und Tal-, sondern auch relativ leicht zu bewältigende Wald-, Steppen- und Küstenstrecken. Ein wenig Kondition braucht man natürlich schon, aber die »große« stellt sich schon nach wenigen Radeltagen von alleine ein.

Zwar finden sich heute auch auf dem deutschen Buchmarkt zahlreiche Fahrrad-Bücher über Neuseeland im Angebot, aber die vor Ort (in jeder besseren Buchhandlung) erhältlichen sind wesentlich ausführlicher, auch besser recherchiert, weshalb es sich eigentlich erübrigt, entsprechende Literatur von zu Hause mitzubringen. Auch Karten sollte man erst vor Ort kaufen; die vom neuseeländischen Automobilclub (in jeder größeren Stadt niedergelassen, siehe jeweils unter »Information«) sind die besten auf dem Markt.

Da die Nordinsel ein dichten Netz an Schotterpisten, Nebenwegen, Landstraßen und Hauptstraßen durchzieht und in der Regel nur die großen Highways (1, 2, 3, 4 und 5) im Bereich der größeren Städte stark frequentiert sind, ist es kein Problem, sich eine ruhige und entspannt zu befahrende Traumroute zusammenzustellen. Nervend gestaltet sich das Radeln lediglich im Großraum von Auckland, aber selbst dort gibt es einige, auf guten Karten verzeichnete Schleichwege, die die großen Motorways zu umgehen helfen.

Reiten

Als wir zum ersten Mal nach Neuseeland kamen, reisten wir mit dem Vorhaben an, das Land vom Pferdesattel aus zu entdecken. Das war ein Flop, wie wir vor Ort sehr schnell einsehen mußten, denn zum einen ist das Land von der Topographie her für lange Pferdetreks ungeeignet, ist das Reiten gerade in den schönsten Landesteilen, den Nationalparks, nicht erlaubt, und zum anderen zeigt sich Neuseeland leider auch als Land der Zäune.

■ **International League for the Protection of Horses (ILHP),** P.O. Box 10-368, Te Rapa, Pukete Road, Hamilton, Tel. 07/849 06 78, Fax 07/849 90 34. Vertreibt eine komplette Liste aller Adressen auf Nord- und Südinsel.

Trekking

Ein Großteil der neuseeländischen Nordinsel bildet ursprüngliches Land. Wer es zu Fuß erkundet, trifft auf Geröllwüsten und Canoyns, aber auch liebliche Täler, tiefblaue Seen und sprühende Wasserfälle, schier undurchdringliche Regenwälder ebenso wie europäisch anmutende Nadel- und Laubwälder, gewaltige Vulkane und brodelnde Thermallandschaften, Hochebenen im unwirklichen Licht von Walt-Disney-Farben, und schließlich, ganz oben, schneebedeckte Weiten...

Tips für die Bergwildnis

Von der richtigen Einschätzung der eigenen Leistungsfähigkeit hängt alles ab. Dabei ist nicht das Alter, sondern die Kondition entscheidend, und so sollte, wer sich nicht sicher fühlt, zu Beginn den leichten Touren den Vorzug geben. Warnen möchten wir vor zu großer Risikobereitschaft, denn sie kann schnell zu Leichtsinn verführen, und Leichtsinn ist der Ursprung der meisten Unfälle in den Bergen. Viele Regionen sind hier so einsam und damit so fern der Zivilisation, daß bei Notfällen kaum oder zumindest nicht mit rascher Hilfe zu rechnen ist. Auch wer falsches Schuhwerk trägt, unzureichend bekleidet ist, ohne Orientierungshilfen aufbricht oder im Umgang mit ihnen keine Erfahrung hat oder wer gegen das »eherne« Gesetz der wandernden Zunft verstößt – niemals alleine wandern! –, riskiert »Kopf und Kragen«. Deshalb ein paar Hinweise, die auch der erfahrene Wanderer nicht auf die leichte Schulter nehmen sollte:

– Bei Bergtouren niemals alleine wandern!

– Nicht von der Wanderroute abweichen!

– Auf Wegmarkierungen achten!

– Sollte man sich verirren, oder verläuft der Weg anders, als es die

Karte eigentlich anzeigt – nicht auf eigene Faust weitergehen, sondern umkehren bis zum letzten Orientierungspunkt und von neuem beginnen!
– Wetterbericht beachten; nach starken Regen- oder Schneefällen sollte man auf Bergtouren verzichten!
– In höheren Bergregionen kann das Wetter sehr launisch sein: bei plötzlichem Nebel die Wanderung sofort unterbrechen und so lange an derselben Stelle verweilen, bis die Sicht wieder gut ist!
– Auf Schneebrücken achten, sie möglichst gar nicht erst betreten: Einsturzgefahr!
– Reichlich Proviant mitnehmen, gut 1 kg pro Person/Tag, gleich ca. 3000 kcal, sollte man einplanen!

Ausrüstung

Natürlich trägt zum Gelingen einer Wanderung u.a. auch die Ausrüstung bei. Aber früher, als sich Outdoor-Bekleidung noch nicht zum Selbstzweck entwickelt hatte und kein Statussymbol war, gelangen die Wanderungen genauso gut wie heute. – Dies vorweg und nicht nur für jene, die ihre Barschaft betrachten und vor der Frage stehen: »Soll ich mir eine Ausrüstung kaufen oder wandern gehen...?«

Ein gewisses Maß an Ausrüstung ist natürlich unabdingbar. Dazu ein paar knappe Hinweise.

■ **Tageswanderungen:** Stellt man die modischen Aspekte zurück, so bleibt die Forderung, daß alles, was man an Kleidung trägt, möglichst weit und bequem sein soll. Ganz unabhängig vom vielleicht herrlich warmen Wetter sollte man stets etwas Warmes dabeihaben, unbedingt auch einen Regenschutz. Ohne adäquates Schuhwerk geht es nicht, und wer in Neuseeland wandern will, ist nur mit (eingelaufenen) Berg- oder Trekkingschuhen gut beraten. An Kleinutensilien seien Karte und Kompaß genannt, eventuell ein Signalgerät (Leuchtpistole), Höhenmesser und Feldstecher. Dazu Ersatzschnürsenkel, Toilettenpapier, Taschenmesser, Sonnenbrille, Plastiktüten für den Picknickmüll, nicht zu vergessen eine Erste-Hilfe-Ausrüstung sowie Anti-Mückenmittel, von dem, gerade auf der Südinsel, manches Mal das Gelingen der Wanderung abhängig sein kann. Wasser-Entkeimungsmittel sind obligatorisch wegen der Giardia-Erkrankung (siehe unter »Gesundheitsvorsorge), und damit das Wasser in Seen und Flüssen möglichst wenig belastet wird, sollte, wer Seife etc. mitnimmt, alkalifreie Produkte bevorzugen.

Das Sommerwandern mit Skistöcken ist in Neuseeland zwar nicht in Mode, aber die (in ihrer Länge möglichst variierbaren) Stöcke entlasten die Knie beim Abstieg ganz ungemein, helfen beim Aufstieg Kraft sparen und bieten zudem bei Flußüberquerungen eine wichtige Hilfe.

Um all dies sowie den Wanderproviant zu tragen, benötigt man einen Rucksack, der möglichst bequem sein und eine ausreichende Größe haben sollte. Ein sogenannter Day-Pack, ein Tagesrucksack, reicht hier völlig aus.

■ **Mehrtageswanderungen:** Zu Kleidung, Schuhen, Kleinutensilien und Skistöcken gilt im großen und ganzen das gleiche wie oben beschrieben. Kleidung zum Wechseln ist sinnvoll, aber will man das Gewicht niedrig halten, reicht es aus, nur Hose oder Shorts sowie T-Shirt plus Pullover zusätzlich mitzunehmen.

Die Anschaffung von Zelt und Kocher (siehe jeweils unter »Ausrüstung« im Kapitel »Vor der Reise«) ist in erster Linie davon abhängig, ob die Tour als Zelt- oder Hüttenwanderung gedacht ist. Wir persönlich würden stets ein Zelt mitnehmen, da es zwar entlang aller gängigen Wanderwege zahlreiche Übernachtungshütten gibt, diese aber, zumindest zwischen Dezember und Februar, nahezu stets belegt sind.

Bleibt der Rucksack, dessen Inhalt mindestens 60 l betragen sollte, will man alles Erforderliche für eine Mehrtagestour hineinpacken. Er muß so bequem wie irgend möglich sein, über breite und gut gepolsterte Schulterriemen ebenso verfügen wie über einen solchen Hüftgurt, sollte möglichst viele Außentaschen für Kleinutensilien haben, eventuell unterteilbar sein, um langes Suchen zu vermeiden. Wasserdichte Außenmaterialien sind teuer, eine Regenschutzplane aus Plastik tut's genauso gut, wie auch jeder selbst entscheiden muß, ob es ein Rucksack mit außen- oder innenliegendem Tragegestell sein soll. Nur gut verarbeitet und vernäht muß er unbedingt sein.

Trekking-Top-Ten

Die Mehrzahl der spektakulären Trekkinggebiete befinden sich auf der Südinsel. Auf der Nordinsel sind immerhin noch etwa 2000 km Wege markiert und ausgebaut, an denen rund 1000 Übernachtungshütten (die 4–20 $/Person kosten) sowie 1500 Campsites die Übernachtung ermöglichen. Eine komplette Liste aller Walks und Treks kann man über das *Department of Conservation* anfordern, das zudem zu jedem Trek eine eigene, zumeist ausführlich Broschüre nebst Trekkingkarte herausgibt.

Damit man sich einen ungefähren Überblick verschaffen kann, hier eine kurze Aufstellung der schönsten Treks/Trekkingregionen auf der Nordinsel:

■ Die **Tongariro Crossing** im Tongariro-Nationalpark (siehe Route 1) gilt als der eindrucksvollste Eintages-Trek Neuseelands. Er führt an Kratern, Kraterseen sowie heißen Quellen vorbei und besticht mit atemberaubenden Panoramen über das Vulkanplateau der Insel. – Ein »Pflicht«-Trek, der auch geführt angeboten wird.

■ Überhaupt der **Tongariro-Nationalpark:** Zahlreiche weitere Treks von wenigen Stunden bis zu mehreren Tagen Länge sind hier machbar. Wer das gesamte vulkanische Plateau erwandern will, sollte den *Round the Volcanoes-Trek* begehen, der rund 5–7 Tage währt.

■ Die Treks im Bereich des **Whanganui-Nationalpark** (siehe Route 1), den auch die spektakulärste Kanuroute des Landes durchquert, entführen in die »Grüne Hölle« einer der dichtesten Urwaldregionen des Landes. Beliebteste Tour ist hier der **Matemateaonga-Trek,** der rund 45 km Länge mißt und den südlichen Abschnitt des Schutzgebiets in seiner ganzen Breite quert. 5 Wanderhütten liegen am Weg, aber da dieser durch Feuchtgebiete führt und die 730 m hohe Matemateaonga Range auf der Route liegt, ist er ganz und gar kein Zuckerschlecken.

Die andere, wesentlich leichtere Überlandroute trägt den Namen **Mangapurua-Trek** und beschreibt eine Rundwanderung von rund 3 Tagen Länge. Auch organisiert ist dieser Weg zu begehen; der mindestens 3 Tage währende Trek kostet 650–760 $.

■ Die dritte große Trekking-Region bildet der **Mt. Egmont-Nationalpark**, auch: *Mt. Taranaki-Nationalpark*, der sich rings um den perfekt geformten »Fujiyama Neuseelands«, den Mt. Taranaki (siehe Route 1) erstreckt. Rund 320 km markierte Wege helfen alle Vegetationszonen des Landes in komprimierter Form kennenzulernen. Neben der (recht einfachen) Bergbesteigung – der Mt. Egmont ist der meistbestiegene Vulkan des Landes – lockt vor allem die rund 4–5 Tage währende Rundwanderung um den Vulkan. Da die Wege ausgezeichnet präpariert und mit einem runden Dutzend Wanderhütten ausgestattet sind, ist diese Tour, die u.a. durch märchenhafte Tiefland-Regenwälder und Berg-Nebelwälder führt, für jedermann machbar.

■ Für Treks geradezu prädestiniert ist auch das größte Urwald-Refugium des Landes, der **Urewera-Nationalpark** (siehe Route 3). Besonders der 43 km lange und rund 3–5 Tage währende **Lake-Waikaremoana-Trek,** der leicht und für jedermann machbar ist, bietet sich hier an. Es geht durch Wälder rings um den See herum sowie an herrlichen Stränden vorbei.

■ Bleibt schließlich die **Coromandel-Halbinsel**, die für zahlreiche Tagestreks gut ist, sowie **Northland,** wo sich der 103 km lange und rund 3–4 Tage dauernde **Ninety Mile Beach-Trek** aufdrängt, der am Cape Reinga beginnt und entlang dem längsten Strand des Landes nach Süden führt.

Wassersport

Mit Tausenden Kilometern Küstenlinie, tief ins Land greifenden Buchten, zahllosen Inseln sowie Seen und Flüssen bietet die Nordinsel Neuseelands phantastisch vielfältige Möglichkeiten für den Wassersportler.

Kanu/Kajak

Mit dem Kanu oder Kajak ruhig auf einem See oder Fluß dahinzugleiten, ist für viele eines der beeindruckendsten Naturerlebnisse überhaupt. Andere wiederum brauchen das Befahren von Wildwassern als Thrill, während den dritten das Seekajakfahren im Schatten traumhafter Inseln größtmögliche Urlaubslust verschafft. Als Nonplusultra auf der Neuseelands Nordinsel gilt das Befahren des berühmten Whanganui River im rund 145 km langen Abschnitt zwischen Taumarunui und Pipiriki bzw. bis hinunter ans Meer bei Whanganui. Der (im Kanadier sowie auch Kajak machbare) Trip dauert rund 5 Tage (bzw. 8 Tage) und ist, da lediglich von Grad 1–2, für jedermann problemlos zu bewältigen, sofern nicht starke Regenfälle für Hochwasser sorgen. Durchquert werden beeindruckende Urwaldregionen; zahlreiche Campsites sowie auch mehrere DOC-Hütten stehen zur Verfügung; alles in allem sollte niemand diese Traumtour missen, die zudem recht günstig kommt und der, aufgrund ihrer Schönheit und Popularität, ein eigenes Kapitel gewidmet ist (siehe unter Route 1).

Weitere Kanureviere finden sich im Urewera-Nationalpark (siehe dort unter „Route 3"), am Rangitaiki River sowie auf Lake Taupo, Lake Rotorua und Lake Waikaremoana.

Aber auch passionierte Wildwasserfahrer erfreuen sich an der ausgezeichneten Infrastruktur. Ihre bevorzugten Reviere des Landes sind die auch für Rafting sowie White Water Sledging geeigneten Gewässer, die weiter unten kurz genannt werden.

Wildwasser Rafting-Touren

Die wilden, streckenweise extremen Flüsse der Nordinsel sind geradezu prädestiniert für diese relativ junge Sportart, die wesentlich ungefährlicher ist, als es den Anschein hat – zumindest, wenn man mit erfahrenem Führer und entsprechender Ausrüstung startet. Vorkenntnisse sind dann nicht erforderlich, höchstens eine Portion Mut. Durchgeführt werden solche Raftings bevorzugt zwischen Oktober und März. Dabei sind die einzelnen Flüsse von Grad 1 bis 6 klassifiziert, und Grad 5+ gilt als die Obergrenze für geführte Rafting-Touren.

Zentren sind wieder der Tongariro-Nationalpark, Taupo sowie Rotorua. Ist der Tongariro River mit Grad 3 klassifiziert, so der

Rangitaiki River mit Grad 4, der Wairoa River mit Grad 5 und der Kaituna River mit Grad 5+.

White Water Sledging/ Surfing

Wem Rafting nicht reicht, wer's noch viel extremer will, dabei den Thrill ganz für sich alleine haben möchte, sollte von diesem neuesten Schrei der Outdoor-Branche Gebrauch machen, bei dem man sich, mit Helm und Ellbogen- sowie Kniepolstern und Thermoanzug geschützt, mit nichts als einem speziellen Plastik-Board, einem Mini-Surfbrett oder Schlitten vergleichbar, in die Schnellen stürzt. Vorkenntnisse sind nicht erforderlich, nur schwimmen sollte man schon können und natürlich den dazugehörigen Mut aufbringen. Laut den Prospekten ist der Spaß angeblich ungefährlich. Als Zentren für diese junge Extremsportart fungieren einmal mehr der Tongariro-Nationalpark, Turangi, Taupo sowie Rotorua.

Cave Rafting

Der Name dieser neuen »Sportart« ist zwar etwas hochtrabend, denn eigentlich floatet man mit einem kleinen Schlauchboot bzw. einem Gummiring durch eine Höhle. Aber Spaß macht es schon, relaxed sitzend im Schein der Taschenlampe auf einem unterirdisch durch Tropfsteinhöhlen verlaufenden Fluß dahinzutreiben, ab und zu sogar kleine Stromschnellen hinabzurutschen, um sich hinterher vielleicht noch an einer mehr oder weniger hohen Steilwand abzuseilen.

Mehrere Touren kommen in Frage. Als Vorzeigteroute gilt die Tour im Bereich der berühmten Waitomo Caves (siehe Route 1), »dem« Höhlenzentrum des Inselreiches.

Seekajak

Um das Meer zu befahren, benötigt man ein Seekajak. Die Verleihstationen konzentrieren sich im Bereich der Bay of Islands (siehe Route 4) sowie von Coromandel (siehe Route 3). Vermietet werden üblicherweise 1er und 2er. Die Preise belaufen sich auf etwa 35 $ pro Tag und Person bzw. auf 55 $ für ein 2er inklusive kompletter Ausrüstung. Mietet man gleich mehrere Tage, gibt es Rabatt; rund 25 $ (1er) bzw. 40 $ (2er) sind bei mindestens 3 Miettagen anzusetzen. Auch Campingausrüstungen kann man bei den meisten Veranstaltern gleich mitnehmen (Zelt um 5 $, Schlafsack sowie Kocher/Töpfe je 3 $ pro Tag), Topokarten sind in den Preisen enthalten. Wer sich den Alleingang nicht zutraut, kann an geführten Kajaktouren teilnehmen, die um 90 $ pro Tag und Person kosten.

Windsurfen

Zum Windsurfen eignen sich bestens die Küsten vor der Bay of Islands, Coromandel und Bay of Plenty, außerdem die großen Seen

Lake Taupo und Lake Rotorua. Doch ist diese Sportart in Neuseeland nicht sonderlich populär, weshalb in den genannten Gebieten meist nur einfache Windsurfer der älteren Generation ausgeliehen werden können. Funboards sahen wir nur in der Bay of Islands. Cracks müssen schon ihre Ausrüstung von zu Hause aus mitbringen, was etwa bei »Air New Zealand« keine Mehrkosten verursacht.

Surfen

Die Surfreviere Neuseelands stehen so manchem Spot in Australien und auf Hawaii in nichts nach. Die Top-Spots finden sich alle im Bereich der Nordinsel, wo die Wassertemperaturen wesentlich angenehmer und die Wellen bei weitem nicht so gefährlich sind wie auf der Südinsel. Wer freilich ein eigenes Board hat oder, als Anfänger, ein *body board* (rund 1 m langes Kunststoffbrett, auf dem man liegend die Wellen abreitet; zwischen 60 und 200 $ in guten Sportgeschäften) sowie einen Neoprenanzug, der kann hier an allen Küsten auf seine Kosten kommen.

Top-Reviere für Könner finden sich sowohl entlang der gesamten West- als auch Eastcoast. An der Westküste haben sich Port Waikato und insbesondere Raglan (s. Route 1) einen international herausragenden Namen gemacht. Die Ostküste bietet allerbeste Bedingungen im Bereich der Coromandel-Halbinsel sowie der Bay of Plenty. Und in Northland ist Ahipara Treff der nationalen Könner.

Segeln/Yachting

Die Nordinsel ist ein wahres Paradies für Segler: Als Top-Reviere gelten hier die Bay of Islands (Northland), der Hauraki-Golf (Auckland), Coromandel-Halbinsel sowie die großen Seen Lake Taupo und Lake Rotorua, wo auch überall Segeljollen ausgeliehen sowie Yachten gechartert werden können. Wer nicht selbst steuern will – Zertifikate erforderlich bzw. Nachweis der Fähigkeiten –, kann einen Skipper mitnehmen (um 150 $ pro Tag). *Cruise & Learn* kostet zusätzlich um 15 $ pro Stunde.

Tauchen

Die spektakulärsten und beliebtesten Tauchreviere des Landes finden sich ebenfalls vor der Nordinsel. Vor allem der hohe Norden (Northland) bietet zahlreiche Traumreviere: so u.a. die Three Kings Islands nördlich vom Nordkap, das spektakuläre Poor Knights Marine Reserve von Whangarei (eine Verlängerung des Great Barrier Reef), der Bay of Islands Maritime Park und die Goat Island bei Warkworth. Aucklands Hauraki-Golf ist bei Wracktauchern beliebt, Coromandel und die Bay of Plenty bieten sich an der Pazifikküste an, und an der Westküste haben sich die Reviere rings um den Sugarloaf

Islands Maritime Park vor New Plymouth einen Namen gemacht.

In all diesen Regionen finden sich auch Tauchbasen. Ein Tauchgang kostet etwa 85 $ (zwei gibt's für 115 $) bzw. 95 $ für einen Nachttauchgang; Tauchkurse mit internationalem Zertifikat kosten alles inklusive um 500 $.

Taucher am Lake Tarawera ▲

Auckland

Besonders schön am Fliegen ist die Erwartung jenes Augenblickes, wenn beim Anflug auf ein fernes Ziel tief unten der erste Streifen Land, die ersten Bauwerke auszumachen sind. »Ladies and Gentlemen...« – die Stimme des Kapitäns heißt uns, die Uhren der neuseeländischen Zeit, die der mitteleuropäischen um 12 Stunden voraus ist, anzupassen. Wetterbericht von Auckland: sonnig, Temperatur 28 Grad Celsius, 56 Prozent Luftfeuchtigkeit, leichte Brise. Schon hören wir das Fahrwerk polternd sich entfalten, und leichten Herzens geben wir Höhe auf und zielen in weitem Bogen auf tiefe Quellwolken, Wahrzeichen hoher Berge.

Das also ist Neuseeland, konkret: die Nordinsel! Aller Augen saugen sich fest an smaragdgrünen Feld- und Wiesenfluren, die unter dem bauschigen Weiß hervorlugen. Nun werden Berge sichtbar, erloschene Vulkane, dank ihrer markanten Kegelform unverkennbar. Weiße Segel tauchen auf im Tiefblau der Tasman-See, und im Osten, nur einen »Steinwurf« entfernt, lugt während des Landeanflugs der Südpazifik hervor, der sich von hier aus bis nach Südamerika, zur Antarktis und zur Südsee erstreckt. Parallel im Meer die Korallenketten der schützenden Riffe, weißschäumende Wogen, die das Dunkel der Tiefsee vom gescheckten Malachit des Küstenwassers trennen.

Bald gerät die Metropole Auckland ins Blickfeld, deren riesige Vororte mit Hunderttausenden Flachdach-Bungalows längst die Ausmaße von Groß-London übertroffen hat und damit, von der Fläche her, zu den zehn größten Städten überhaupt zählt. Ausgedehnte Grünflächen zeichnen sich ab, der türkisfarbene Hauraki-Golf im Osten, das dunkle Becken des Manukau Harbour im Westen, vor allem aber Segelyachten und Wolkenkratzer, gläserne Towers, die andeuten, daß die geflegte Geruhsamkeit vergangener Tage auch hier, *down under,* längst der Hast des ökonomischen Wettlaufs gewichen ist.

Neuseelands heimliche Hauptstadt

Vor 170 Jahren gab es anstelle von Auckland (knapp 930 000 Einwohner) nur ein paar Wehrdörfer der Maori, die auf den Kegelspitzen der erloschenen Vulkane lebten. 1840 luchste Neuseelands erster Gouverneur, Kapitän Hobson, den 12 qkm großen Isthmus des zwischen den Meeren gelegenen heutigen Stadtkerns den Ureinwohnern für ein paar Münzen, 20 Hosen und Hemden, Handtücher, Stoffe, Hüte, Westen, 20 Beile sowie je einen Sack Zucker und Mehl ab. Es wurde Salut geschossen: Auckland, in Anlehnung an den Namen des damaligen englischen Vizekönigs von Indien, war gegründet und gleichzeitig zur Hauptstadt des neu entdeckten Inselreiches erklärt. 25 Jahre später ging dieser Status zwar an Wellington über, aber den Rang als Wirtschafts- und Finanzzentrum Neuseelands behielt Auckland bis in unsere Tage hinein; ebenso sein rührendes, provinzielles Flair, eine gewisse Gemütlichkeit, die man sonst in Großstädten selten verspürt.

Doch nun auf einmal, da sich das Jahrtausend dem Ende zuneigt, vermag der Isthmus zwischen den Meeren die überschäumende Vitalität nicht mehr zu bändigen: iImer mehr Neuseeländer zieht es hierher, immer mehr Polynesier wandern aus der Südsee ein, und immer mehr immigrierte Hongkong-Chinesen treiben mit ihren mitgebrachten Milliarden die Wachstumsspirale in bislang ungeahnte Höhen. – Es boomt an jeder Ecke, und schon erstreckt sich die heimliche Hauptstadt auf über 70 km Länge von Nord nach Süd, auf über 5600 qkm insgesamt und nimmt der innere Stadtkern zunehmend das Aussehen einer von Glastürmen überragten Allerweltsstadt an. Größer, höher, immer mehr. Ein Mehr auch an Segel- und Motoryachten, und wie findige Statistiker errechnet haben, schaukeln mittlerweile fast 100 000 dieser Luxusgeführte in den Bootshäfen von Auckland, wo 1999 der prestigeträchtige Americas Cup startet und die Stadt wirklich zur *World Capital of Sails* machen wird, als die sie sich im Werbeprospekt schon seit Jahren rühmt.

Am Flughafen empfangen große Transparente die Neuankömmlinge mit einem farbenfrohen *Welcome,* »Herzlich Willkommen«. Sogar die Beamten lächeln, die Angestellten am Bankschalter, die im *Visitors Centre* (wo Berge an Prospekten, Broschüren, Karten und Preistabellen ausliegen, man auch Zimmer reservieren kann) und auch am Stand des »Airport Shuttle Bus«. Dieses Lächeln kennzeichnet vor allem die Einheimischen, denn die meisten Gäste, Vertreter der Alten Welt, schauen hier, vor der Ankunftshalle, verdrieslich drein, denn es herrscht gelindes Chaos, weil die Einrichtungen dem enormen Andrang noch nicht gewachsen sind und weil es schon mal 1–2 Stunden Schlangestehen bedeuten kann, bis man den Zoll durchlaufen, Geld gewechselt hat und nun endlich in den »Airporter« einsteigen kann.

AUCKLAND

1 Aotea Square
2 Art Gallery
– Heritage and New
3 Art Gallery
– Heritage and New
4 Auckland Visitor Centre
5 Auckland Visitor Centre
6 Dept of Conservaton
7 Dept of Immigration
8 Downtown Airline Terminal
9 Ferry Bldg and Terminal
10 Harbour Bridge
11 Holy Trinity Cathedral
12 Hospital
13 International Rugby Hall
of Fame
14 Library
15 Museum
16 N.Z. National Maritime
Museum
17 Oriental Markets
18 Parnell Rose Gardens
19 Police
20 Poste Restante
21 Bahnhof
22 Tennis Centre – ASB
23 Town Hall
24 University
25 Victoria Park Market
26 Wintergardens
27 Yellow Bus-Terminal

P Auckland City
Car Parks

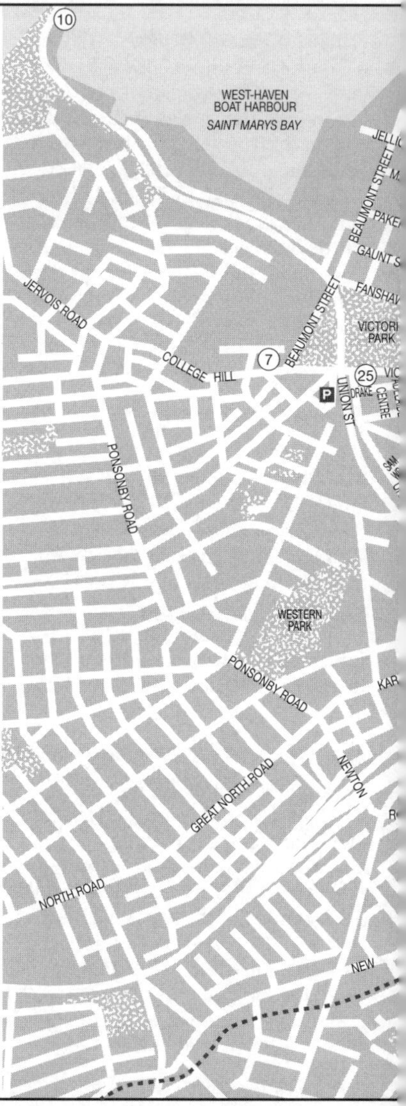

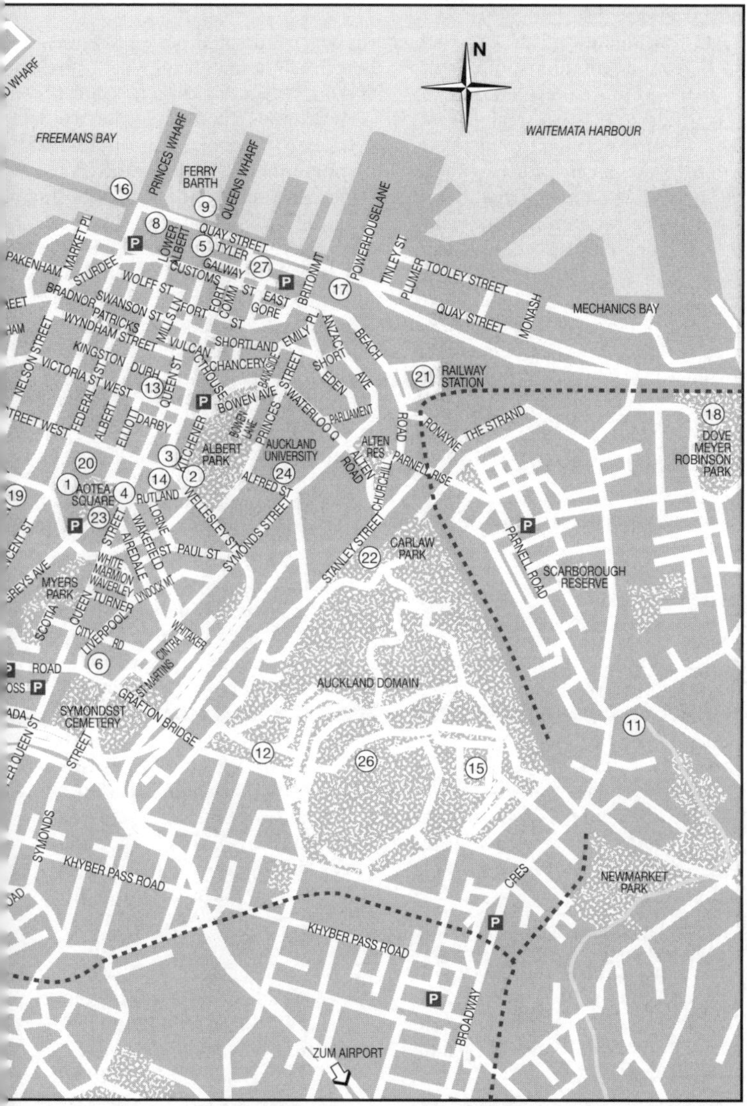
N
WAITEMATA HARBOUR
FREEMANS BAY
PRINCES WHARF
QUEENS WHARF
FERRY BARTH
QUAY STREET
LOWER ALBERT
TYLER
GALWAY
CUSTOMS
MARKET PL
PAKENHAM
STURDEE
WOLFF ST
BRADNOR
SWANSON ST
FORT
FORT
COMM
ST
EAST
GORE
BRITONMT
POWERHOUSELANE
TINLEY ST
PLUMER
TOOLEY STREET
QUAY STREET
MONASH
MECHANICS BAY
PATRICKS
WYNDHAM STREET
MILLS LN
VULCAN
SHORTLAND
EMILY PL
ANZAC
BEACH
KINGSTON
DURH
CHANCERY
BANKSIDE
STREET
SHORT
EDEN
AVE
NELSON STREET
VICTORIA ST WEST
QUEEN ST
HOUSE
BOWEN AVE
WATERLOO Q
PARLIAMENT
RAILWAY STATION
FEDERAL ST
ALBERT
ELLIOTT
DARBY
KITCHENER
BOWEN LANE
PRINCES
AUCKLAND UNIVERSITY
ALTEN RES
ROAD
RONAYNE
THE STRAND
ALBERT PARK
ALTEN ROAD
CHURCHILL
PARNELL RISE
DOVE MEYER ROBINSON PARK
AOTEA SQUARE
RUTLAND
WELLESLEY ST
ALFRED ST
SYMONDS STREET
STANLEY STREET
LORNE
WAKEFIELD
ST PAUL ST
CARLAW PARK
PARNELL ROAD
SCARBOROUGH RESERVE
GREYS AVE
MYERS PARK
WHITE
MARMION
WAVERLEY
TURNER
LYNDOCK MT
AIREDALE
SCOTIA
QUEEN
CITY
LIVERPOOL
RD
WHITAKER
CINTRA
ST MARTINS
ROAD
AUCKLAND DOMAIN
SYMONDSST CEMETERY
GRAFTON BRIDGE
STREET
SYMONDS
KHYBER PASS ROAD
KHYBER PASS ROAD
CRES
NEWMARKET PARK
BROADWAY
ZUM AIRPORT
P
1
2
3
4
5
6
8
9
11
12
13
14
15
16
17
18
19
20
21
22
23
24
26
27

Aber wohin fahren, jetzt, wo sich die Zeit- und Klimaumstellung ununterdrückbar bemerkbar macht, man müde und wach zugleich ist, sich fallenlassen möchte, ins Bett, in den Pool oder ins warme Meer? – Nun, am besten nach Downtown, ins City Centre, dann von dort aus zu Fuß, per Stadtbus oder Taxi in die Unterkunft. Dann ein Telefonat oder auch nur ein Hinweis ans Herbergspersonal, ein paar wenige Formalitäten, und am nächsten Morgen steht zur vereinbarten Zeit ein Mietfahrzeug bereit oder hält man das Bus-, Zug- oder Flugticket zur Weiterreise in Händen, ganz wie gewünscht.

Ankunft

Flug

■ Der **Auckland International Airport** mit den benachbarten Inlandterminals von »Air New Zealand« und »Ansett New Zealand« liegt rund 22 km südlich der Stadt beim Vorort Mangere. Da er derzeit in großem Umfang umgebaut sowie erweitert wird, geht es hier bis mindestens 1998 ein wenig chaotisch zu.

■ Nach Paßkontrolle und Zoll sollte man erst einmal **Geld** wechseln: Die Wechselstuben sind stets geöffnet, es wird Bargeld getauscht, Reiseschecks werden eingewechselt, und auch auf Kreditkarte kann man Bargeld bekommen; des weiteren stehen Geldautomaten zur Verfügung.

■ Der Weg zum Ausgang führt an mehreren Kiosken (Telefonkarten erwerben) vorbei zum **Auckland Airport Visitor Centre,** wo sich zuvorkommende und kompetente Angestellte, von denen mehrere auch fließendes Deutsch sprechen, um die Ankömmlinge bemühen. Es liegen jede Menge Prospekte und Broschüren zum ganzen Land aus, und man sollte sich ruhig Zeit nehmen, alles zu sichten, denn in den Vistor Centres der City ist nur ein Bruchteil dieses Materials zu bekommen. Wer Mitglied in einer Backpacker-Kette oder im internationalen Jugendherbergsverband werden will, kann das im Touristenbüro tun, wo ferner Zimmerreservierungen vorgenommen, Empfehlungen bzgl. Mietwagenfirmen gegeben werden und alle erforderlichen Fahrpläne ausliegen.

■ Gleich nebenan finden sich Büros der großen internationalen **Auto-Verleiher** wie »Avis«, »Hertz« etc. Wesentlich preisgünstiger aber fährt man mit den nationalen Firmen, die entweder draußen ihre Büros haben oder aber, auf einen Anruf hin (Telefonzellen vor dem Ausgang) einen Wagen nach Wahl zum Airport bringen, so daß, wer gar nicht erst in die City vorstoßen will, gleich am Airport mit der Reise beginnen kann. Der Weg zum Highway-1, der »Straße nach Süden«, ist bestens ausgeschildert, wie auch der Weg zur City nicht zu verfehlen ist: auf den Highway-1 Richtung Auckland, dann den Schildern »City Centre« folgen.

■ **Transport:** Wer sogleich per Flieger etwa nach Wellington weiter will, nimmt den kostenlosen Shuttle-Bus zu den benachbarten Terminals; auch der *Airport Bus,* dem vor dem Ausgang Richtung City startet, fährt zuerst die Terminals für Inlandflüge an. Er verkehrt alle 20 Minuten zwischen 6 und 20 Uhr, hat einen Anhänger fürs große Gepäck und kostet 10 $ bis zur Endstation am »City Airline Terminal« an der Ecke Quay/ Albert Street. Unterwegs werden das Airport-Hotel, der Bahnhof und zahlreiche Haltestellen angefahren; die Fahrt dauert 40 Minuten, und wesentlich schneller kommt man auch mit dem rund 40 $ teuren Taxi nicht ins Zentrum.

An der Endstation lädt ein weiteres kleines Informationsamt ein, stehen Telefonzellen bereit, sind es von hier, wo auch die großen Überlandbusse Richtung Süden starten, bis zur Queen Street im Herzen der Stadt nur ein paar Gehminuten. Zum Bahnhof verkehrt zudem ein Zubringerbus, und ansonsten bieten Taxifahrer ihre Dienste an.

Zug

Der Hauptbahnhof für Züge aus allen Richtungen liegt an der Beach Street, rund 10 Gehminuten von der Queen Street (City Centre) entfernt. Man kann dorthin sowie zum o.g. City Airline Terminal aber auch den Shuttle-Bus (1 $) sowie das Taxi (5 $) nehmen.

Bus

Die Busse von »InterCity« kommen am Bahnhof an (s.o.), alle anderen Überlandbusse (etwa »Mount Cook Landline« und »New–mans«) am City Airline Terminal (s.o.).

Unterkunft

Auckland bietet jede Menge Unterkünfte in allen Kategorien. Doch da es, insbesondere während der Hochsaison von Dezember bis Februar, dennoch zu Engpässen kommen kann, empfiehlt es sich, ein Zimmer zu reservieren; zumal viele Herbergen einen teils kostenlosen Abholservice unterhalten. So kann man Zeit und Geld sparen, was gerade dann, wenn man aus Übersee anreist und unter dem Jet-Lag leidet, sehr angenehm sein kann.

Camping

Die Campingplätze von Auckland und Umgebung sind, wie die Backpackers auch, gute Anlaufstellen, um von bald abreisenden Touristen ein gebrauchtes Auto zu kaufen.

Insgesamt gibt es mehr als ein halbes Dutzend Campingplätze in der Umgebung von Auckland. Doch liegen die meisten zu weit außerhalb, weshalb wir hier lediglich eine sinnvolle Auswahl treffen:

■ Der **Manukau Central Holiday Park** (602 Great South Road, Manukau City, Tel. 09/266 80 16) liegt nur rund 10 Minuten vom Auckland Airport entfernt in ruhigem Parkterrain, ist sehr gut ausgestattet, bietet sich aber nur an, wenn man sich auf der Durchreise befindet, also kein Sightseeing in Auckland plant. Die Preise sind mit 8 $ pro Person fürs Zelt, 28 $ für eine Cabin sowie 45 $ für ein Tourist Flat recht günstig.

■ Näher am Zentrum liegt die **Remuera Motor Lodge** (16 Minto Road, Remuera, Tel. 09/524 51 26), die u.a. mit großem Swimmingpool ausgestattet ist und außer Zeltplätzen (11 $ pro Person) auch Motelzimmer (69–89 $) bietet. Nachteil: ringsum von Hochhäusern umgeben.

■ Recht stadtnah (ca. 5 km) befindet sich der **North Shore Caravan Park** (52 Northcote Rd, Takapuna, Telefon 09/418 25 78) im Vorort Takapuna, wohin aber teils schlechte Busverbindungen bestehen: Abends kommt man kaum weg. Deshalb ist er hauptsächlich für Selbstfahrer geeignet: auf dem Highway-1 ab Zentrum Richtung Norden, über die große Hängebrücke, dann Abfahrt »Northcote«, links, den Berg hoch, an der BP-Tankstelle rechts und geradeaus weiter bis zu einem Kreisverkehr, kurz darauf rechts eine weitere BP-Tankstelle, dort rechts rein. Der Platz ist sehr gepflegt, hat beste sanitäre Anlagen, bietet Wiesen- und Asphaltplätze (18 $ Single, 25 $ für 2 Personen) sowie Cabins zu 45 $, DeLuxe Cabins (mit TV, Schlaf- und Wohnraum sowie WC zu 55 $), große Flats zu 73 $ und Motelzimmer zu 80 $. Um die Ecke laden ein riesiger Obst- und Gemüseladen, ein Supermarkt und ein »Pizza Hut«-Restaurant ein, und zum Northshore-Shoppingcentre sind es nur ein paar Gehminuten.

Backpackers

Insgesamt soll es in Auckland über 6000 Backpacker-Betten geben, und Engpässe sind eigentlich kaum je zu beklagen.

Im Zentrum:

■ **Auckland City YHA Hostel**, Ecke City Road/Liverpool Street, Tel. 09/309 28 02. Ein ehemaliges Hotel, liegt direkt im Zentrum bei der Queen Street, ist sehr gut ausgestattet, hat ein kleines Bistro und vor allem ein täglich geöffnetes Travel Centre, wo alle Bus-, Zug- und Flugtickets erhältlich sind. – Unbedingt empfehlenswert! Das Bett kostet 18 $, im DZ 20 $ und als EZ 30 $.

■ **Auckland Central Backpackers**, 9 Fort Street, Tel. 09/358 48 77. Neben dem o.g. Hostel wohl die beste

Adresse vor Ort, 1994 mit dem »Tourist Award« für die beste Budget-Unterkunft in Auckland ausgezeichnet. Die Zimmer haben Hotelstandard und sind preiswert: Bett im Schlafsaal zu 12 $, im 4-Bett-Zimmer 17 $, im DZ 20 $, als Single 30 $. Die Ausstattung ist ebenfalls auf Hotelniveau, der Dachgarten umfaßt Bar sowie Café, und das angeschlossene Travel Centre besorgt alle Tickets, vermietet auch preisgünstige Autos.

■ Das **Downtown Queenstreet Backpackers**, 4 Fort Street, Tel. 09/373 34 71. Untergebracht in einem ehemaligen historischen Hotel, ist mit über 100 Betten einer der größten und populärsten Backpackers im inneren Zentrum und dementsprechend »die« Info-Börse für Rucksackler. Doch der TV dröhnt den ganzen Tag, die Einrichtung ist angegammelt, geklaut wird auch, und länger als 1–2 Nächte wird man hier kaum wohnen wollen. Die Betten kosten 17 $ (4-Bett-Zimmer), 20 $ (Double) und 24 $ (Single).

■ **The Kiwi Hilton Backpackers**, 430 Queen Street, Tel. 09/358 39 99. Kostenlose Abholung vom Airport, das Frühstück ist im niedrigen Preis (9,5 $ im Schlafsaal, 17,5 $ im Double, 22 $ als Single) enthalten. Günstiger und zentraler als hier wohnt man nirgends in der Stadt. Angeschlossen ist außerdem das *Kiwi Travel Centre,* das u.a. die günstigsten Mietfahrzeuge in der Stadt überhaupt offeriert.

■ Klein und fein und dennoch zentral gelegen ist der **Aotea Square Backpackers**, 295 Queen Street, Tel. 09/303 33 50. Ebenfalls kostenlose Abholung vom Airport. Im Übernachtungspreis (10 $ Schlafsaal, 16 $ im Double) enthaltenes Frühstück.

In den Suburbs:

In den Vororten von Auckland, von der City oft nur ein paar Busminuten entfernt, finden sich vielleicht die angenehmsten Backpackers der Stadt überhaupt, und insbesondere wer direkt aus Europa anreist, also unter dem Jet-Lag zu leiden hat und ein bißchen Ruhe benötigt, tut gut daran, hier zu wohnen. Der historische und vielleicht schönste Stadtteil von Auckland heißt Parnell.

■ Die beste Adresse in Parnell ist das **Parnell YHA Lodge Hostel**, 2 Churton Street, Tel. 09/379 37 31. Rund 15 Geh- oder 5 Busminuten ins Zentrum. Hier geht es ruhig und relaxed zu. Ein Travel Centre ist angeschlossen, doch da das Haus recht beliebt ist, sollte man rechtzeitig reservieren. Die 64 Betten verteilen sich auf 4-Bett-Zimmer (17 $) sowie Doppelzimmer (19 $).

■ »Das« Privathostel in Parnell ist der **Auckland International Backpackers**, 8 Maunsell Road, Tel. 09/358 45 84. Direkt an einem großen Park und an der Route mehrerer Stadtbusse gelegen. Angenehme Atmosphäre, sehr sauber. Die Betten kosten von 14 $ (Schlafsaal) über 18 $ (Double) bis 22 $ (Single).

■ Sehr angenehm wohnt man auch in der **Berlin Lodge**, 5A Oaklands Road, Mt. Eden, Tel. 09/638 65 45. Hier wird »natürlich« auch Deutsch gesprochen. Die Busse Nr. 274 und 275 fahren von Downtown bis fast an die Hautür, und die Betten kosten von 14 $ (Schlafsaal), 18,5 $ (4-Bett-Zimmer) und 20 $ (Double) bis 28 $ (Single).

Bed & Breakfast

■ Direkt beim Airport bietet sich **Airport B & B** an, an der Ecke Kirkbride/Westney Rd, Tel. 09/275 05 33. Abholung vom Flughafen ist kostenlos, das Frühstück opulent, die Zimmer sind angenehm eingerichtet und mit Preisen zwischen 50 $ (Double) und 80 $ (4 Personen) recht günstig.

■ Einziges im Zentrum gelegenes Haus dieser Kategorie ist **Freeman's Bed & Breakfast**, 65 Wellington Street, Tel. 09/376 50 46. Zweigeschossiger Holzbau mit kleinem Garten, 12 Zimmern und 4 Apartments. Single 45 $, Double 65 $, Apartments 85 $ inkl. Frühstück.

■ Stilvoll wohnt es sich in der 1905 errichteten viktorianischen Holzvilla des **Aachen House**, 39 Market Rd, Remuera, Tel. 09/520 23 29. Von einem Garten umgeben, ruhig, deutsch geführt und wie geschaffen, um sich vom Jet-Lag zu kurieren. Die Zimmer kosten inklusive Frühstück 65 und 90 $.

■ Das komfortableste Bed & Breakfast-Haus ist das **Ascott Parnell**, 36 Stephens Avenua, Parnell, Tel. 09/309 90 12. Stilvoll dekorierte Zimmer (alle mit Bad/WC, Telefon) in einem historischen Gebäude. Single kostet 76 $, das Double ist für 108 $ zu haben.

Hotels & Motels

Allein in der Umgebung des Airports laden mehrere Dutzend Häuser dieser Kategorie ein.

■ **Airport Kiwi International Motel**, 144 McKenzie Rd, Tel. 09/275 10 05. Vom Preis-Leistungs-Verhältnis her scheint das beste Haus. Kostenlose Abholung am Airport. Die Zimmer sind groß, praktisch, komfortabel und kosten lediglich 79 $.

■ In der gehobeneren Kategorie empfiehlt sich das ebenfalls direkt beim Flughafen gelegene **Travellers International Motel**, 170 Kirkbridge Rd, Tel. 09/275 50 82. Kostenlose Abholung am Flughafen. Mit Restaurant, Bar, Swimmingpool, Spaßbad und kleinem Gartencafé. 99 $ für 2 Personen.

■ Im Stadtzentrum bieten sich Hunderte Häuser dieser Kategorie an. Soll's günstig, doch gut sein, empfiehlt sich das **Kiwi International Hotel**, 411 Queen Street, Tel. 09/379 64 87. Zimmer ab 49 $.

■ Fast schon den Komfort eines International-Hotels bietet das **Harbour View Station Hotel**, 131 Beach Road, Telefon 09/303 24 63.

Umfaßt Aufenthaltsräume, Spielzimmer, Sauna sowie ein kleines Fitness-Centre. Preise ab 40 $ (Single) bzw. 70 $ (Double).

■ Zwischen 90 und 135 $ fürs komfortable Zimmer zahlt man im ebenfalls zentral gelegenen **Park Tower Hotel**, 3 Scotia Place, Tel. 09/309 28 00. Mit Bar, Restaurant und Bistro.

■ Als das Feinste vom Feinen gilt im Zentrum von Auckland das **Regent**, Ecke Albert/Swansson Street, Tel. 09/309 88 88. Alles, was das Herz des Luxus-Reisenden sich nur wünscht: Schon die Rolling Stones waren hier zu Gast, bewohnten Suiten für 2300 $. Aber Zimmer gibt es auch »schon« zu 320 $.

■ Zum Schluß das zwar nicht teuerste, aber schönste Hotel der Stadt: das 1902 im viktorianischen Stil errichtete und 1994 komplett restaurierte **Esplanade Hotel**, 1 Victoria Rd, Devonport, Tel. 09/445 12 91. Direkt über dem Hafen , per Fähr-Shuttle (alle paar Minuten) mit dem Zentrum verbunden. Die Zimmer haben hohen Komfortstandard, kosten als Singles ab 55 $, als Doubles 75–160 $, die Suiten 195 $. Angeschlossen sind u.a. Bar, Restaurant, Pub.

Essen und Trinken

Sowohl im Zentrum als auch in den Vororten finden sich ungezählte »Take Aways« sowie Restaurants in allen Preislagen. Um diese aufzuspüren, benötigt man beim besten Willen keine speziellen Tips, weshalb nachfolgend nur empfehlenswerte Häuser vorgestellt werden sollen. Generell ist zu sagen, daß sich die besten Restaurants der Stadt in der Ponsonby Road und der angrenzenden Karangahape Road konzentrieren und man am stilvollsten und teuersten im Vorort Parnell diniert, wo viktorianische Schmuckbauten den Rahmen bilden.

■ Wer in Northcote oder Albany wohnt oder überhaupt ein gutes Café mit selbstgebackenem Brot, Brötchen, Kuchen, Trüffeln, vegetarischen Pies und Aufläufen sucht, sollte das **Café Torte,** eine der besten Café-Adressen in Auckland, aufsuchen. Eine Niederlassung findet sich im »Northcote Shopping Centre« am 23A Pearn Place, eine andere in Albany am 8 Rose Place. *Martin Osing,* der deutsche Bäckermeister, versteht sich als wahre Infoquelle zu allen Outdoor-Fragen, kennt zudem zahlreiche Öko-Farmen und Kommunen im Umland und bietet selbst auch Touren an.

■ Nicht nur fürs Frühstück eignen sich die zahlreichen **Cafés in der Vulkan Lane** (zweigt am unteren

Ende der Queen Street ab) sowie in der angrenzenden **High Street**. Hier trifft sich Aucklands alternative Szene; man sitzt gut, und die Preise sind korrekt.

■ Wer die Auswahl liebt, besondere Spezialitäten kosten möchte, dem sei der **Countrywide International Food Court** in 280 Queen Street empfohlen, wo zahlreiche Küchen unter einem Dach geboten werden: *Aladdin* etwa hat beste libanesische Gerichte, auch viel Vegetarisches, *Magic Wok* besticht mit chinesischen Speisen, *Fujimama* ist für japanische Küche zuständig, während *Long John* neuseeländische Kreationen zubereitet.

■ Soll's mal zur Abwechslung indische Küche sein, empfiehlt sich das **Poppadom** (55 Customs St East, Tel. 09/379 86 61; mittags sowie ab 17.30 Uhr) im Zentrum. Laut »Metro-Magazin« das beste und feinste ethnische Restaurant von Neuseeland. Die Einrichtung ist authentisch, ebenso die Küche, und die Preise sind für das Gebotene moderat.

■ Biergarten mit Meerblick, selbstgebrautes (und preisgekröntes) Bier, eine ansprechende »Krimskrams-Dekoration« sowie wohlschmeckende, opulente, aber preisgünstige Gerichte machen das **Loaded Dog** (104 Quay Street, Innenstadt; Tel.09/366 64 91) zum meistbesuchten und populärsten Restaurant der Stadt.

■ Das **Kermadec Ocean Fresh Restaurant** (Viadukt Quay, Ecke Quay/Lower Hobson Street, Tel. 09/3090412) besticht mit einem von Künstlern gestaltenen Interieur, dem Hafenblick und vor allem mit einem riesigen Angebot an Fisch und Meeresfrüchten; mittleres Preisniveau.

■ Das Interieur im **Harbourside Seafood Grill** (Ferry Building Quay Street, Innenstadt; Tel. 09/307 05 56) ist zwar weniger erlesen, aber die Fisch- und Meeresfrüchtegerichte sind ebenso gut, außerdem billiger als im »Kermadec«. Zudem kann man hier unvergleich schön auf der Terrasse mit Hafenblick speisen.

Sightseeing

Gemäß der Statistik hält Auckland seine ausländischen Besucher für im Durchschnitt lediglich 2 Tage, nämlich den Ankunfts- und den Abreisetag, wobei insgesamt nur ein halber Tag mit Sightsseing verbracht wird. Laut den Befragten reisen sie nicht um die halbe Welt, um eine Allerweltsstadt zu besichtigen. – Deshalb an dieser Stelle nur die wirklichen Highlights:

■ Da die meisten Auckland-Besucher unter Zeitmangel leiden, in kurzer Zeit viel für möglichst wenig Geld sehen wollen, bietet es sich an, den **Explorer Bus** von *United Air-*

lines zu nehmen, der zwischen 9 und 16 Uhr stündlich am Ferry Building am Ende der Queen Street startet und die wichtigsten Attraktionen sowie den Mount-Eden-Aussichtsberg der Stadt anfährt. Unterwegs kann man an allen Stationen beliebig oft aussteigen, und mit 15 $ für den Tagespaß ist dieses Angebot ausgesprochen attraktiv und günstig; mit öffentlichen Bussen kommt es wesentlich teurer, die Sehenswürdigkeiten zu erreichen. Informationen über die Busroute liegen in fast jeder Unterkunft aus; wer sich (preisgünstig) abholen lassen will, kontaktiere Telefon 09/360 00 33.

■ Um die Hauptschlagader Aucklands zu besuchen, die **Queen Street,** bedarf es freilich keines Busses. Da sich angeblich die Kultur einer Stadt an der Kultiviertheit ihrer Läden ablesen läßt, sei jedem empfohlen, seine erste Bekanntschaft mit Auckland an dieser mehrere Kilometer langen »Laufbahn« zu beginnen.

■ Auch ein Besuch des Stadtteils **Parnell,** der auf der Route des o.g. Busses liegt, ist zu empfehlen, denn nirgends sonst in Neuseeland findet sich eine derart dichte Sammlung wunderschöner alter Holzvillen im viktorianischen Stil. Vor allem auf der Parnell Road reihen sich die Schmuckbauten aneinander, ebenso viele der besten und schönsten (leider auch teuersten) Cafés der Stadt.

■ **Kelly Tarlton's Underwater World**, rund 6 km außerhalb vom Zentrum am Tamaki Drive. Täglich 9–21 Uhr, letzter Einlaß um 20 Uhr. Eintritt 16 $.

Steht ganz oben auf der Popularitäts-Rangliste der Sehenswürdigkeiten. Kernstück dieses Unterwasserwelt-Komplexes ist ein über 120 m langer Acrylglastunnel, durch den man auf lautlosen Transportbändern gleitet, während rings herum Korallenriffe und Fischarten bis hin zum Hai zu betrachten sind. Interessant, auch wenn's ziemlich an Disney Land erinnert. Außerdem kann man hier im gleichen Stil die Welt der Antarktis kennenlernen.

■ **Auckland Museum** (früher: *Memorial War Museum*, Auckland Domain, an der Route des o.g. Sightseeing-Busses. Täglich 10–17 Uhr. Eintritt frei, auch die Führungen sind kostenlos.

Im größten Park der Stadt, kann auch eingefleischten »Museumsmuffeln« empfohlen werden. Es informiert anschaulich über die Naturgeschichte des Landes und beeindruckt mit der weltweit größten und besten Sammlung zur Maori-Kultur sowie zur polynesischen Kultur schlechthin. Auch ein *Maori Meeting House* aus dem 19. Jahrhundert ist hier zu bewundern, des weiteren ein über 150 Jahre altes und 25 m langes Maori-Kriegskanu. Wer sich für diese Kulturen interessiert, kann hier mehr als einen

Tag zubringen.

■ **New Zealand Maritime Museum,** Eastern Viaduct an der Quay Street. Täglich 10–18 Uhr.

Auckland, wo 1999 der berühmte »Americas Cup« starten wird, schmückt sich gerne mit dem Übernamen »City of Sails«. Wer sich für die Seefahrt im weitesten Sinne interessiert, wird von diesem zentral gelegenen Museum begeistert sein, das über 1000 Jahre Seefahrtsgeschichte anhand von unzähligen Booten, Schiffen und anderen Exponaten nachzeichnet.

Verschiedenes

Information:

■ **Airport Visitor Centre,** Tel. 09/275 64 67. Täglich ab 5 Uhr bis nach Ankunft des letzten Fluges geöffnet.

■ **Auckland Visitor Centre,** Aotea Square, 299 Queen Street, Tel. 09/366 68 88. Mo–Fr 8.30–18 Uhr, Sa und So 9–17 Uhr.

■ **Auckland Visitor Centre,** Queen Elizabeth Square, 1 Queen Street, Tel. 09/366 68 88. Täglich 9–17 Uhr. Infos über Auckland wie ganz Neuseeland, Buchung von Unterkünften und Sightseeing-Touren.

■ **Auckland Travel Centre,** 9 Fort Street, Tel. 09/358 48 74. Täglich 8–20 Uhr. Buchung von Mietautos, Unterkünften und Outdoor-Aktivitäten, zudem Reservierungen für Eisenbahn, Fähre etc.

Zusätzlich bieten sich die Pinwände der Backpackers als gute Infoquellen an.

■ **Martin Osing,** deutscher Bäckermeister und Outdoor-Spezialist, bietet Reisenden kostenlose Insider-Informationen jeder Art und veranstaltet selbst gute Bike-, Kanu-, Kajak-, Tauch- und Trekkingtouren, ferner Besuche von Öko-Farmen und Kommunen. Zu finden im *Café Torte* in Northcote sowie Albany (s.o. unter »Essen und Trinken«).

■ Die besten Straßenkarten und fundierte Informationen rund ums Auto bzw. eigene Fahrzeug bietet die **Automobile Association – AA** in der 99 Albert Street, Telefon 09/377 46 60, die zu den normalen Geschäftszeiten geöffnet ist.

Geld

Banken säumen insbesondere die Queen Street; die meisten haben bis 16.30 Uhr geöffnet. Zusätzlich gibt es zahlreiche Geldwechselstuben sowie Geldautomaten, und wenn kein Institut mehr geöffnet ist und selbst die Automaten nicht angezapft werden können, bleibt die rund um die Uhr geöffnete Bank des neuen Spielkasinos im Erdgeschoß der *Harrah's Sky City,* an der Ecke Victoria/Hobson Street im Zentrum; anders als etwa in Europa darf man hier auch mit Shorts und Turnschuhen erscheinen.

Post

Postshops verteilen sich auf die ganze Stadt. Sie sind, wie das Hauptpostamt (GPO) an der Ecke Queen/Wyndham Street auch, von 9 bis 17 Uhr geöffnet. Für postlagernde Sendungen (*Poste Restante*) ist das Postamt im Bledisloe Building an der Wellesley Street zuständig.

Nightlife

Außer in den Nebenstraßen der Queen Street, vor allem der Vulkan Lane und High Street (Treff der alternativen Szene) sowie der Hobson Street, ist in Auckland außerhalb der zahlreichen Pubs abends nicht viel los. Wer Langeweile hat, mag z.B. in eines der zahlreichen Kinos der Stadt gehen.

Live Jazz gibt's von Mi bis Sa im *Kamariera* im Vorort Ponsonby (222 Ponsonby Road), außerdem im *Java Life Café* (308 Ponsonby Road) sowie im *Cause Celebre* in der High Street. – Mehr etwas für Rockfans ist das *Gluepot* (283 Ponsonby Road). – Wer spät nachts noch ein frisch gezapftes Bier genießen will, sollte die *Shakespeare Tavern Brewery* (61 Albert Street) besuchen, eine kleine Privatbrauerei, die fünf hausgemachte Sorten ausschenkt.

Weiterreise

Inland

■ **Flug:** Wie man zum Airport kommt, ist unten unter »Weiterreise ins Ausland« nachzulesen. Angeflogen werden u.a. Wellington, Nelson, Christchurch, Queenstown, Invercargill und Dunedin. Ticket-Reservierungen kann man über die meisten Backpackers sowie telefonisch vornehmen; folgende Airlines kommen in Frage:

»Air New Zealand National«: Tel. 09/357 30 00 (Reservierungen) sowie 357 30 30 (Abflugzeiten) und 367 23 23 (Ankunftszeiten);

»Ansett New Zealand«: Tel. 09/302 21 46;

»Mount Cook Airline«: Freephone 0800 800 737 sowie 09/377 83 89.

■ **Bus:** »Intercity Coachlines« (Tel. 09/357 84 00), Busterminal am Bahnhof in der Beach Road;

»Mount Cook Landline« (Tel. 09/309 53 95, Freephone 0800 800 904), Busterminal ist der City Airline Terminal an der Ecke Quay/Albert Street im Zentrum;

»Newmans Coach Line« (Freephone 0800 777 707), Busterminal wie Mount Cook.

■ **Zug:** Der Bahnhof befindet sich im Zentrum an der Beach Road. Für telefonische Informationen sowie Platzreservierungen ist das Freephone 0800 802 802 zuständig. Richtung Wellington verkehrt täglich der *Overlander*-Zug um

8.50 Uhr (Ankunft Wellington um 19.30 Uhr) sowie der *Northener*-Zug um 22.40 Uhr, der Wellington um 7.35 Uhr erreicht.

■ Da das **Trampen** auf den Highways verboten ist, muß man längere Busfahrten aus der Stadt heraus in Kauf nehmen und nimmt am besten einen der häufig ab Bahnhof verkehrenden »InterCity«-Busse bis Pokeno (ca. 50 km), wo zur Zeit die Autobahn endet.

Ausland

Airlines:

Alle Rück- oder Weiterflüge müssen mindestens 72 Stunden vor Abflug bestätigt werden. Solche *reconfirmations* sowie Umbuchungen der internationalen Flugtickets nimmt man entweder über ein Reisebüro oder telefonisch über die Airlines direkt vor:

■ **Aeroflot:** Tel. 09/378 01 57;
■ **Air Canada:** Tel. 09/379 33 71;
■ **Air China:** Tel. 09/378 01 57;
■ **Air France:** Tel. 09/303 12 29;
■ **Air India:** Tel. 09/303 12 01;
■ **Air New Zealand:** Tel. 09/357 30 00;
■ **Alitalia:** Tel. 09/379 44 57;
■ **American Airlines:** Tel. 09/309 91 57;
■ **Ansett Australian Airlines:** Tel. 09/379 64 09;
■ **British Airways:** Tel. 09/367 75 00;
■ **Canadian Airlines:** Tel. 09/309 07 35;
■ **Cathay Pacific:** Tel. 09/379 08 61;
■ **Delta Airlines:** Tel. 09/379 33 70;
■ **Garuda Indonesia:** Tel. 09/366 18 62;
■ **Lufthansa German Air:** Tel. 09/303 15 29;
■ **Malaysia Airlines:** Tel. 09/373 27 41;
■ **Quantas Airways:** Tel. 09/357 89 00;
■ **Singapore Airlines:** Tel. 09/379 21 29;
■ **Swissair:** Tel. 09/358 32 16;
■ **Thai Airways:** Tel. 09/377 38 86;
■ **United Airlines:** Tel. 09/379 38 00.

Zum/am Airport:

■ **Transport:** Viele Unterkünfte bieten einen kostenlosen oder preisgünstigen Shuttle-Service zum Airport an bzw. halten Listen von privaten Shuttle-Organisationen bereit, die einen an der Herberge abholen und zum Flughafen bringen; auch außerhalb gelegene Adressen werden angefahren, und je nach Distanz kostet dieser Service zwischen 15 und 25 $ je Person.

Der *Airport Bus* verkehrt ab City Airline Terminal an der Ecke Quay/Albert Street zwischen 6 Uhr und 20 Uhr zum Flughafen (40 Minuten, 10 $). Ansonsten bieten sich Taxis an, die um 40 $ kosten bzw. zur »rush hour«, wenn man schon mal eine Stunde im Verkehr steckt, auch schnell auf 60 $ kommen.

■ **Das Prozedere:** Zunächst geht man zum Airline-Schalter, um einzuchecken; Paß und Ticket bereithalten. Anschließend zahlt man an einem entsprechend ausgewiesenen Bankschalter im 1. Stock die *Airport-Tax,* also die Flughafengebühr, bevor man sich Richtung *Departures* begibt, wo man die Bordkarte sowie die Quittung der Airport-Tax nebst Paß vorweisen muß. Es folgt die Zollkontrolle (absolut Film-safe!), der sich die *Duty-free-Shops* anschließen. Bevor es nun zum entsprechenden *Gate* weitergeht, werden noch ein Restaurant und eine Bar passiert; hier hat man die letzte Gelegenheit, ein frisch gezapftes neuseeländisches Bier zu genießen (normale Preise).

Billig-Flugtickets:
Zwar ist Auckland nicht gerade ein Billig-Flugzentrum, aber die Zeiten, da man hier den offiziellen IATA-Tarif zahlen mußte, gehören der Vergangenheit an. Nach Sydney beispielsweise kann man hin und zurück schon für 325 $ fliegen. Andere Retour-Fares für Destinationen in Australien sind Melbourne (um 450 $), Darwin (760 $), Perth (905 $) sowie u.a. Hobart auf Tasmanien (729 $). Nach Bali kommt man für 850 $ one way oder 1100 $ retour, Singapore kostet eine Idee mehr, Bangkok ist mit 850 $ (bzw. 1200 $) sehr günstig, ebenso London, wohin man für 970 $ fliegen kann. Frankfurt am Main liegt one way bei 1100 $, Hawaii bei 1000 $, Los Angeles bei 1150 $ und New York bei 1400 $. Die Südsee lockt mit folgenden Angeboten für den Hin- und Rückflug: Fiji (745 $), Vanuatu (500 $), Solomonen (1300 $), Rarotonga (900 $), Tonga (500 $) und Tahiti (850 $). Nur Flüge nach Südamerika sind relativ teuer, Buenos Aires etwa nicht unter 1560 $ (one way) bzw. 2200 $ retour zu bekommen.

Die Billig-Reisebüros konzentrieren sich im Bereich der Queen Street; auch vielen Backpackers sind solche Büros angeschlossen. Stets als günstig erweisen sich die Preise im *Auckland Flight Centre* (Tel. 09/306 61 71) mit Zweigstellen in der Queen Street (Telefon 09/358 43 10) sowie Fort Street (Tel. 09/377 46 55).

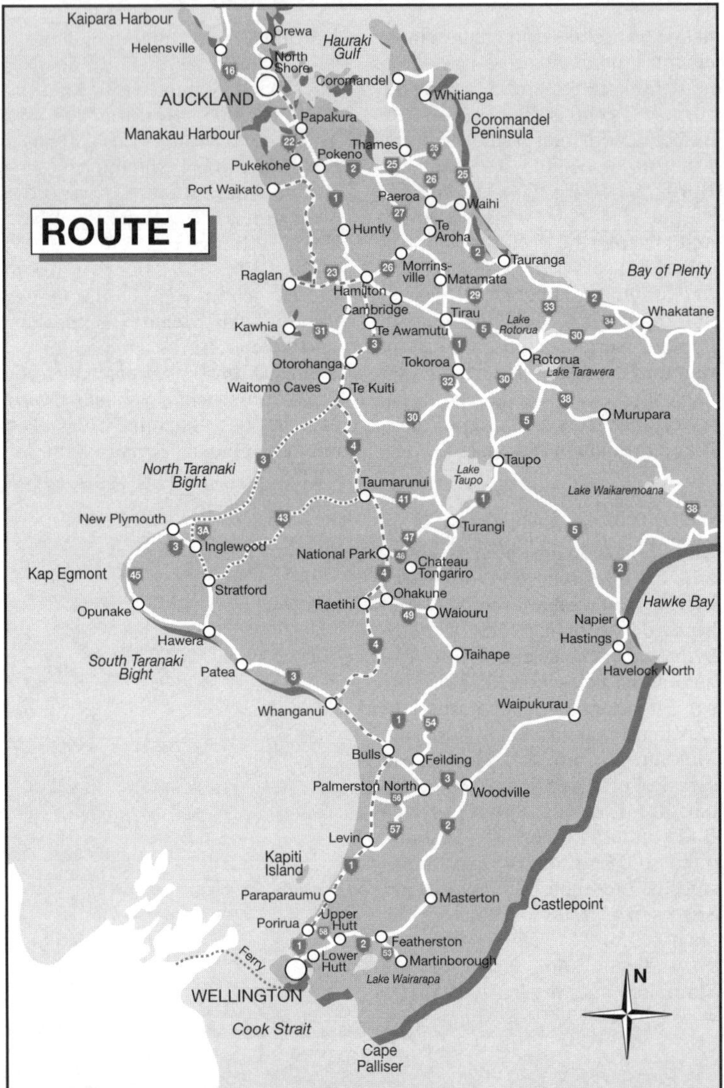
ROUTE 1
Kaipara Harbour
Orewa
Helensville
Hauraki Gulf
North Shore
AUCKLAND
Coromandel
Whitianga
Papakura
Manakau Harbour
Coromandel Peninsula
Thames
Pokeno
Pukekohe
Port Waikato
Paeroa
Waihi
Huntly
Te Aroha
Tauranga
Raglan
Morrinsville
Matamata
Bay of Plenty
Hamilton
Cambridge
Tirau
Whakatane
Kawhia
Te Awamutu
Lake Rotorua
Otorohanga
Tokoroa
Rotorua
Lake Tarawera
Waitomo Caves
Te Kuiti
Murupara
North Taranaki Bight
Taupo
Lake Taupo
Taumarunui
Lake Waikaremoana
New Plymouth
Turangi
Inglewood
National Park
Chateau Tongariro
Kap Egmont
Stratford
Ohakune
Raetihi
Waiouru
Opunake
Hawke Bay
Napier
Hastings
Hawera
Taihape
Havelock North
South Taranaki Bight
Patea
Whanganui
Waipukurau
Bulls
Feilding
Palmerston North
Woodville
Levin
Kapiti Island
Paraparaumu
Masterton
Castlepoint
Porirua
Upper Hutt
Featherston
Ferry
Lower Hutt
Martinborough
WELLINGTON
Lake Wairarapa
N
Cook Strait
Cape Palliser

Route 1: Nach Süden zu

Mal angenommen, es gäbe nichts Besseres zu tun, als die Highways-1, 3 und 4, die großen Hauptverkehrsadern des Landes, von Auckland bis hinunter nach Wellington abzufahren. Dann würde man rund 660 km allerbester Straße erleben, hier und da auch mal einen Seezipfel, einen Meeresarm erspähen, vereinzelte Waldenklaven, ansonsten Felder sehen, viele Weiden, vor allem auch Schafe und Rindviecher. Und sonst? Ach ja: vorbeifliegende Städte, Industrieanlagen und was der Fortschritt auch Neuseeland noch sonst beschert hat. Man könnte durchaus den Eindruck bekommen, sich im Land geirrt zu haben.

Die meisten Urlauber wählen diese Hauptstraßen, bevorzugt diejenigen, die südwärts, gen Südinsel, aufbrechen. Entsprechend langweilig finden sie die nördliche Hälfte des Archipels, die sie mit den Highways verwechseln und in 9–10 Stunden durcheilen.

Die Sehenswürdigkeiten und Schönheiten dieses Landesteils lassen sich nicht von den Hauptverkehrsadern aus erschließen. Man muß immer wieder den gemächlichen Landstraßen den Vorzug geben, auch so manche Sackgasse nehmen, vielleicht das Auto oder den Bus mit dem Fahrrad oder Kanu tauschen sowie Wanderungen »wagen«. Dann aber kann es passieren, daß man die Lust am Weiterreisen verliert, denn wo sonst kann man auf einer derart geringen Distanz solch extreme Landschaftswechsel genießen wie entlang der folgenden Route, die mal zu »karibisch« schönen Stränden führt, dann wieder durch dichten Regenwald, die das vulkanische Plateau mit »Feuerbergen« ebenso durchquert wie »andalusisch«, »schottisch«, ja sogar »münsterländisch« anmutende Landschaften, schließlich beeeindruckende Höhlensysteme passiert, die schönsten Kanuflüsse des Landes ebenso wie Trekking-Paradiese und, last not least, gleich ein halbes Dutzend Nationalparks und andere Naturschutzgebiete, darunter auch eines, das zusammen mit etwa dem Mount Everest etwa und den Torres del Paine auf der World Heritage List der UNESCO steht, also zum »Naturerbe der Menschheit« erklärt wurde.

Wer den wirklichen Reiz dieser Route erleben möchte, wird nicht 9 Stunden von Auckland bis Wellington unterwegs sein, wie es in den Distanz-Tabellen steht, sondern vielleicht 9 Tage. Als absolutes Minimum aber scheint uns eine Woche.

Route 1: Kurzübersicht

■ **Länge:** ca. 660 km ohne Abstecher;

■ **Streckenverlauf:** von Auckland auf dem Highway-1 bis Papakura, ab dort über den Highway-22/23 mit Abstechern an die Küste bei Port Waikato sowie Raglan nach Hamilton und weiter über den Highway-3 zu den Waitomo Caves sowie nach Te Kuiti, von wo aus der Highway-4 nach Taumarunui aufbricht. Es schließt sich eine rund 145 km (bis 234 km) lange Befahrung des Whanganui River im Jet-Boot, Kanu oder Kajak an, des weiteren ein Abstecher zum Mt. Taranaki, dem »schönsten Vulkan der Welt«, bevor der Highway-4 auf das vulkanische Plateau führt; die Whanganui-Uferstraße geleitet durch primäre Urwälder nach Whanganui an der Tasman-See, und entlang der Küste geht es über die Highways-3 sowie 1 nach Wellington, von wo aus ein kurzer Abstecher an die Nordküste der Südinsel beschrieben wird.

■ **Öffentliche Verkehrsmittel:** In großen Abschnitten verläuft die Eisenbahn (Linie Auckland–Wellington) parallel zur beschriebenen Route, und alle Hauptsehenswürdigkeiten können per Schiene erreicht werden. Ansonsten wird die Strecke von zahlreichen Überlandbussen bedient bzw. von den Backpackers-Bussen abgefahren.

■ **Abstecher:** Lohnenswert ist vor allem die beschriebene Umrundung des Mt. Taranaki; vom vulkanischen Plateau aus bieten sich Schlenker zum Lake Taupo sowie ins Thermal Wonderland zwischen Lake Taupo und Rotorua an.

■ **Anschlußmöglichkeiten** bestehen mit Route 2 vowie von/mit Route 4.

Auf Schleichwegen

Wie findige Statistiker errechnet haben wollen, machen sich über 70 % aller Besucher aus Übersee nach ihrer Ankunft in Auckland und einem dort verbrachten »Jet-Lag-Schlaf-Tag« auf den Weg nach Süden. Hauptstraße des Tourismus ist der Highway-1, der überall im Zentrum von Auckland deutlich ausgeschildert und auf den ersten 50 km zu einer vier- bis sechsspurigen Autobahn ausgebaut ist. Wie Peripherien von größeren Städten selten einladend sind, so gibt es auch an der Ausfahrt von Auckland des Häßlichen in Fülle. Doch das läßt der weitere Weg schnell vergessen, denn gerade liegt das Gewürfel von Hochhäusern, langgestreckten Industrieparks und kleinbürgerlichen Randbauten hinter uns, da gewinnt die Landschaft

Konturen. Weiden und Felder kommen nahe heran, schon genießt man den Ausblick auf erste Schafherden, und wenn auch wieder Industrieorte durchfahren werden, so lassen sie die Natur doch nicht mehr vergessen.

So biegen wir nach insgesamt 35 km, kurz hinter Papakura, auf den mit »Pukekohe« ausgeschilderten Highway-22 ab, der bis hinunter nach Hamilton parallel und küstennah zum Highway-1 verläuft und von nun an unsere weitere Route markieren soll. Verkehr ist kaum noch zu beklagen, Baumhecken und Feldwege teilen ein Schachbrett smaragdfarbener Wiesen im Saum regengrüner Hügel; hier und da bimmeln Schafe vorüber, enden kleine Alleen vor weiß gestrichenen Gehöften, und auf den folgenden Kilometern kann man es erstmals genießen – das Neuseeland der Farbprospekte, eine Augenweide.

Pukekohe wird durchfahren, und nach insgesamt 25 km auf dem Highway-22 liegt die winzige Ortschaft *Tuakau* am Weg. Spätestens hier sollte man sich mit Lebensmitteln für wenigstens einen Tag eindecken, vielleicht auch noch einmal tanken, denn auf den folgenden 150 km etwa gibt es weder Läden noch Tankstellen an dem zusehends einsamer werdenden Weg.

Direkt hinter dem Ort geht es auf einer Brücke über den mit 425 km längsten Fluß Neuseelands, den Waikato River. Hinter der Brücke wiederum zweigt ein mit »Port Waikato« ausgeschilderter Weg rechts ab. Auf dieser schmalen, drittklassigen Straße geht es für 22 km am Südufer des mächtigen Stroms der Küste entgegen. Die Abstände zwischen den Gehöften werden immer größer, und auch die Gehöfte selbst machen nun einen anderen Eindruck als zuvor, sind nämlich kunterbunt gestrichen und nicht mehr von sorgsam gepflegten Rabatten und Rasenanlagen, sondern vielmehr von Wildgärten umgeben, in denen Maori, und nicht »weiße« Siedler, das anbauen, was sie zum Leben benötigen. Fast eine halbe Million Hektar Land verloren die Ureinwohner während der europäischen Besiedlung im Großraum Waikato, und nur wenige hundert Hektar Staatsland bekamen sie bislang zurück. – Größtenteils hier, im nicht mehr gar so fruchtbaren und verkehrstechnisch nur wenig erschlossenen Küstenbereich der Tasman-See.

Port Waikato

Maori-Strandort im Abseits

Immer niedriger wird nun die Vegetation, immer höher und sandiger werden die oft nur noch mit Stechginster und Strandhafer bewachsenen Hügel; über ausgedehnte Schilf-»Wälder« hinweg genießt man ein ums andere Mal herrliche Ausblicke auf den nun ständig breiter und träger werdenden Waikato River, der nahe seiner Mündung häufig eher an einen See als an einen Fluß erinnert. Dann ist Port Waikato erreicht, auf Karten zwar recht groß verzeichnet, doch nur rund 50 Einwohner groß. Biegt man direkt an der Ortseinfahrt, bei dem vielversprechenden Bierladen, rechts ab, sind es nur ein paar hundert Meter bis zu einem Flußstrand im Saum ein paar weniger, nur sporadisch bewohnter Ferienhäuser. Die Wiese reicht bis direkt ans Wasser, es gibt Picknick-Einrichtungen, Grillplätze, eine Toilette sowie ein Spielplatz, und westlich erstreckt sich ein riesiges Dünenfeld, das an die offene Küste hinüber leitet. Die Panoramen sind schön, die Atmosphäre ist angenehm, aber baden sollte man hier nicht, denn am Meer gibt es tückische Strömungen, während das Flußwasser für seine hohe Nitratkonzentration, hervorgerufen durch übermäßige Düngung vieler Felder mit Gülle, verrufen ist.

Wer baden will, sollte der Straße durch den Ort bis ans Ende folgen (noch rund 5 km), das bei einem großen Parkplatz erreicht ist. Unterhalb eines angrenzenden Dünengürtels erstreckt sich ein kilometerlanger, hellgrauer Sandstrand, der im Süden von Klippen begrenzt wird und nicht nur zum Schwimmen, sondern auch gerade zum Surfen und Body-Surfen ideale Bedingungen bietet. Im Hinterland läßt es sich herrlich wandern: Mehrere Wege führen parallel zur Küste zu den Klippen hinauf. Ausländische Touristen verirren sich kaum je in diesen zu nahezu 100 % von Maori bewohnten und vielleicht deswegen so stimmungsvollen, weil nicht gestylten Urlaubsort, und alles in allem bietet es sich an, hier zumindest eine Nacht zu verbringen:

■ **Unterkunft:** Auf dem Wiesenplatz am o.g. Flußstrand ist das Zelten verboten; nur wer per Wohnmobil unterwegs ist, kann dort eine kostenlose Nacht verbringen.

Allen anderen bleibt nur der *Port Waikato Motor Camp* (Telefon. 09/2329857), eine von einem urigen alten Siedler geleitete Wiesenanlage mit recht viel Baumschatten, schlichter, aber sauberer Ausstattung und günstigen Preisen (Zeltstellplatz 16 $, Cabins 30 $).

Durchs Land der tausend Hügel

120 km mißt die Distanz von Port Waikato nach Raglan, dem nächsten Etappenziel. Da die Straße nach Port Waikato eine Sackgasse ist, muß man erst einmal wieder

zum Highway-22 zurück fahren. Dann rechts einbiegen und hinein ins nun bereits recht stark reliefierte Land, das aus Tausenden bis über 400 m hoch aufragenden Hügeln besteht, zwischen denen und über die hinweg sich die Straße gen Süden schlängelt. Immer wieder kann man herrliche Fernsichten über die halbe Insel hinweg nach Osten genießen, denn die natürliche Vegetation aus hoch aufragenden Regenwäldern ist weitgehend verschwunden: Millionen Kubikmeter Holz fielen den Äxten, wenn nicht gar den Flammen zum Opfer, um Platz zu schaffen für all die Schafe, auf denen seinerzeit die gesamte Inselwirtschaft fußte.

Ganz so paradiesisch, wie die Farbprospekte gerne glauben machen wollen, ist Neuseeland also nicht (mehr), aber Schatten sind ja normal für ein irdisches Paradies, und glücklicherweise gibt es ja landesweit viele Enklaven, wo sich Aotearoa überwiegend ursprünglich präsentiert. Im letzten, nur noch mit Schotter bedeckten (aber gut und zügig befahrbaren) Abschnitt des Highway-22 geht es durch solch ein Refugium hindurch: Kristallklare Bäche plätschern zwischen jahrhundertealten Bäumen dahin, Farne wiegen sich im warmen Wind, und betörende Blütendüfte wehen aus dem großen Grün herüber.

Dann mündet die Piste auf den breiten, großzügig ausgebauten Highway-23, dem wir nach rechts, zum noch 14 km entfernten Raglan, folgen wollen.

Raglan

(Nicht nur) Surfer's Paradise

Im Süden setzen die mit Urwald bedeckten und bis zu 1000 m hoch aufragenden Berge des *Pirongia Forest Parks* tropische Akzente. Im Norden öffnet sich die riesige Wasserfläche eines in zahllosen Fels- und Waldbuchten ausufernden, zartgrün schimmernden Innlets, eines mit dem Meer verbundenen »Binnensees«. Am offenen Meer erstrecken sich kilometerlange Sandstrände im Saum von turm hohen Dünenbergen und wilder Klippenküste. Raglan selbst, ein 1500 Einwohner großes Holzhausstädtchen, beeindruckt mit Charme, Atmosphäre sowie ausgezeichneter Infrastruktur. Die Beaches im Inlett sowie am Ozean lassen keine Wünsche offen, die Surfreviere gelten mit als die besten an der Tasman-See, Wanderwege und Scenic Drives sind weitere touristisch interessante Merkmale dieses Urlaubsortes. Wer für ein paar Tage entspannen will, findet an der Westküste keinen angenehmeren Ort als Raglan.

An-/Weiterreise

Raglan ist 48 km von Hamilton entfernt und kann von dort aus mehrmals täglich per Bus erreicht werden. Auch zu trampen bereitet auf dieser Strecke in aller Regel keine Probleme. Hamilton wiederum liegt an der Hauptroute der Busse nach Süden, wird von Auckland aus täglich von zahlreichen Bussen angefahren, außerdem auch von der Eisenbahn.

Auf dem oben beschriebenen Highway-22 verkehren allerdings keine öffentlichen Verkehrsmittel nach Raglan, so daß diese Strecke nur nehmen kann, wer motorisiert ist oder, auch das ist ideal, ein Mountain bike zur Verfügung hat.

Die auf vielen Karten verzeichnete Straße von Raglan entlang der Küste nach Kawhia ist mit normalen Kraftfahrzeugen übrigens nicht durchgängig befahrbar; auch die anderen Querverbindungen nach Kawhia hinunter sind teils in recht desolatem Zustand, so daß die Anfahrt via Hamilton zu empfehlen ist.

Unterkunft

■ **Camping:** Der ausgeschilderte *Raglan Kopua Camping Ground* (Tel. 07/825 82 83) besticht mit riesigen Zeltwiesen, einer guten Ausstattung und seiner Lage am wind- und wellengeschützten Strand des Innlets ebenso wie an einem schmalen, zum Ort hin überleitenden Wasserarm, den eine Fußgängerbrücke (Sprungturm für die Stadtjugend) überspannt. Zelten 7 $ pro Person, Cabins 40 $, Tourist Flats 50 $.

Wer wild zelten möchte, sollte unten unter »Rings um Raglan« nachlesen; ortsnah gibt es keine Möglichkeiten, aber außerhalb bei der Klippenküste lassen sich traumhafte Panoramaplätze aufspüren.

■ **Backpackers/Surf Hostels:** Backpackers gibt es nur einen, nämlich die *Backpackers & Waterfront Lodge* in der 6 Nero Street (Tel. 07/825 05 15) beim Hafen von Raglan. Von Hamilton aus gibt's mehrmals täglich einen günstigen Zubringer (anrufen), Mountain bikes werden kostenlos verliehen, die Surf-Spots gratis angefahren, und die Zimmer lassen nichts zu wünschen übrig. Bettenpreis 12 $, 18 $ und 22 $.

Im Bereich der Surfreviere, insbesondere an der Manu Bay (s.u.), sind zahlreiche »Surfpackers« ausgeschildert. Dort ist es kein Problem, ab 12 $ ein Bett sogar im Doppelzimmer zu bekommen.

■ **Hotels & Motels:** In der unteren Preisklasse empfiehlt sich der schöne Holzbau des *Harbour View Hotels,* 14 Bow Street, Telefon 07/825 80 10. Angeschlossen ein Restaurant, ein Bistro sowie ein Pub. Einzelzimmer kosten 35 $, Double gibt's für 50 $.

Das beste Haus am Platz is das *Raglan Beach Motel,* 50 Wanui Rd, Tel. 825 81 53. Mit voll eingerichteten Wohneinheiten direkt am Innlet, Badewiese, eigener Bootssteg.

Die Beaches

■ Der an den o.g. Campingplatz angrenzende **Innlet-Strand** ist zum Baden ideal, aber der Hauptbeach des Ortes findet sich an der Wasserstraße, die den Platz vom Ortszentrum trennt und von einer Brücke überspannt wird; Toiletten stehen zur Verfügung, ein großer Spielplatz, und die Dorfjugend nutzt die (bis 5 m hohe) Brücke ebenso als Sprungturm wie die säumenden Bäume, in die man bis auf 10 m klettern kann. – Der Sand ist hier allerdings grau.

■ An der von Raglan nach Westen führenden Wanui Road sind zwei Parkplätze ausgeschildert, von denen rund 15 Gehminuten zum **Wanui Beach** bleiben. Im Norden reicht dieser über 200 m lange, helle sowie feinsandige und mehrere Kilometer lange Traumstrand bis ans Innlet, im Süden wird er von den Klippen am Surfspot begrenzt, und landeinwärts bildet ein über 50 m hoch aufragender Dünengürtel seinen nahtlosen Saum. Zum Bodysurfen sowie Baden ist es hier ebenfalls ideal; dank starker Strömungen aber nicht zum Schwimmen.

■ Im Bereich der südwestlich an Raglan grenzenden Klippenküste (s.u. unter »Rings um Raglan«) erstrecken sich zahlreiche menschenleere Traumbuchten vor glasklarem Meer, die aber allesamt nur im Rahmen teils recht anstrengender Fußmärsche erreichbar sind; als der schönste gilt hier der **Ngarunui Beach,** der jedoch nicht ausgeschildert ist (Wegbeschreibung im Informationsbüro bzw. in den Unterkünften).

Rings um Raglan

■ Die in Raglan beginnende (und auch am Campingplatz vorbei verlaufende) Wanui Road führt nach rund 5 km direkt an die Küste heran, die dort von steilen Klippen und felsgefaßten Buchten gebildet wird. Riesige Dünungswellen rollen aus der Tasman-See heran, und auch Nicht-Surfern sei ein Besuch der **Manu Bay** sowie der 3 km weiter am Weg gelegenen **Whale Bay** ans Herz gelegt, wo sich in Spitzenzeiten nicht selten Hunderte Wellenreiter dem Surfen hingeben.

■ Jenseits der Whale Bay wandelt sich die Straße zur Piste, die sich erst im Saum von Primärwald schlängelt und schließlich steil ansteigt, um nun etwa 200 m über der hier von Steilklippen gebildeten Küste entlang zu führen. Die Urwälder treten zurück bzw. sind auf die höheren Lagen begrenzt. Durch sattgrüne Wiesenmatten verläuft nun die Fahrt, die atemberaubende Panoramen freigibt. Insbesondere zur Dämmerstunde, wenn die Sonne in die Tasman-See eintaucht und die Wiesenhänge sowie der angrenzende Urwald in einem wahrhaft homerischen Licht erstrahlen, ist es unvergeßlich schön. Wer, solche Bilder vor Augen, übernachten möchte, findet im Bereich der nach rund 20 km ab Raglan erreichten **Te Toto Gorge** (eine tiefe Schlucht, mit Primärwald bewachsen) mehrere herrliche Camp-Balkons, die sich für Zelte ebenso wie für Wohnmobile anbieten: Wasser gibt's, direkt links der Straße, dort, wo es für ein kurzes Stück in die Schlucht hinein geht.

Für weitere 20 km noch kann man der Küstenpiste von hier aus folgen, aber die Fahrt wird immer beschwerlicher; nur wer mit dem Mountain bike (oder Jeep) unterwegs ist, kann sich anschicken, die bis 760 m hoch aufragende Halbinsel zu umrunden. Alle anderen müssen denselben Weg wieder nach Raglan zurück nehmen.

Surfspots

Die o.g. Manu Bay sowie die Whale Bay genießen den Ruf als beste Surfspots des Landes für *left-hand break* zu sein. Treff der Gilde ist bevorzugt die mit »Surf Bay« ausgeschilderte Manu Bay, an der ein großer Parkplatz mit Toiletten, Picknicktischen etc. eingerichtet wurde. Einen Boardverleih gibt es jedoch nicht; wer eine Ausrüstung mieten will, bekommt alles Erforderliche in den Surf-Hostels – insbesondere bei der Whale Bay finden sich zahlreiche Hinweisschilder – sowie in Raglan im Surf Shop an der Hauptstraße, wo zudem die preisgünstigen Body-Boards verkauft werden, mit denen man auch als Anfänger in die Wellen einsteigen kann.

Wer sich ganz ohne Hilfsmittel in die Brandung wagen will, sollte das auf keinen Fall an den Surf-Spots tun, da dort Strömungen wie Riffs durchaus gefährlich sein können; empfehlenswert ist dafür der o.g. Wanui Beach.

Verschiedenes

■ **Information:** Ein Visitor Center gibt es nicht, aber im Rathaus an der Hauptstraße ist ein kleiner Info-Stand aufgebaut; dort werden auch Bootsausflüge, Scenic Flights und Mountain-bike-Touren organisiert.

■ **Essen und Trinken:** Das beste Essen serviert das *Harbour View Hotel* (s.o.) an der mit Palmen bestandenen Hauptstraße, wo man auch draußen, auf der überdachten Holzveranda prächtig sitzen kann (günstige Preise für große Portionen). Ansonsten stehen zwei Take-aways und mehrere gut sortierte, aber recht teure Supermärkte zur Verfügung.

■ **Post** und **Bank** finden sich im Zentrum an der Hauptstraße.

Hamilton

Agrarmetropole der Insel

Der Highway-23 markiert die Richtung ab Raglan: 48 km sind auf dieser großzügig ausgebauten Straße zurückzulegen. Je weiter man fährt, desto flacher wird das Land, bis es sich bei Hamilton, dem bedeutendsten Landwirtschaftszentrum des Landes, vollkommen eben präsentiert. Auf weiten, sattgrünen Wiesen weiden Hunderttausende schwarz-weiß gefleckte Milchkühe; nicht weniger als 2 Mio. Liter Milch werden hier täglich zu Trockenmilch verarbeitet. Weil die am Waikato River gelegene Stadt zudem ein wichtiger Industriestandort ist, wuchs sie innerhalb der letzten 30 Jahre zu der nach Auckland, Wellington und Christchurch viertgrößten Stadt der Inselwelt. Rund 158 000 Einwohner finden hier ein Auskommen, auch eine Universität ist eingerichtet, und dazu ist Hamilton, einzige Großstadt des Landes, die nicht am Meer liegt, einer der wichtigsten Verkehrsknotenpunkte auf der Nordinsel.

In touristischer Hinsicht aber kann diese Agrarmetropole nur enttäuschen. Außer dem *Waikato Museum of Art and History* gibt es nichts, was einen Stopover rechtfertigt.

Unterkunft

■ **Camping:** Es gibt nur das *Municipal Motor Camp* (Tel. 07/855 82 55) an der Ruakara Road im Vorort Claudlands. Das Zentrum ist 2 km entfernt; 17 $ für den Zeltplatz, 24 $ für die schlichten Cabins.

■ **Backpackers:** Beste Wahl ist das *Helen Heywood YHA Hostel* (Tel. 07/838 00 09) an der 1190 Victoria Street im Zentrum, wo allerdings nur 22 Betten zur Verfügung stehen; 15 $ bzw. 17 $ im Double.

Ansonsten bietet sich *The Flying Hedgehog* an, 8 Liverpool Street im Zentrum, Tel. 07/839 39 06. Alle wesentlichen Einrichtungen sind nur ein paar Gehminuten entfernt; 15 $.

■ **Bed & Breakfast:** Zentrumsnah liegt nur das *Val Wood,* 164 Clyde Street, Hamilton East, Telefon 07/856 03 37. Single 35 $, Double 60 $.

Soll's was Besseres sein, empfiehlt sich das *Briarhurst,* 19 Kelly Place, Chartwell, Tel. 07/855 81 03. Ein luxuriöses und Waikato-River-Panoramen gewährendes Kolonialstilgebäude im Saum großer Gärten; Zimmer zu 100 $.

■ **Hotels & Motels** finden sich in Hamilton mehr als 100 an der Zahl. Die größte Auswahl an Zimmern in allen Kategorien zwischen 65 und 120 $ bietet die zentrumsnah an der 24 Thackeray Street gelegene *Tudor Motor Lodge,* Tel. 07/838 22 44.

Sehenswertes

■ **Waikato Museum of Art and History,** Ecke Victoria/Grantham Street. Täglich 10–16.30 Uhr.

Das in den 80er Jahren fertiggestellte Museum liegt im inneren

Zentrum (überall ausgeschildert). Es besitzt eine der bedeutendsten Sammlungen an Kunst- und Kulturgütern der Maori im ganzen Land. Prunkstück aber ist das Kriegskanu »Te Winika«, das in den 30er Jahren des letzten Jahrhunderts gebaut und 1936 im Auftrag der Maori-Prinzessin *Te Puea* vollständig restauriert wurde.

Flußfahrten

Täglich werden in Hamilton verschiedene Flußfahrten auf dem Waikato River angeboten. Die bekannteste Tour, zudem preisgekrönt, ist die mit dem alten Raddampfer »Waipa Delta« (Tel. 07/854 94 15), der vier- bis sechsmal täglich vom (ausgeschilderten) Memorial Park an der River Road im inneren Zentrum zu zweistündigen Touren startet; die Preise liegen bei 25 $ ohne Dinner.

Ausflug

■ **Ngaruawahia,** die Maori-»Hauptstadt« Neuseelands, in der die 1966 gekrönte und von der Regierung anerkannte Maori-Königin *Te Arikinui* residiert, liegt rund 20 km nördlich Hamiltons am Highway-1 (Richtung Auckland). Den Abstecher aber kann man sich schenken, denn der Ort bietet keinerlei Sehenswürdigkeiten bzw. die, die es gibt, zum Beispiel der »Palast« Te Turangawaewae Marae, sind der Öffentlichkeit nicht zugänglich.

Information

■ **Hamilton Visitor Centre,** Angelsea Street, Tel. 07/839 33 60. Informationen über Hamilton sowie die gesamte Waikato-Region.

An-/Weiterreise

■ Per **Bus** ist Hamilton mit allen größeren Ortschaften der Nordinsel verbunden, für Tickets und Reservierungen ist u.a. das »Visitor Centre« zuständig, in dessen Nähe auch die Busse von »InterCity«, »Mount Cook« sowie »Newmans« ihre Terminals haben, alle an der Angelsea Street.

■ **Bahn:** Hamilton liegt am Knotenpunkt dreier Bahnlinien (Auckland-Wellington, Auckland-Tauranga, Auckland-Rotorua). Der Bahnhof liegt 3 km außerhalb des Zentrums, wird aber von der Victoria Street mit regelmäßig verkehrenden Shuttle-Bussen bedient. Für Reservierungen ist das »Visitor Centre« zuständig, außerdem die Freephone-Nummer 0800 802 802.

Das Kiwi House von Otorohanga

■ Ab Hamilton markiert der Highway-3 die weitere Richtung. Durch vollkommen der Weidenwirtschaft unterworfenes Land geht es zügig zum 33 km südlich gelegenen **Te Awamutu,** wo am

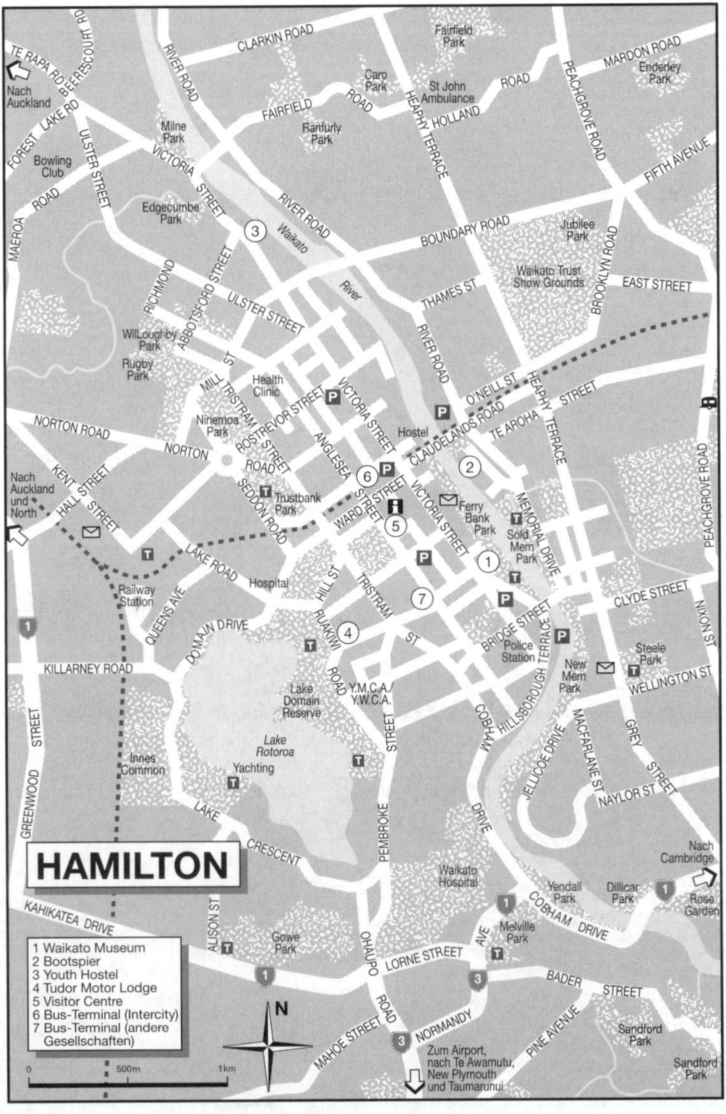
HAMILTON
1 Waikato Museum
2 Bootspier
3 Youth Hostel
4 Tudor Motor Lodge
5 Visitor Centre
6 Bus-Terminal (Intercity)
7 Bus-Terminal (andere Gesellschaften)
Nach Auckland
Nach Auckland und North
Nach Cambridge
Zum Airport, nach Te Awamutu, New Plymouth und Taumarunui
N
0
500m
1km
Clarkin Road
River Road
Beerescourt Rd
Te Rapa Rd
Forest Lake Rd
Ulster Street
Victoria Street
Maeroa Road
Fairfield Park
Caro Park
St John Ambulance
Fairfield Road
Holland Road
Heaphy Terrace
Peachgrove Road
Mardon Road
Enderley Park
Ranfurly Park
Milne Park
Bowling Club
Edgecumbe Park
Fifth Avenue
Boundary Road
Jubilee Park
Waikato
River
Brooklyn Road
Waikato Trust Show Grounds
East Street
Thames St
Richmond
Abbotsford Street
Willoughby Park
Rugby Park
Mill St
Tristram Street
Health Clinic
Rostrevor Street
O'Neill St
Claudelands Road
Te Aroha Street
Norton Road
Ninemoa Park
Hostel
Anglesea Street
Kent Street
Hall Street
Seddon Road
Trustbank Park
Ward Street
Ferry Bank Park
Memorial Drive
Sold Mem Park
Lake Road
Hospital
Railway Station
Queens Ave
Hill St
Clyde Street
Nixon St
Domain Drive
Ruakiwi Road
Bridge Street
Police Station
Hillsborough Terrace
Steele Park
New Mem Park
Wellington St
Killarney Road
Y.M.C.A./Y.W.C.A.
Lake Domain Reserve
Cobham Drive
Lake Rotoroa
Yachting
Innes Common
Greenwood Street
Jellicoe Drive
Macfarlane St
Grey Street
Naylor St
Pembroke Street
Lake Crescent
Waikato Hospital
Yendall Park
Dillicar Park
Rose Garden
Kahikatea Drive
Alison St
Gowe Park
Melville Park
Ohaupo Road
Lorne Street
Ave
Bader Street
Normandy
Mahoe Street
Pine Avenue
Sandford Park
1
3

31. März 1864 die letzte große Schlacht zwischen Maori und weißen Siedlern stattfand (dies nur zur Information, denn außer einem Gedenkstein am ehemaligen Schlachtfeld bei Orakau weist nichts mehr auf dieses Ereignis hin).

■ Via *Kihiki,* einst eine Maori-Siedlung und heute ebenfalls nichts als eine gesichtslose Shopping-Stadt aus Fertigbeton, ist bald das 29 km südlich gelegene **Otorohanga** erreicht. Der Ort selbst ist keine Erwähnung wert, sehr wohl aber das am Axel Telver Drive gelegene und am Highway deutlich ausgeschilderte **Kiwi House** (Tel. 07/873 73 91), das einzige seiner Art in Neuseeland, bei dem es sich de facto um das größte Vogelrefugium auf dem Archipel handelt. Hervorzuheben die Brutstation für die selten gewordenen Kiwi-Vögel (siehe unter »Fauna«), und da hier ein »Nighthouse« eingerichtet ist, hat der Besucher die Möglichkeit, die nachtaktiven und nicht flugfähigen Vögel ausgiebig zu betrachten. Die Anlage mit Park ist täglich von 9.30 bis 17 Uhr geöffnet, von Juni bis August nur bis 16 Uhr; der Eintritt kostet 7 $.

Nur rund 10 km verbleiben, bis ein überdeutliches Hinweisschild nach rechts weist, wo es gilt, eine der ganz großen Hauptattraktionen von Neuseeland zu besuchen: die noch 8 km entfernten *Waitomo Caves* nämlich!

Waitomo Caves

Traumwelten

Neben Rotorua und dem Lake Taupo lockt keine Touristenattraktion auf der Nordinsel nur annähernd so viele Besucher wie die weltberühmten Höhlen von Waitomo. Sie erstrecken sich in einem vor rund 12 Mio. Jahren über den Meeresspiegel aufgeworfenen Kalksteingürtel und wurden 1887 entdeckt, doch von den Maori schon seit Jahrhunderten als heilige Orte verehrt. Der Name bedeutet übersetzt in etwa so viel wie »Wasser, das durch ein Loch fließt«, und in der Tat war es das Wasser mehrerer unterirdisch verlaufender Flüsse, die in äonenlanger Arbeit das ausgedehnte und selbst heute noch nicht gänzlich erforschte Höhlenlabyrinth schufen.

Hauptattraktion ist hier die sogenannte *Glow Worm Cave,* in der Millionen von Glühwürmchen für eine nahezu magisch-schöne Illumination sorgen, aber neben dieser Cave sind viele andere Tropfsteinhöhlen einen Besuch wert. Außerdem locken spektakuläre Wanderungen sowie Spaziergänge durch das reizvolle Karstland, ebenso Pferde-Exkursionen. Doch als ultimatives Waitomo Adventure gelten abenteuerliche Trips in die unterirdische Welt: Da gibt es regelrechte »Kriechtouren« für Höhlenfans ebenso wie ganztägige Exkursionen, Black Water Rafting

Strandeinsamkeit im Norden von Coromandel ▶

(bei dem man auf Gummireifen über die Höhlenflüsse driftet) und das 100 m senkrecht in die Tiefe führende Loch von Lost World, das man nur im Rahmen eines Abseiling-Abenteuers ermessen kann.

Alles in allem gibt es mehr als genug zu tun und zu sehen, für viele, mindestens aber zwei Tage. Doch Achtung: Tausende Besucher werden hier täglich gezählt, und für die unterirdischen Outdoor-Aktivitäten zumindest sollte man wenigstens 1 Woche vor Ankunft eine (telefonische) Reservierung vornehmen.

An-/Weiterreise

■ Waitomo liegt 8 km abseits des Highway-3. Wer mit öffentlichen Verkehrsmitteln anreist, muß in Otorohanga (s.o.) oder in Te Kuiti (s.u.) aussteigen; beide Städte sind per Bus und Zug mit allen größeren Orten der Insel verbunden, und von beiden Reisezielen aus verkehren **Shuttle-Busse** direkt nach Waitomo. Startpunkt sind jeweils der Bahnhof (Verbindung nach Waitomo üblicherweise stets nach Ankunft eines Zuges) sowie der Busbahnhof; wer die genauen Abfahrtszeiten wissen will, kontakte *Otorohanga Taxi,* Freephone 0800 808 279, Tel. 07/873 82 79.

■ Von Auckland, Hamilton, Taupo, Wanganui und Wellington aus kann Waitomo auch mit **Direktbussen** erreicht werden.

■ **Trampen:** Ansonsten ist es problemlos, einen Lift nach Waitomo zu bekommen; man stelle sich an die Kreuzung mit dem Highway-3 oder frage im Kiwi House von Otorohanga nach einer Mitfahrgelegenheit; nahezu jeder, der das Kiwi-Haus besucht, fährt anschließend nach Waitomo weiter.

■ Natürlich kann man Waitomo auch im Rahmen **organisierter Touren** erreichen. In Auckland, Rotorua, Hamilton, Wanganui, Wellington etc. werden solche Tagestrips von vielen Veranstaltern angeboten. Aber der Zeitrahmen ist knapp bemessen, und zumeist steht nur ein Besuch der Glow-Worm-Höhle auf dem Besichtigungsprogramm.

Unterkunft

■ Der **Waitomo Camp Ground** (Tel. 07/878 76 39) liegt schräg gegenüber dem »Visitor Centre«. Er bietet eine limitierte Anzahl an schattigen Wiesen-Stellplätzen (17 $) sowie bescheidene Einrichtungen nebst mehreren denkbar einfachen Cabins (35 $), wurde aber zur Zeit der Recherche stark erweitert und soll ab 1997 auch eine bessere Ausstattung haben.

Ansonsten bietet sich der Campingplatz in Otorohanga an, der aber ebenfalls klein ist. Wild campen kann man hier weit und breit nur mit dem Wohnmobil, etwa auf den teils gut ausgebauten Park-/Picknickplätzen vor den einzelnen Höhlen; s.u. »Waitomo Walkway«.

■ **Backpackers:** Das *Waitomo*

Cave Hostel (Jugendherberge) ist dem Prachtbau des Waitomo Cave Hotels (s.u.) angeschlossen, liegt wunderschön auf einem Hügel gleich oberhalb des »Visitor Centres« und präsentiert sich als eine stilvolle Bleibe mit 47 Betten in Doppel- sowie 4-Bett-Zimmern (17 $) sowie Einzelzimmern (34 $). Da die Nachfrage groß ist, sollte man reservieren: Tel. 07/878 82 27.

Auch für die *Juno Hall* (Tel. 07/878 76 49), etwa 2 km vor Waitomo an der Straße gelegen, sollte man eine Zimmerreservierung vornehmen; die Betten kosten von 14 $ über 18 $ bis 22 $. Das ehemalige Farmgebäude beeindruckt mit einer schönen Lage; es werden u.a. auch Pferdetreks arrangiert.

Ist alles belegt, bietet sich die 1 km westlich der Caves gelegene *Hamilton Tomo Group Lodge* (Tel. 07/87 878 74 42) an, die 40 Betten in mehreren Schlafsälen hat, außerdem eine schlichte Küche und 10 $ für die erste, 8 $ für jede weitere Nacht verlangt.

■ Das **Waitomo Cave Hotel** (Tel. 07/878 82 27), ein ungeheuer stilvoller edwardianischer Schmuckbau im Saum subtropischer Parkanlagen, liegt direkt oberhalb des Visitor Centre auf einem Panoramahügel und beeindruckt mit 21 Luxus-Zimmern, die ihre 125 $ allemal wert sind.

■ **Glow Worm Motel**, in Hangatiki (an der Kreuzung der Waitomo Road mit dem Highway-3), Tel. 07/873 88 82. Studios, Wohneinheiten und Cottages für 69–75 $, mit Swimmingpool.

Essen und Trinken

■ Die **Waitomo Tavern,** direkt rechts neben dem Visitor Centre gelegen, ist »der« Treff weit und breit, nicht nur für Touristen. Denn die servierten Gerichte sind opulent, dabei denkbar preiswert: ab 4 $ kann man durchaus schon satt werden, das Bier ist gut und günstig, im Pub-Raum werden meist allabendliche Dart-Turniere und andere Spiele veranstaltet, und auf der großen Veranda mit Blick auf das Waitomo-Tal sitzt es sich wirklich prächtig.

■ Devonshire Teas, Kuchen und Salate sowie erlesene Speisen der neuseeländischen Küche sind die Spezialitäten des edlen und feinen **Waitomo Cave Hotelrestaurants,** wo man für ein Essen freilich tief in die Tasche greifen muß.

■ Ebenfalls der gehobenen Preiskategorie zuzuordnen ist das **Roseland's Restaurant** an der Fullerton Road (vor Waitomo links ab, ca. 3 km), das schon mehrere Preise gewonnen hat und vor allem für seine Barbecues bekannt ist; hier sitzt man herrlich in einer großen Gartenanlage.

Abenteuer unter der Erde

Information:

Ob Höhlentouren oder vielfältige Adventure-Trips, Wanderungen oder Pferdetreks – der erste Gang in Waitomo sollte unbedingt der ins **Waitomo Visitor Centre** sein, das direkt an der Zufahrtsstraße liegt und dem **Museum of Caves** angeschlossen ist. Geöffnet ist es täglich von 8.30 Uhr bis 17.30 Uhr (zur Hochsaison auch bis 19 Uhr). Auch Geldumtausch, und außerdem fungiert das Büro als zentrale Buchungsstelle für alle Unterkünfte sowie insbesondere für alle Höhlentouren und Aktivitäten. Zahlreiche Schaukästen verdeutlichen die Genese der Höhlensysteme, auch Flora und Fauna der Region werden erschöpfend vorgestellt, und atemberaubende Displays bereiten auf die vielfältigen Cave-Erlebnisse vor.

Glow Worm Cave:

■ An einem Besuch der rund 500 m westlich vom »Visitor Centre« gelegenen **Glühwürmchenhöhle** führt kein Weg vorbei. Fast 3000 Besucher werden im Rahmen der 45 Minuten währenden Führungen täglich durch die unterirdische Wunderwelt geschleust. Wartezeiten sind also außerhalb der Nebensaison unvermeidlich, doch wer Geduld hat, wird reich belohnt, denn nicht nur die Tropfsteinformationen sind höchst eindrucksvoll, sondern auch die Fahrt mit einem lautlos dahingleitenden und von einem stehenden Steuermann mit den Händen an den Felswänden sowie einem Seil entlanggezogenen Boot auf dem unterirdisch verlaufenden Fluß. Stockfinstere Dunkelheit umgibt uns, es herrscht absolute Stille – das Filmen und Fotografieren ist zum Glück verboten. Höhepunkt ist das Erreichen der eigentlichen Glühwürmchengrotte, in der Millionen blaugrün leuchtender Glühwürmchen das Gewölbe auf das seltsamste ausleuchten und ihm den Eindruck eines funkelnden Sternenhimmels verleihen.

■ Die kleinen Würmer mit Namen *Arachnocampa luminosa* haben mit den in Europa bekannten **Glühwürmchen** nichts zu tun. Sie leuchten nicht etwa, um Feinde abzuwehren oder Brautwerbung zu betreiben, sondern um winzige Insekten anzulocken, die dann an einem klebrigen Faden hängenbleiben und verspeist werden. Neun Monate lang ernährt sich das Tier auf diese Weise, bis es sich innerhalb weniger Tage zu einer Fliege verwandelt, die dann nichts anderes im Sinn hat, als sich so schnell wie möglich zu paaren: Organe zur Nahrungsaufnahme besitzt das Tier in diesem letzten Stadium nämlich nicht mehr, und nur vier Lebenstage sind ihm jetzt noch beschieden.

■ Die **Führungen** werden zwischen 8.30 Uhr und 17.30 Uhr (vom 26.12. bis zum 31.1. bis 20 Uhr) halbstündlich durchgeführt. Zutritt 15 $, Familientickets zu 36 $. »Stoßzeit« herrscht zwischen 10 und 16 Uhr, wenn man sich am

Grotten-»Terminal« wie in einer U-Bahn-Station fühlen kann.

Weitere Höhlen:

■ Hervorzuheben sind die rund 5 km von Waitomo entfernten **Ruakuri Caves** (die aber zur Zeit der Recherche geschlossen waren) sowie vor allem die 4 km entfernte und an der Straße westlich Waitomos ausgeschilderte **Aranui Cave,** die am Waitomo Walkway (s.u.) traumhaft im Saum von dichtem Urwald liegt und die Höhle mit den schönsten Tropfsteinformationen sein soll. Hier ist das Fotografieren erlaubt, der Andrang hält sich in erträglichen Grenzen, und Führungen (15 $) starten täglich zwischen 10 und 15 Uhr; auch diese Tickets können bereits im Visitors Centre erstanden werden.

Cave Adventure Tours:

■ **Reservierungen:** Bei den nachfolgend beschriebenen Touren handelt es sich um spezielle Arten von Höhlenbesichtigungen, die möglicherweise einzigartig sind. Entsprechend groß ist der Andrang, und es kann gar nicht dringlich genug darauf hingewiesen werden, daß man so früh wie möglich (über das »Visitor Centre«) reservieren sollte, will man diese »Top-Activities of New Zealand«, wie's die Prospekte sagen, nicht missen.

Wer ganz sicher gehen will, kann seit neuestem auch bereits in Deutschland buchen, und Reservierungen nimmt entgegen der **Norbert Lux-Verlag,** zu erreichen über Telefon (Deutschland) 0911/790 94 60, Fax 0911/30 40 99.

Doch nun zu den Cave-Trips:

■ *Waitomo Adventures* (Tel. 07/878 77 88) ist Anbieter für »some of the most amazing things you can do in this world«: für die mit dem *New Zealand Tourism Awards* gekrönten **Awesome Eightsome** – acht Abenteuer-Trips der besonderen Art, von denen hier einige Touren vorgestellt werden sollen:

Haggas Honking Holes dauert 4 Stunden, wenn man sich nach einer kurzen, aber ausreichenden Einweisung in senkrecht in die Tiefe führende Höhlenschächte abseilt; unten dann gibt es wahrhaft atemberaubende Tropfsteinformationen zu sehen, und stehend sowie kriechend sucht man sich schließlich wieder seinen Weg ans Tageslicht zurück. – Machbar für alle, die sich einigermaßen fit fühlen und mindestens 12 Jahre alt sind. Der Preis beläuft sich auf 110 $.

Lediglich 25 $ pro Person kostet das einstündige *Pink Gumboot Family Cave Adventure,* das auch für die Kleinsten geeignet und dabei immer noch spannend ist. Im Schein von Fackeln geht es durch eine Wunderwelt aus Höhlengängen und -Kammern hindurch, Schluchten und Flüsse werden auf Hängebrücken überquert.

Lost World Tandem Abseil gilt als Waitomos »Big One«: Nach einer halbstündigen Einweisung ins Abseilen geht's zusammen mit einem versierten Guide (Tandem-Abseiling) in das 100 m tief klaffende Loch der »Lost World«, wofür immerhin mehr als eine halbe Stunde benötigt wird. Einzigartige Fels- und Tropfsteinformationen machen diesen Trip zu »dem« Erlebnis überhaupt, vom Abseilen selbst mal ganz abgesehen!. Mitzubringen ist eigentlich nichts als ein bißchen Abenteuerlust. – Nur daß der Trip 195 $ kostet, ist ziemlich überzogen.

Wer Haggas Honking Hole und Lost World zusammen erleben will, benötigt 8 Stunden sowie 280 $ für die Kombi-Tour, die unter dem Namen *The Gruesome Twosome* angeboten wird.

Tandem-Abseiling ist eine Sache, Solo-Abseiling eine andere; wer daran interessiert ist, sollte die 1,5 Tage währende Tour *The Epic* präferieren, die mit einem halbtägigen Abseil-Training beginnt; am zweiten Tag geht's hinunter in die Lost World, und im Verlauf der kommenden 8 Stunden pirscht man laufend, kriechend, schwimmend und kletternd durch ein riesiges und auch an Fossilien und Glow Worms reiches Höhlensystem hindurch. – Der Preis liegt bei 395 $ inkl. Ausrüstung, Verpflegung etc.

■ **Waitomo Down Under** (Tel. 07/8786577) ist eine weitere Cave-Outdoor-Organisation, die zahlreiche unterschiedliche Exkursionen anbietet. Nach dem Lost World-Abenteuer ist die 3stündige *Cave Tubing*-Tour »der« Renner von Waitomo: bekleidet mit Thermo-Dress und im Licht von Helmlampen driftet man auf großen Gummiringen über einen Höhlenfluß. Der Preis für dieses lustig-nasse Erlebnis ist mit 55 $ keineswegs überzogen.

Wem Abseiling noch nicht genug Spaß bereitet, dem sei *Rabseiling* empfohlen, bei dem man sich sozusagen kopfunter in die Höhlen abseilt; wie es heißt, bietet sonst nur Bungy Jumping einen vergleichbaren Adrenalinstoß... Die Tour dauert 4 Stunden und kostet 90 $.

Three Adventures beinhaltet Abseilen, extremes Höhlenkriechen durch schmalste Gänge und anschließendes Cave Tubing aus der Höhle heraus. 6 Stunden für 140 $.

Aktivitäten über der Erde

Nicht nur für erklärte Höhlenfreaks bietet Waitomo alles, was das Herz begehrt, denn auch die Landschaft im Bereich der Höhlen selbst ist einen Besuch wert. Großer Vorteil solcher Touren: Sie sind wesentlich billiger bzw. kostenlos!

■ Zum Schönsten vor Ort gehört die einfache Wanderung auf dem **Waitomo Walkway.** Dieser Wanderweg (kostenlose Karten im »Visitor Centre«) ist vorbildlich markiert sowie präpariert, insgesamt rund 3 Stunden lang und verbindet das »Visitor Centre« mit Glow

Worm Cave und Aranui Cave, bevor er durch den angrenzenden Ruakuri-Felstunnel führt, wo er schließlich endet. Rund 9 km sind hier zu Fuß zu bewältigen; der letzte Abschnitt ist der schönste, wenn es durch märchenhafte Regenwaldschluchten sowie vorbei an zahlreichen Höhlentoren, kleinen »Lost Worlds« und Aussichtspunkten geht.

Wer lediglich diese Teilstrecke laufen will (rund 1 Stunde), folge der Straße am »Visitor Centre« und der Glow-Worm-Höhle vorbei zum Parkplatz vor der Aranui Cave, auf dem man, im Wohnmobil, auch prächtig stehen kann (Picknickplätze, Grillstellen, malerische Waldrandlage). Nach rechts geht es gen Waitomo retour, nach links aber verläuft der spannendste Wegeabschnitt. Vorbei am Cave River (auf dem die o.g. Gummiring-Rafting-Touren starten) betritt man eine Wunderwelt aus Farnen, Lianen und Riesenbäumen sowie engen Klammen mit senkrechten Schroffen, in denen sich mehrfach Höhlengänge öffnen. Vor allem kleine Seitenschlenker zum ausgeschilderten »View Point« sind zu beachten: zunächst wegen der Aussicht, aber mehr noch wegen der Blicke in die vom an dieser Stelle reißenden Cave River durchströmten Höhlen hinein, an deren Gewölben ebenfalls Glühwürmchen ihr wunderschönes »Sternenlicht« verstrahlen.

■ **Horse Trekking** bietet weitere Möglichkeiten, das üppige Höhlen-Umland kennenzulernen. Anbieter ist der Backpackers *Juno Hall* (s.o.), wo mehrmals täglich 3–5-stündige Ausritte organisiert werden.

■ Kulturbeflissenen drängt sich schließlich der Besuch des **Ohaki Maori Cultural Centre** (an der Straße vom Highway nach Waitomo hinter der Juno Hall ausgeschildert) auf, wo ein nachgebautes Maori-Dorf mit einer Maori Art Gallery zu besichtigen ist; angeschlossen ein Maori-Webzentrum, in dem man den Kunsthandwerkern bei der Arbeit zuschauen und die Produkte auch erwerben kann.

Te Kuiti

Im Zentrum des King Country

Von Waitomo auf den Highway-3 zurückgekehrt, sind es nur 12 km bis Te Kuiti. Dieses rund 5000 Einwohner große Städtchen ist heute Zentrum eines landwirtschaftlich intensiv genutzten Umlandes, spielte allerdings in der Vergangenheit eine wichtige Rolle im Kampf der Maori gegen die weißen Siedler. Hierher zogen sich die in der Schlacht von Te Awamutu (s.o.) geschlagenen Ureinwohner zurück und führten unter Leitung eines erstmals 1858 gewählten

Königs einen 17 Jahre währenden erbitterten Untergrundkrieg gegen die Invasoren.

■ Erst 1881, als es den Briten gelang, die Eisenbahnlinie auch durch dieses sogenannte King Country zu führen, gaben die Maori auf. Großartiges Relikt aus dieser Zeit ist das **Te Tokanganui-A-Noho Meeting House** aus dem Jahre 1878, das an den sagenhaften letzten »freien« Maori-König *Te Kooti* erinnert. Mit seinen kunstvollen Schnitzereien gilt es als eines der prächtigsten Maori-Versammlungshäuser im Land. Doch wer dieses *marae* besichtigen will, benötigt eine Erlaubnis der lokal ansässigen Maori, die man über das »Visitor Centre« (Tel. 07(8788077) an der Rora Street im Zentrum bekommt.

Ansonsten gibt es nichts, was zu einem Verbleib einlädt. Ebenso bleibt über die insgesamt 72 km messende Strecke nach Taumarunui, dem nächsten Etappenziel, kaum etwas zu erwähnen: Das Land ist vollkommen der Landwirtschaft unterworfen, und nur im letzten Abschnitt, wo man bei guter Sicht bis hinauf zu den markanten Kegeln des vulkanischen Plateaus (s.u.) blicken kann, sind spektakuläre Panoramen zu erwarten.

Mount-Taranaki-Nationalpark

Per Abstecher

Biegt man 11 km hinter Te Kuiti, an der Eight Mile Junction, nicht Richtung Taumarunui ab, sondern folgt weiterhin dem Highway-3, erreicht man rund 62 km später (im letzten Abschnitt durch den tollen *Awakino Canyon)* die Tasman-See beim Ort *Awakino.* Außergewöhnliche Eindrücke stehen hier nicht bevor, und auch die weitere Fahrt hinunter in die 84 km entfernte und nahezu 67 000 Einwohner große Stadt *New Plymouth* verläuft eher langweilig: nichts als landwirtschaftliche Nutzflächen. Die ganze Taranaki-Region, durch die es hier geht, ist für ihre fruchtbaren vulkanischen Ascheböden landesweit bekannt. New Plymouth kam durch große Erdölfunde zu Reichtum, ist aber alles andere als sehenswert.

■ Daß hier überhaupt Worte über die Region verloren werden, ist einzig dem unvergleichlich schönen, weil geometrisch geformten Mount Taranaki zu verdanken: ein schlafender Stratovulkan von 2518 m Höhe, der sich als vollkommener Spitzkegel aus dem sattgrünen Farmland reckt und als »Fujiyama Neuseelands« bekannt ist. Dieser Berg, 1978 den Maori, denen er früher als heilig galt, in einer symbolischen Geste zurückgegeben, ist Zentrum des kreisrund gezirkelten

Mount-Taranaki-Nationalparks (auch: *Mount Egmont-Nationalpark,* nach dem früheren Bergnamen »Mount Egmont«), der von keinem Liebhaber phantastischer Naturlandschaften ausgelassen werden sollte:

In den unteren Lagen des rund 33 000 ha großen Schutzgebiets bilden Kamahi-, Rata- und Rimu-Riesen den Tiefland-Regenwaldes, der ab 760 m in den Berg-Regenwald oder auch Berg-Nebelwald übergeht; wegen seiner »elfenhaften« Erscheinung wird er auch als »goblin forest« (Elfenwald) bezeichnet. Oberhalb folgt eine subalpine Strauchlandschaft, die ab 1400 m ins Tussock-Grasland übergeht. Oberhalb 1600 m faszinieren alpine Matten, und in den Höhenlagen des nahezu stets mit einer Schneehaube gekrönten Berges kommen nur noch Flechten und Moose vor.

Von Stufe zu Stufe kann man hier fast alle Vegetationszonen des Landes in komprimierter Form durchwandern; nicht weniger als 320 km an Wanderwegen wurden in den letzten Jahren in diesem Refugium eingerichtet: Neben der (recht einfachen) Bergbesteigung – der Mount Egmont ist der meistbestiegene Vulkan des Landes – lockt vor allem die 4–5 Tage dauernde Rundwanderung um den Vulkan; da die Wege ausgezeichnet präpariert und mit einem runden Dutzend Wanderhütten ausgestattet sind, ist diese Tour durch märchenhafte Tiefland-Regenwälder und Berg-Nebelwälder für jedermann machbar. Darüber hinaus gibt es Dutzende Spaziergänge mit einer Dauer von 30 Minuten bis zu mehreren Stunden. Wer weniger gut zu Fuß ist, kann von New Plymouth aus zu der etwa 185 km langen Straßen-Umrundung des Berges starten, gerade auch für Hobby-Fotografen eine lohnenswerte Tour.

■ Doch so oder so führt kein Weg an **North Egmont** vorbei, das kurz hinter Inglewood (12 km östlich New Plymouths am Highway-3 gelegen) bergwärts ausgeschildert und nach 17 km langer Steigungsstrecke erreicht ist. Dort oben, auf nahezu schon 1000 m Höhe, genießt man traumhafte Panoramen auf das Tiefland, New Plymouth, die Tasman-See und auf den Stratovulkan selbst. Und im *North Egmont Visitor Centre* (Tel. 06/756 87 10) kann man alle Informationen abrufen, die man für Spaziergänge, Wanderungen, die Vulkanumrundung, den Gipfelsturm (ca. 5 Stunden retour) sowie für die »Rund-um-den-Vulkan-Straßentour« benötigt.

■ Anstatt auf demselben Weg wieder nach Te Kuiti zurückzufahren, sollte man dem Highway-3 von Inglewood lieber zum 22 km entfernten *Stratford* folgen und dort auf den nach Taumarunui (s.u.) führenden Highway-43 einbiegen: 144 km sind von dort bis **Taumarunui** zurückzulegen. Diese Strecke durch teils dichte Wälder und zwischendurch, für knapp 30 km, über eine Schotterpiste findet sicherlich Ihr Gefallen.

Taumarunui

Am Rande des Urwalds

Taumarunui, Zentrum einer intensiven Holzwirtschaft, gehörte zusammen mit Te Kuiti zum heiß umkämpften King Country. Erst nach Unterzeichnung des offiziellen Friedensvertrages zwischen den Weißen und den Maori war es den Siedlern erlaubt, in diese bis dato verbotene Region einzuwandern, und noch heute machen die Maori einen Großteil der insgesamt 6800 Einwohner zählenden Stadtbevölkerung aus. Das gibt dem recht verschlafen wirkenden Ort eine spezielle Atmosphäre, doch Hauptanziehungspunkte sind der nahe Whanganui-Nationalpark (s.u.) sowie der von hier aus per Kanu, Kajak sowie Jet-Boot befahrbare Whanganui River, mit 290 km der zweitlängste und mit Abstand der spannendste Fluß im Inselreich. Selbst wer in Eile ist, sollte den Urwaldfluß im Rahmen einer Tour näher kennenlernen.

An-/Weiterreise

■ **Zug:** Taumarunui liegt an der Bahnlinie Auckland-Wellington. Der Bahnhof befindet sich direkt im Ortszentrum an der Hauptstraße; die Ticket-Reservierung nimmt auch das angeschlossene »Visitor Centre« (s.u.) entgegen.

■ **Bus:** Es bestehen ausgezeichnete Verbindungen sowohl in Richtung Auckland und Wellington als auch nach Taupo und Rotorua sowie zum Vulkan-Plateau (s.u.) hinauf.

Unterkunft

Reine Backpackers gibt es keine.

■ **Camping:** Das *Taumarunui Motor Camp* liegt rund 2 km außerhalb am nach Whanganui/Wellington führenden Highway-4, am Wiesenufer des Whanganui River. Schöne Stellplätze (15 $) auf großer, teils von riesigen Bäumen beschatteter Wiese, nette kleine Cabins (28 $), gute sanitäre Anlagen, eine komplett eingerichtete Küche (sogar mit Besteck, Geschirr und Töpfen) und ausgesprochen liebe Pächter, die ihre Camper sogar mit kostenlosem Obst versorgen.

■ **Taumarunui Alpine Inn**, Marae Street, Tel. 07/895 70 33. Im besten Hotel der Stadt, werden Backpacker-Betten (16 $) ebenso vermietet wie etwas bessere Pub-Beds (22 $); ansonsten kosten das Single 50 $, Double 65 $, Wohneinheiten ebenfalls 65 $. Angeschlossen Bar und Restaurant.

■ Auch die 6 km südlich in Maunui gelegene **La Totara Villa** (Tel. 07/896 65 00), ein wunderschönes und ruhig gelegenes Haus aus dem Jahre 1912, bietet die gesamte Palette zwischen Backpacker-Betten (12 $) und Doppelzimmern (30 $ pro Person). Sogar das Zelten ist im Garten erlaubt.

Verschiedenes

■ **Information:** Das *Taumarunui Information Centre* (Tel. 07/895 74 94) befindet sich an der Hauptstraße des Ortes im Bahnhofsgebäude. Mehrere Prospekt- und Broschürenwände zur halben Nordinsel, angeschlossen das Büro des *Department of Conservation.* Wer den Whanganui-Nationalpark besuchen, die Whanganui River-Tour machen möchte, muß sich hier den Nationalpark-Pass ausstellen und registrieren lassen.

Ansonsten fungiert das Centre als Buchungsbüro für alle River-Aktivitäten, die man hier auch gleich bezahlen kann.

■ **Essen und Trinken:** Das beste Essen gibt's im *Taumarunui Alpine Inn* (s.o.). Ferner laden an der Durchgangsstraße ein China-Restaurant sowie mehrere Takeaways zu preisgünstigem Essen ein.

Die großen Supermärkte verteilen sich am Ortsrand Richtung Waitomo. Sie sind sehr gut bestückt mit allem, was man für eine mehrtägige Fluß-Befahrung benötigt.

Auf dem Whanganui River

Neuseelands Amazonas

Der auf dem vulkanischen Plateau an den Flanken des Tongariro-Vulkans (s.u.) entspringende und nach 290 km bei Whanganui ins Meer mündende Whanganui River ist zum einen der zweitlängste Fluß des Landes – zum anderen aber auch derjenige, der wie kein anderer sonst eine wahre Urwaldwildnis durchquert und dabei selbst von Kanu- und Kajak-Novizen problemlos befahren werden kann; und zwar auf einer Distanz von unschlagbaren 234 Kilometern, nämlich von Taumarunui bis hinunter nach Whanganui.

Der »Amazonas Neuseelands«, so lautet sein Übername. Wer jemals den 145 km langen Abschnitt zwischen Taumarunui und Pipiriki befahren hat, der größtenteils durch das 70 000 ha umfassende Refugium des Whanganui-Nationalparks (s.u.) verläuft, weiß, daß das Werbeklischee ausnahmsweise die Wirklichkeit wiedergibt. Rund 5 Tage währt dieses spektakuläre Erlebnis, das wir nachfolgend kurz skizzieren wollen.

Vorbereitung

Information:

■ Im **Visitor Centre** bekommt man den vorgeschriebenen *National-Park-Visitor-Pass* (25 $; Kinder ab 12 jahren zahlen 12,5 $), der 7 Tage gültig ist und zum Kampieren auf den DOC-Camps sowie zum Übernachten in den DOC-Hütten am Fluß berechtigt; wer ohne diesen Pass losfährt und erwischt wird, muß mit saftigen Strafen rechnen.

■ Unbedingt erwerben sollte man im Visitor Centre den **Guide to the Whanganui River,** der 8 $ kostet und auf 48 Seiten die gesamte Strecke mit allen Stromschnellen gut darstellt.

Verleihstationen:

In Taumarunui und Umgebung gibt es mittlerweile ein halbes Dutzend Veranstalter, die sowohl Kanadier als auch Kajaks ausleihen, aber die Preisunterschiede bei identischen Leistungen sind enorm, so daß man in jedem Fall gut beraten ist, sich zuvor im Visitor Centre zu informieren und auch dort zu buchen!

■ Die besten Gefährte haben: **Pioneer Jet Tours** (Tel. 07/895 80 74), an der Ortseinfahrt aus Te Kuiti kommend. Auch Fotobücher, die auf die Tour einstimmen. – Steve Carr von **Wades Landing** (Tel. 07/895 59 95). – Alan & Beth von **Yeti Tours** (Tel. 06/385 81 97).

Folgende Preise (inklusive Boot, Schwimmwesten, Trocken-Tonnen, Ersatzpaddel sowie Abholung am Endpunkt) mögen als Anhaltspunkte dienen:

■ **Preise:** von Taumarunui bis Ohinepa (1 Tag) im Kanadier 31 $, im Kajak 43 $ pro Person; von Taumarunui bis Retaruke (2–3 Tage) 80 $ bzw. 109 $; bis Pipiriki (5 Tage) 130 $ bzw. 176 $; bis hinunter nach Whanganui (8 Tage) 193 $ bzw. 265 $.

Dies die Listenpreise. Wir selbst befuhren die Strecke bis Pipiriki und zahlten inkl. alles bei 4 Personen (2 Erwachsene, 2 Kinder von 5 sowie 8 Jahren) lediglich 300 $ nach kurzem Feilschen inkl. der Jeepfahrt von Pipiriki zurück nach Taumarunui.

■ **Bootswahl:** Ob nun ein Kanadier oder Kajak bevorzugt wird, hängt von Gepäck und Können ab; wer die Fahrt als Zelttour plant, sollte dem Kanadier den Vorzug geben, da die Kajaks nur wenig Stauraum bieten. Andererseits sind die mit einer Steueranlage ausgestatteten, wendigen und kippstabilen Kajaks wesentlich einfacher zu manövrieren.

■ Wer sich die Solo-Befahrung des Whanganui nicht zutraut, kann über *Yeti Tours* (s.o.) auch eine geführte Tour buchen, die dann 6 Tage dauert (bis Pipiriki) und 680 $ pro Person exklusive Campingausrüstung (die gemietet werden kann) kostet. Auch ein 4-Tages-Trip (mit Start in Whakahoro) für 580 $ wird angeboten, und wer die Kanutour mit einer Jet-Boot-Fahrt kombinieren wählen, wähle die *Canoe & Jet-Boat Combo,* die 3 Tage dauert und 495 $ kostet (Kanufahrt dann von Whakahoro bis zur Bridge of Nowhere, von wo aus es im Jet-Boot zurückgeht).

Schwierigkeitsgrad:

■ »Absolutely easy« – so heißt es, sei die Befahrung des Flusses bis hinunter nach Whanganui, und wenn das Wetter mitspielt, ist das auch zutreffend. Zwar sind bis zum ca. 300 m tiefer als Taumarunui gelegenen Pipiriki rund 200 und bis hinunter an die Mündung rund 240 **Stromschnellen** zu meistern, aber diese sind nur vom Schwierigkeitsgrad 1 bis 2, also auch von Einsteigern nach ein bißchen Übung (die der 1. Tag vermittelt, an dem keine besonderen Schnellen anstehen) gut zu meistern. Lediglich eine Schnelle mit Grad 2–3 (s.u.) verlangt ein bißchen Umsicht, gegebenfalls zu landen und das Boot vorbeizutragen bzw. zu ziehen.

■ Aber nur zwischen November und März/April und nicht direkt **nach starken Regenfällen!** Uns selbst passierte es nämlich, daß nach einer zweitägigen Regenperiode der Fluß über 3 m anstieg, und in der Folge waren die sonst so leichten Stromschnellen mit einem Kanadier fast nicht mehr zu befahren: Da galt es, 2 m hohe Walzen zu meistern, gewaltige Schwallwellen, und trotz reichlich Kanu-Erfahrung entgingen wir mehrmals nur knapp dem Kentern, mußten anderen Kanuten Hilfestellung leisten, zwei Frauen gar von einem mitten im Strom gelegenen Felsen befreien, auf den sie sich nach einer Kenterung schwimmend gerettet hatten.

Verpflegung:

An Supermärkten herrscht in Taumarunui kein Mangel, und da im Mietpreis auch mehrere Trockentonnen zum Verstauen enthalten sind, ist der Transport von Lebensmitteln problemlos.

■ Da es vielleicht nicht immer möglich ist, jeden Abend eine der DOC-Hütten zu erreichen und auch ein Lagerfeuer zu entfachen nicht immer ganz einfach gerät, sollte man unbedingt einen **Kocher** mitnehmen, den man auch über Bootsverleiher mieten kann.

■ An jedem Zeltplatz steht ein **Shelter** zu Verfügung, unter dem man selbst bei starkem Regen problemlos kochen kann; jedem Shelter ist ein **Trinkwasser-**Container angeschlossen: Das Flußwasser ist Giardia-verseucht und hat außerdem keineswegs Trinkwasser-Qualität!

Übernachtung:

■ In bequemen Abständen hat das DOC-Amt an den Flußufern kleine **Camp Grounds** (stets mit Shelter und Trinkwasser) eingerichtet, insgesamt 12 bis Pipiriki, die aber am Fluß nicht markiert und oft nicht bzw. erst zu spät gesehen werden. Deshalb unbedingt den o.g. Guide kaufen, damit man weiß, wann wo ein Zeltplatz zu erwarten ist.

■ Außerdem stehen mehrere **Übernachtungshütten** zur Verfügung: Die Whakahoro Hut ist allerdings 58 km von Taumarunui entfernt, zur John Coull Hut sind es ab Whakahoro rund 40 km, Tieke Marae, ein Maori-Dorf mit Übernachtungsmöglichkeiten, ist wiederum 30 km entfernt, und Pipiriki ab dort 25 km.

Eine Kanutour auf dem großen Strom

Es folgt die Kurzbeschreibung der 145 km langen Flußstrecke von Taumarunui bis Pipiriki, die wir im Spätsommer befuhren:

■ **1.Tag:** Da die Organisation der Tour, das Einkaufen und Verpacken der Lebensmittel ein paar Stunden in Anspruch nimmt, geht es erst gegen 13 Uhr in Taumarunui los. Mit an Bord sind unsere beiden Kids, und voller Tatendrang stechen wir in »See«, um den 21 km entfernten, ersten Campsite (Ohinepa) am Fluß zu erreichen. 42 Stromschnellen sind zu meistern, aber da der River in diesem Abschnitt größtenteils durch Farmland verläuft, auch kaum Gefälle macht, stehen keine nennenswerten Hindernisse bevor. – Eine ideale Strecke also für alle, die erst ein wenig üben wollen, zum Beispiel Landemanöver, 180°-Wenden etc. zu trainieren. Das einzige Problem stellen Flachwasserstellen dar, da nicht immer klar ersichtlich ist, wo der Hauptstrom verläuft.

Nach 3 Stunden schon ist der auf der rechten Flußseite gelegene, aber erst ganz zuletzt (und fast schon zu spät) einsehbare **Ohinepa Campground** erreicht: ein großes Wiesenareal auf einer Terrasse über dem Fluß, ausgestattet auch mit Feuerstellen, und wunderschön mit Blick auf den nun beginnenden Urwald gelegen; am Fluß laden ein regelrechter kleiner Sandstrand sowie mehrere tiefe Pools zum Baden ein.

Wer versiert ist im Umgang mit Kanu oder Kajak, kann alternativ auch hier mit der Tour beginnen (kostenloser Antransport über eine Piste an den Fluß).

■ **2. Tag:** Anvisiertes Tagesziel ist der 32 km entfernte Maharanui Campsite. Von bevorstehenden 50 Stromschnellen erweist sich nur eine (Nr. 84: Ruangarahu) als etwas schwierig, da unsere beiden lieben Kleinen gerade ein »Gefecht« austragen und wir kurzfristig die Kanu-Kontrolle verlieren, die Verblockung zu spät bemerken.

Landschaftlich ist die Strecke vom Übergang zum Regenwald geprägt. Während der zweiten Hälfte gleiten wir an Riesenbäumen und -farnen vorüber, die sich immer mehr zu einem regelrechten Urwald verdichten. Es ist traumhaft schön, immer wieder laden tiefe Pools zum Baden ein, und auch der schon nach insgesamt vier Fahrstunden erreichte **Maharanui Campsite**, ein schmaler Wiesenbalkon am Urwaldrand, läßt nichts zu wünschen übrig.

Abends dann bekommen wir

allerdings gefräßigen Besuch: Zwei zutrauliche Oppossums springen auf den Tisch und verzehren, ohne uns überhaupt zu beachten, die Speisereste gleich aus dem Topf (weshalb wir anschließend unsere Lebensmittel mit ins Zelt nehmen).

■ **3. Tag:** In der Nacht setzen sintflutartige Regenfälle ein, auch morgens regnet es noch ohne Unterlaß; nur gut, daß wir das Kanu tags zuvor nicht nur hoch an Land getragen, sondern auch angebunden haben: Der Wasserpegel ist nämlich um gut 1 m gestiegen, und der Kanadier liegt im Wasser.

Die Sandflies plagen uns ungemein, und so sind wir trotz Regen heilfroh, bald wieder weiterfahren zu können. Doch schon nach der ersten Biegung, bei Stromschnelle Nr. 101, wird offenbar, daß der Schwierigkeitsgrad dank Hochwasser nicht mehr bei 1–2 liegt, sondern eher schon bei 3. Es bedarf unserer ganzen Konzentration, ohne zu kentern durch 1–2 m hohe Schwallwellen zu manövrieren. In rasender Fahrt geht es weiter; schon kommt voraus die links auf einem Hügel gelegene **Whakahoro Hut** mit Campground in Sicht, doch dank der Stromgeschwindigkeit ist es uns unmöglich, dort anzulegen, um die Kinder an uns anzuseilen (was uns sicherer erscheint angesichts der Schnellen).

Also weiter, um dann vor der bald erreichten Stromschnelle Nr. 110 eine gerade noch sichtbare Sandbank anzufahren. Schon mal hier, beschließen wir, die als »extrem« bezeichnete Stelle zu meiden, also das Kanu an Seilen an der Schnelle vorbeizuziehen, als ein Kanu, drei Mann an Bord, in voller Fahrt an uns vorüber saust, in die Fänge der Schwallwellen, sodann außer Kontrolle gerät und mit voller Wucht auf einen halb verdeckten Felsbuckel aufläuft. Es kracht, das Kanu kentert, doch zum Glück ist das Gepäck angeseilt und die Crew versiert genug, um das schnell abtreibende Gefährt zu bergen und an Land zu ziehen. Wir paddeln hin, bieten Hilfe an, aber das Kanu ist noch intakt, und die drei Insassen sind mit dem Schrecken davongekommen.

Mit etwas bangen Gefühlen fahren wir weiter – es gießt noch immer in Strömen – und sehen direkt voraus Stromschnelle Nr. 113, bei der der Fluß eine starke Rechtsbiegung beschreibt. Die Fahrrinne verläuft, dank Blockfeldern, ganz links, direkt an der Felswand vorbei, aber die Schwallwellen sind derart hoch bei extremer Stromgeschwindigkeit, daß wir keine Chance sehen, heil hindurchzukommen. Anzuhalten ist nicht mehr drin, schon faßt uns die Strömung, und wir paddeln wie wahnsinnig, um der entgegenrasenden Wand zu entkommen. Es schaukelt wie wild, Wellen brechen über, schon ist das Kanu halb voll Wasser. Dann krachen wir an die Wand, mein Paddel zersplittert – doch wir sind durch, alle wohlauf, und auch das Kanu ist noch ganz.

Völlig geschafft legen wir beim bald erreichten **Mangapapa Campground** an der linken Flußseite an, klettern zum Shelter hinauf und finden erst jetzt Gelegenheit, die atemberaubende Landschaft auf uns einwirken zu lassen: Der River ist beidseitig von senkrechten Felswänden eingeschnürt, und aus dem darüber liegenden Urwald gischten gewaltige Wasserfälle in die Tiefe. Nebelschwaden verschleiern das Bild, im Dschungel kreischen die Vögel, und trotz des Wetters beglückwünschen wir uns schon jetzt zu dieser Tour, denn nie und nirgends zuvor, selbst nicht in Sumatra und auf Borneo, begegneten wir einer solch mystisch-entrückten Regenwald-Landschaft.

Doch erst 13 km sind heute geschafft; wir müssen weiter. Mit etwas bangem Herzen, triefend naß und ziemlich durchfroren vertrauen wir uns gezwungenermaßen wieder der Strömung an. Im folgenden Verlauf der Fahrt nimmt der Urwald ein wilderes Gepräge an, teils rauschen wir wie in einem grünen Tunnel dahin, dann wieder geht es durch schmale Canyons, und noch immer regnet es in Strömen und steigt das Wasser. Eine Wetterbesserung ist nicht in Sicht, und so beschließen wir, heute so weit zu fahren, wie irgend möglich, denn von Stunde zu Stunde werden die Stromschnellen gefährlicher.

Bei km 95 ab Taumarunui geht es an der **John Cull Hut & Campground** vorüber. Eigentlich wollen wir am 10 km später erreichten **Mangawaiti Campsite** übernachten, doch dort liegen schon acht Kanus; alle Stellplätze sind besetzt. So müssen wir weitere 9 km zurücklegen, um den **Mangapurua Campsite** zu erreichen. Kurz zuvor dann machen wir voraus etwas Buntes, Winkendes in der Strommitte aus: zwei Frauen, allein auf einem Felsblock... Wir legen am Ufer an, packen das Gepäck aus und paddeln hinüber, die »Schiffbrüchigen« zu retten. Lächelnd und jubelnd werden wir empfangen; wie wir hören, haben sich die Neuseeländerinnen nach einer Vollkenterung auf dieses Eiland gerettet. Von ihrem Kanu keine Spur, Gefährt und Gepäck sind dahin.

Obwohl wir nun hoffnungslos überladen sind, fahren wir weiter, dem nach 2 km erreichten Campsite entgegen. Kaum angelegt, hören wir das Dröhnen eines Jet-Boots, das wenig später bei uns anlegt. Es gehört zu einem Rettungsdienst, der bei Wetterlagen wie dieser die Strecke abfährt, um »Schiffbrüchige« zu retten, gekenterte Kanus zu bergen. Neben dem Driver sind schon vier Touristen an Bord, ein Kanu ist im Schlepptau, und unsere Neuseeländerinnen sind heilfroh, dem Whanganui River zu entkommen.

So bleiben wir zurück, im strömenden Regen, und sind nicht wenig stolz, diese heute so knifflige Strecke gemeistert zu haben.

■ **4. Tag:** Da wir gestern über 60 km bewältigt haben und das Ziel nur noch 30 km entfernt ist, beschließen wir, heute noch bis Pipiriki durchstoßen: Der Strom ist weiter gestiegen, um mehr als 1,5 m allein über Nacht. Aber davor machen wir uns nicht mehr bange, denn laut unserem Guidebook liegen nun alle schwierigen Schnellen hinter uns.

Gerne würden wir der gegenüber unseres Platzes gelegenen **Bridge to Nowhere** – eine 1936 errichtete, doch nie ihrer Bestimmung übergebene Brücke, da die geplante Straße im Urwald »hängenblieb« – einen Besuch abstatten, doch die Stromgeschwindigkeit erlaubt kein Queren. So machen wir uns wieder auf den Weg, voller Vorfreude auf dies letzte Teilstück. Im Verlauf der folgenden Stunde genießen wir es ungemein, durch die in dichte Nebelschwaden gehüllte und rege an eine chinesische Tuschezeichnung erinnernde »Grüne Hölle«-Landschaft zu treiben. Nach rund 10 km dann liegt **Tieke Hut & Campsite** am Weg, und gerne nehmen wir die Gelegenheit wahr, hier eine kurze Rast einzulegen. Am Ufer kommen uns mehrere Maori entgegen; wie wir im Verlauf der folgenden Gespräche hören, halten mehrere Dutzend Maori das ganze Land hier, das einst ihren Ahnen gehörte, besetzt. Bislang hat die Regierung und das *Department of Conservation* noch keine Schritte gegen die Landnahme eingeleitet, und wie wir hören, steht es gut um die Forderungen der Maori, denn das ganze Areal ist Staatsland.

Wir werden eingeladen, hier den Tag und die Nacht zu verbringen, und gerne würden wir bei unseren aufgeschlossenen und herzlichen Gastgebern bleiben. Doch die Kids geben sich quengelig, drängen zum Aufbruch ans Ziel, und so brechen wir auf, um nun durch wieder mehr und mehr der Weidenwirtschaft unterworfenes und nicht mehr zum Nationalpark gehöriges Land gen Pipiriki zu fahren.

Die Schnellen sind nicht mehr der Rede wert, und erst ganz zum Schluß, schon im Angesicht des Zieles, entkommen wir nur ums Haar einer Kenterung, als uns ein unsichtbarer Felsblock auf die Seite kippt. Dadurch etwas aus der Fassung geraten, paddeln wir arg dilettantisch aus der Strommitte in rechtem Winkel auf die Bucht von Pipiriki zu, werden von der Gegenströmung erfaßt und rauschen mit Vollgas ins Weidengestrüpp am Ufer hinein. Über 10 Minuten brauchen wir, um uns aus der mißlichen Lage zu befreien. Etwas verlegen legen wir schließlich in **Pipiriki** an, wo uns der hämisch grinsende Kanu-Verleiher empfängt.

Steve weiß von acht gekenterten

und zwei zerstörten Kanus sowie drei weiteren geborgenen Kanadiern flußabwärts zu berichten. Ziemlich stolz, heil durchgekommen zu sein, nehmen wir Abschied vom Fluß, steigen in den Jeep und fahren auf einer atemberaubenden Berg-und-Tal-Piste zum Highway-3 zurück, Taumarunui entgegen.

Jet-Boot-Touren

Wem der Kanu- oder Kajak-Trip zu extrem ist (obwohl er wirklich nur bei Hochwasser problematisch wird) oder wer unter Zeitdruck leidet, muß keineswegs auf das »Erlebnis Whanganui River« verzichten, denn alle Kanu-Verleiher in Taumarunui bieten auch Jet-Boot-Touren an. Das Abenteuer kommt bei dieser schnellen, lautdröhnenden Variante freilich zu kurz, auch kann man die Landschaft kaum gebührend genießen, auf sich einwirken lassen, schon gar nicht die herrliche Stille dieser urwelthaft wilden Welt – doch manchen ist gerade diese Art der schnellen Fortbewegung das höchste der Gefühle.

Eine Auswahl: Die 15minütige Schnuppertour auf dem Oberlauf kostet 15 $/Person, der 1,5stündige Trip 35 $ und die 3,5stündige *Discovery Tour* 47 $, während die 100 km lange halbtägige Tour schon für 60 $ zu haben ist. Ein ganzer Tag kommt auf 85 $, der 2-Tages-Trip von Taumarunui nach Pipiriki auf 251 $, und wer die ganze Strecke bis hinunter nach Whanganui ans Meer im Jet-Boot abfahren will, muß 348 $ hinblättern.

Vergleicht man diese Preise mit denen von Jet-Boot-Touren im Bereich von Taupo, Rotorua oder gar Queenstown/Südinsel, zeigt sich das günstige Preisniveau vor Ort. (In Queenstown kostet bereits ein 30-Minuten-Trip um 100 $!)

Whanganui-Nationalpark

Dieses 74 000 ha große Schutzgebiet gilt zusammen mit dem (dreimal größeren) Urewera-Nationalpark (siehe Route 3) als eines der letzten großen Refugien undurchdringlicher und naturbelassener Tiefland-Regenwälder, von Riesenfarnen, monströs großen Podocarpaceen und immergrünen Laubhölzern gebildet. Moose, Farne, Pilze, Flechten und Orchideen gedeihen zu Füßen dieses bis über 50 m hoch aufragenden Baldachins aus dichten und oft nahezu lichtundurchlässigen Baumkronen; Lianen überbrücken die einzelnen »Stockwerke«; an Stämmen und Ästen der Baumgiganten wuchern Hunderte Arten von Epiphyten; und die Fauna ist insbesondere durch Vögel vertreten. Hier leben der Honigfresser und Zwergschlüpfer sowie die Wekaralle, der

Im großen Grün des Urewera-Nationalparks ▶

Springsittich und das Weißköpfchen, auch der Kaka und mit ein bißchen Glück kann man in den Nächten den markanten Ruf des Kuckuckskauzes durch den Urwald schallen hören.

Wer ornithologisch oder allgemein botanisch interessiert ist, findet hier ein reiches Betätigungsfeld, zum Beispiel die Oppossums, putzigen und zutraulichen nachtaktiven, doch leider den Urwald zerstörenden Tiere, die einst aus Australien eingeschleppt wurden und nun als »die« Landplage überhaupt gelten. Millionen sollen insbesondere im Bereich des das Schutzgebiet querenden Whanganui River ihr Unwesen treiben, und wir selbst hatten (wie oben erwähnt) mehrfach Gelegenheit, die verfressenen Tiere aus allernächster Nähe zu beobachten. An vielen Campgrounds entlang dem Flußufer sind deshalb vergiftete Fallen aufgestellt; das *Department of Conservation* verspricht sich von dieser Maßnahme eine drastische Reduzierung der Oppossum-Population.

■ Überhaupt der **Whanganui River:** Diese Wasserstraße, zur Pionierzeit sogar von kleinen Flußdampfern befahren (um Soldaten in dieses letzte Rückzuggebiet der gegen die Eindringlinge kämpfenden Maori zu befördern), bietet eigentlich für jedermann die ideale Möglichkeit, einfach (per Kanu, Kajak oder Jet-Boot) in die wahrhaft »Grüne Hölle« einzutauchen. Wem das nasse Element nicht liegt, bleiben ansonsten nur die beiden Fernwanderwege, die das Refugium erkunden:

■ Der **Matemateaonga-Trek** mißt rund 45 km Länge und durchquert den südlichen Abschnitt des Schutzgebietes in seiner ganzen Breite. Startpunkt ist üblicherweise die Tieke-Hut; s.o. unter »Tag 4«, die Anfahrt ist auch im Jet-Boot möglich, am billigsten von Pipiriki aus. Endpunkt ist die Upper Mangaehu Road, die auf den Highway 43 zwischen Whangamomona und Douglas an der Strecke Taumarunui-Stratford mündet. Die Tour ist recht beliebt, aber, da sie durch Feuchtgebiete führt und die 730 m hohe Matemateaonga Range überquert, ganz und gar kein Zuckerschlecken. Fünf Wanderhütten liegen am Weg, und 4–5 Tage auch sollte man laut Auskunft des Taumarunui »Visitor Centres« schon ansetzen.

■ Die andere Überlandroute trägt den Namen **Mangapurua-Trek** und verläuft zwischen Mangapurua Landing (gegenüber Mangapurua-Campsite, siehe oben unter »Tag 3«) via der Bridge of Nowhere (siehe oben unter »Tag 4«) ins Mangapurua-Tal hinein, bevor es wieder an den Fluß zurückgeht, der bei der Whakahoro Hut (s.o. unter »Tag 3«) erreicht wird. Dieser Trek wird übrigens auch geführt angeboten (*Yeti Tours,* s.o. unter »Whanganui River«), dauert wahlweise 3 oder 5 Tage und kostet komplett 650 $ bzw. 760 $.

Auf das vulkanische Plateau

■ Fahren wir nun von Taumarunui aus weiter, sind es 6 km entlang dem Ufer des Whanganui River bis **Pungapunga**, Kreuzung des Highway-4 mit dem zum Lake Taupo (siehe Route 2) führenden Highway-41, der den sogenannten Desert Highway bei Turangi erreicht. Über diese Straße, in Verbindung mit dem nach Süden führenden Highway-1 (gen Norden läßt sich Taupo sowie auch Rotorua schnell erreichen) sowie dem bei Waiouru wieder auf den Highway-4 zurückführenden Highway-49, kann man das vulkanische Plateau mit seinen berühmten »Feuerbergen« umrunden und stößt dann, 8 km nördlich Raetihis, wieder auf die hier beschriebene Route.

■ Wir aber folgen unverändert der nun mit »National Park« ausgeschilderten Hauptstraße-4, und nicht lange, da steigt die Straße in Kurven aus dem tief eingewaschenen Tal des Whanganui River hinaus und führt an einem **Lookout Point** vorbei, von dem aus man eine atemberaubende Aussicht sowohl auf die Vulkankegel des *Tongariro National Park and Heritage Area* als auch auf das von Creeks durchfurchte und vom Glitzerband des Whanganui River durchströmte Land südlich Taumarunuis genießen kann.

■ Die Straße steigt sanft an. Auf der folgenden Strecke kontrastieren ausgedehnte Möhren-, Kohl- und Kartoffelfelder mit kleinen Urwaldenklaven. Je höher es geht, desto mehr nimmt das Land Steppencharakter an: Wälder, teils primär, teils aufgeforstet, machen sich zunehmend rarer, und am Horizont verschmilzt das Goldgelb der Tussock-Grasfluren mit dem Rot, Braun und Schwarz der bis nahezu 2800 m hoch in den Himmel ragenden Vulkan-Phalanx des Hochplateaus. – Diese Panoramen machen den besonderen Reiz dieser Strecke aus. Unwillkürlich drängen sich Vergleiche mit dem chilenischen Andenhochland auf; allein die sich häufenden Hinweisschilder auf »Ski Lodges« und Skilifte passen nicht so recht ins Bild. In der Tat befindet sich hier oben, auf dem vulkanischen Plateau von Neuseeland, das größte Wintersportzentrum des Landes, auch wenn man sich im Sommer kaum vorzustellen vermag, daß sich die maßlos zerklüfteten Hänge in der Ferne in skigerechte Slalompisten verwandeln können.

Mit dem bald am Weg liegenden **Owhango** wird der erste Wintersportort der Region erreicht, aber »das« Zentrum für den kalten Sport ist das 43 km von Taumarunui entfernte **National Park,** das sich rechts des Highways mit Hunderten Ferienhäusern, Lodges, Restaurants und gleich 16 Pubs, der größten Pub-Konzentration Neuseelands, erstreckt. Im Sommer versprüht dieser lediglich zwei Dutzend feste Einwohner zählende Ort allerdings nur wenige Reize, doch das Panorama von hier aus auf die nun nur noch wenige Kilometer in der Luftlinie entfernten »Fujiyamas« sucht immerhin seinesgleichen!

Insbesondere im Spätherbst, wenn das Tussock-Gras auf dem Plateau rotgolden leuchtet, während die oberen Lagen der konischen Bergriesen mit einer ersten weißen Schneeschicht bedeckt sind, mag man sich nicht von dem herrlichen Anblick abwenden, und man glaubt verstehen zu können, warum die Region einst für die Maori eine besondere spirituelle Bedeutung besaß. Hunderte Legenden ranken sich um diese heilige Stätten, und ganze Generationen von Stammesführern liegen an den Flanken der oft genug rauchenden und Asche- sowie Lavaregen spuckenden Vulkanschlote begraben. Wie es heißt, beschatteten die Maori gar ihre Augen, wenn sie in früheren Zeiten durch diese menschenleere und mystisch anmutenden Landschaft wanderten.

■ Wir befinden uns hier in einer der aktivsten Vulkanregionen der Erde, und selbst wer noch so sehr in Eile ist, darf den Abstecher nach **Whakapapa** (auch als »Chateau« ausgeschildert) ins vulkanische Zentrum der Region nicht versäumen. So biegen wir in National Park auf den abzweigenden Highway-47 ein, von dem 9 km weiter der mit »Whakapapa« markierte Highway-48 direkt auf die noch 7 km entfernten Vulkanflanken zuläuft. Über das Touristenzentrum Whakapapa wird unten alles Wesentliche gesagt, doch hier sei noch hervorzuheben, daß die Straße nicht etwa in diesem Ort endet, sondern vielmehr erst im 1622 m hoch gelegenen **Iwikau Village,** auch bekannt als »Top of the Bruce«. Unterwegs kann man ständig atemberaubende Fernsichten bis hinüber zum Mount Taranaki (s.o. unter »Abstecher«) genießen, und am Straßenende, wo das eigentliche Skizentrum liegt, lädt ein **Sessellift** ein, mit dem man für 15 $ bis über 2000 m hoch an der Flanke des Mount Ruapehu hinauffahren kann. Diese Tour ist unbedingt zu empfehlen, denn dort oben, wo u.a. das höchstgelegene (und entsprechend teure) Restaurant Neuseelands wartet, befindet man sich bereits mitten in der von Lava und vulkanischem Auswurfgestein geprägten Zone unterhalb des von hier aus recht schnell, aber keineswegs nicht einfach erreichbaren Kratersees des Ruapehu, wohin allmorgendlich um 9 Uhr eine geführte Tour startet (s.u. unter »Outdoor«).

Tongariro National Park and Heritage Area

Das Gebiet rings um die drei Vulkane Mount Tongariro (1967 m) im Norden, Mount Ngauruhoe (2287 m) in der Mitte und Mount Ruapehu (2797 m) im Süden war den Maori seit Angebinn ihres Inseldaseins heilig. Es gehörte schon viel Weitblick dazu, bereits vor über 100 Jahren zu erkennen, daß die ewige Ruhe der hier begrabenen Stammesherrscher einst ernsthaft gefährdet sein könnte. Der Maori-Häuptling *Horonuku Te Heuheu Tukino* vom Stamme der Ngati Tuwharetoa hatte scheinbar diesen Weitblick, denn 1887 machte er der Kolonialregierung die ganze Umgebung der drei Vulkane zum Geschenk mit der Auflage, daß diese Region für immer und ewig geschützt bleiben sollte. Der erste Nationalpark des Landes war somit geboren, nur 15 Jahre nach Errichtung des ersten Nationalparks der Welt, des Yellowstone in den USA. Später kamen weitere Quadratkilometer hinzu, und heute hat dieses Schutzgebiet eine Ausdehnung von über 78 000 ha.

Die Vereinten Nationen gestanden dem Areal 1990 den internationalen World-Heritage-Schutzstatus zu; einerseits wegen der umfassenden religiösen Bedeutung dieses Gebiets für die Maori, andererseits wegen der naturgeschichtlich und ökologisch herausragenden Rolle dieser mitten im *Pacific Ring of Fire* gelegenen und ungeheuer aktiven Vulkanzone, unter der, etwa 70–140 km tief im Erdinneren, die pazifische Kontinentalscholle mit einer Geschwindigkeit von etwa 5 cm pro Jahr unter die indisch-australische Scholle gepreßt wird. Die dabei zu glutflüssiger Magma schmelzenden Gesteinsmassen steigen durch Zerrungsbrüche in die obere Erdkruste auf, von wo sie dann in Form von Eruptionen an die Oberfläche dringen.

Jahr für Jahr werden hier über 100 Erdstöße registriert, manche mit verheerender Wirkung, andere kaum spürbar. Doch die schlimmsten Auswirkungen dieses »Kontinentalschollengerangels« haben nicht die Beben, sondern vielmehr die Vulkanausbrüche. Immer wieder erwachen die schlafenden Riesen, weshalb ein umfangreiches Frühwarnsystem installiert wurde. So konnten Katastrophen größeren Ausmaßes stets erfolgreich verhindert werden, und auch die bislang letzten Vulkaneruptionen des Mount Ruapehu, eines der aktivsten »Feuerberge« überhaupt, wurden rechtzeitig erkannt: 1995 zerstörten sogenannte Lahars, Ströme aus Schlamm und Vulkanasche, zusammen mit Lavaeruptionen große Teile der am Mount Ruapehu errichteten Skianlagen, und im Sommer 1996 legten die Ascheeruptionen des erneut ausgebrochenen Ruapehu sogar den Flugverkehr über der Nordinsel von Neuseeland lahm. – Tausende Menschen mußten evakuiert werden.

Als höchst aktiv präsentiert sich aber auch der erst etwa 2500 Jahre alte Mount Ngauruhoe, der als perfekter Schichtkegel die Landschaft beherrscht und immer wieder mit kilometerhohen Gasausstößen von sich sehen und hören macht. Der Mount Tongariro schließlich, das älteste Vulkanmassiv der Region, erinnert äußerlich am wenigsten an einen »Feuerberg«, da einst gigantische Explosionen Teile des Berges fortsprengten; zischende Schlammlöcher und dampfende Krater geben aber beredtes Zeugnis, daß er noch lange nicht zur Ruhe gekommen ist.

Pflanzensukzession – Geschichte einer Wiedergeburt

Auch in ökologischer Hinsicht hat das Tongariro-Gebiet Einzigartiges zu bieten. Wer hat sich nicht schon einmal gewünscht, in die Vergangenheit zu reisen und die Welt so zu erleben, wie sie in ihrer »Jugend« war? Hier kann man das, ja ein großer Teil des Vulkanplateaus ist nicht nur unberührt, es gibt sogar Zonen, in denen man regelrecht die Vorgänge beobachten kann, durch die die Erde geformt wurde und das Leben Fuß faßte: auf den erstarrten Lavaflüssen nämlich.

Ehrfurcht, im altmodischen Sinn des Wortes, gehört zu den profundesten Erfahrungen in der Natur: Zu Füßen der drohend und majestätisch wie fossile Denkmäler der Urzeit aufragenden Vulkane kann man sich überwältigt, ja verloren fühlen. Eingefallene Türme überschatten schwarz funkelnde Gassen, klaffende Spalten führen in imaginäre Welten, es brodeln Schlammlöcher, und Erdrissen entsteigen nahezu höllisch riechende Dämpfe. Von besonderem Interesse sind für die Botaniker jedoch weder die dramatischen Formen aus grauer Vorzeit noch die erdrückende Zeitlosigkeit der Refugien, sondern vielmehr die Flora, die man auf den erstarrten Lavaflüssen zu sehen bekommt.

In den jüngsten Lavabetten, in denen noch vor wenigen Jahren die glutflüssige Magma zu Tal lief, stößt man auf nackte Oberflächen, oft spiegelglatt und nur hier und da mit Gesteinsschutt bedeckt. Es ist eine neugeborene Welt. Keine Pflanze lebt auf dem geschundenen Boden; was man hier erblickt, ist der Prolog im Drama der Pflanzensukzession, wie die Ökologen den

Prozeß der Pflanzengeburt nach der vulkanischen Genese nennen.

Um nun die einzelnen Stadien anzusehen, in denen die Pflanzen in von Lava verwüsteten Gebiete vordringen und sich ausbreiten, bis ein Wald entstehen kann, besuchen wir einen der zahlreichen und erst wenig mehr als 30 Jahre alten Lavaflüsse, die gerade im Bereich des Mount Ngauruhohe zu Dutzenden zu sehen sind. Nicht lange, so erkennt man überall auf dem Lavagestein wie auch auf herumliegenden Gesteinsbrocken feine Maserungen in Gelb und Braun, Grün und Grau, Rot und Orange, die gleichermaßen an komplizierte Netzwerke und Mikrochip-Strukturen erinnern oder, je nach Art, an filigrane Miniaturen, Mineralien, mikroskopisch kleine Schornstein-Landschaften oder auch Kirchenfenster à la Chagall. – Es sind dies allesamt Flechten, Lebewesen, die zur anspruchslosesten Pflanzengruppe überhaupt zählen. Noch in Regionen des Dauerfrostes können sie gedeihen, selbst bei Temperaturen unter -25°C erhalten sie den Prozeß der Photosynthese aufrecht, und dabei wachsen sie so langsam, daß der Zuwachs ihres Thallus nur 1–2 mm pro Jahr beträgt. Aber Flechten, deren Sporen vom Wind herangetragen werden, sind nicht nur stets die ersten Bewohner unfruchtbarer Regionen, sondern sie allein auch sind in der Lage, nackten Fels in fruchtbaren Boden zu verwandeln. Das schafft der Pilz, der in dieser wundersamen Pflanze zusammen mit der Alge in Symbiose lebt, indem er konstant organische Säure absondert (Polycarbonsäure), die den Fels, auf dem die Flechte sitzt, in einem unermeßlich langsamen chemischen Erosionsprozeß zersetzt, ihm so winzige Nährstoffmengen entzieht. Davon nährt sich die Alge und wandelt es mit Sonnenenergie in Zucker um, den der Pilz zum Leben benötigt.

Einige der verwitterten Partikel fallen auch in die Wasseransammlungen in den Felsvertiefungen und bereichern das Material am Grunde der Tümpel, so daß sich im Laufe der Zeit Wasserpflanzen festzusetzen vermögen, deren Same der Wind herbeiträgt. In etwas älteren Lavabetten sind bereits Moose auszumachen, die auf den zuvor von der Flechte zersetzten Felsen gedeihen. Andernorts sind schon große Teile des Bodens mit einer dünnen Humusschicht bedeckt (die zu bilden die absterbenden Moose beitragen) und keimen erste Gräser; je mehr Zeit seit Erkaltung der Gesteinsschmelze vergangen ist, desto vielfältiger wird das Leben: Auf den nächstälteren Lavaflüssen kann man neben Flechten, Moosen und Gräsern bereits die ersten Polsterpflanzen gewahren, hier und da eine erste Blume, und all diese Pflanzen hinterlassen, wenn sie absterben, relativ große Mengen

Stickstoff und Kohlenstoff im Boden, der so für die ersten höheren Gewächse, etwa das Drachenblatt oder die schon zur Familie der Podocarpaceen gehörige Alpentotara, vorbereitet wird.

Was hier im kleinen nachgezeichnet wurde, geschah nach der vulkanischen Genese Neusselandweit, wie Pollenanalysen aus verschiedenen Bodenschichten bewiesen. Den Gräsern folgten bald erste Sträucher, schließlich Bäume, die nach und nach nahezu alle Lebensräume zurückerobern konnten.

Die touristischen Zentren

■ Touristisches Zentrum des Nationalparks ist das am Westrand des Schutzgebiets auf 1125 m Höhe gelegene **Whakapapa Village,** das nach dem Prunkpalast des riesigen Tongariro-Chateau-Hotels auch als »Chateau« bezeichnet wird und seit Mitte der 20er Jahre schon Reisende aus aller Welt anzieht. Im Frühling, Sommer sowie Herbst dominieren die ausländischen Gäste, die sich bevorzugt an Sessellift-Fahrten sowie Outdoor-Aktivitäten jeder Art erfreuen. Besonders Vulkanwanderungen sind hier angesagt, herrliche Hochtouren zu verschiedenfarbigen Kraterseen, zu Schlammtümpeln und Fumarolen, und der hier beginnende Tagestrek »Tongariro Crossing« gehört zu den eindrucksvollsten Tageswanderungen in Neuseeland. Im Winter kommen die einheimischen Skitouristen, denn das auf ca. 1600 m Höhe gelegene Whakapapa- sowie Turoa-Skifeld bilden das beliebteste und schneesicherste Skigebiet der Nordinsel.

Das 35 km von National Park entfernte und am Südrand des Schutzgebiets gelegene *Okahune* erfreut sich als Wintersportort größter Popularität, hat aber für den Sommertouristen eher wenig zu bieten und soll hier dementsprechend nicht näher vorgestellt werden.

Das dritte Zentrum dann, *Turangi,* liegt am Nordzipfel des Nationalparks, nahe dem Seeufer des Lake Taupo am Highway-1, und damit nicht mehr auf dem eigentlichen Vulkanplateau sowie dermaßen weit von Whakapapa entfernt (47 km), daß es im Rahmen der Route 2 gesondert vorgestellt wird.

Selbst wer in Eile ist, sollte den Besuch von Whakapapa nicht missen. 2–3 Tage an Aufenthalt scheinen uns das Minimum zu sein.

■ **Information:** Der erste Gang in Whakapapa sollte ins aufwendig gestaltete und beispielhaft ausgestattete *Whakapapa Visitor Centre* (Tel. 07/892 37 29) führen, das in Whakapapa an der Hauptstraße gelegen und nicht zu verfehlen ist. Hier bekommt man nicht nur alle wesentlichen Informationen zum Nationalpark sowie zu Okahune, Turangi nebst Taupo und Whanganui, sondern kann auch alle Outdoor-Aktivitäten sowie Unterkünfte und Transporte buchen bzw. reservieren und sich anhand von Fotoausstellung auf Erlebnisse in dieser vulkanischen Welt einstimmen. Eine gelungene, sehenswerte Videoshow läßt einen die jüngsten Ruapahu-Ausbrüche hautnah miterleben; ansonsten kann man hier Wanderkarten, Postkarten, Bildbände etc. erstehen.

An-/Weiterreise

■ **Zug:** National Park sowie auch Okahune liegen am Haupt-Schienenstrang des Landes, der Auckland und Wellington miteinander verbindet. Ticket-Reservierungen kann man über die landesweite Buchungsnummer der Bahn vornehmen (s.o.) sowie auch über die »Vistor Centres« in Whakapapa Village und Ohakune.

Zwischen dem Bahnhof in National Park und Whakapapa Village verkehrt ein Shuttle-Bus.

■ **Bus:** Whakapapa Village sowie auch Ohakune werden von den Überlandbussen nicht direkt angefahren. Die nächsten Haltestellen sind National Park (Shuttle-Service mit Whakapapa) sowie Raetihi (Shuttle-Service mit Ohakune). Buchungen kann man in den »Visitor Centres« vornehmen.

Unterkunft

In Whakapapa:

■ Der direkt gegenüber vom Visitor Centre gelegene **Whakapapa Holiday Park** (Tel. 07/892 38 97) steht unter Leitung des *Department of Conservation* und ist vorbildlich ausgestattet: Backpackers-Betten (12,5$), Cabins (33$/Person, 9$ für jede weitere Person, maximal 6 Personen), kleine, von Hecken und Bäumen geschützte und mit Sägespänen aufgeschüttete Stellplätze für Zelt (8 $/Person) und Wohnmobil (10 $/Person), zudem ein (teurer) Lebensmittelladen.

■ Bei dem **Skotel** (Tel. 07/892 37 19), in aussichtsreicher Hanglage, handelt es sich um einen modernen, mit Restaurant, Bar, Sauna, Spa-Bad und Outdoor-Zentrum ausgestatteten und dank viel Holz recht stimmungsvoll wirkenden Bau, der die ganze Zimmerpalette zwischen Hostel Rooms (32$ für das Double; Gemeinschaftsküche), Studio Rooms (82$), Deluxe Rooms und Chalets (je 110$) abdeckt.

■ Bleibt das 1929 im Schmuckstil der Belle Epoque errichtete Nobelhotel **The Grand Chateau** (Tel. 07/892 38 09). Liegt malerisch zu Füßen des Vulkans auf einer riesigen Wiese, mit Golfplatz, Fitneß-Räumen, Tennisplätzen, Sauna, Whirlpool, einem großen verglasten Hallenbad, nostalgisch-luxuriösen Aufenthaltsräumen, Kaminzimmer, Bar, Restaurant nebst eleganten Zimmern, die von 112$ über 135$ sowie 168$ bis hin zu 450$ kosten. – Die »Grand Old Lady of the Mountain«, soeben für über 3 Mio. $ renoviert, gilt als eine der feinsten Adressen im Land.

Achtung: Jeden Sommer findet hier eine 5tägige Package Tour statt, die vier Übernachtungen im Hotel nebst Vollpension sowie geführte Treks zu Crater Lake und Tongariro Crossing beinhaltet. – Kostenpunkt 795 $ pro Person.

Unterkunft

Whakapapa-Umgebung/ National Park:

Da die Unterkünfte in Whakapapa häufig hoffnungslos ausgebucht sind, hier ein paar Tips im nahen Umland:

■ Wer den Massen entkommen und inmitten der Natur wohnen will, sollte auf das **Mangahuia DOC-Camp** ausweichen, das am Highway-47 bei km 6 ab National Park nach rechts ausgeschildert ist. Es locken herrliche Wiesenparzellen, teils mit Feuerstellen, Bänken und Tischen ausgestattet; auch Trinkwasser sowie ein Plumpsklo stehen zur Verfügung. Am angrenzenden Mangahuia River, der hier durch ein winziges Primärwald-Refugium verläuft und traumhaft gelegene Badepools kennt, läßt es sich herrlich waschen. Da der Platz nicht beaufsichtigt ist, ist das Bezahlen Ehrensache (Couverts am Platz-Eingang entnehmen).

■ Bei der **Howards Lodge** (Tel. 07/892 28 27) in National Park an der Carroll Street handelt es sich um einen gehobenen Backpackers (nur für Nichtraucher!) mit moderner Ausstattung sowie Travel- und Outdoor-Centre (Verleih von Campingausrüstungen sowie Mountain bikes); auch der Transport für den Tongariro-Crossing-Trek wird hier organisiert. Das Bett kostet 15 $ im Schlafsaal, 17 $ im 4-Bett-, 20 $ im Doppelzimmer, und die großen Suiten (mit Platz für 5 Personen) kosten 80 $.

■ Das ebenfalls an der Carroll Street gelegene **Ski Haus** (Tel. 07/892 28 54) ist mit Bar und Restaurant, Spa und Sauna sowie großem Kaminzimmer die gemütlichste Bleibe. Ebenfalls Trek-Transport sowie Zeltstellplätze (8 $/Person), Schlafsaal-Betten (15 $), Doppelzimmer (40 $) nebst Bed & Breakfast (35 $/Person).

Essen und Trinken

■ **Selbstverpfleger** sollten möglichst alles, was sie brauchen, schon aus Taumarunui mitbringen, denn im Shop in Whakapapa (Holiday Park) sowie National Park ist die Auswahl gering bei hohem Preisniveau.

■ **Restaurants:** Wer nicht selbst kochen will, dem bleiben in Whakapapa nur das empfehlenswerte und recht preisgünstige Restaurant des *Skotel* (s.o.), das edle, stimmungsvolle und dementsprechend teure Top-Restaurant des *Chateau* (s.o.; empfehlenswert hier das üppige skandinavische Frühstücksbuffet für 20 $: Man kann essen, soviel man nur will) sowie die ausgeschilderte *Tavern,* die preiswerte Tiefkühl-Pizzen serviert.

Weitere Restaurants finden sich in National Park, viele sind den insgesamt 16 Pubs (!) des Ortes angeschlossen. Sehr gut, opulent und preisgünstig ißt man im o.g. *Ski Haus.*

Outdoor aktiv im Reich der »Feuerberge«

Umfassende Informationen über das enorm große Outdoor-Angebot im Bereich des Tongariro-Nationalparks bekommt man im o.g. Whakapapa Visitor Centre (sowie u.a. in den »Visitor Centres« von Taumarunui sowie Turangi), wo auch Reservierungen für alle geführten Trips vorgenommen werden können.

Whakapapa Walks:
Rings um Whakapapa erschließen Dutzende vorbildlich ausgeschilderte, markierte und bestens präparierte kurze Wanderwege das reizvolle Umland. Sie sind für jedermann geeignet, und in den o.g. »Visitor Centres« erhält man für 1 $ eine Karte, auf der alle Wege verzeichnet sind.

■ Nur 15 Min währt der **Whakapapa Nature Walk,** eine Art Lehrpfad, der 200 m oberhalb des »Visitor Centres« beginnt und durch einen Südbuchenwald verläuft.

■ Rund 20 Min. ist man zu den **Tawhai Falls** unterwegs, die sich über ein ehemaliges Lavabett ergießen und von Südbuchenwald umgeben sind. Start 3,5 km unterhalb Whakapapas am Highway-48.

■ Der 100 m oberhalb des »Visitor Centres« beginnende **Ridge-Trek** schließlich dauert rund eine halbe Stunde und führt in die alpine Strauchvegetation hinein zu einem Aussichtspunkt, von dem aus man ein schönes Panorama auf Mount Ruapehu und Mount Ngauruhoe genießen kann.

■ Anspruchsvoller, aber ebenfalls von jedermann machbar, ist der 2–3 Stunden währende **Silica Rapid Walk,** der 200 m oberhalb des »Visitor Centres« startet, einen Rundweg beschreibt und guten Einblick in die subalpine Flora vermittelt. Er führt entlang dem mineralreichen Waikare River, den teils rot (durch Eisenoxid) gefärbte Felsformationen einfassen.

■ Am Skotel vorbei führt der 2 Stunden in Anspruch nehmende Weg zu den **Taranaki Falls,** die sich über ein ehemaliges und vor etwa 15 000 Jahren entstandenes Lavabett über 20 m in einen schönen Pool ergießen.

■ Einen ganzen Tag etwa nimmt der Weg zu den zartblauen und inmitten einer Mondschaft gelegenen **Tama Lakes** in Anspruch (6 Stunden, 15 km, Startpunkt 100 m unterhalb des Visitor Centres), der an den Taranaki Falls vorbei über Tussock-Grassteppe zu den ehemaligen Kraterseen führt, von denen der untere auf 1200 m Höhe sowie der obere auf 1314 m liegt. Da der Abstieg an die Seeufer teils recht steil ist, es über rutschige

Aschewege geht, sollte man gutes Schuhwerk tragen.

■ Wer den Weg zum auf 2530 m Höhe gelegenen **Ruapehu Crater Lake** auf eigene Faust begehen möchte (Aufstieg vom Ende des Sesselliftes ab Iwikau Village), benötigt eine Karte (im »Visitor Centre« erhältlich) sowie gute Bergausrüstung nebst Kondition, denn der »Pfad« ist teils kaum auszumachen und führt extrem steil an der mit Vulkanschutt bedeckten Flanke des aktiven Berges hinauf. Der Lohn für die rund 2–3 Stunden währenden Strapazen ist ein traumhaftes Panorama vom Dome Shelter auf 2672 m Höhe über das ganze Vulkanplateau hinweg bis hinüber zum Mount Taranaki (s.o. unter »Abstecher«). Auch der von Schneefeldern gesäumte Kratersee selbst, der mehrmals schon durch drastische Temperaturveränderungen bevorstehende Eruptionen ankündigte, ist unbedingt die Mühe wert. Da der Weg mitunter nur schwer zu finden, hier außerdem häufig Nebel aufzieht und das Terrain alles andere als ungefährlich ist, bietet es sich an, diese Wanderung im Rahmen einer geführten Tour zu unternehmen, die 38 $ pro Person inkl. Lift kostet und allmorgendlich um 9 Uhr startet; zurück ist man gegen 16 Uhr. Buchungen kann man über das »Visitor Centre« sowie im Whakapapa Ski Area am Ticketschalter des Sesselliftes (Tel. 07/892 37 38) vornehmen.

Tongariro Crossing:

»Der« Trek in dieser Region ist der Tongariro Crossing, eine überaus anstrengende alpine Traverse, die zu den eindrucksvollsten Naturerlebnissen sowie Tageswanderungen einer Neuseelandreise gehört. Alle Vegetationszonen der Vulkanregion werden durchwandert, und schließlich geht es durch eine mit Kraterseen gespickte, von Lavaflüssen durchzogene und von bizarrem Auswurfgestein bedeckte Mondlandschaft hindurch, immer wieder von wunderbaren Panoramen gekrönt.

■ **Vorbereitung:** Die totale Wanderzeit liegt bei 7–8 Stunden; für Kinder unter 12 Jahren ist die Route aber ungeeignet. Da das Wetter in dieser Region äußerst launisch sein kann, sind stets warme Sachen sowie Regenzeug mitzunehmen; ebenso eine Karte (Visitor Centre) sowie unbedingt Sonnenbrille, -creme und -hut nebst Verpflegung und reichlich Trinkwasser.

Wer sich den Trek nicht alleine zutraut, kann an der Package Tour des Chateau Hotels (s.o.) teilnehmen und ansonsten Führer mieten. Als eine der besten Adressen dafür gilt *Plateau Outdoor Adventure Guides* (Tel. 07/892 27 40; s.u.). Das »Visitor Centre«, wo man auch buchen kann, spricht weitere Empfehlungen aus.

■ **Transport:** Ausgangspunkt dieser (als Tageswanderung) recht anstrengenden Tour ist der Parkplatz am Ende der vom Highway-47 abzweigenden und rund 6 km langen Mangatepopo Road. Da der Endpunkt nicht mit dem Startpunkt identisch ist, bietet es sich an, den »Tongariro Trek Transport« in Anspruch zu nehmen. Er kostet 15 $ (Anfahrt sowie Abholung) und wird von mehreren Veranstaltern angeboten: u.a. vom *Ski-Haus* (Tel. 07/8922854; Start in National Park) sowie von *Alpine Scenic* (Tel. 07/3868918) und *Tongariro Track* (Tel. 07/8923716), die gegen 7 Uhr am »Visitor Centre« (dort ebenfalls Buchung möglich) starten und die Teilnehmer um 18 Uhr am Endpunkt der Wanderung wieder abholen.

■ Der **Wanderweg** führt vom Parkplatz (mit Info-Tafel) ins *Mangatepopo Valley* hinein und passiert nach rund 20 Minuten einen Seitenweg zur angrenzenden *Mangatepopo Hut* (Wanderhütte und Campground). 2 km weiter etwa, während deren man durch Tussock und über Lavabetten marschiert, ist ein Pfad zu den schnell erreichten *Soda Springs* ausgeschildert, einer Trinkwasser-Oase inmitten einer Mondlandschaft. Steil, aber kurz, geht es nun zum Mangatepopo-Sattel hinauf, der erste Traumpanoramen auf die Vulkane, eine vorausliegende Lavaebene sowie auf das nächste Etappenziel, den *South Crater*, freigibt. Zu diesem Krater auf 1660 m Höhe geht es nun steil und mühsam (da rutschig) hinauf, und wer ganz hoch hinaus will, kann einen markierten Seitenweg zum 2287 m hohen Gipfel des Ngauruhoe-Vulkans nehmen (rund 2–3 Stunden je Weg).

Vom dampfenden Rand des South Crater geht es darauf steil und rutschig in den Kessel hinab, der nun zu queren ist (überdeutlich markiert), bevor der 1886 m hoch gelegene *Red Crater*, der höchste Punkt dieser Tour, erreicht wird. Seinen Namen verdankt dieses »Höllenloch« den pupurroten Farben seiner Kesselwände. Aus klaffenden Spalten, mitunter von Schichten kristallisierten Schwefels gerahmt, dringen neben einem Pfeifen und Zischen Schwaden nach faulen Eiern riechenden Dampfes – sichtbare Zeichen dafür, daß der Boden, auf dem man steht, noch lange nicht zur Ruhe gekommen ist.

An einem auf den 1967 m hohen Gipfel des links liegenden Mount Tongariro führenden markierten Pfad vorbei, geht es nun zu den unterhalb liegenden türkisfarbenen *Emerald Lakes* hinüber, die die Kraterlöcher mehrerer Explosions-Calderen füllen und malerisch inmitten der braunroten, mit Schneefeldern bedeckten Lavageröllwüste liegen. Am unteren See zweigt ein zur Oturere Hut ausgeschilderter Pfad nach rechts ab; dieser Weg führt an der Hütte vorbei an die Ostflanke des Mount Ngauruhoe, umrundet dann den

Vulkan und endet, vorbei an den o.g. Tama Lakes, in Whakapapa Village. Doch unser Weg quert nun den *Central Crater* zum sanft blau schimmernden *Blue Lake* hinüber, bevor es am *North Crater* vorbei zur *Ketetahi Hut* mit Campground hinunter geht.

Hier sollte man eine Rast einlegen, denn oberhalb dieser Wanderhütte laden die großen Naturbadewannen der *Ketatahi Springs* auf ein angenehmes Thermalbad ein. – Und da sitzt man dann im rund 40°C heißen Wasser, genießt die wohltuende Ruhe sowie das Panorama, das von hier aus bis weit über den Lake Taupo nach Norden reicht. – Ein prächtiger Abschluß der Tour, denn weitere Höhepunkte sind am nun steil zur *Ketetahi Road* hinab führenden Wanderweg nicht mehr zu erwarten.

Sonstige Aktivitäten:

■ **Scenic Flights:** Wenn es Rundflüge auf der Nordinsel gibt, die wirklich ihr Geld wert sind, dann diejenigen der *Mountain Air* vom Chateau Airfield (beim Hotel) aus, die nicht umsonst zahlreiche Tourismuspreise für ihre Leistungen einheimsten. Geflogen wird in Einpropeller-Maschinen, im Angebot stehen zahlreiche Touren wie die Umrundung des Vulkanplateaus oder das Abfliegen des Tongariro-Crossing-Treks. Je nach Flugdauer kostet solch ein Erlebnis zwischen 25 und 175 $ pro Person, wobei hier schon ab lediglich zwei Personen geflogen wird.

■ Geführte **Mountain-bike-Touren** der einfachen wie auch ganz extremen Art sowie auch Fahrradvermietung bietet *Rock Hard* (Tel. 07/892 29 38) in National Park.

■ Ansonsten bieten sich Pferdetreks, Rafting-Touren, Abseiling-Kurse, Rockclimbing, Kanu- und Kajakfahrten, Mountain-bike-Trails und viele andere Aktivitäten an.

Als beste Adressen für solche Erlebnisse gelten einerseits die in Raurimu (6 km nördlich National Park am Highway 4) niedergelassene Organisation **Plateau Outdoor Adventure Guides** (Tel. 07/892 27 40) sowie die in National Park vertretene **Outdoor Experiences New Zealand** (Tel. 07/892 27 73).

Ein paar Beispiele: ein 4stündiger Abseilkurs für 50 $, Canoeing (6 Std.) 75 $, Höhlentouren (4 Std.) 50 $, geführte Vulkanbesteigungen (7–8 Stunden) 75 $, 6stündige Pferdetreks 75 $, Raftingtouren in verschiedenen Schwierigkeitsgraden und Tourlängen (2–7 Stunden) 60–85 $, Rockclimbing (4 Std.) 55 $, Waterfall Kayaking (bei dem lernt, einen 6 m hohen Wasserfall hinabzufahren) 50 $, außerdem geführte Skitouren von 50 $ (3 Stunden, z.B. zum Crater Lake des Ruapehu) bis 90 $ (7 Stunden).

Rings um das vulkanische Plateau

Routenalternativen

Der Highway-4, der unsere Richtung markiert, führt am Westrand des Vulkanplateaus vorbei, bevor er Richtung Whanganui zum Meer hin absteigt. Auf der anderen, östlichen Seite des Vulkan-Nationalparks aber verläuft der Highway-1, der unter der Route 2 ausführlich beschrieben wird und via Turangi, am Nordrand des Plateaus gelegen, den Lake Taupo sowie Rotorua erreicht.

■ Folgt man nun ab **National Park** bzw. Whakapapa Village nicht dem Highway-4 gen Süden, sondern vielmehr dem Highway-47, liegt nach insgesamt 49 km **Turangi** am Weg; über den Highway-1 kann man dann parallel zur Vulkankette zum 62 km entfernten **Waiouru** fahren, von wo aus der Highway-49 die Querverbindung zurück zum Highway-4 bildet, der nach weiteren 38 km in **Raetihi** (34 km südlich National Park; s.u.) erreicht wird.

Die Gesamtlänge dieser »Rund-um-Heritage-Area-Tour« beläuft sich auf 149 km (bzw. 183 km bis nach National Park zurück), und wenigstens einen ganzen Tag (besser aber zwei mit Übernachtung in Turangi) sollte man schon ansetzen.

Wer hingegen der nachfolgend beschrieben Route nicht weiter nach Süden folgen will, kann die Vulkanumrundung in entgegengesetzter Richtung machen (siehe unter Route 2), dann via Turangi und Lake Taupo nach Rotorua weiterreisen, von wo aus es nur ein kurzes Stück bis Coromandel ist, man außerdem Anschluß an Route 3 entlang der Pazifikküste nach Süden hat.

An die Tasman-See

■ 26 km sind es von National Park aus bis zur Kreuzung des Highway-3 mit dem via Ohakuna nach Waiouru am Highway-1 (Desert Highway) führenden Highway-49. Wer weitere Vulkan-Aktivitäten anschließen will, findet im beliebten Wintersportort und nun auch am Sommertourismus partizipierenden **Ohakune** (mit Jugendherberge sowie mehreren Backpackers) alles, was er sucht. Auch ein »Visitor Centre« (Tel. 06/385 84 27) ist in diesem 1600 Einwohner großen Städtchen eingerichtet. Doch im direkten Vergleich gefällt das oben beschriebene Whakapapa Village wesentlich besser.

■ So geht es weiter, dem noch 8 km entfernten **Raetihi** entgegen. Dort muß man sich entscheiden, ob man dem Highway-4 nach Whanganui hinunter den Vorzug gibt oder aber der im nahe Pipiriki beginnenden

Whanganui River-Uferstraße. Der Highway ist schnell (obwohl recht kurvenreich), die Distanz beträgt 91 km, und während der gesamten Fahrt geht es konstant bergab. Die Landschaft aber, eine »Tausend-Hügel-Welt«, ist durch Kahlschlag gekennzeichnet, und Höhepunkte sind fortan keine zu erwarten.

■ Die via Pipiriki führende Straße hingegen mißt 110 km Länge, davon rund 50 km Schotterpiste. Sie führt direkt am Whanganui River sowie Whanganui-Nationalpark vorbei und beeindruckt mit faszinierenden Fluß-, Berg- sowie Urwald-Landschaften, wie man sie ähnlich nur selten auf der Nordinsel zu Gesicht bekommt. Mehr als 30 km/h wird man aber im Durchschnitt kaum bewältigen können (für größere Wohnmobile ist die Straße nicht geeignet), so daß für die Befahrung wenigstens ein halber, besser ein ganzer Tag anzusetzen ist. Da es bis hinunter nach Whanganui keine Tankstelle mehr gibt, sollte man in Raetihi noch einmal auftanken!

Biegt man nun ein gen Pipiriki, geht es noch für ein paar Kilometer auf Asphalt dahin. Dann wird die Straße zur Piste, die sich zahllosen Kurven durch zuerst noch kultiviertes, dann ständig wilder werdendes, mit Urwald bedecktes Bergland zum 400 m tiefer gelegenen **Pipiriki** zieht. Insbesondere im letzten Abschnit genießt man traumhafte Ausblicke auf den tief unten im Saum einer regelrechten »Grünen Hölle« dahinströmenden Whanganui River. In dem kleinen Ort selbst bieten sich Jet-Boot-Touren an (s.o. unter »Whanganui River/Jet-Boot-Touren«). Auch Privatzimmer werden hier vermietet, ansonsten lädt eine DOC-Wanderhütte nebst Campground ein, und auch Baden ist hier möglich.

■ Von nun an geht's mehr oder weniger nah am urwelthaften **Whanganui River** entlang. Die Landschaft zeigt sich dermaßen eindrucksvoll, daß man vor lauter Staunen den teils erbärmlichen Zustand der Piste vergißt. Besondere Sehenswürdigkeiten liegen keine am Weg; das Highlight ist die Fahrt als solche, und erst nach 64 km (davon 35 km Piste) hat einen Zivilisation wieder: Der Highway-4 ist erreicht, 16 km bleiben bis *Whanganui.*

Whanganui

Am großen Strom

Das rund 45 000 Einwohner große Whanganui, direkt an der Mündung des gleichnamigen Flusses in die Tasman-See gelegen, bedeutet für die meisten Reisenden einen Stopover auf der Weiterfahrt nach Süden. Es präsentiert sich, reich an großzügigen Parkanlagen, als angenehme Stadt, die zumindest dem kulturell interessierten Besucher gefallen wird. Hier, in einer der ersten Siedlungen der »New Zealand Company« und von den Maori schon ca. seit dem 10. Jahrhundert bewohnt, steht das größte und am besten ausgestattete Regionalmuseum des Landes, das sowohl die Geschichte der Maori als auch die der Stadt sowie des Whanganui River anschaulich nachzeichnet. Ansonsten bieten sich Jet-Boot und Flußdampfer-Fahrten an, und alles in allem kann man es hier gut einen Tag lang aushalten

Das erste, was man von der »Garden City« Whanganui zu sehen bekommt, sind riesige Parks, die den Whanganui River säumen und mit Abenteuerspiel- sowie Grillplätzen bestens ausgestattet sind. Dann geht es auf einer Flußbrücke ins eigentliche Zentrum hinüber, zur *Victoria Avenue*, der Haupgeschäftsstraße der Stadt.

An-/Weiterreise

■ **Zug:** Whanganui selbst ist nicht an das Schienennetz angeschlossen, aber der an der Strecke Auckland-Wellington gelegene Bahnhof Marton liegt nur rund 30 km entfernt; ein Shuttle-Bus verkehrt von/nach Whanganui.

■ **Bus:** Die wichtigsten Busgesellschaften, die Whanganui mit dem Rest des Landes verbinden, sind »InterCity« sowie »Newman's«, die einen gemeinsamen Busterminal am zentralen Taupo Quay bei der Victoria Avenue unterhalten.

■ Reist man mit dem **eigenen Fahrzeug** an, ist die Orientierung denkbar einfach: über die ins Zentrum ausgeschilderte Flußbrücke, dann am besten gleich rechts auf die Uferstraße Sommer Parade, entlang der sich fast alle Unterkünfte der Stadt finden und auch die Sehenswürdigkeiten schnell erreicht sind.

Unterkunft

■ **Camping:** Zwei stadtnah gelegene Plätze bieten sich an. Liegt der riesige *Aramoho Holiday Park* (460 Sommer Parade, Tel. 06/343 84 02) in einem Park am Ufer des Whanganui River (über die Flußbrücke Richtung Zentrum, dann rechts auf die Uferstraße), so der *Castlecliff Camp* (Rangiroa Road, Tel. 06/344 22 27) nahe dem gleichnamigen Strand an der Tasman-See. Beide sind bestens ausgestattet und verlangen um 16$ fürs Zelt, 25–32$ für eine Cabin und 50$ für ein Tourist Flat.

Wer ein Wohnmobil hat, kann auch an der auf den Whanganui River blickenden Ancaz Parade (Uferstraße/Highway-4) am nördlichen Stadtrand übernachten; vor allem im Bereich des Kowhai Parks (mit großem Abenteurspielplatz) finden sich schöne Parknischen über dem Fluß.

■ **Backpackers** gibt es zahlreiche in der Stadt. Als beste Adresse gilt das *Riverside Inn,* 2 Plymouth Street, Tel. 06/347 25 29. Ein schöner

Holzbau aus dem frühen 20. Jahrhundert, das dem YHA-Verband angeschlossen ist, direkt im Zentrum am Fluß liegt (über die Brücke, dann rechts auf die Uferstraße) und auch eine limitierte Anzahl an Zeltplätzen bietet; der Bettenpreis liegt bei 15 $ bzw. 16 $ im Double.

Als Alternative empfehlen wir, ganz in der Nähe und ebenfalls am Flußufer, *Tamaras Backpackers,* 24 Sommer Parade, Tel. 06/347 63 00. Hier kostet das Bett 15 $ bzw. 20 $ im DZ. Es werden auch Whanganui-River-Touren per Raddampfer, Kanu, Kajak und Jet-Boot organisiert.

■ **Hotels und Motels** konzentrieren sich insbesondere entlang der den Fluß säumenden Sommer Parade (über die Brücke, dann gleich rechts). Gut sind dort das preisgünstige *Astral Motel,* 45 Sommer Parade, Tel. 06/347 90 63. Flachbauten in parkähnlicher Anlage mit kompletten Wohneinheiten zu 65 $. – *Riverside Motel,* 30 Sommer Parade, Tel. 06/345 24 48. Ein Bau im »Hacienda«-Stil mit kompletten Studios und Restaurant; 70–84 $. – Und das *Riverview Motel,* 14 Sommer Parade, Tel. 06/345 28 88. Doppelzimmer für 58–72 $.

Sightseeing

■ Herausragende Sehenswürdigkeit in der Stadt ist das **Whanganui Regional Museum** an der Watt Street im *Queens Park Civic Centre,* zwischen der Victoria Avenue und der Sommer Parade im Zentrum gelegen. Mo–Sa 10–16.30 Uhr, So ab 13 Uhr.

Bei diesem Museum handelt es sich um eine der größten und bedeutendsten Ausstellungen zu Geschichte und Kunsthandwerk der Maori, und der Besuch sei selbst erklärten »Museumsmuffeln« empfohlen. Als Mittelpunkt des vorbildlich aufgebauten Museum fungiert ein 23 m langes, mit prächtigen Schnitzereien verziertes Kriegskanu, das mehr als 6 Dutzend Krieger faßte und letztmals 1865 zum Einsatz kam. Zu den weiteren zahlreichen Exponaten gehören ferner Maori-Waffen zu betrachten (u.a. riesige Kriegskeulen), Maori-Kunsthandwerk (darunter eine große Jadekollektion) rund 25 Häuptlingsportraits, allesamt vom böhmischen Maler *Gottfried Lindauer* angefertigt, sowie ein Kunstwerk zum Thema »Maori und Kannibalismus«, das jedoch arg makaber wirkt und die Realität eher verdreht wiedergibt.

■ Das benachbarte, schon Anfang der 20er Jahre errichtete Kunstmuseum **Sarjeant Art Gallery** hat die Form eines griechischen Kreuzes und beherbergt eine große Kollektion an Arbeiten englischer sowie insbesondere neuseeländischer Maler. Mo–Fr 10.30–16.30 Uhr, Mi bis 20 Uhr, Sa/So ab 13 Uhr.

■ Das neue **Whanganui Riverboat Museum** befindet sich, nahe des Civic Centre am den Fluß säumenden Taupo Quay, auf dem 1900 in Dienst gestellten Raddampfer »Waimarie«. Er verkehrte bis ins Jahr 1952 auf dem Whanganui River, sank dann und wurde erst 1993 wieder geborgen sowie sorgfältig restauriert. Sehenswert sind der Dampfer selbst sowie die ausgestellten zahlreichen historischen Fotos.

■ **Flußdampferfahrten** mit historischen Schiffen sind ein weiteres Merkmal von Whanganui. Während der Sommersaison stampfen das alte Motorschiff »MV Waireka« sowie der Raddampfer »Otunui« je zweimal täglich den Whanganui River aufwärts. Eine Halbtagestour ist für 35 $ zu haben, der ganze Tag kostet um 75 $. Wem die Schiffe zu langsam sind, kann am Fluß eines der wartenden Jet-Boote besteigen, die Speed-Touren bis hinauf nach Pipiriki sowie Taumarunui unternehmen.

■ Für Kinder empfiehlt sich der riesige **Kowhai Childrens Playpark** an der Anzac Parade (Highway-4, Richtung Norden), mit verschiedenen Betonsauriern, Abenteuer-Gerätschaften und einem Aqua-Park, in dem man soviel mit Wasser herumspritzen darf, wie man will.

■ Ansonsten bieten sich auch die **Strände** der Stadt an: Der beliebteste und schönste ist fraglos der rund 8 km außerhalb gelegene und zum Mt. Taranaki blickende *Castlecliff Beach,* nahe der Flußmündung.

Verschiedenes

■ **Information:** Das überall ausgeschilderte *Whanganui Information Centre* befindet sich im Zentrum an der 101 Guyton Street, Telefon 06/345 32 86. Prospekte sowie Broschüren zur Taranaki-, Whanganui- sowie Ruapehu-Region.

Informationen sowie allerbeste Karten bekommt man auch beim Automobilclub: *AA Centre,* 78 Victoria Avenue, Tel. 06/345 45 78.

■ **Essen und Trinken:** An der Victoria Avenue sowie ihren Seitenstraßen empfehlen sich zahlreiche Restaurants der neuseeländischen sowie insbesondere auch italienischen und chinesischen Küche; außerdem sind hier mehrere Takeaways zu finden. Ganz gut gefiel es uns im *Rutland Arms* (Victoria Avenue/Ecke Ridgeway Street) sowie im *Celtic Arms* (432 Victoria Street), zwei Pubs, die gute und preisgünstige Mahlzeiten servieren.

Entlang der Kapiti Coast nach Wellington

195 km sind von Whanganui aus noch bis ans Ende dieser Route in Wellington zurückzulegen. Da die

Straße recht großzügig ausgebaut und schnell ist, könnte man diese Distanz durchaus in 2,5 Stunden bewältigen. Die Landschaft ist im Küstenbereich der Tasman-See kaum noch reliefiert, wird entsprechend stark agrarwirtschaftlich genutzt, und herausragende Sehenswürdigkeiten sind keine zu betrachten.

■ Zügig fahren wir ab Whanganui auf dem Highway-3 dahin, um nach 48 km in Sanson auf den gen Wellington führenden Highway-1 einzubiegen; die geradeaus liegende Stadt Palmerston North hat nichts zu bieten. Auf den nun folgenden 50 km bis hinunter zum Städtchen Levin passieren wir immer wieder Stichstraßen, die an **Stränden** herauskommen; so etwa zum *Tangimoana Beach* oder zum *Foxton Beach,* doch der schönste Strand weit und breit ist der *Himatangi Beach,* der 21 km südlich Sanson ausgeschildert ist. Weiter südlich macht sich die Nähe von Wellington bemerkbar, so daß an den dortigen Stränden zumeist drangvolle Enge herrscht.

So biegen wir ein, fahren durch eine von Wald und Wiesen geprägte und an Flandern erinnernde Landschaft und erreichen nach 10 km den **Himatangi Beach,** der sich hinter einem turmhohen und die ganze Küste säumenden Dünenwall verbirgt. Der Strand versteht sich als ein »Drive In Beach«, die Straße führt gleich bis an den Ozean heran. An den Wochenenden geht es hier wirklich heiß her: Surfer und Windsurfer sowie Jet-Ski-Raser mischen sich unter Sonnen- und Badegäste, Motorcross-Freaks hämmern mit ihren Enduros zu Dutzenden in den Dünen herum, während Beach Buggies am unendlich langen Breitstrand entlang donnern. – Hier kann man sich durchaus an die Beaches von Kalifornien versetzt fühlen; auch wenn man kein Freund solch lauter und zerstörerischer Strand-Vergnügungen ist, kann der Besuch trotzdem recht interessant sein. Zum Übernachten bietet sich das schlichte, aber korrekte *Himatangi Motor Camp* an, das auch Cabins, großen Schuhschachteln gleich, für 25 $ offeriert. Abends dann geht's in den *Himatangi Cosmopolitan Beach Club,* der Gäste willkommen heißt und mit Dart- sowie Billard-Spielen, preisgünstigen Gerichten und vor allem spottbilligem Bier erfreut.

■ Je weiter es nun nach Süden geht, desto näher rücken die Berge der bis über 1500 m hohen Tararua Range, deren dichte Urwälder in sattem Kontrast zu Feldern, Weiden und Obstbaum-Plantagen stehen. Pfirsiche und Orangen, Nektarinen, Weintrauben und Äpfel sowie Pflaumen und Kirschen kann man hier zur Erntezeit in den Monaten Februar/März für wenig Geld an zahlreichen Straßenständen erstehen. In landschaftlicher Hinsicht erinnert die auch an hohen Palmen

Einer der vielen Traumstrände beim Eastcape (oben); Beach-Paradies in der Bay of Islands ▶

überaus reiche Gegend durchaus an Andalusien. Die Städte hingegen mit ihren riesigen Supermärkten präsentieren sich amerikanisch und sind keinen Aufenthalt wert.

Lediglich in **Otaki,** 20 km südlich Levins, sollte man eine Pause einlegen, gilt es doch, die einzigartige *Rangiatea Church* zu besichtigen, die schönste Maori-Kirche des Landes. Aber nicht das Äußere dieses im Jahre 1849 errichteten Baus ist herausragend, sondern vielmehr die Ausschmückung des auf mächtigen Holzsäulen ruhenden Kirchenschiffs: Die Wände und Decken prunken mit herrlichen Paneelen aus feinstem Totara-Holz und sind, wie der Altar auch, mit traditionellen Maori-Kunstelementen geschmückt.

■ Kurz darauf führt die Straße direkt an die Küste, die der vorgelagerten Felsinsel Kapiti ihren Namen verdankt. Nette Strände gibt es hier reichlich, aber Wellington ist nahe, und entsprechend nahtlos bebaut sind oft die Beaches. Rund 20 km vor **Wellington** dann ist der Highway-1 zur mehrspurigen Autobahn ausgebaut, auf der es schnell ins Stadtzentrum geht. Wer an einem Besuch der Stadt nicht interessiert ist und gleich weiter will zur Südinsel, wird von den Schildern »Picton Ferry/Interislander« direkt an den Fährterminal geleitet.

Wellington

Hauptstadt, klein und fein

Wer das geographische Zentrum Wellingtons sucht, gerät in rauschende Wälder: Direkt vor Downtown öffnet sich die weit ins Land greifende Hafenbucht, und der Badespaß beginnt mitten in der Stadt. So wie Neuseeland kein normales, durchschnittliches Land ist, so zeigt sich seine Kapitale nicht als in Routine erstarrte Allerweltsmetropole. Wellington fällt aus jedem gewohnten Rahmen heraus, was schon ihre hügelige Lage zwischen Bergen und Meer, Wiesen, Wäldern und Klippen am Rand der zur Südinsel blickenden Cook Strait offenbart.

Die definitiv »südlichste Hauptstadt der Welt« ist mit 329 000 Einwohnern (bzw. 135 000 Einwohnern in der eigentlichen City) zwar nur die zweitgrößte Stadt des Landes und liegt in ständigem Wettstreit mit dem wesentlich größeren und wirtschaftlich stärkeren Auckland. Aber sie bildet gewissermaßen das Zentrum des Inselreiches, ist der Brückenkopf zwischen Nord- und Südinsel, weshalb sie auch 1865 Auckland als Hauptstadt Neuseelands ablöste. Ob die Landesväter die Entscheidung allerdings noch heute fällen würden, ist fragwürdig, denn in unserer Zeit, wo Kommunikation alles ist, macht sich der fast unaufhörlich wehende

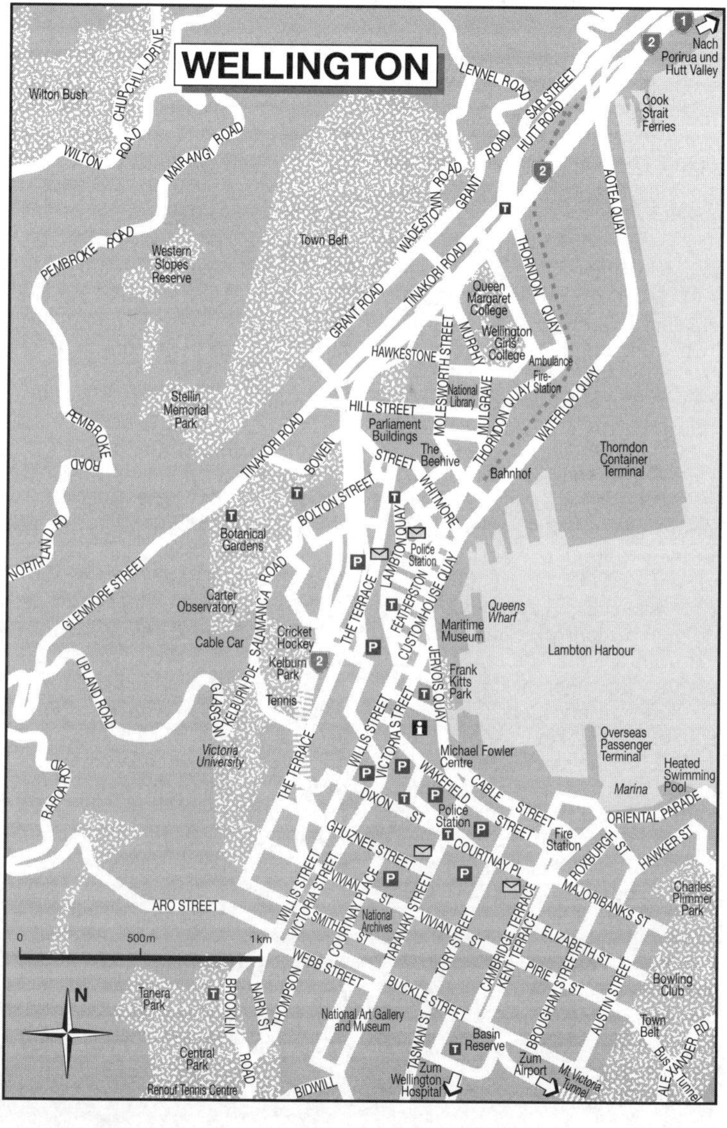

WELLINGTON
Wilton Bush
CHURCHILL DRIVE
WILTON ROAD
MAIRANGI ROAD
LENNEL ROAD
SAR STREET
HUTT ROAD
Nach Porirua und Hutt Valley
Cook Strait Ferries
AOTEA QUAY
GRANT ROAD
WADESTOWN ROAD
Town Belt
PEMBROKE ROAD
Western Slopes Reserve
TINAKORI ROAD
THORNDON QUAY
Queen Margaret College
Wellington Girls College
MURPHY
MOLESWORTH STREET
HAWKESTONE
Ambulance
Fire-Station
WATERLOO QUAY
National Library
MULGRAVE
Stellin Memorial Park
HILL STREET
Parliament Buildings
The Beehive
Thorndon Container Terminal
BOWEN STREET
Bahnhof
BOLTON STREET
WHITMORE
NORTHLAND RD
Botanical Gardens
LAMBTON QUAY
Police Station
GLENMORE STREET
SALAMANCA ROAD
THE TERRACE
FEATHERSTON
CUSTOMHOUSE QUAY
Carter Observatory
Queens Wharf
Maritime Museum
Cricket Hockey
Cable Car
Lambton Harbour
UPLAND ROAD
KELBURN PDE
Kelburn Park
JERVOIS QUAY
Frank Kitts Park
GLASGOW
Tennis
WILLIS STREET
VICTORIA STREET
Overseas Passenger Terminal
Victoria University
Michael Fowler Centre
Heated Swimming Pool
RAROA ROAD
Marina
WAKEFIELD
CABLE STREET
DIXON ST
Police Station
ORIENTAL PARADE
Fire Station
GHUZNEE STREET
COURTNAY PL
ROXBURGH ST
HAWKER ST
VIVIAN ST
MAJORIBANKS ST
Charles Plimmer Park
ARO STREET
COURTNAY PLACE
National Archives
TARANAKI STREET
VIVIAN STREET
CAMBRIDGE TERRACE
KENT TERRACE
ELIZABETH ST
SMITH ST
TORY STREET
0
500 m
1 km
WEBB STREET
PIRIE ST
BROUGHAM STREET
AUSTIN STREET
Bowling Club
N
Tanera Park
BROOKLIN ROAD
NAIRN ST
THOMPSON
BUCKLE STREET
National Art Gallery and Museum
Town Belt
ALEXANDER RD
TASMAN ST
Basin Reserve
Central Park
Zum Airport
Mt Victoria Tunnel
Bus Tunnel
Zum Wellington Hospital
BIDWILL
Renouf Tennis Centre

Wind von der nahen Cook Strait wirklich negativ bemerkbar. Selbst an Schönwettertagen fegt häufig eine steife Brise durch die Stadt, und oft genug muß wegen der Windgeschwindigkeiten jeglicher Flug- und Schiffsverkehr eingestellt werden.

Aber auch in anderer Hinsicht scheint Wellington als Stadt des öffentlichen Dienstes und der Politik schlecht gewählt, erstreckt sie sich doch über einer der unruhigsten Verwerfungslinien der Erdkruste, gewissermaßen dem neuseeländischen Gegenstück zum Andreasgraben in Kalifornien. Leichte und mittlere Erdstöße sind hier beinahe an der Tagesordnung. Unter dem Vorwand der Erdbebensicherheit kommt es seit den 70er Jahren zu »bürokratischen Erschütterungen« gewaltiger Art: Mehr und mehr der »unsicheren« viktorianischen Zuckerbäckerhäuser, die den eigentlichen Charme der Stadt ausmachten, fallen seitdem der Abrißkeule zum Opfer. An ihrer Stelle ragen nun Wolkenkratzer in den Himmel, schimmernde Glastürme von sehr fragwürdiger Sicherheit, die die Hauptstadt wie Menetekel überragen und der Metropole ein für alle sichtbares kosmopolitisches Aussehen verpassen sollen.

In Wellington boomt es an jeder Ecke, doch da man kaum um die halbe Welt fliegt, um sich in Stadtwäldern und zwischen ästhetisch aufgewerteten Zweckbauten zu ergehen, legen ausländische Besucher auch hier nur einen kurzen Stopover ein, bevor sie per Flugzeug oder Fähre über die Cook-Straße zur Südinsel weiterreisen.

An-/Weiterreise

■ **Flug:** Der *Wellington International Airport* liegt 8 km südlich der Stadt und ist, mit Ausnahme von Flügen nach Australien, lediglich für Inlandflüge zuständig. U.a. bestehen Verbindungen mit Auckland und Rotorua sowie mit Christchurch, Queenstown, Nelson, Picton, Blenheim und Takaka. In Anbetracht der billigen Tarife für Flüge über die Cook-Straße (um 40$) ist es eine Überlegung wert, ob man anstatt der Fähre zur Südinsel ein Flugzeug nimmt.

Zwischen Airport und City pendelt der *Airport Shuttle* (5$) im 20-Minuten-Takt. Wer gleich zur Adresse nach Wahl gebracht werden möchte, kann den *Super Shuttle* (10$; Tel. 04/387 87 87) nehmen; außerdem bieten die Airport-Taxis (Tel. 04/388 89 00) für rund 17$ ihre Dienste an.

Für Flugreservierungen wende man sich an ein Reisebüro oder kontaktiere telefonisch:

»Air New Zealand« (Telefon 04/388 97 37), hauptsächlich Flüge von/nach Auckland und Christchurch;

»Ansett New Zealand« (Telefon 471 11 46), hauptsächlich Flüge von/nach Auckland und Christchurch);

»Nelson Air« (Tel. 04/388 97 37), Flüge von/nach Nelson);

»Mt. Cook Airlines« (Tel.04/388 99 00), Flüge von/nach Auckland, Christchurch, Queenstown);

»Sounds Air« (Tel. 04/388 25 94), Flüge von/nach Picton sowie Blenheim);

»Floatair Picton« (Tel. 04/236 68 70), Flüge von/nach Picton.

■ **Zug:** Die *Wellington Railway Station* liegt nahe der Bunny Street im Zentrum. Züge von und nach Auckland sowie Napier; Reservierung sowie Fahrplaninformation über Freephone 0800 802 802 , Tel. 04/498 34 13. Von hier aus startet auch der *Ferry Shuttle Bus* zum Fähranleger.

■ **Bus:** Vier Busgesellschaften verbinden Wellington mit allen größeren Ortschaften der Nordinsel; von den Terminals aus verkehren Shuttle-Busse zum Fähranleger.

»Intercity Coachlines« (Tel. 04/472 51 11), Busbahnhof an Gleis 9 der Railway Station.

»Mount Cook Landline« (Freephone 0800 800 373), Busbahnhof an der Ecke Bunny/Featherstone Street.

»Newmans« (Freephone 0800 800 737), Busbahnhof vor dem Bahnhof

»White Star« (Tel. 04/478 47 34), Busbahnhof in der Bunny Street.

■ **Fähre:** Der Anleger für die »Interislander«- und »Lynx«-Autofähren, die ständig zwischen Wellington und Picton pendeln (demnächst soll nach Nelson), liegt etwas außerhalb, wohin ab dem nahen Bahnhof sowie Stadtzentrum (Bunny Street) ein Shutlle-Bus verkehrt. Dem Ticket-Office (Freephone 0800 658 999, Tel. 04/472 53 99) angeschlossen sind eine Aufenthalts-Lounge sowie ein (teures) Restaurant. Wer mit dem eigenen Fahrzeug anreist, findet überall auf den nach Wellington führenden Hauptstraßen deutliche Hinweisschilder, die einen sicher und schnell zum Terminal geleiten; dort muß man parken und sich dann zu Fuß ins Ticket-Office begeben.

■ **Auto:** Alle Ausfallstraßen sind bestens beschildert; größere Parkplatzprobleme gibt es keine.

Unterkunft

Zentrale Buchungsstelle für alle Unterkünfte ist das *Wellington Visitor Centre* in der Wakefield Street (s.u.).

Camping:

■ Einen Campingplatz gibt es in Wellington nicht. Der nächstgelegene befindet sich 17 km entfernt in Lower Hutt; Verbindung mit dem Bus ab Citybus-Terminal sowie der Vorstadtbahn ab Bahnhof; Fahrzeit gut 40 Minuten: **Hutt Park Holiday Village,** 95 Hut Park Road, Lower Hutt, Tel. 04/568 59 13. Riesiges Wiesengelände, durch Baumreihen unterteilt und gut ausgestattet. Zeltstellplatz 17 $, Cabins 30 $, Tourist Cabins 40 $, Flats 56 $.

■ Ein weiterer Campingplatz, verkehrsgünstig an der Strecke Richtung Auckland (Highway-1) gelegen, findet sich im 18 km von Wellington entfernten Porirua: **Camp Elsdon,** 18 Raiha Street, Tel. 04/237 89 87. Einfache Ausstattung, aber o.k. für eine Nacht, außerdem preisgünstig: Zeltstellplatz 14 $, Cabins gar zu 10 $ pro Person.

Backpackers:

■ **Downtown Wellington Backpackers**, Tel. 04/473 84 28. Direkt gegenüber dem Bahnhof und der Post, kann uneingeschränkt empfohlen werden, sofern man im Zentrum wohnen möchte. Eine kleine Bar sowie ein Restaurant sind angeschlossen. Das Bett kostet im Schlafsaal 16 $, so 18,5 $ im Double bzw. 25 $ im Single.

■ Wer's ruhig mag, Blicke auf die Stadt und eine angenehme Atmosphäre genießen will, residiert im **Maple Lodge**, 52 Ellice Street, Tel. 04/385 37 71. Ins Zentrum nur rund 10 Gehminuten, die Preise von 15 $ (Schlafsaal) über 16 $ (Double) bis 18 $ (Single) sind die niedrigsten in der Stadt.

■ Ebenfalls schön, aber zentrumsnah in der Umgebung alter viktorianischer Häuser gelegen ist die **Rowena's City Lodge**, 115 Brougham Street, Mt. Victoria, Tel. 04/385 78 72. Kostenloser Shuttle-Service ab Airport, Bahnhof, Busbahnhof und Fährterminal; wer von hier aus als Tramp weiter will, wird zudem kostenlos an den Highway gebracht. Die Preise belaufen sich auf 14 $ (Schlafsaal), 18 $ (Double) und 20 $ (Single).

■ Das **Beethoven House** (89 Brougham Street, Tel. 04/384 22 26) ist zwar mit Preisen zu 13 $ (Schlafsaal) und 17 $ (Double) inklusive Frühstück sehr günstig, aber der Besitzer hat einen wahren Beethoven-Fimmel, und selbst für erklärte Klassikfans ist es oft unerträglich, von einer Sinfonie nach der anderen bedröhnt zu werden. Ansonsten versteht sich er als militanter Nichtraucher und nervt ohne Ende mit seinen Standpredigten gegen das schändliche »Qualmen«.

Hotels & Motels:

■ In der unteren Kategorie empfiehlt sich das **Trekkers Motel & Hotel**, 213 Cuba Street, Telefon 04/385 21 53. Absolut zentral gelegen, auch Backpacker-Betten (17 $), Hotelzimmer ab 45 $ und komplette Wohneinheiten zu 89 und 99 $. Angeschlossen sind u.a. ein Restaurant, eine Bar nebst Sauna und Spa-Bad, aber die Atmosphäre wirkt steril.

■ Wesentlich stilvoller wohnt es sich in der 1 km vom Zentrum entfernten **Trinakory Bed & Breakfast Lodge**, 182 Trinakori Road, Thorndon, Tel. 04/473 34 78. Wunderschöne viktorianische Holzvilla mit geschmackvoll eingerichteten Zimmern, die inklusive Frühstück 68 $ als Single bzw. 88 $ als Double kosten.

■ Schön und zentrumsnah gegenüber dem Botanischen Garten liegt das komfortable **Sharella Motor Inn**, 20 Glenmore Street, Tel. 04/472 38 87. Mit Bar und Restaurant; moderne Zimmer für 85–120 $.

■ Als das beste, aber nicht teuerste Hotel der Stadt gilt das **Plaza International**, 148 Wakefield Street, Tel. 04/473 39 00. Bietet alles, was man von einem Hotel der Spitzenklasse erwartet. Die Zimmer kosten 273 $ für 2 Personen.

Essen und Trinken

Einfache und billige Restaurants der chinesischen und italienischen Küche kann man im Zentrum auch ohne Reiseführer finden, wie man auch für die zahlreichen Pubs, in denen günstige Speisen serviert wird, keine besonderen Empfehlungen benötigt. Deshalb nachfolgend ein paar Adressen für das Besondere:

■ **The Backpencher Pub & Café** (Ecke Molesworth/Sidney Street) gilt als Wellingtons ältester und schönster Pub, ist nostalgisch eingerichtet (Interieur aus dem Jahr 1917) und, weil direkt gegenüber vom Parlament gelegen, »der« Treff für Wellingtons Politiker. Das Essen ist gut, die Preise sind normal, was heißt, daß man für 20 $ satt werden kann.

■ Die vielleicht schönsten **Cafés** der Stadt finden sich entlang der Oriental Parade, wo man herrlich sitzen und das Treiben in der Hafenbucht beobachten kann. Die Preise sind hoch, aber niemand findet es anstößig, zieht man sich den ganzen Abend lang an einer Coke oder einem Bier (die meisten Cafés haben Schanklizenz) hoch.

■ Als eines der besten Restaurants für Fisch- und Meeresfrüchte gilt das direkt am Meer gelegene **Nicholson's** (245 Oriental Parade, Tel. 04/384 38 35), wo wir die schmackhaftesten Muscheln serviert bekamen, die wir je genossen haben. Die Preise sind hoch, aber moderat, und für abends ist eine Tischreservierung zu empfehlen.

■ **The Grain of Salt** (232 Oriental Parade, Tel. 04/384 86 42) ist »die« Adresse überhaupt in der Stadt für erlesene Kreaktionen der neuseeländisch-französischen Küche, für die das Haus schon mehrfach mit renommierten Preisen ausgezeichnet wurde. Die Atmosphäre ist betont gepflegt, die Preise sind haushoch, und ohne Tischreservierung braucht man erst gar nicht vorbeikommen.

Sightseeing

Eigentlich gibt es nichts, was man unbedingt in Wellington gesehen haben muß, denn die früher so ungemein dichte Sammlung altehrwürdiger Zuckerbäckervillen aus der viktorianischen Ära fielen dem

Bauwahn der Hochhausarchitekten zum Opfer. *Downtown,* wie das Zentrum genannt wird, präsentiert sich heute als größtenteils gesichtslose »Glasstadt«.

■ Sogar die altehrwürdige Holzkirche **Old St.Paul's Church** (1866) in der Mulgrave Street sollte der Abrißkeule zum Opfer fallen. Nach 12jährigem »Kampf« diverser Bürgerinitiativen wurde sie schließlich unter Denkmalschutz gestellt. So schlicht wie von außen, so prächtig präsentiert sie sich im Innenschiff, wo vor allem die Kanzel und die Fenster einen längeren Blick wert sind. Täglich 10–16.30 Uhr.

■ Ganz in der Nähe stehen die **Parliament Buildings** in der Bowen Street, 1922 aus Granit und Marmor errichtet und dem Parlament von Westminster nachempfunden. – Daneben erhebt sich **The Beehive,** der »Bienenstock«, wie Wellingtons einzigartiges, kreisrundes Regierungsgebäude (1981) genannt wird. – Gegenüber ragt das nach dem japanischen Todfaji-Tempel zweitgrößte bekannte Holzgebäude auf, das nach jahrzehntelangen Restaurierungsarbeiten wieder in vollem Glanz erstrahlt: das **Old Government Building,** 1876 im Renaissancestil errichtet und 150 Zimmer umfassend.

Wer diese drei Gebäude auch von innen besichtigen will, wende sich an das Visitors Ventre oder kontaktiere Telefon 04/471 94 57, denn es werden nur Gruppen im Rahmen organisierter Führungen zugelassen.

■ Ansonsten laden noch ein paar Dutzend **Mussen** ein; im Visitors Centre gibt es einen vollständigen Museums-Führer. Doch wesentlich schöner ist es, einmal mit dem **Cable Car** vom Lambton Quay zum 120 m höher gelegenen Kelburn hinaufzufahren (alle 10 Minuten zwischen 8 und 22 Uhr, an den Wochenenden bis 18 Uhr; 2$), von wo aus man eine großartige Aussicht über die ganze Stadt genießen kann. Von dort bietet es sich an, durch den 1869 angelegten und 26 ha großen **Botanischen Garten** (täglich 8–16 Uhr) wieder zu Tal zu wandern, wo mehrere tausend Blütenpflanzen ihre wunderschöne Pracht entfalten.

Verschiedenes

■ **Information:** *Visitor Information Centres* im Zentrum (101 Wakefield Street, Tel. 04/801 4000), am Wellington Airport/Domestic Terminal (Tel. 04/385 51 23), am Wellington Airport/International Terminal (Tel. 04/385 51 23), an der Railway Station (Tel. 04/498 28 05) sowie am Fähranleger.

■ Gute Informationen sowie allerbeste Straßenkarten bietet der Automobilclub: **AA Centre,** Parumoana Street, Tel. 04/237 65 81.

■ Die Willis Street sowie der Lambton Quay sind in Wellington die Straßen der **Banken**. Öffnungszeiten Mo–Fr 9–16.30 Uhr; die

Wechselschalter schließen bereits um 15 Uhr.

■ **Post:** Das Hauptpostamt (GPO) von Wellington befindet sich an der 43 Manners Street (Tel. 04/473 59 22). Geöffnet Mo–Fr 8–17 Uhr. Hier auch sind nach Wellington adressierte Poste-Restante-Briefe abzuholen.

■ **Stadttransport:** Die Busse des *Wellington City Transport* haben ihren zentralen Busbahnhof an der Ecke Featherstone/Bunny Street, bedienen die ganze Stadt, sind billig (in Zonen eingeteilt, rund 2$ für eine normale Stadtfahrt) und pünktlich. Wer vorraussichtlich viel mit dem Bus unterwegs sein wird, kann sich am Busbahnhof sowie am Bahnhof einen »Bus Route Guide« kaufen.

■ **Gepäckaufbewahrung:** in Flughafen, Bahnhof und Fährterminal; die Preise sind niedrig.

Stopover Picton/ Südinsel

Das Wetter der neuseeländischen Südinsel ist wesentlich besser als sein Ruf. Am besten, weil ausgeglichen und oft sonnig, präsentiert es sich entlang der Nordküste, dessen touristisches Zentrum, *Picton,* hier kurz vorgestellt werden soll. In bezug auf die Pflanzengeographie zählt dieses Gebiet in der Provinz Marlborough zur Übergangszone zwischen Nord- und Südinsel, weshalb die verbliebenen Podocarpaceen-Südbuchen-Wälder artenreicher als anderswo auf der Südinsel sind. Wo immer die ursprüngliche Vegetation der Axt zum Opfer fiel, vor allem, in den küstennahen Zonen, bestimmen heute Weinfelder und Obstbaumplantagen das Bild.

Dennoch blieb den Primärwäldern relativ viel Raum. Zahlreiche Treks führen durch das Große Grün, während die *Marlborough Sounds*, Relikte eines versunkenen Mittelgebirges, wie geschaffen ist, per Seekajak oder Segelboot entdeckt zu werden. Rafting-Touren und weitere Outdoor-Aktivitäten komplettieren die Zugnummern, die einen Abstecher auf die Südinsel überlegenswert machen.

Tor zur Südinsel

Wir sitzen im Klappstuhl auf dem Panoramadeck der »Aratika«, die Beine gegen die vibrierende Reling gestemmt, und können kaum glauben, was wir jenseits der Bordwand sehen. Vergessen sind die von Erosion gezeichneten Landschaften am Südzipfel der Nordinsel, vergessen die Skyline von Wellington und auch die rauhe See in der Cook Strait, die uns die rund 80 km lange und drei Stunden währende Überfahrt nicht gerade in angenehmer Erinnerung halten läßt. Rechts und links des eleganten Schiffes, und oft nur einen Steinwurf von uns entfernt, gleiten von Urwald überwucherte Inselberge und Hügelketten vorüber – Relikte eines nach der Eiszeit »versunkenen« Mittelgebirges. Das spiegelglatte Meer in den »Tälern« dazwischen schillert in bestechenden Farben, und mit langsamer Fahrt schlängelt sich die Fähre durch die gewundenen Wasserstraßen dieser als Marlborough Sounds bekannten Landschaft, die ein einziges Traumrevier für Wassersportler darstellt. Vereinzelt ragt ein Haus aus dieser Landschaft heraus; ein um das andere Mal müssen wir Segelbooten und Kajaks ausweichen, bis das Ende des Queen Charlotte-Sunds, und damit Picton, erreicht ist.

Höchst malerisch füllt der Ort den Raum zwischen Meer und dicht bewaldeten Bergrücken aus. Angesichts der paar hundert Häuser dieses rund 4000 Einwohner zählenden Städtchens scheint heute kaum mehr glaubhaft, daß in der

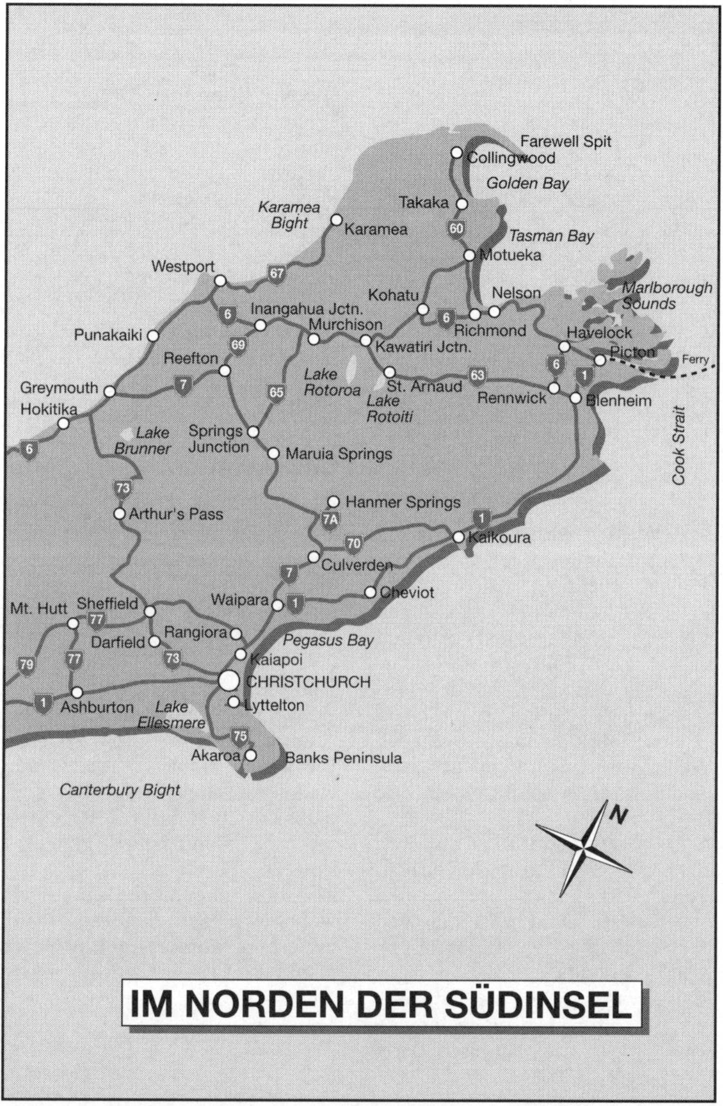

IM NORDEN DER SÜDINSEL

Pionierzeit des 19. Jahrhunderts in Erwägung gezogen wurde, Picton anstatt Wellington in den Rang der Hauptstadt von Neuseeland zu erheben. Dieser Plan freilich ging nicht auf, und erst der Fährverkehr unserer Tage erweckte die ehemals bedeutende Walfangstation aus ihrem Dornröschenschlaf. So richtig »wachgeküßt« aber wurde Picton erst durch den Tourismus, und heute bietet der Ort eine dichte Sammlung an Unterkünften, Ausflugsmöglichkeiten und Outdoor-Aktivitäten jeder Art, weshalb man hier, sofern nicht in Hast und Eile, einen mehrtägigen Stopover einlegen sollte.

An-/Weiterreise/Ankunft

■ Der Bahnhof (täglich Verbindungen Richtung Christchurch) sowie Busbahnhof (Verbindungen mit dem gesamten Land) befinden sich direkt am **Fährterminal** (mehrmals Verbindungen mit den »Interislander«-Schiffen sowie dem »Lynx«-Fährkatamaran von/nach Wellington), in/vor dem auch zahlreiche Mietwagenfirmen ihre Büros haben.

■ Das **Touristenbüro** ist nur etwa 200 m Meter entfernt: der farbenfrohe Altbau auf der rechten Straßenseite. Der Ort ist klein und übersichtlich, die Orientierung daher problemlos.

■ Wer mit dem eigenen Fahrzeug gleich Richtung Nelson weiter will, sollte nicht die ausgeschilderte Hauptverbindung via Blenheim nehmen, sondern vielmehr den **Queen Charlotte Drive** (siehe Route 1), zu welchem Zweck man rund 500 m nach dem Terminal vom Highway-1 rechts auf die Dublin Street abbiegen muß.

■ **Flug:** Die »Sounds Air« sowie »Floatair Picton« bedienen mehrmals täglich die Strecke von/nach Wellington (44 $ je Weg). Der Picton Airstrip liegt ein paar Kilometer außerhalb; nach Ankunft einer Maschine Buszubringer in die Stadt.

Unterkunft

Camping:

■ Nicht weniger als 5 Campingplätze liegen ortsnah, alle mit Cabins, Flats etc. Am besten gefällt uns **Alexanders Holiday & Motor Park**, Canterbury Street, Tel. 03/573 63 78. Ca. 3 Fahrminuten vom Fährterminal entfernt; große Zeltwiesen, von Büschen umgeben, gemütliche Küche (mit riesiger Infowand), einfache, aber ausreichende sanitäre Anlagen. Der Zeltplatz kostet 16 $ für 2 Personen, Cabins 27 $ und Tourist Flats 36 $ (jeweils 2 Personen).

■ Viel schöner als in Picton selbst wohnt es sich auf dem rund 16 km entfernten **Momorangi Bay Motor Camp** am Queen Charlotte Drive (siehe unten).

Backpackers:

■ **The Lazy Fish,** Tel. 03/579 90 49. Traumhaft schön in der großen Einsamkeit der Sounds gelegenes Haus, nur per Boot erreichbar und wie geschaffen für einen entspannten Aufenthalt. Die Stimmung ist top, abends gibt's Musik, Lagerfeuer und Grillfeten. Für die Aktiven stehen kostenlose Ruderboote, Angelausrüstungen, Windsurfer und Kanus zur Verfügung. Das Bett kostet 20 $ bzw. 23 $ im Doppelzimmer; möglichst frühzeitig reservieren und nach den Abfahrtzeiten der Boote fragen.

■ **The Villa,** 34 Auckland Street, Tel. 03/573 65 98. Nur 300 m von der Fähre entfernte Villa aus dem 19. Jahrhundert, schön restauriert und umgeben von einem herrlichen Garten. Moderne Ausstattung der gehobenen Art, freier Abholservice sowie Mountain bikes und Bettenpreise von 16 $ bis 20 $ (Doppelzimmer).

■ **Bavarian Lodge,** 42 Auckland Street, Tel.03/573 65 36. Nettes kleines Hostel eines aus Deutschland eingewanderten Paares, 400 m von der Fähre entfernt. Frühstück, Tee und Kaffee sind im Preis von 15 $ bzw. 17 $ (Doppelzimmer) enthalten.

■ **Bayview Backpackers,** 318 Waikawa Road, Tel. 03/573 76 68. Sehr schöne Lage, Seeblick, gehobene Ausstattung wie Stereoanlage, 2 Küchen, 2 Aufenthaltsräume – das alles für nur 19 Zimmer, darunter auch Einzel-, Doppel- und 3-Bett-Zimmer. Und der »Hammer«: Seekajaks, Mountain bikes Angelausrüstungen, Kaffee und Tee sind kostenlos, und das Bett kostet lediglich 13,5 $ (Dorm.), 16 $ (Double) bzw. 20 $ (Single).

Motels & Hotels:

■ **Marineland Motel,** 26 Waikawa Road, Tel. 03/573 64 29. Modernes »Landhaus«, gehobene Einrichtung, sogar ein ansprechend großer Swimmingpool. Die Preise sind moderat: Bed & Breakfast kostet 38 $ für 1 Person bzw. 55 $ für 2 Personen; die Motelzimmer, davon 5 mit eigener Küche, gibt's für 66 $/Double.

■ **Harbour View Motel,** Waikawa Road, Freephone 0800 101 133. Zweigeschossige Anlage, moderne Ausstattung, jedes Zimmer mit Balkon (schöne Aussicht), teilweise auch mit Kochgelegenheit; freie Abholung an der Fähre. Die Preise belaufen sich auf 65–72 $ fürs Double.

Essen und Trinken

An Supermärkten herrscht kein Mangel; allerdings liegen die Preise hier gut 20 % höher als etwa in Wellington oder Nelson.

Restaurants machen sich rar in der Stadt. Wie so oft im Lande erschöpft sich das Angebot im großen und ganzen in Takeaways, also Imbißbuden, wo natürlich Fish & Chips die Speisekarte dominieren.

■ Die rühmliche Ausnahme: **Marlborough Terranean,** 31 High Street, wo man in gepflegter Umgebung an weiß gedeckten Tischen sitzt, insbesondere Fisch und Meeresfrüchte ißt, dafür aber auch relativ tief in die Tasche greifen muß.

Sightseeing/Ausflüge

■ **Smith Memorial Museum**, London Quay. Täglich 10–16 Uhr. Zeichnet die Geschichte des Ortes als Walfangstation nach, fungiert außerdem als Heimatmuseum.

■ Lohnenswerter scheint der Besuch des alten Dreimasters **Edwin Fox,** 1853 in Indien auf Kiel gelegt. Er verkehrte zunächst als Sträflingsschiff auf der Route London-Australien, brachte später Einwanderer von Europa nach Neuseeland und wurde schließlich als Fleisch- sowie Kohletransporter eingesetzt. Das Schiff ist nun vollständig renoviert und kann täglich zwischen 10 Uhr und 16 Uhr im Hafen, nahe dem Fährterminal, besucht werden (5 $).

■ Ansonsten dreht sich in Picton alles um **Bootstouren durch die Marlborough Sounds**; mehr als ein Dutzend Veranstalter sind zu zählen, Buchungen aber ebenso über das Information Centre (s.u.) möglich.

Die günstigsten Preise bietet die *Endeavour Express* (Picton Marina, Tel. 03/5798465), die täglich die gesamte Strecke von Picton zum Ship Cove, am Ende des Queen Charlotte Walkways, abfährt und dabei 10 Stationen anläuft. Morgens geht es los, am späten Nachmittag ist man zurück, Kostenpunkt lediglich 30 $. – Um 30 $ für den Halbtages- und 55 $ für den Tagesausflug muß man für die Touren mit der *Beachcomber Fun Cruise* (Marina; Tel. 03/573 61 75) bezahlen, die sieben verschiedene Routen bedient. – Wer nur wenig Zeit hat, sollte die zweistündige *Round the Bay*-Tour mitmachen (zweimal täglich). – Wer das wirklich Spezielle sucht, dem empfehlen wir entweder die Fahrt mit *The Magic Mail Run* (Postboot) durch das Labyrinth der Sounds (Mo, Do, Do und Fr; von 11.15 bis ca. 18 Uhr) oder mit dem *Pelours Mail Boat* (nur Di, Mi und Do; ab 10.15 Uhr) durch den atemberaubend schönen Pelours Sound nach Havelock, am Ende des Queen Charlotte Drive (s.u.).

Outdoor aktiv

■ **Walkways & Mountain-bike-Treks:** Ein dichtes Netz an Wander- sowie auch Mountain-bike-Wegen spannt sich über die gesamte Region, und listet die Broschüre »Picton Walkways« (Information Centre sowie DOC) 8 Touren von nur mehreren Stunden Länge auf, so die ebenfalls kostenlose »Red Trail Map« Dutzende von Bike Treks sowie Walkways von 1–8 Tagen Dauer. – Eine Auswahl:

Am berühmtesten und schönsten ist der *Queen Charlotte Walkway* (siehe unter »Trekking Top Ten« im allgemeinen Outdoor-Kapitel), der 3–5 Tage dauert, wobei der Rückweg üblicherweise mit dem Boot (Endeavour Express, s.o.) zurückgelegt wird, das auch an anderen Trek-Stationen unterwegs Halt macht, so daß es auch möglich ist, nur Teilstücke zu laufen. Mountain bikes sind hier nur bedingt erlaubt; wer die Strecke erradeln will, muß sich vorher beim DOC-Amt (s.u.) informieren.

Lohnenswert ist auch der *Nydia*-»Busch- und Strandtrek«, der rund 22 km lang ist und per pedes in 1–2 Tagen, per Bike in gut 6 Stunden bewältigt werden kann. Er verbindet die Duncan Bay mit der Kaiuma Bay und kann von Picton oder auch von Havelock (s.u.) aus gemacht werden.

Als spektakulärste Mountainbike-Strecke im Land wird der *Titirangi Bay to French Pass Cycle Loop* gerühmt, der größtenteils über Schotterwege verläuft, auch eine Bootsfahrt beinhaltet und 3–7 Tage in Anspruch nimmt; je nachdem, von wo aus man per Boot wieder zurück nach Picton fährt.

■ **Seekajak-Touren** durch die Marlborough Sounds sind der große Outdoor-Renner dieser Provinz: Mehr als 15 Verleihstationen haben sich in Picton mittlerweile etabliert. Broschüren liegen überall kostenlos aus, und am besten läßt man sich im Information Centre beraten, wo man auch buchen kann. Von Picton aus sind Touren von wenigen Stunden Länge bis hin zu mehreren Wochen möglich; dank regulär verkehrender Linienboote kann man unterwegs abbrechen, wann und wo immer man will. In Anbetracht der labyrinthischen Wasserwelt der Sounds, vor starkem Wind und hohem Seegang geschützt und dabei reich an traumhaft gelegenen DOC-Camps (mehr als ein Dutzend), sucht dieses Revier sein Pendant vergebens.

Das DOC-Amt hält detaillierte Karten bereit, doch wer noch nie auf eigenem Kiel unterwegs war, sollte vor der Solotour unbedingt einen Einweisungskurs mitmachen, wie er etwa von der *Marlborough Adventure Company* (Picton Marina, Tel. 03/573 60 78), dem größten und best-ausgerüstetsten Veranstalter angeboten wird. Das ist seine 70 $ (1 Tag) allemal wert, wie auch die 4tägige geführte *Endeavour Expedition* einen guten Gegenwert bietet (550 $ alles inklusive). Zwar vermietet dieser Anbieter auch Kajaks, aber die Preise liegen bei 40 $ für den Einer und 65 $ für den Zweier pro Tag, während *Waikawa Sea Kajaks* (Sunnyvale Motel, 384 Waikawa Road, Tel. 03/573 68 00) nur 30 $ bzw. 55 $ pro Tag verlangt und ab 3 Tagen Mietdauer noch Rabatt gewährt.

■ **Segeln:** Segelyachten und Motoryachten mit und ohne Skipper vermietet *Marlborough Charter*

Link (siehe unter »Outdoor aktiv/ Segeln«). Aber auch kleine Segeljollen sowie Katamarane (um 50 $ für den halben, 80 $ für den ganzen Tag), Ruderboote (60 $ pro Tag) und Windsurfer (40 $ für 2 Stunden) werden überall im Hafen von Picton angeboten.

■ **Tierbeobachtung:** Der *Marlborough Sounds Maritime Park* umfaßt mit über 50 000 Hektar Schutzgebiet mehr als ein Drittel der gesamten Festlands- und Inselflächen der Sounds. Er wurde eingerichtet, um die großen Bestände an Seevögeln, Seehunden und Delphinen in diesem Refugium zu schützen.

Beste Beobachtungsmöglichkeiten hat man natürlich vom Seekajak aus; auch der Queen Charlotte Walkway bietet sich an, während man im Rahmen der Bootstouren zwar Tiere beobachten kann, aber kaum die Zeit findet, das Erlebnis zu genießen. Hin und wieder werden in Zusammenarbeit mit DOC regelrechte Tierbeobachtungs-Bootsfahrten angeboten, so daß es sich lohnen kann, das DOC-Amt in Picton (s.u.) zu kontaktieren. Insbesondere die Nistfelsen der seltenen Warzenscharbe werden dann angefahren, aber auch Australtölpel, Flattersturmtaucher, Schwarzscharben sowie Feensturmvögel und zahlreiche Kormoranarten kann man mit ein bißchen Glück beobachten.

Verschiedenes

■ Das **Picton Information Centre** (Tel. 03/573 74 77) befindet sich vor dem Fährterminal in dem farbenprächtig gestrichenen Bahnhofsgebäude. Beeindruckt mit wahren Prospektwänden zu ganz Neuseeland. Täglich 9–17 Uhr.

■ **Department of Conservation,** gegenüber dem Information Centre, Tel. 03/573 75 82. Infos über die Schutzgebiete der Marlborough-Region, außerdem beste Karten sowie Trekking- und Seekajak-Infos.

Route 2: Wo sich die Erde öffnet

So wie die Route 1 von Auckland nach Wellington durch die sehenswertesten Landschaften westlich des zentralen Gebirgsgürtels leitet, so verläuft die anstehende Route von Wellington nach Auckland östlich des Vulkanplateaus zurück. Beide Routen zusammen erschließen die touristischen Zentren der Insel, und nur die Northland- (siehe Route 4) sowie Coromandel- und Eastcoast-Route (siehe Route 3), die sich an diese Tour optimal anknüpfen bzw. vorschalten lassen, bleiben ausgespart.

Von Wellington bzw. Whanganui, dem alternativen Startpunkt, geht es auf dem sogenannten *Desert Highway* auf das vulkanische Plateau hinauf sowie an den Lake Taupo, den größten See des Landes, wieder hinunter. Das dort erreichte Turangi ist Zentrum des nördlichen Abschnitts des (auf der World Heritage List stehenden) Tongariro-Nationalparks. Der Bereich zwischen Taupo und dem weltberühmten Rotorua beeindruckt mit einer maßlos spektakulären Thermalquellen- und Geysir-Landschaft. Rotorua ist Zentrum dieser auch an herrlichen Seen sowie lieblichen Landschaften reichen Region, die mit aufschießenden Geysiren, Schwefelfumarolen, Sinter-Terrassen, Schlammlöchern und »Thermal Wonderlands« das höllische Ambiente im Erdinnere andeuten.

Rund 460 km sind bis hierhin zurückzulegen, wofür man im eigenen Interesse wenigstens eine Woche veranschlagen sollte. Die 234 km zwischen Rotorua und Auckland bieten wenig Herausragendes und können durchaus in 3–4 Stunden abgefahren werden, sofern nicht geplant ist, bei der von Rotorua aus schnell erreichten Bay of Plenty gen Norden zur Coromandel-Halbinsel bzw. gen Süden Richtung Eastland weiterzufahren.

Route 2 – Kurzübersicht

- **Länge:** 694 km ohne Abstecher
- **Streckenverlauf:** von Wellington auf dem Highway-1 via Bulls und Taihape auf das Vulkanplateau sowie nach Turangi am Lake Taupo hinunter; weiter entlang dem Lake Taupo nach Taupo und auf dem Highway-5 nach Rotorua; dieselbe Straße führt weiter nach Hamilton, von wo es auf dem Highway-1 weiter nach Auckland geht.
- **Öffentliche Verkehrsmittel:** Zwischen Wellington und dem vulkanischen Hochland sowie zwischen Rotorua und Auckland bestehen gute Zugverbindungen;

ansonsten wird die Strecke mehrmals täglich von den Fernreisebussen bedient.

Auch die Backpackers-Busse, etwa von »Kiwi Experience« verkehren auf der hier vorgestellten Route.

■ **Abstecher:** Mögliche Abstecher ergeben sich entlang dieser Route so zahlreich wie »Sand am Meer«. Hervorzuheben sind u.a. der von Turangi aus schnell erreichte Whanganui River mit dem gleichnamigen Nationalpark (siehe Route 1) sowie der nahe Rotorua gelegene Urewera-Nationalpark (siehe Route 3). **Anschlußmöglichkeiten** bestehen von Route 1 (auch ab Whanganui sowie Tongariro-Nationalpark), mit Route 4 sowie von/mit Route 3.

Aufs Vulkanplateau hinauf

Ausgangspunkt der Route ist Wellington. Über die nun folgende Strecke bis hinauf nach Bulls ist bereits unter Route 1 alles Wesentliche gesagt worden. Ab hier geht es weiter über den mit »Taupo« ausgeschilderten Highway-1, und bis hinauf ins rund 85 km entfernte Taihape ist nun der mächtige und oft in tief eingewaschenen Schluchten fließende Rangitikei River fast ständiger Begleiter. Die Landschaft wird vom Übergang zwischen Küstenebene und Bergland geprägt, ist in großen Abschnitten der Kultur unterworfen und bietet zwar keine Highlights, ist aber dennoch schön und eben typisch neuseeländisch: Sattgrüne, von Schafen begraste Hügelkuppen wechseln sich mit ausgedehnten Kuhwiesen ab, vereinzelte Primärwald-Haine oder auch nur einsam dastehende Riesenbäume setzen malerische Akzente, und immer wieder liegen verschlafene Dörfer sowie einsame Farmhäuser am gut ausgebauten und daher zügig befahrbaren Weg.

■ Über die vorbeifliegenden Ortschaften braucht man keine Worte zu verlieren. Auch **Taihape,** das sich rühmt, die »Gummistiefel-Metropole« der Welt zu sein – hier werden Gummistiefel hergestellt –, überredet nicht zu einem Stopover.

■ 29 km sind von dort noch bis **Waiouru** zurückzulegen, wohin man ab Wellington auch die Eisenbahn nehmen kann. Der Bahnhof ist der höchstgelegene des Landes (813 m). Der Ort dient der neuseeländischen Armee als Zentrum für Kriegsspiele, und wer sehen will, auf welchem Stand die Vernichtungstechniken sind, mag das riesige *Military Museum* besuchen. Täglich 9–16.30 Uhr.

Ansonsten gibt es nichts, was zu einem Verbleib einlädt, und so geht es weiter über das nun erreichte vulkanische Plateau:

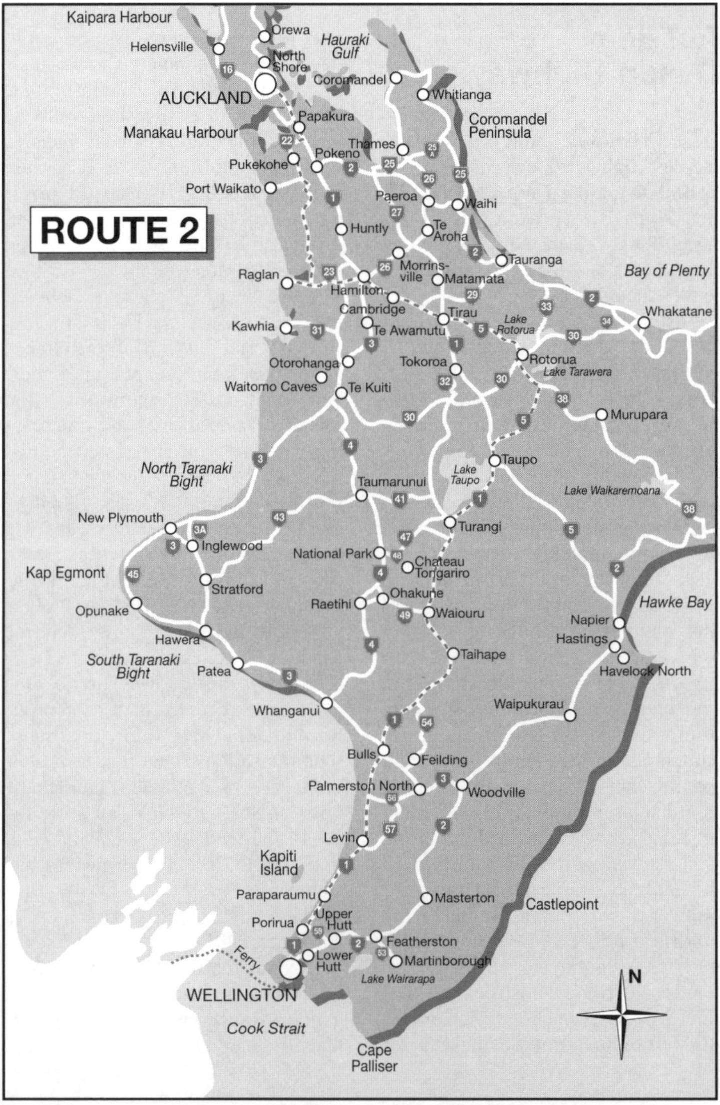
ROUTE 2
Kaipara Harbour
Orewa
Helensville
Hauraki Gulf
North Shore
Coromandel
AUCKLAND
Whitianga
Papakura
Coromandel Peninsula
Manakau Harbour
Thames
Pokeno
Pukekohe
Port Waikato
Paeroa
Waihi
Huntly
Te Aroha
Tauranga
Morrinsville
Raglan
Matamata
Bay of Plenty
Hamilton
Cambridge
Tirau
Lake Rotorua
Whakatane
Kawhia
Te Awamutu
Otorohanga
Tokoroa
Rotorua
Lake Tarawera
Waitomo Caves
Te Kuiti
Murupara
Taupo
North Taranaki Bight
Lake Taupo
Taumarunui
Lake Waikaremoana
New Plymouth
Turangi
Inglewood
National Park
Chateau Tongariro
Kap Egmont
Stratford
Ohakune
Raetihi
Waiouru
Hawke Bay
Opunake
Napier
Hawera
Hastings
South Taranaki Bight
Taihape
Havelock North
Patea
Whanganui
Waipukurau
Bulls
Feilding
Palmerston North
Woodville
Levin
Kapiti Island
Paraparaumu
Masterton
Castlepoint
Porirua
Upper Hutt
Featherston
Ferry
Lower Hutt
Martinborough
Lake Wairarapa
WELLINGTON
N
Cook Strait
Cape Palliser

Auf dem Desert Highway

Desert Highway lautet der Übername des Highway-1 zwischen Waiouru und dem Lake Taupo, kreiert von der Tourismuswerbung, die es für nötig hielt, »exotische Elemente« des Landes deutlicher herauszustellen. Warum man aber gerade auf »Wüsten-Highway« kam, bleibt rätselhaft, denn Wüstenhaftes ist entlang dieser Strecke beim besten Willen nicht auszumachen; dafür mehr Vulkanisches, geht es doch parallel des großen Vulkangürtels der Insel dahin, über den an anderer Stelle bereits alles Wesentliche gesagt wurde: siehe unter »Route 1«.

■ Einem schlafenden Riesen gleich rückt bald der mit 2797 m höchste Berg der Nordinsel ins Bild: das aus erstarrtem Glutgestein sowie Schlamm- und Schuttablagerungen geformte Massiv des **Mt. Ruapehu,** der zuletzt im Oktober 1995 sowie im Sommer 1996 mit gewaltigen Eruptionen für Furore sorgte und dank gigantischer Ascheausstöße sogar den insularen Flugverkehr lahmlegte. Je weiter wir gen Norden fahren, desto gewaltigere Ausmaße nimmt der Vulkan an, der sich, von dieser Seite aus betrachtet, vielleicht am eindrucksvollsten präsentiert. Hier, an der Ostflanke, wo trockene Fallwinde die Böden austrocknen, hat die Erosion ein leichtes Spiel und riß in Verbindung mit Schmelzwasser und Frost die dünne Vegetationsdecke der Vulkanhänge sowie auch des Vulkanplateaus selbst auf. Dadurch wurde eine horizontweit ausgedehnte Geröllebene freigelegt, ein »Niemandsland«, in dem nur noch besonders robuste Pflanzen einen Lebensraum finden, was die drohende Erscheinung des Vulkans nachhaltig unterstreicht.

■ Etwa an der Stelle, wo sich die inzwischen auf einer Höhe von fast 1100 m verlaufende Straße direkt gegenüber des Mt. Ruapehu befindet, verkündet ein Holzschild mit Aufschrift »**Tongariro Nationalpark**« die Einfahrt in den ältesten Nationalpark des Landes (siehe unter »Route 1«), der 1987 sein 100jähriges Bestehen feierte. Je weiter wir nun fahren, desto vegetationsärmer präsentiert sich die Landschaft, die sich nach Osten hin in weiten Wellen ausdehnt und nur ganz spärlich mit Tussock-Büscheln, Tutu und Alpentotara bewachsen sowie von tief eingefressenen Creeks zerfurcht ist. Ein ums andere Mal führt die meist schnurgerade verlaufende Straße in diese von Lavaflüssen geformten und von Schmelzwasser ausgeweiteten Rinnen hinab, deren Wände aus bunt eingefärbtem Lavagestein bestehen.

■ Allmählich rückt auch der perfekt geformte, 2291 m hohe Schichtkegel des benachbarten **Mt. Ngauruhoe** ins Bild, der durch ständig aufsteigende Rauchschwaden kenntlich macht, wie aktiv er in seinem

Inneren noch ist. An den steilen Flanken deuten Farbkontraste auf verschieden alte Lavaflüsse hin; die jüngsten stammen aus dem Jahr 1954, als dieser Vulkan über mehrere Monate hinweg glühendes Lavagestein spuckte.

■ Rechts der Straße, versteckt in einer tiefen Kerbe, verläuft nun der wild reißende Tongariro River, der die Grenze des weit nach Osten reichenden **Kaimanawa Forest Parks** markiert. Mit rund 76 000 qkm ist er fast so groß wie der Tongariro-Nationalpark, an den er grenzt; er umfaßt ein ausgesprochen wildes, bis 1700 m hoch aufragendes Bergland, fast vollkommen mit dichten Südbuchen-Wäldern bedeckt.

■ Etwa 40 km hinter Waiouru wird die Nordgrenze des Tongariro-Nationalparks überquert. Ein letztes Mal genießt man den Blick auf den Kegel des Ngauruhoe sowie auf den benachbarten, aber von hier aus nicht sonderlich eindrucksvollen **Mt. Tongariro,** dem mit 1967 m kleinsten Berg des Vulkantrios. Von nun an macht die Straße konstant Gefälle, und wer mit dem Wohnmobil unterwegs ist und einen einsamen Platz für die Nacht sucht, kann hier an mehreren Stellen fündig werden. Je weiter wir vom Plateau zum Lake Taupo hin absteigen, desto waldreicher präsentiert sich wieder das Land, das in weiten Wellen abfällt und immer wieder herrliche Ausblicke auf die sich im Norden öffnende blaue Wasserweite des Taupo-Sees bietet.

■ Bei km 53 (ab Waiouru) zweigt eine Stichstraße nach links zum 19 km entfernten Highway-47 ab, über den man innerhalb einer halben Stunde etwa im Whakapapa Village, das touristrische Zentrum an der Westflanke des Vulkangürtels, eintrifft. 9 km sind von hier aus noch bis Turangi, dem nächsten Etappenziel, zurückzulegen. In diesem Abschnitt finden sich mehrere nach rechts ausgeschilderte Picknickplätze am Ufer des jetzt nahe herangerückten **Turangi River,** der sich bei Anglern großer Beliebtheit erfreut. Der Fluß gilt als eines der besten Forellen gewässer, aber wer hier auf Regenbogen-Forellen gehen will, muß sich zuvor im nun voraus liegenden **Turangi** die erforderliche Lizenz holen.

Turangi

»The Centre for Outdoor Experience«

Die neuseeländische Tourismuswerbung Turangi rühmt sich als Outdoor-Zentrum der Nordinsel. Tatsache ist, daß dieser rund 3000 Einwohner große und aus einer Kraftwerks-Arbeitersiedlung in den 1960er Jahren hervorgegangene Ort eine dichte Konzentration an Aktivitäten bietet und neben dem Whakapapa Village (siehe unter »Route 1«) »das« touristische

Zentrum des südlich angrenzenden Tongariro-Nationalparks ist.

Auch die Wiesenufer des Lake Taupo, mit 606 qkm Fläche der größte See Neuseelands, sind nur ein paar Kilometer entfernt. Der Tongariro River ist unter Forellenanglern wie Extrem-Rafting-Freunden begehrt. Heiße Quellen und »Thermal Wonderlands« laden ebenfalls zu einem Besuch ein. Deshalb sollte man schon wenigstens zwei Tage ansetzen, um das Umland dieses Ortes zu erkunden. Turangi selbst bietet eine gute Infrastruktur, aber sonst nichts, präsentiert es sich doch mit seinem Zentrum aus Fertigbeton alles andere als einladend.

An-/Weiterreise

■ **Bus:** Turangi liegt an der Busroute Auckland-Wellington, ist außerdem mehrmals täglich mit Taupo und Rotorua, den größten Touristenzentren der Nordinsel, sowie mit Taumarunui verbunden und liegt zudem an der Route aller Backpackers-Busse.

■ **Zug:** Die nächste Eisenbahnstation ist National Park an der Strecke Auckland-Wellington. Zwischen National Park und Turangi verkehrt während der Saison ein Shuttle-Bus.

■ Wer mit dem **eigenen Fahrzeug** anreist, wird keine Orientierungsprobleme haben: Der nur aus wenigen Straßen bestehende Ort erstreckt sich beidseits des Highway-1, an dem alle wichtigen Einrichtungen und Sehenswürdigkeiten ausgeschildert sind.

Unterkunft

■ **Camping:** Schön sind sie alle nicht, die insgesamt vier Campingplätze in bzw. um Turangi, die während der Saison zudem alle unter Platzmangel leiden. Am erträglichsten ist noch der *Turangi Cabins & Holiday Park* (Tel. 07/386 87 54) am Stadtrand, mit durch Hecken geschützten Wiesen-Stellplätzen (8 $/Person) sowie fast 100 Cabins, die 15 $ pro Person kosten und einen guten Gegenwert bieten. Die Gemeinschafts-Einrichtungen sind von gewaltigen Ausmaßen, und der den zwei Küchen angeschlossene Aufenthaltsraum erinnert eher an eine Turnhalle.

Das u.g. *Club Habitat Hostel* (Tel. 07/386 74 92) bietet Cabins für 28–50 $, aber die Zeltplätze ganz nahe den Hütten sind kaum der Rede wert.

Ebenso verhält es sich mit der *Parkland Motor Lodge* (Tel. 07/386 75 15), und der im benachbarten Tokaanu gelegene *Oasis Caravan Park* (Tel. 07/386 85 69) entpuppt sich als eine mückenverseuchte und zumeist von Dauercampern »geblockte« Feuchtwiese.

Wer wild campen will, hat ortsnah wenige Möglichkeiten, und nur an der Strecke von Turangi zum 3 km entfernten Tokaanu bieten sich mehrere Wiesenplätze an: hinter der großen Flußbrücke rechts und dem Schotterweg parallel zum Fluß für ein paarhundert Meter folgen (einsame Wiesen am Waldrand).

■ **Backpackers:** Das schon o.g. *Club Habitat Hostel* (Tel. 07/386 74 92) ist Backpackers, Youth Hostel, Caravan Park und Motel in einem und erstreckt sich in einem durch viel Grün aufgelockerten Gelände. Die Gemeinschaftseinrichtungen entsprechen modernsten Maßstäben; auch eine Sauna sowie ein Spa-Bad sind angeschlossen. Die 20 Billig-Betten kosten 14 $, 16 $ (Double) bzw. 18 $ (Single).

Ansonsten bietet sich die gemütliche *Bellbird Lodge* (Telefon 07/386 82 81) an, die ebenfalls modern ausgestattet ist, auch Angeltrips organisiert und einen täglichen Shuttle-Service zum Tongariro-Nationalpark unterhält.

■ **Motels & Hotels** machen das Gros der Unterkünfte aus. Nahezu alle sind auf die Bedürfnisse von Anglern eingerichtet, die hier, je nach Saison, die Majorität der Besucher stellen. Die preisgünstigsten Zimmer (35 $ Single, 45 $ Double) offeriert die schlichte Riverside-Unterkunft der *Sportman's Lodge,* 15 Taupehi Rd, Tel. 07/386 81 50. Samt Aufenthaltszimmer mit offenem Kamin. – Mehr Privatsphäre gewähren die bis zu 6 Personen Platz fassenden Häuser von *Holiday Home,* 41 Rangiamohia Rd, Tel. 07/386 79 14. Komplett ausgestattet, 50 $ (bei 2 Personen).

In der nächsthöheren Kategorie empfiehlt sich das *Creel Lodge Motel,* 183 Taupahi Rd, Tel. 07/386 80 81. Direkt am Tongariro River auf einer großen Wiese gelegen. 14 komplett möblierte Hütten für 50 $ (Single) bzw. 75 $ (Double).

Wer das Besondere sucht, sollte die *Tongariro Lodge* (Tel. 07/386 79 46) an der Grace Road anfahren: Dieses Top-Haus befindet sich inmitten eines 9 ha großen Parks am Tongariro River, erfreut mit old fashioned Komfort und Stil (u.a. urgemütlich-rustikaler Kaminraum mit Bar), traditioneller Spitzenküche und verschieden großen Chalets, die den Fluß überblicken und teils auch mit eigener Küche ausgestattet sind; ab 100 $ kann man hier unterkommen.

Outdoor aktiv

Outdoor Centre:

■ Der Ruf Turangis als »Outdoor Capital« der Nordinsel begründete das **Sir Edmund Hillary Outdoor Centre**, das von Sir Edmund Hillary, der als erster den Mount Everest bestieg, ins Leben gerufen wurde. Tausende Outdoor-Freaks nehmen hier Jahr für Jahr an den geschätzten Kursen teil, bevorzugt in den Sparten Rockclimbing, Wildwasser-Kajak, Rafting sowie Mountain biking und Bergsteigen.

Die meisten Kurse finden im Januar und im Februar statt. Da die Nachfrage extrem groß ist, tut man gut daran, so früh wie möglich, am besten schon von zu Hause zu reservieren: Tel. 07/386 55 11, Fax 07/386 71 13.

Angeln:
Der Turangi River gilt als eines der forellenreichsten Gewässer überhaupt und genießt einen entsprechenden Ruf. Das war nicht immer so: Bis ins Jahr 1868 hinein gab es hier gar keine Forellen, da erst zu diesem Zeitpunkt die ersten, aus England kommenden Forelleneier eingeführt wurden. 1884 dann wurden auch Eier von Regenbogen-Forellen (aus Kalifornien) importiert, und heute wimmelt es im Fluß (sowie auch im Lake Taupo) nahezu von bis zu 4 kg schweren Exemplaren.

Wer sie auf dem Teller kosten will, muß sie schon selbst angeln; Lizenzen u.a. über das »Visitor Centre«. Denn der Forellenhandel ist in Neuseeland verboten, weshalb diese leckeren Fische auch nicht in den Restaurants serviert werden bzw. nur dann, wenn man sie selbst mitbringt. Das ist hier durchaus üblich, aber nicht billig: Unter 20 $ wird man kaum »Forelle Blau« genießen können.

Angeltouren und Angel-Safaris werden überall im Ort angeboten, auch Angel-Guides sind erhältlich, und am besten, man kontaktiert das »Visitor Centre«.

Treks & Walks:
■ Regelrechte Treks bieten sich von Turangi aus keine an bzw. nur diejenigen, die unter »Tongariro National Park and Heritage Area« (Route 1, siehe dort) bereits ausführlich beschrieben wurden. Nach Whakapapa, dem Ausgangspunkt fast aller Vulkantouren ,verkehren während der Saison Shuttle-Busse, und auch die meisten Unterkünfte unterhalten einen solchen Transportdienst; dies auch zum Start-/Endpunkt des außergewöhnlichen Treks **Tongariro Crossing**.

■ Es bleiben Walks, also mehr oder weniger einfache Wanderungen. Ein komplettes Verzeichnis aller möglichen Touren kann man im »Visitor Centre« sowie auch im DOC-Amt abrufen. Es bieten sich Touren in den östlich angrenzenden Kaimanawa Forest Park an (s.o.), doch der spannendste Weg ist der rund 5 km lange und in 2 Stunden spielend zu bewältigende **Lake Rotopounamu Loop Track,** der den gleichnamigen, nahe Turangi liegenden See umrundet. Die aufgrund ihrer Farbe als »Jadesee« bekannte Wasserfläche liegt zu Füßen des erloschenen Pihanga-Vulkans, ist von einem dichten Regenwald aus Podocarpaceen umgeben, bietet schöne Panoramen und eignet sich insbesondere zur Vogelbeobachtung.

■ Ansonsten empfiehlt sich der **Tokaanu Thermal Walk,** der an der Mangaroa Street in Tokaanu (3 km ab Turangi) beginnt und schon von weitem mit seinen nicht immer angenehm riechenden Dampfschwaden, die oft den ganzen Ort einhüllen, auf sich aufmerksam macht. Der Eintritt ist frei. Im Rahmen einer rund 20 Min. währenden Rundtour geht es an blubbernden Schlammtümpeln, kleinen Sinter-Terrassen, vielfarbig leuchtenden, teils kochenden Teichen sowie Schwefelfumarolen entlang. Nicht nur Kinder erfreuen sich daran, Eier in den heißen und einst den Maori heiligen Wassern abzukochen.

Zum Abschluß kann man sich in privaten Mineralpools im 41°C heißen Heilwasser laben bzw. auch in einem kleinen angeschlossenen Schwimmbad, dessen Wasser um 34°C warm ist. Pools täglich 10–21 Uhr; da die Nachfrage nach den Privatpools groß ist, sollte man eventuell zuvor eine Reservierung vornehmen (Tel. 07/386 85 75).

Weitere Aktivitäten:

■ **Mountain biking:** Im »Visitor Centre« kann man eine Mountainbike-Trailkarte abrufen, auf der zahlreiche Touren eingezeichnet sind. Auch reine MTB-Strecken wurden im Umland von Turangi angelegt: Als die anspruchsvollste und schönste Tour gilt die *Traverse 42,* die in Tokaanu, am Ende der Kapoors Road, beginnt und bis hinüber nach Owhango am Highway-4 führt. Diese Tour wird auch organisiert angeboten, zum ersten von »The Log Cabin« (Tel. 07/386 86 58) in Turangi, wo auch hochwertige 21-Gang-Bikes vermietet werden, sowie andererseits von »Rock River« (siehe unter »Rafting).

■ **Rafting:** »Rafting Adventures« (Tel. 07/385 88 56) in Turangi sowie »Rock River Adventures« (Tel. 07/386 03 52) in Tokaanu sind die größten und versiertesten Anbieter für White Water Rafting im Umland des Tongariro-Nationalparks sowie des Taupo-Sees. Auf den Programmen stehen u.a. ein 13 km-Raft über mehr als 50 Schnellen des Grads 3 auf dem Tongariro River, ein 2-Stunden-Float-Raft (auch für Kinder) auf dem Lower Tongariro River, ein Raft von Grad 4 auf dem Rangitikei River sowie solche von Grad 5 und gar 5+ (6 gilt als höchst lebensgefährlich...) auf dem Wairoa River, Kaituna River und Mohaka River, die in verschiedenen Längen zwischen 3 Stunden und 5 Tagen angeboten werden.

■ **Reiten:** Gleich drei Ställe bieten hier mehrstündige Pferdetreks an. Am professionellsten ist »Mc 'Arthur Park Treks« in Turangi (Tel. 07/386 83 21), während sich die Touren des von Maori gemanagten »Hinemanu Trail Rides« (Tel. 07/386 85 22) an der Straße nach Tokaanu insbesondere für Kinder eignen; die Leute sind unheimlich nett und einfühlsam, und wer schon ein versierter Reiter ist und auch an längeren Touren interessiert ist, kann hier, falls genügend solvent, auch mehrtägige Pferdetreks unternehmen.

■ **Tongariro Eco Tours** (Tel. 07/3866409) ist Name einer im Rafting Centre von Turangi (Atirau Road) ansässigen Organisation, die darauf spezialisiert ist, Bootstrips ins sowohl botanisch als auch ornithologisch interessante Sumpfland am Südufer des Taupo-Sees zu organisieren.

■ Ansonsten bietet sich Turangi auch für **Rock Climbing, Abseiling** und **Caving** an. Das größte Angebot an solchen Trips und Touren hat »Rock River Adventure« (s.o. unter »Rafting«).

Verschiedenes

■ **Information:** Das *Turangi Visitor Information Centre* ist überall ausgeschildert und unter der Rufnummer 07/386 89 99 zu erreichen. U.a. kann man hier auch Informationen zum Lake Taupo sowie zur Rotorua-Region abrufen.

Das *Department of Conservation* wird zwar auch vom Visitor Centre vertreten, aber mehr Informationen hat die DOC-Niederlassung im Ort, nur 200 m vom Tourist Centre entfernt (Tel. 07/386 86 07).

■ **Bank** und **Post** finden sich im Ortszentrum, wo auch mehrere Geldautomaten aufgestellt sind.

■ **Essen und Trinken:** Die Supermärkte im Ortszentrum sind gut bestückt und preisgünstig, doch wer gute Restaurants sucht, wird enttäuscht sein. In dem Ort gibt es eigentlich nur Takeaways; lediglich das Restaurant des *Club Habitat* offeriert gute Gerichte zu sehr günstigen Preisen. Täglich 7–10 und 16–19 Uhr.

Wer ab 25 $ für ein Essen ausgeben will, sollte das im Restaurant der o.g. *Tongariro Lodge* tun, wo auch das Auge seine Freude hat.

Lake Taupo

Kratersee der Superlative

59 km sind vom Südzipfel des Lake Taupo bei Turangi bis zum Nordrand der Wasserfläche bei Taupo zurückzulegen. Fast während der gesamten Fahrt wird man mit herrlichen Ausblicken auf den lieblichen, in Wiesen und Wälder gebetteten größten See Neuseelands verwöhnt. Von seiner Ausdehnung her mißt er nicht weniger als 606 qkm – zum Vergleich: der Bodensee ist rund 530 qkm groß. Wie das Vulkanplateau liegt er in einer der erdgeschichtlich unruhigsten Gegenden überhaupt. Hier wie dort arbeitet sich die pazifische Kontinentalscholle langsam unter die indisch-australische, und die ganze Region gilt durchaus als eine der gefährlichsten auf Erden, entlädt sich doch der Druck im Erdinneren alle 1000 Jahre etwa in einer seismischen Katastrophe.

Statistisch gesehen, ist das Gebiet damit längst überreif, denn rund 2000 Jahre ist es nun her, daß

Am idyllischen Taupo-See (oben); bei Waitomo ist nicht nur die Unterwelt sehenswert ▶

der Taupo-See im Rahmen des wahrscheinlich katastrophalsten Vulkanausbrüche menschlicher Geschichte entstand: Die verheerende Eruption des Vulkans unter dem See entlud sich in einer wahrhaft apokalyptischen Druckwelle, die innerhalb weniger Minuten einen Großteil der Waldvegetation der Nordinsel zerstörte, um sie dann unter einer meterdicken Schicht aus Auswurfgestein zu begraben. Nicht weniger als 150 Kubikkilometer Asche und Bimsstein sollen hier in den Himmel geschleudert worden sein, und die Auswirkungen waren dermaßen stark, daß sogar Griechen und Römer atmosphärische Veränderungen feststellten und Aschepartikel, wie man heute weiß, bis in die nördlichsten Polarregionen getragen wurden. So handelt es sich bei dem Lake Taupo um nichts anderes als einen bis über 100 m tiefen Kratersee, der die monumental große Explosionscaldera des selbst nicht mehr sichtbaren Taupo-Vulkans füllt.

So viel zur Genese dieses heute beliebtesten Urlaubsziels der Neuseeländer, gleichzeitig der berühmteste und ergiebigste Forellensee: Nicht weniger als 500–600 t Forellen werden hier Jahr für Jahr gefischt, und das Angeln ist dementsprechend die Lieblingsbeschäftigung der jährlich in Hunderttausenden gezählten Besucher. Bootsfahrten sind weitere Attraktionen. Touristisches Zentrum der gesamten Region ist das am Nordostzipfel des Sees gelegene Taupo.

Taupo

»Im Herzen des Landes«

Bei der Einfahrt nach Taupo kann man an schönen Tagen einen herrlichen Ausblick auf den etwas tiefer gelegenen See sowie auf die zurückliegenden Vulkangipfel des Tongariro-Nationalparks genießen. Doch so reizvoll die Lage dieses Urlaubsortes auch ist, so trist präsentiert sich doch das Stadtbild, das gezirkelte Straßen zwischen betongrauen Bauten prägen. Dennoch ist die mittlerweile fast 19 000 Einwohner zählende Stadt der zur Zeit am schnellsten wachsende Touristenort in Neuseeland, zum ersten wegen dem See, zum zweiten wegen der erlebenswerten Natur im Umland, zum dritten dank der exzellenten Lage »im Herzen des Landes«, zwischen den Attraktionen von Rotorua und Vulkanplateau, sowie den vielen (organisierten) Outdoor-Abenteuern.

An-/Weiterreise

Kein Tour-Operator, der Taupo nicht im Programm hat, kein Backpackers-Bus, der den Ort nicht anfährt; ansonsten verkehren

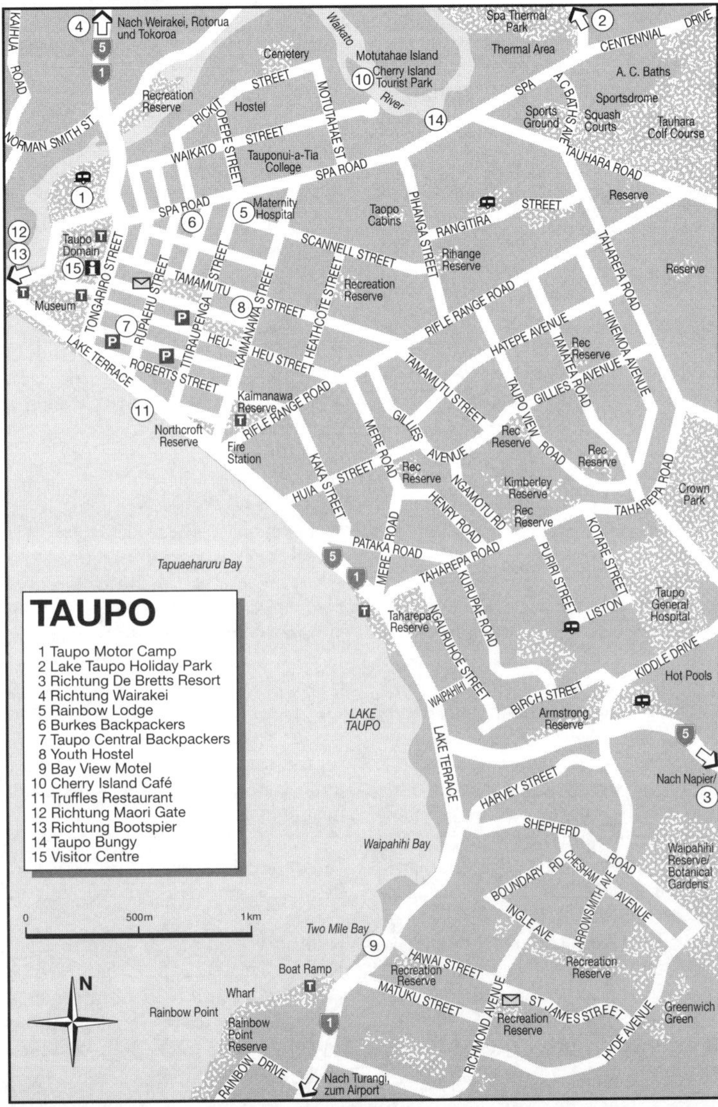
TAUPO
1 Taupo Motor Camp
2 Lake Taupo Holiday Park
3 Richtung De Bretts Resort
4 Richtung Wairakei
5 Rainbow Lodge
6 Burkes Backpackers
7 Taupo Central Backpackers
8 Youth Hostel
9 Bay View Motel
10 Cherry Island Café
11 Truffles Restaurant
12 Richtung Maori Gate
13 Richtung Bootspier
14 Taupo Bungy
15 Visitor Centre
0
500m
1km
N
Nach Weirakei, Rotorua und Tokoroa
Nach Napier/
Nach Turangi, zum Airport
KAIHUA ROAD
NORMAN SMITH ST
Recreation Reserve
Cemetery
Waikato
Motutahae Island
Cherry Island Tourist Park
River
Spa Thermal Park
Thermal Area
CENTENNIAL DRIVE
A. C. Baths
Sportsdrome
Sports Ground
Squash Courts
Tauhara Colf Course
A C BATHS AVE
TAUHARA ROAD
SPA ROAD
RICKIT STREET
OPEPE STREET
MOTUTAHAE ST
Hostel
WAIKATO STREET
Tauponui-a-Tia College
Maternity Hospital
Taopo Cabins
PIHANGA STREET
RANGITIRA STREET
Reserve
Taupo Domain
Museum
TONGARIRO STREET
RUPAEHU STREET
TAMAMUTU STREET
TITIRAUPENGA STREET
KAIMANAWA STREET
HEATHCOTE STREET
SCANNELL STREET
Rihange Reserve
Recreation Reserve
TAHAREPA ROAD
HEU-HEU STREET
LAKE TERRACE
ROBERTS STREET
RIFLE RANGE ROAD
HATEPE AVENUE
TAMATEA ROAD
Rec Reserve
HINEMOA AVENUE
TAMAMUTU STREET
GILLIES AVENUE
TAUPO VIEW ROAD
Kaimanawa Reserve
Northcroft Reserve
Fire Station
MERE ROAD
KAKA STREET
HUIA STREET
NGAMOTU RD
HENRY ROAD
Kimberley Reserve
Crown Park
PATAKA ROAD
Tapuaeharuru Bay
KOTARE STREET
PURIRI STREET
KURUPAE ROAD
NGAURUHOE STREET
Taharepa Reserve
LISTON
Taupo General Hospital
KIDDLE DRIVE
Hot Pools
WAIPAHIHI
BIRCH STREET
Armstrong Reserve
LAKE TAUPO
HARVEY STREET
SHEPHERD ROAD
Waipahihi Bay
Waipahihi Reserve/ Botanical Gardens
BOUNDARY RD
CHESHAM AVE
AVENUE
INGLE AVE
ARROWSMITH AVE
Two Mile Bay
HAWAI STREET
Recreation Reserve
Boat Ramp
Wharf
Rainbow Point
Rainbow Point Reserve
MATUKU STREET
RICHMOND AVENUE
ST JAMES STREET
HYDE AVENUE
Greenwich Green
RAINBOW DRIVE

Shuttle-Busse vom Tongarito-Nationalpark, Turangi sowie von Rotorua aus, ferner Überlandbusse, die Taupo mit fast allen größeren Orten der Nordinsel verbinden.

Die nächste Eisenbahnstation ist Rotorua, knapp eine Fahrstunde entfernt, und auch Coromandel sowie die Eastcoast sind von hier aus schnell erreichbar.

Die Stadt entstand mehr oder weniger auf dem Reißbrett, ist entsprechend übersichtlich, auch bestens ausgeschildert. Der erste Gang sollte zum Visitors Centre führen, wo man alle erforderlichen Informationen erhält sowie Aktivitäten und Transportmittel buchen kann.

Unterkunft

Camping:

Fast ein Dutzend Campingplätze verteilen sich in Taupo und Umgebung, doch während der Hochsaison zwischen Dezember und Anfang Februar sind alle überfüllt. Kein einziger liegt direkt am Seeufer – die Grundstückspreise dort sind astronomisch hoch. Die meisten befinden sich mehr oder weniger im Zentrum.

■ Mit am besten gefiel uns noch der **Taupo Motor Camp,** 15 Redoubt Street, Tel. 07/377 30 80. Am Ufer des Waikato River, dort teils idyllische Zeltplätze (8,5 $/Person), zahlreiche Cabins und Miet-Caravans zwischen 30 und 35 $.

■ Erträglich auch der große **Lake Taupo Holiday Park**, 22 Centennial Drive, Telefon 07/378 68 60. Hunderte Stellplätze (8 $/Person), Cabins (35 $), Tourist Flats (45 $) und modern, auch mit einem kleinen Schwimmbad, ausgestattet.

■ »Der« Campingplatz aber ist hier der etwas außerhalb am Highway-5 Richtung Napier gelegene **De Bretts Thermal Resort & Holiday Park** (Tel. 07/378 85 59). Modern und top ausgerüstet, mit mehreren Thermalpools, einem Thermal-Schwimmbad, riesigen Wasserrutschen sowie einem umfassenden Sportangebot nebst Rundflügen.

■ Wer nun all diese ziemlich steril wirkenden Anlagen nicht mag, sollte ins 11 km entfernte, an der Straße nach Rotorua gelegene Wairakei fahren, wo im **Natural Thermal Valley** (hinter den riesigen silbernen Dampfleitungen links ab, ausgeschildert, Tel. 07/374 80 04) ein schlichtes Wiesencamp einlädt. Die sanitären Einrichtungen sind so la la, aber dafür stimmt die Optik, und vor allem herrscht hier auch während der Hochsaison nie drangvolle Enge.

Backpackers:

■ »Die« Rucksackler-Adresse in Town ist die zentral gelegene **Rainbow Lodge**, 99 Titiraupenga Road, Tel. 07/378 57 54. Betten zwischen 13 und 25 $, »sundrenches decks and skydiving, backgammon and bungy, saunas and saddles, mountainbiking and van Morrison«.

■ Mit kostenloser Benutzung von Spa Pools und Fahrrädern wirbt **Burkes Backpackers**, 69 Spa Road, Tel. 07/378 92 92. Nur 300 m vom Busterminal entfernt und modern ausgestattet, ebenfalls 13–25 $, wobei im Preis das Frühstück enthalten ist.

■ Ähnliche Leistungen offeriert das zentrale **Taupo Central Backpackers**, 7 Tuwharetoa Street, Tel. 07/378 32 06. Rühmt sich als einzige Herberge mit Seeblick.

■ Bleibt schließlich das **Taupo YHA Hostel**, 56 Kaimanawa Street, Tel.07/378 33 11. Ein modernes, zweigeschossiges Gebäude mit großen Balkons, angenehmer Atmosphäre, ruhiger Lage und Betten von 16 bis 25 $.

Hotels & Motels:

Alle Hotels & Motels sowie Lodges aufzuführen hieße über 20 Buchseiten zu füllen, und so wollen wir hier nur ein paar ausgesuchte Empfehlungen geben:

■ Das bereits oben unter »Camping« beschriebene **De Bretts Thermal Resort** bietet die günstigsten Zimmer in der Stadt: die Buďget Rooms sind schon für 30 $ zu haben, Single Standard Rooms (mit eigenem Bad) kosten 53 $, und die Doppelzimmer dieser Kategorie nur 60 $. – Aber die Nachfrage ist enorm; man sollte so früh wie möglich reservieren.

■ Mit die günstigste Adresse für seenahes Wohnen ist das nur durch die Straße vom Lake Taupo (mit kleinem Badestrand) getrennte **Bay View Motel**, Highway-1, Two-Mile-Bay, Tel. 07/378 46 25. Mehrere komplett eingerichtete Wohneinheiten inklusive Frühstück 70–80 $ – preiswert in Taupo.

■ Etwas außerhalb der Stadt und direkt am Seeufer liegt die architektonisch sehr aufwendig gestaltete **Cascade Lodge**, Lake Terrasse, Tel. 07/378 37 74. Mit beheiztem Swimmingpool, Spa Pools sowie rund 25 luxuriös eingerichteten Wohneinheiten (90–120 $) nebst großen Stuios, die allerdings 130–280 $ kosten.

■ Das **Wairakei Resort** (Tel. 07/374 80 21), im etwas außerhalb Richtung Rotorua gelegenen Wairakei Park, gilt als eine der besten Adressen von Taupo. Die 127 Zimmer in mehreren zwei-/dreigeschossigen Gebäuden sind ihre 130–230 $ allemal wert; kostenlos zu benutzen sind Tennisplätze, Schwimmbäder, Spa Pools sowie Golfplatz.

Essen und Trinken

Man möchte meinen, daß ein derart populärer Ferienort wie Taupo auch mit einer dichten Sammlung an guten Restaurants aufwarten müßte. Doch weit gefehlt, zumeist sind hier nur unpersönliche Selbstbedienungslokale sowie natürlich Takeaways zu finden; wirklich gute Restaurants machen sich rar:

■ Das **Cherry Island Café & Restaurant** (Tel. 07/378 69 93) gilt als »best kept secret« von Taupo, liegt nämlich schön auf der »Kirschinsel« im Waikato River (off Waikato Street), wirkt behaglich und hat eine direkt über dem Wasser gelegene Speiseterrasse. Mo–Do 9–17 Uhr, Fr–So 9–21 Uhr. – Einer der trefflichsten Plätze (nicht nur) für ein entspanntes Frühstück.

■ **Ploughmans**, Charles Crescent, Rainbow Point, Tel. 07/377 34 22. Eine Restaurant-Bar im Tudorstil, eines der gemütlichsten Lokale (auch Gartenlokal) der Stadt, dabei preisgünstig für traditionelle neuseeländische Gerichte. Täglich von 12 Uhr bis in die späte Nacht.

■ Fraglos den besten Seeblick gewährt das **Truffles Restaurant** an der Lake Terrace. Das Dinner, serviert auf der Sunset-Terrasse oder im kamingeheizten Innenraum, wird ab 18.30 Uhr offeriert. Geöffnet ab 12 Uhr.

■ Opulente und preiswerte Prawngerichte bietet **The Prawn Grill** im Wairakei Park an der Huka Falls Road, wo es allerdings zur Hochsaison ein wenig wie in einem Vergnügungspark zugeht.

■ »Der« Tip in Town für Kaffee, Cappuccino, Espresso, Wein, Ale, Snacks und vor allem auch Desserts ist das zentral gelegene **Yorkies**, Tuwharetoa Street. Von 18 Uhr bis nach Mitternacht.

Sightseeing

In Taupo:

■ In Taupo selbst bietet sich eigentlich nur ein Blick durch das bevorzugt unter Hobby-Fotografen beliebte und am Highway-1 ausgeschilderte **Maori Gate** (mit reichem Schnitzwerk versehenes »Tor«) am Seeufer an. Zu empfehlen ist ansonsten das **De Bretts Thermal Resort** (s.o. unter »Camping), in dem sich nicht nur Kinder wohlfühlen.

■ Ein weiteres Highlight Taupos bildem die am Seeufer startenden **Seerundfahrten**: Entweder rast man mit dem hochmodernen *Cruise Cat* (Reservierung über Tel. 07378 55 96), einem Jet-Katamaran, über den See. – Oder zu den **Maori Rock Carvings** (überdimensional große, aus einem Gesicht und zahlreichen Symbolen bestehende Steinmetzarbeit, die an die Ankunft der Maori am Lake Taupo erinnern will), oder aber mit dem rund 15 m langen Segler *The Spirit of Music* (zweimal täglich; 20 $) bzw., am besten, mit der *Ernest Kemp,* einem nostalgischen Seedampfer, der genau die richtige Geschwindigkeit macht, auf daß man die Seelandschaft auch gebührend genießen kann.

Im Wairakei Park:

Alle andere Sehenswürdigkeiten liegen nicht in Taupo selbst, sondern im Umland: Abgesehen von den weiter unten (s.u. »Durchs Thermal Wonderland«) vorgestellten

Highlights, ist das vor allem der 8 km von Taupo entfernt am Highway-1 gelegene Wairakei Park. 1967 eingerichtet, versteht sich diese Anlage als gepflegter »Multi-use Park« mit zahlreichen Sehenswürdigkeiten, die durchaus ein volles Tagesprogramm ausmachen können.

■ So ist das Areal Standort des angeblich zweitgrößten geothermischen Kraftwerks überhaupt. Wer sich über die 1963 in Dienst gestellte und rund 600 Thermalquellen anzapfende Power Station informieren will, sollte das **Geothermal Visitor Centre** am Highway-1 besuchen, das täglich zwischen 9 und 16.30 Uhr geöffnet hat. Hier werden u.a. auch Videofilme gezeigt und hat man einen eindrucksvollen Ausblick auf das sogenannte »Dampffeld«, das überzogen ist von einem Gewirr silberner Rohrleitungen, eingehüllt in weiße Dämpfe, die aus dem bis zu 1000 m tief angebohrten Erdinneren entweichen; im Rahmen eines rund 2 km langen Rundwegs kann man durch diese futuristisch wirkende Anlage laufen, und am Ende lädt eine Aussichtsplattform ein.

■ Ein Erlebnis ist auch die neueste Attraktion des Parks: das **Taupo Vulcano Observatory Visitor Centre** an der den Park durchquerenden Huka Falls Road. Faszinierende Displays führen in den Vulkanismus der Ruapehu-Region ein; insbesondere die Videos über die Ausbrüche des Mt. Ruapehu zeigen unvergeßliche Bilder, und eine überdimensionale 3-D-Karte verdeutlicht vulkanisches Geschehen in Zusammenhängen. Täglich 10–16 Uhr; Eintritt frei.

■ Im weiteren Verlauf der rechts vom Highway-1 verlaufenden Huka Falls Road geht es am **Huka Village** vorbei, einem Freilichtmuseum mit viel Spaß und Spiel sowie reichlichen Konsumangeboten. Es besteht aus zahlreichen restaurierten Kolonialstilhäuschen; auch eine alte Dampfmaschine ist hier zu sehen, Kinder können sich auf einem Abenteuerspielplatz austoben, und Leckermäuler kommen in *The Honey Hive,* Neuseelands größtem Honigladen (mit über 60 Sorten), auf ihre Kosten.

■ Etwas oberhalb liegt das luxuriöse Wairakei Resort. Am **Prawn Park** vorbei (mit einem guten Restaurant für Prawngerichte, in dem man auch draußen sitzen kann), durch den auch geführte Touren angeboten werden (täglich 11–14 Uhr zu jeder vollen Stunde), geht es zum **New Zealand Woodcraft Centre** (täglich 10–16.30 Uhr), in dem man Schnitzern bei der Arbeit verfolgen und natürlich auch ihre Arbeiten erstehen kann.

■ Nun führt die Straße an den Waikato River, und damit auch an den Anlegesteg des **Huka Jet** (s.u. unter »Jet-Boot) sowie der **African Queen,** einem 1908 in Dienst gestellten historischen Flußdampfer, mit dem man sich täglich um 11 Uhr, 13 Uhr und 15 Uhr den berühmten Huka Falls von unten nähern kann: Reservierung unter Tel. 07/364 83 38.

■ Spätestens hier sollte man den Wagen stehen lassen, um dem am Flußufer entlangführenden Wander- und Fahrradweg zu folgen, von dem aus man bald von oben zu den **Huka Falls** gelangt: »Huka« bedeutet soviel wie »Schaum«, und tatsächlich schäumend ergießt sich der Waikato River auf einer Länge von 230 m durch eine nur 15 m schmale Klamm, in der er einen Höhenunterschied von etwa 30 m bewältigt. Diese gewaltige Stromschnelle hinauf donnert der Huka Jet (s.o.): Wenn das hoch aufgebäumte Boot gegen die Brandung hämmert, kann man hier die besten Fotos schießen; »Lookout«-Punkte gibt es genug, und wer weitere Wanderungen anschließen will, findet ein Stück weiter südlich, nahe »Helistar Helicopters« (Helikopter-Rundflüge) eine Wander-/Bike-Infotafel, der alle wesentlichen Hinweise zu entnehmen sind.

■ Auf der anderen (der linken) Seite des Highway-1 führt die Karapiti Road zum ausgeschilderten *Taupo Horse Trek*-Reitstall (1–2stündige Ausritte; eher ein Spaß für Kinder) sowie weiter zu den **Craters of the Moon,** einer Kraterlandschaft, in der es aus Hunderten Erspalten und Fumarolen brodelt und zischt. Zutritt frei.

■ Nördlich grenzt der **Wairakei International Golf Course** an, einer der angeblich schönsten Plätze des Landes. Gäste sind willkommen, Anmeldung unter Tel. 07/374 81 52. – An den Golfplatz schließt sich das vom Highway-1 erreichbare **Natural Thermal Valley** an. Auch hier dampft und zischt es an jeder Ecke, stündlich werden Führungen angeboten. – Abschließend bietet es sich an, im angeschlossenen *The Barn,* der »Scheune«, seinen Devonshire-Tee zu genießen oder einen Snack einzunehmen.

Outdoor aktiv

■ 10 Gehminuten vom Stadtkern findet **Taupo Bungy** (Tel. 07/377 11 35) für 75 $ statt. Gesprungen wird von einer Plattform über dem Waikato River, auch per Tandem Jump. Aber den Cracks dieses Wahnsinnssports scheint die Fallhöhe von »nur« 45 m ziemlich schlaff. Täglich 9–17 Uhr; Reservierung empfohlen.

■ Atemberaubende **Scenic Flights** organisieren »Taupo Air Services« (Airport, Tel. 07/378 53 25) sowie »De Bretts Aviation« (Airport, Tel. 07/378 85 59 sowie Freephone 0800 800 207) auf ähnlichen Strecken für gleiche Preise: der einstündige Flug über und rings um die drei Vulkane des Tongariro-Nationalparks kostet nur 120 $, ebenso das Überfliegen der »Thermal Wonderlands« zwischen Taupo und Rotorua 120 $ (1 Std.).

Stadtrundflüge kommen auf 30 $ (15 Min.), eine Tour rings um den Lake Taupo auf 55 $. Neben dem o.g. Tongariro-Trip gilt der Flug zur weit draußen im Pazifik vor der Bay of Plenty gelegenen White Island (s.u. Route 3) als schönster Flug auf der Nordinsel: Die Insel präsentiert sich als ein einziger aktiver Vulkan, der ständig Asche und (oft) auch Lava ausspuckt. – 240 $ sind für diesen rund 2 Stunden währenden Flug wirklich nicht zu viel!

Wer Helikopter bevorzugt, wende sich an »Helistar« im Wairakei Park, Tel. 07/374 84 05.

■ **Rafting-**Trips sind eine weitere Attraktion von Taupo, und alle Raft-Veranstalter sind im Wairakei Park beheimatet. Angeboten werden Touren auf dem Tongariro River (Grad 3), auf dem Rangitikei (Grad 4), auf dem Wairoa (Grad 5) sowie auf dem mit 5+ angegebenen Kaituna River.

Informationen sowie Reservierung über »Rapid Descents Rafting« (Tel. 07/377 04 19), »Rapid Sensations« (Tel. 07/378 79 02) sowie »River Rats« (Tel. 07/378 76 67), die als einziger Veranstalter auch mehrtägige Urwald-Rafting-Touren auf dem Motu River (Grad 3–4) arrangieren.

■ Zwei Stromschnellen nahe Taupo haben es wirklich in sich, drängen sich also geradezu auf für **Jet Boot-**Fahrten. Ausgangspunkt ist einmal mehr der Wairakei Park, gefahren wird mit den weltberühmten Shotover Jets (über 500 PS starke, 7,4 l–V8-Maschinen), und wer immer schon mal mit etwa 80 km/h Stromschnellen vom Grad 5+ hinaufhämmern wollte, kann hier stündlich zusteigen in die extremste Jet-Boot-Fahrt des Landes (nur der Shotover-Jet von Queenstown/Südinsel kann konkurrieren).

Reservierungen über »Huka Jet« (Tel.07/374 85 72) sowie »Rapida Jet« (Tel. 07/374 83 38).

■ **Fallschirmspringen:** Bei *Taupo Tandem Skydiving* (Reservierung über Mobiltel. 025/42 86 88) wird aus 9000 Fuß Höhe huckepack mit dem Tandem Master gesprungen: Für rund 30 Sekunden rast man mit über 200 km/h der Erde im freien Fall entgegen, bevor der Meister die Reißleine zieht (auf 4000 Fuß) und man sanft der Erde entgegen fliegt.

■ **Mountain biking:** Das relativ dicht besiedelte Umland von Taupo bietet nicht gar so viele Möglichkeiten; eigentlich nur der Wairakei Park, in dem auch geführte Biketouren durchgeführt werden, lohnt das Pedale-Treten. In den meisten Backpackers kann man Fahrräder kostenlos ausleihen, und wer die geführte »Kraterschleife« mitmachen will, wende sich an » Rapid Sensations« (Telefon 07/378 79 02).

■ **Forellenangeln** (s.o. unter »Turangi«) ist am mit Forellen gesegneten Lake Taupo natürlich »die« Freizeitbeschäftigung überhaupt. Entsprechend viele spezialisierte Ausrüstungsshops sind in Taupo zu finden, und auch in den meisten Unterkünften ist man auf die Belange von Anglern eingerichtet. Eine Liste des »Visitor Centres« führt mehrere Dutzend Fishing Guides sowie ein rundes Dutzend Fishing Tours auf, die zu den besten Fischgründen des Lake Taupo führen. Charterboote mit Skipper kann man überall am Seeufer mieten; je nach Bootstyp liegen die Preise zwischen 60 und 80$ pro Stunde (für das ganze, meist auch mit Kabine ausgestattete Boot).

■ Simulierte Outdoor-Erlebnisse indoor, das bietet seit neuestem **Taupo Simulator** im Stadtzentrum an der Tongariro Street (Tel. 07/377 6391); man kann hier u.a. »fliegen«, »raften«, »jetbooten«, »Rennen fahren« und vieles andere mehr.

Information

■ **Das** Taupo Visitor Information Centre befindet sich im Zentrum links der Durchgangsstraße an der 13 Tongariro Street. Fungiert auch als Buchungsbüro für alle Aktivitäten sowie Transportmittel und verkauft Angelkarten.

■ Vor allem Straßenkarten (darunter detaillierte, für Mountain biker geeignete Karten) sowie Touring-Informationen offeriert das **Automobile Association Centre**, 93 Tongariro Road, Tel. 07/378 90 00.

Durchs Thermal Wonderland

Die rund 90 km lange Fahrt von Taupo bis hinauf nach Rotorua, der »touristischen Hauptstadt« der Nordinsel, führt durch ein hochaktives Thermalgebiet. Überall dringt aus bis zu 1000 m Tiefe erhitztes Wasser an die Erdoberfläche, und je nach Gehalt der in dem Wasser gelösten Stoffe präsentieren sich Hunderte Seen und Tümpel mal glasklar, mal orangefarben oder gelb, mal in leuchtendem Purpur, können sie dabei kalt, warm, heiß oder sogar siedend sein; Geysire und blubbernde Schlammlöcher sowie Schwefelfumarolen und Sinter-Terrassen liegen an mehreren Stellen im Saum eindrucksvoller Reliktwälder. 1–2 Tage sollte man mindestens nehmen, um dieses unvergleichliche Wunderland zu entdecken.

Oreiko Korako Geyserland

Oreiko Korako bedeutet soviel wie »Ort der Schönheit«. Es ist ungeklärt, ob die Maori mit diesem Namen die Schönheit des Thermalgebiets meinten oder aber, wie es die Legende will, die Schönheit derer, die in früheren Zeiten hierher kamen, um in glasklaren Seen ihr Spiegelbild zu bewundern. – Doch so oder so: Diese in einem »verborgenen Tal« am Ufer des märchenhaft schönen Lake Ohakuri gelegene Vulkanwelt samt der

Der Lady Knox-Geysir von Waiotapu spuckt täglich um punkt 10 Uhr – der Seife sei Dank ▶

majestätischen Aladin-Höhle ist fraglos einen Besuch wert! Auch den rund 20 km langen Umweg zur direkten Strecke nach Rotorua wird man gerne in Kauf nehmen, und einen halben Tag, wenn nicht einen ganzen, sollte man wenigstens reservieren, um in Ruhe alle Sehenswürdigkeiten dieses faszinierenden Gebietes kennenzulernen, das fraglos zu den Höhepunkten einer jeden Neuseeland-Reise zählt.

Von Taupo aus (ab wo auch ein Shuttle-Service verkehrt: Buchung über das »Visitor Centre«) geht es via Wairakei Park auf dem Highway-1 Richtung Hamilton. Nach etwa 28 km muß man rechts abfahren (deutlich ausgeschildert); es bleiben rund 12 km bis zum Waikato River, wo ein Bootssteg erreicht wird. Hier steigt man um in das zwischen 8 und 16.30 Uhr ständig ins eigentliche Thermalgebiet verkehrende Boot; doch wer nach 14 Uhr übersetzt, wird viele der anstehenden Highlights nur im Schatten sehen. Auf der anderen Seite des Waikato River empfängt das *Oreiko Korako Resort* (Tel. 07/378 31 31), wo Ferienwohnungen sowie günstige Backpacker-Hütten vermietet werden und auch ein Restaurant einlädt.

■ Nun aber hinein ins **Hidden Valley** (Eintritt 15 $), das ein Rundwanderweg im tiefsatten Grün primären Urwalds durchzieht. Es geht vorbei an gleich drei bunt eingefärbten **Sinter-Terrassen,** von denen die 40 m lange und vom Wasser aus der *Artist's Palette* geschaffene *Great Golden Fleece* als die größte herausragt. Die **Geysire** *Diamond, Cascade* sowie *Sapphire* blasen täglich Millionen Liter kochenden Wassers in den Himmel, und wenn die Sonne dieses Schauspiel bescheint, bilden sich nicht selten gleich mehrere Regenbögen, die das Herz eines jeden Fotografen höher schlagen lassen. Am Ende des noch viele weitere Natur-Sehenswürdigkeiten bietenden Pfads steigt man durch dichten Urwald zur fotogenen **Aladin's Cave** hinauf, deren Grund ein kleiner »Spiegelsee« füllt.

Ansonsten finden sich in diesem Geothermalgebiet herrliche Badeplätze; wer den See sowie den Fluß näher erkunden will, kann Ruderboote, Kajaks und leider auch lärmende Jet-Ski (Wasserscooter) ausleihen.

Nach Waiotapu

Anstatt der Straße von Oreiko Korako wieder retour zum Highway-1 zu folgen, kann man auch nach Westen weiterfahren. Man erreicht so das 35 km von Taupo entfernte Dörfchen Mihi am nach Rotorua führenden Highway-5. Ein paar Kilometer weiter geht es am *Golden Springs Motel & Holiday Park* (Tel. 07/333 82 80) vorüber. Wer hier wohnt (Zelten zu 9 $/Person), kann den kleinen beheizten

Morgenstimmung an den Waldhängen des Lake Waikaremoana ▶

Swimmingpool der Anlage ebenso benutzen wie einen Thermalpool mit 40°C warmem Wasser; auch Cabins (30 $) stehen zur Vermietung, doch den besten Gegenwert bieten die auffallend großen und nett möblierten Tourist Flats, die für 50 $ zu haben sind.

Waiotapu Volcanic Area

Rund 20 km sind nun von Golden Springs, der einzigen Unterkunft weit und breit, bis zu diesem Thermalgebiet zurückzulegen, eines der schönsten auf dem Archipel und durchzogen von Wanderwegen.

Die beste Besuchszeit ist frühmorgens, direkt nach Öffnung um 8.30 Uhr (Eintritt 15 $), wenn man in Ruhe die Wege begehen kann – später setzen wahre Prozession von Bustouristen ein –, um dann um 10.15 Uhr am berühmten *Lady Knox-Geysir* zu sein, der auf Kommando seine Wasserfontäne in die Luft sprüht.

■ Vom »Visitor Centre« (mit Shopping-Arkaden und Café) aus führt der bestens ausgeschilderte Rundweg in das mit großen und kleinen, spuckenden und rauchenden, fauchenden und zischenden Kratern, Schlammpools sowie farbintensiven Sinter-Terrassen förmlich übersäte *Thermal Wonderland* hinein, das bei jeder Wetterlage für faszinierende Naturerlebnisse gut ist. Eine kostenlose Broschüre erklärt die einzelnen Highlights; als Höhepunkte der Wanderung gelten der ca. 60 m durchmessende, ständig perlende und dampfende, an den Rändern rot eingefärbte **Champagne Pool** nebst der gelb-grün-blau schimmernden Wasserfläche der **Artist's Palette,** der weiß leuchtenden **Primerose Terrace** sowie dem knallgelb funkelnden Naturkunstwerk der **Bridal Veil Falls.**

■ Dieser Rundgang dauert ohne Pausen rund 45 Minuten. Wer um 8.30 Uhr losläuft, hat genügend Zeit, gegen 10 Uhr wieder am Visitor Centre zu sein; dann heißt es schnell weiter zum rund 2 km (Straße) entfernten **Lady Knox Geysir,** dessen Besuch im o.g. Eintrittspreis inklusive ist. Wie die Ränge eines Amphitheaters, so umgeben die Touristentribünen den ziemlich unspektakulären Kegel des Geysirs, der erst um 10.15 Uhr, nachdem man ihm mit Hilfe von 2 kg Kernseife das Kommando gegeben hat, seine berühmte Tätigkeit aufnimmt: Erst ist ein ständig lauter werdendes Zischen zu vernehmen, schließlich ein Brodeln im Erdinneren, dann quillen Berge an Seifenschaum aus dem »Kraterloch«, und schließlich sprüht er gischtend sein Wasser bis in 15 m Höhe. – Nun ist spätestens »die Hölle los«, denn für alle Japaner, Koreaner und Taiwanesen (die hier laut Statistik das Gros der Besucher stellen) ist es scheinbar das Größte, einmal vor der nach Seife stinkenden Fontäne abgelichtet zu werden...

Besuchenswert aber ist das ziemlich touristische Spektakel dennoch; seinen Namen bekam dieser Geysir nach seinem ersten »Einseifer« verpaßt, nach *Lady Knox* nämlich, Tochter des Generalgouverneurs, die ihn im Jahre 1904 mit Waschpulver »fütterte«.

Durch das Waiomangu Valley

Fährt man von Waiotapu auf dem Highway-5 weiter gen Rotorua, geht es bald an der Abzweigung des Highway-38 vorbei, die zum Urewera-Nationalpark (siehe Route 3) sowie zur Hawkes Bay am Pazifik führt. Wir aber fahren geradeaus weiter zum wenig später deutlich ausgeschilderten Thermalgebiet Waimangu Valley, das rund 24 km südlich Rotoruas liegt und von einem ca. 3 km langen Wanderweg durchzogen wird.

■ Am »Visitor Centre« ist der Eintrittspreis in Höhe von 15 $ zu entrichten. Durch von Zikaden bevölkerten und stellenweise eine regelrechte Feenlandschaft bildenden Busch geht es vorbei an faszinierenden Kratern und Seen sowie dampfenden Klippen, die teils in unglaublichen Farben schillern. Der **Frying Pan Lake,** etwa 60°C heiß und 4 ha groß, nimmt für sich den kuriosen Superlativ als »größter Heißwassersee der Welt« in Anspruch; nahebei liegt der **Waimangu-Geysir,** der zwischen 1900 und 1904 seine Heißwasserfontäne fast 500 m hoch in den Himmel sprühte, doch später durch eine Eruption zerstört wurde. **Ruamoko's Throat**, ein türkisfarbener Kratersee, fasziniert ebenso wie pinkfarbene und weiße Sinter-Terrassen. Vom Ende des in etwa 1 Stunde durchlaufenen Tals bringt einen ein Mini-Bus zum Ausgangspunkt zurück (im Preis inklusive). Alternativ kann man aber auch am 2 km weiter erreichten Ufer des **Lake Rotomahana** an einer 15 $ teuren, rund 40minütigen währenden Seerundfahrt teilnehmen. Unterwegs passiert man auch diejenige Stelle, an der sich bis 1886 die damals als das »achte Weltwunder« bezeichneten und mehr als 250 m hohen Sinter-Felder der **Pink and White Terraces** befanden. Die gewaltige Eruption des angrenzenden Tarawera-Vulkans zerstörte dieses weltweit einzigartige Naturphänomen, aber auch so bleibt die Bootsfahrt ein Erlebnis.

■ Für Wanderung plus Bootsfahrt muß man mindestens 2–3 Stunden einplanen, und wer alle Highlights dieses Thermalgebietes sehen will, sollte erwägen, den im »Visitor Centre« angebotenen *Waimangu Round Trip* mitzumachen (Buchung unter Tel. 07/347 11 99), der einen ganzen Tag dauert und nicht nur durch das Waimangu-Tal sowie über den Lake Rotomahana führt, sondern auch eine Bootsfahrt auf dem angrenzenden **Lake Tarawera** zum **Buried Village** (einem 1886 unter einer meterdicken Ascheschicht begrabenen Maori-Dorf) ebenso beinhaltet wie die anschließende Fahrt zu den paradiesischen Seen **Lake Tikitapu** und **Lake Rotokakahi,** bevor es wieder zum Ausgangspunkt zurückgeht. – Eine traumhaft schöne Tour zu einem unverschämten Preis (125 $), doch wer über ein eigenes Fahrzeug verfügt, kann das »Begrabene Dorf« und die beiden Seen auf eigene Faust kostenlos erkunden (s.u. unter »Rings um Rotorua«).

Rotorua

Die touristische Hauptstadt

Mit rund 3 Millionen in- und ausländischen Besuchern pro Jahr steht Rotorua ganz oben auf der neuseeländischen Tourismus-Rangliste. Welchen Stellenwert diese rund 60 000 Einwohner große Metropole der gleichnamigen Region am gleichnamigen See innehat, mag man daran ermessen, daß japanische Reisende, die sich durchschnittlich 3–4 Tage in Neuseeland aufhalten, einen ganzen Tag allein schon für diese Stadt opfern. Sie gilt, bewohnt von über 20 000 Maori, als »das« Maori-Kulturzentrum des Landes, ist außerdem das urbane Absprungbrett für vulkanische Naturerlebnisse, wartet mit zahlreichen kleinen und großen Sehenswürdigkeiten sowie einer lieblichen Hügellandschaft auf, in der sich ein rundes Dutzend malerischer Seen an sattgrüne Wiesen und üppige Wälder lehnen.

Auch das Outdoor-Angebot ist erwartungsgemäß umassend, die Unterkunfts-Palette in allen Kategorien sprengt jeden Rahmen, und daß die »Stadt auf dem Vulkan«, wie es die Prospekte ankündigen, jährlich von vielen kleinen Erdbeben erschüttert wird, hat ihrer Beliebtheit bislang keinen Abbruch getan. Rotorua wurde auf einer der aktivsten Vulkanzonen der Erde erbaut und avancierte bereits 1908 zum größten Thermalort Ozeaniens. Mit rund 100 000 Kurgästen jährlich scheint diese Position unantastbar: Heerscharen blütenweiß gekleideter Bowling-Damen, die auf dem englischen Rasen vor dem edwardianischen Badehaus ihre ruhigen Kugeln schieben, sind ebenso typisch für die Stadt, wie Verkehrsstaus im Zentrum, Touristen-Prozessionen in den zahlreichen Parkanlagen, Maori-Souvenirs an jeder Ecke und Maori-Folkloreaufführungen, die maßlos amerikanisiert, sprich völlig verkitscht wirken.

Zwei bis drei Tage empfiehlt die Tourismusbranche für den Besuch dieses, dank Schwefelquellen, »übelriechenden Ortes« (Rotorua) – doch spricht, unserer Meinung nach, nicht viel dagegen, die Highlights im Rahmen eines Tagestrips zu erkunden und dann sozusagen die Flucht zu ergreifen, denn das Brimborium touristischer Vermarktung ist wahrhaftig nicht jedermanns Sache.

An-/Weiterreise

■ **Bus:** Rund 40 km trennen Rotorua von der Bay of Plenty am Pazifik; zur Coromandel-Halbinsel ist man kaum mehr als 1,5 Std. unterwegs, wie es auch von Auckland her, schon gar vom vulkanischen Plateau und dem Lake Taupo, nur ein »Katzensprung« bis Rotorua ist. Mit all diesen Destinationen, mit allen größeren Ortschaften der Nordinsel, ist Rotorua per Bus mehrmals täglich verbunden; ansonsten bleiben all die Backpackers-Busse sowie die Busse unzähliger Tourenveranstalter, die die Stadt in ihrem Programm haben.

Alle Überlandbusse stoppen am großen zentralen Busterminal, wo sich auch der Startpunkt aller Stadtbusse sowie (ab dem nahen »Visitor Centre«) der Shuttle-Busse zu den Haupt-Sehenswürdigkeiten der Stadt und ihrer Umgebung befindet.

Tickets mit »Mount Cook Landline« reserviert man über das »Visitor Centre« (s.u.) oder Tel. 07/347 95 64 bzw. Freephone 0800 800 287; auch »InterCity«-Tickets können über das »Visitor Centre« reserviert werden sowie über Telefon 07/349 05 90.

■ **Zug:** Per Schiene ist es der *Geyserland*-Express, der Rotorua zweimal täglich via Hamilton (Umsteigemöglichkeit in den Zug von/nach Wellington) mit Auckland verbindet. Der Bahnhof liegt direkt beim Busterminal, und Ticket-Reservierungen nimmt man über die landesweite Freephone-Nummer 0800 802 802 vor.

■ **Flug:** Der *Rotorua Airport* liegt rund 10 km außerhalb des Zentrums am Südufer des Lake Rotorua (Highway-30). Flugverbindungen bestehen u.a. mit Hamilton, Auckland, Taupo, Palmerston North sowie Wellington auf der Nordinsel (nebst Christchurch, Dunedin und Queenstown auf der Südinsel).

Die meisten Flüge bietet »Ansett New Zealand« (Freephone 0800 800 146) sowie »Mount Cook Airline« (Freephone 0800 800 737). Zwischen dem »Visitor Centre« von Rotorua sowie dem Airport sind ständig Shuttle-Busse im Einsatz.

Unterkunft

Jährlich rund 3 Mio. Touristen wollen beherbergt sein. Während der Hochsaison über Dezember und Januar aber, wenn hier das Gros der in- und ausländischen Gäste gezählt wird, kommt es trotz der enormen Kapazitäten zu Engpässen, und wer immer kann, sollte dann von einem Besuch der Stadt absehen, da auch das Preis-Leistungs-Verhältnis oft ganz schön aus den Fugen gerät. Auch über Ostern kann es noch einmal eng werden, und zu jeder Zeit ist man gut beraten, ein paar Tage vor Ankunft eine (telefonische) Zimmerreservierung vorzunehmen.

Camping:
Das offizielle Unterkunfts-Verzeichnis listet 17 Campingplätze rings um Rotorua auf, doch zur Hochsaison sind sie alle proppevoll! Hier nur eine Auswahl der besten Anlagen:

■ **Acacia Park**, 137 Pukuatua Street, Tel. 07/348 18 86. Nur rund 700 m von der Innenstadt entfernt: Der zentralste Campingplatz erstreckt sich auf einer 1,2 ha großen Wiesenflache, von Bäumen beschattet. Die Stellplätze sind ausreichend groß, und insbesondere Wohnmobilisten kommen hier gerne unter. Der Stellplatz kostet 25 $, Tourist Flats (eher Cabins) werden für 45 $ vermietet.

■ 2 km außerhalb des Stadtzentrums, an der Mündung des Utuhina River in den Lake Rotorua erstreckt, sich **Cosy Cottage International**, 67 Whittaker Road, Tel. 07/348 37 93. Eine ruhige, aber kleine Anlage mit heißem Thermalpool, einem beheiztem Schwimmbad und, einzigartig, geothermisch beheizten Zelt-Stellplätzen, die 20 $ kosten; Cabins (mit Küche) gibt's schon zu 36 $ sowie Flats und Tourist Flats zu 45 und 56 $.

■ Als der größte und mit am besten ausgestattete Campingplatz vor Ort stellt sich der 5 Fahrminuten vom Zentrum sowie 10 Gehminuten vom Whakarewarewa Thermal Reserve (s.u.) entfernte **Rotorua Thermal Holiday Park** (Tel. 07/346 31 40) an der Old Taupo Road vor. Er befindet sich im Zentrum einer 18 ha großen Thermal-Parkanlage (mitsamt blubbernden Schlammtümpeln), besticht mit kostenloser Benutzung von Mineralpools sowie einem großen beheizten Schwimmbad und bietet ansonsten alle Annehmlichkeiten einer regelrechten kleinen Zelt-, Wohnmobil- und Cabin-Stadt. Die Preise sind aber eher moderat: Zeltstellplatz 17 $, Cabins 35–42 $, Bed & Breakfast 52 $ (2 Personen).

■ Zum Schluß der schönstgelegene und, mit vier Sternen ausgezeichnet, auch bestausgestattete Platz: Der **Blue Lake Holiday Park** (Tel. 07/362 81 20) erstreckt sich auf einem 5,5 ha großen Wiesen- und Waldgelände direkt am Strandufer des wunderschönen Blue Lake, bietet teils herrliche Stellplätze, relative Ruhe, ein großes Sportangebot (u.a. Kanu-, Ruderboot-, MTB-Verleih) sowie Zeltplätze zu 18 $, Cabins zu 28 $, Tourist Cabins zu 38 $ und 42 $, Tourist Flats zu 56 $ und 62 $ nebst Motelzimmern zu 78 $.

Backpackers:
Daß es nur rund 8 Backpackers in Rotorua gibt, alle im Zentrum gelegen, doch mehr als 300 Hotels

& Motels, zeigt an, welchen Stellenwert der Ort bei welchen Gruppierungen hat.

■ **Hot Rock Backpackers**, 118 Arawa Street, Tel. 07/3479469. Nur 200 m vom »Visitor Centre«/Busterminal entfernt, direkt gegenüber dem Kuirau-Thermalpark. Kostenlose Benutzung von Thermalpools, moderne, großzügige Ausstattung; auch alle Tickets kann man hier buchen, das Outdoor- sowie Sightseeing-Angebot ist umfassend, und die Preise sind mit 13$ bzw. 20$ (im Double) moderat.

■ **Cactus Jack Downtown Backpackers**, 54 Haupapa Street, Tel. 07/3483121. Ebenfalls zentral gelegen, versteht sich auch als Ticket-/Outdoor-/Information Centre und erfreut mit TV-Raum, Leseraum, Speiseraum, Video-Raum sowie Betten für 12,5 $ bzw. 15,5 $ (im Double).

■ **Kiwi Paka**, 60 Tarewa Road, Tel. 07/3463167. Gilt als »In«-Treff in Backpackers-Kreisen und kann uneingeschränkt empfohlen werden. Es liegt zentral und wird von netten Leuten geleitet: kostenlos die Abholung, ein »Welcome«-Bier, die Benutzung der Thermal-Pools. Fungiert ferner als Booking Office, und *The Twisted Pippie,* das angeschlossene Café/Restaurant, erfreut mit opulenten Gerichten für wenig Geld. Hier kann man auch zelten (7 $/Person), die Betten im Schlafsaal kosten nur 10 $, im Double 15$, im Single 18$; außerdem gibt es seit neuestem komplett eingerichtete Chalets für 4 Personen zu 18$/Person.

Bed & Breakfast/Farmstays:

■ Zentral gelegen, dabei charmant, gemütlich und günstig: **Eaton Hall Guesthouse**, 39 Hinemaru Street, Tel. 07/347 03 66. Zimmer für 45–75$.

■ Wer eine schöne Lage einer zentralen vorzieht, sollte das **Lake Edge Homestay** im nahegelegenen Ngongotaha (Tel. 07/3323631) bevorzugen. Die Zimmer sind top, die Betten riesig, das Frühstück gerät zur sättigenden Mahlzeit, und die Preise belaufen sich auf 80$.

■ Als angenehm und ruhig, schön in einer Allee gelegen, präsentiert sich auch **Bell's Homestay** in Ngangotaha (Tel. 07/3572088), wo das Double 70 $, das Single 45 $ kostet und auch Hauptmahlzeiten (25$) serviert werden.

■ Farmstays gibt es zahlreiche im Umland: Ruhe, Panoramen, gemütliche Zimmer und allerbeste Küche sind allen gemeinsam; zentrale Informations-/Buchungsstelle für die meisten ist **Rural Tours New Zealand,** das unter der Rufnummer 07/827 80 55 erreichbar ist; ansonsten hält auch das »Visitor Centre« eine Liste solcher Farmen bereit.

Hotels & Motels:

Über 300 Unterkünfte dieser Art sind hier, wie schon gesagt, mittlerweile zu zählen, allein in der zentralen Fenton Street sowie der Hinemaru Street, reihen sich über 100 Lodges aneinander. Zentrale Buchungsstelle ist das Vistor Centre, das auch ein komplettes Unterkunfts-Verzeichnis bereithält. Hier nur eine kleine Auswahl empfehlenswerter Häuser:

■ Schön ist sie gerade nicht, die Fertigbeton-Ansammlung des **Grand Hotel** an der (von der Fenton Street abzweigenden) Hinemoa Street (Tel. 07/348 20 89). Aber die Zimmer, alle mit Bad/WC sowie TV sind mit Preisen ab 28 $ die günstigsten in dieser Kategorie, und im angeschlossenen Restaurant essen Kinder unter 12 Jahren kostenlos, sofern in Begleitung ihrer (speisenden) Eltern. Zudem mit Sauna, Bar und Nachtclub.

■ **Manary Lodge**, 77 Robinson Avenue, Tel. 07/345 67 92. Etwas außerhalb des Zentrums, nahe der Holden Bay bei Lake Rotorua, inmitten einer großen Parkanlage. Ruhe, großer Komfort sowie charmante Zimmer nebst Swimmingpool sowie Thermalpools. – Für 70 $ sowie 90 $ (Double) bekommt man hier einen guten Gegenwert.

■ **Cedar Wood**, 17 Holden Avenue, Tel. 07/345 77 73. Wunderschön am Wiesenufer der stadtnahen Holden Bay gelegen, die jüngste und modernste Seeufer-Unterkunft von Rotorua. Panoramen und Ruhe, ein eigener Anlegesteg, Thermalpools sowie ein beheiztes Hallenbad nebst holzgetäfelten Seafront-Bungalows (110 $ für 2 Personen) und komfortable Doppelzimmer für 75 $.

■ Wer das Besondere sucht und nicht unter Solvenzproblemen leidet, nächtigt im **Princes Gate Hotel**, 1 Arawa Street, Tel. 07/348 11 79. Ein zweigeschossiger »Zuckerbäcker«-Holzbau der Belle Epoque, eines der führenden Häuser Neuseelands mit entsprechendem Preisniveau (ab 130 $/Person).

■ Luxus in Vollendung und mit traumhafter Seeuferlage am herrlichen Lake Rotoiti offeriert das zweigeschossige **Okawa Bay Lake Resort** am Highway-33 (Telefon 07/362 49 99), das alles bietet, was der verwöhnte und zahlungskräftige Gast suchen mag; Zimmer ab 195 $.

Essen und Trinken

■ Kulinarisch dreht sich zumindest in Kreisen der Besucher aus Fernost und der Pauschaltouristen fast alles um **Traditional Maori Hangi**, ein traditionelles, im Dampf heißer Quellen gegartes Maori-Essen. Die großen Hotels bieten allabendlich ab 18 Uhr solche Veranstaltungen an, bei denen man, zusammen mit ein paar hundert anderen Gästen, in einem denkbar sterilen Hotelsaal diniert. Anschließend, oder als Untermalung zum Essen dazu, gibt's eine verkitschte »Traditional Maori Show«; entweder man mag solche Disney-World-Massenveranstaltungen oder man mag sie entschieden nicht. Interessenten sei das *Caravel Restaurant* des *Rotorua Sheraton Hotels* (Fenton Street, Tel. 07/349 52 00) sowie das *THC Rotorua Hotel* (Froude Street, Tel. 07/348 11 89) genannt; Reservierung sinnvoll.

■ Einfache und noble Restaurants sowie Takeaways und Pub-Restaurants in allen Preislagen finden sich zuhauf an der **Fenton Road** im Zentrum.

■ Soll es etwas Besonders sein, empfehlen wir das **Landmark** an der 1 Meade Street (Tel. 07/348 93 76): ein hölzerner Schmuckbau im edwardianischen Stil, wo in mehreren separaten Speiseräumen edle Fisch- und Wildgerichte der oberen Preisklasse auf den Tisch kommen.

■ Bevorzugt neuseeländisch-französische Kreationen serviert das **You and Me**, 31 Pukuatua Street, Tel. 347 61 78. Ab etwa 25 $ für eine Mahlzeit.

Sightseeing

Der eigentliche Stadtkern von Rotorua im Bereich der zentralen Fenton Road präsentiert sich mit seinen Allerwelts-Funktionsbauten nicht gerade sehenswert.

■ Am Nordende der Fenton Road aber erstrecken sich die an den Rotorua-See grenzenden **Government Gardens,** die noch aus alten Tagen stammen und als das Herz der Stadt gelten. Zwischen den peinlich genau gestutzten Halmen des englischen Zierrasens ist kein einziges Blättchen Unkraut zu sehen; den Hintergrund bildet das 1908 im reinen edwardianischen Fachwerkstil errichtete Badehaus mit Namen **Tudor Tower,** vor dem weißgekleidete Ladies and Gentlemen gestandenen Alters bedächtig Bowls-Kugeln über das Grün rollen. – Hier kann man sich wirklich ins »Good old England« der Empire-Epoche zurückversetzt fühlen, was zur Zeit der Grundsteinlegung auch bewußt angestrebt wurde.

Heute beherbergt dieses ehemalige Badehaus das sehenswerte **Rotorua Museum of Art & History**, das die lokale Geschichte anschaulich nachzeichnet. Der größte Teil der Ausstellung widmet sich den Maori, die sich hier schon um das 14. Jahrhundert herum niederließen; auffallend die vielen Maori-Schnitzereien. Täglich 10–16.30 Uhr.

In der angeschlossenen **Art Gallery** sind zahlreiche historische Fotografien sowie Gemälde lokaler Künstler ausgestellt.

■ Hält man sich nun vom Badehaus aus südlich, sind bald die am Südrand der Government Gardens gelegenen (und mit einem großen Parkplatz ausgestatteten) **Polynesian Pools** erreicht. Gespeist werden sie von verschiedenen Mineralquellen, von denen jede ihre eigene, heilsame Zusammensetzung hat. Hilft die eine beispielsweise bei Rheuma, so die andere bei Hauterkrankungen etc. Diese

Quellen begründeten Rotoruas Tradition als Kurort. Die Thermal-Badeanstalt ist heute für jedermann zugänglich, und insbesondere bei schlechtem Wetter ist es ungeheuer erholsam, in den unterschiedlich warmen, bis maximal 43°C heißen Bassins zu baden. Täglich 6.30–22 Uhr.

■ Stadteinwärts schließt sich direkt das City Centre an, wo, an der Fenton Street, der Hauptgeschäfts- und -hotelstraße, auch das »Visitor Centre« beheimatet ist. Vier Blöcke, oder rund 1 km weiter westlich, erstreckt sich der von der Ranolf Street durchschnittene und rund 20 ha große Park **Kurirau Domain,** wo es wieder nach fauligen Eiern (und damit nach Schwefeldämpfen) riecht sowie zahlreiche Schlammtümpel, Fumarolen und kleine Geysire überraschen. – »Hot Foot-Pools« helfen hier gegen kalte Füße, und ein kleines Aquarium sowie eine Miniatur-Eisenbahn erfreuen besonders Kinder.

■ Ein paar Gehminuten nördlich schließt sich das von der Lake Road sowie dem Lake Rotorua eingefaßte alte Maori-Dorf **Ohinemutu** an, die Keimzelle des Ortes. Schlendert man hier durch die von kunterbunt gestrichenen Häuschen gesäumten Straßen, fallen einem schnell die in nahezu jedem Garten zu sehenden Armaturen auf, die dem Erdboden entnommene Thermalenergie zum Kochen, Heizen und Waschen nutzbar machen; und dies nicht erst seit ein paar Jahren, denn schon Anfang des 19. Jahrhunderts, als die ersten Siedler bis hierher vordrangen, benutzten die Maori die in Massen zur Verfügung stehende Energie im täglichen Leben.

■ Auch die **St. Faith's Anclican Church,** eine 1910 im edwardianischen Tudorstil errichtete Kirche, steht am Rand eines blubbernden Tümpels. Von außen ganz und gar britisch, schmückten die Maori das Innere mit feinen Holzschnitzereien sowie Wand- und Deckenmalereien. Im Fenster der Seitenkappele übrigens ist Jesus Christus dargestellt, hier als Maori, der über den Lake Rotorua wandelt.

Vor der Kirche thront **Queen Victoria** in Form einer Büste, schon seit 1870, als sie den hiesigen Maori von *Prinz Albert* als Geschenk überreicht wurde. Diese kleine Aufmerksamkeit war eine Dankesgabe, hatte sich doch der in Rotorua beheimatete Arawa-Stamm während der Kriege loyal zur Kolonialregierung verhalten, ja, teils sogar auf Seiten der Weißen gekämpft, da es in der Vergangenheit immer wieder zu blutigen Auseinandersetzungen mit anderen Maori-Stämmen gekommen war, die den Arawa ihren dank der Thermalenergie schon seinerzeit recht luxuriösen Lebensstil neideten.

■ Direkt gegenüber der Büste und des Gotteshauses zieht das **Tametakapua,** das reich verzierte traditionelle Versammlungshaus der Maori, die Blick auf sich, vor allem wegen der kunstvollen Schnitzereien an der Außenseite sowie am Firstbalken. Im Inneren kann man ebenfalls Schnitzereien bewundern, die bis zu 300 Jahre alt sein sollen und mit zu dem Schönsten gehören, was man in Neuseeland außerhalb der Museen an Maori-Kunst zu sehen bekommt. Die Halle dient allabendlich ab 20 Uhr als Bühne für traditionelle Tanz- und Musikdarbietungen der Maori, und wenn man solchen Folkloreveranstaltungen beiwohnen will, sollte man es hier tun, wo die gebotene Qualität hoch und der Rahmen passend ist. Der Eintritt beträgt 15 $; eine Voranmeldung ist nicht notwendig, doch wer früh kommt (ab etwa 19.15 Uhr), kann die besten Plätze belegen.

Rings um Rotorua

Whakarewarewa-Thermalgebiet: Etwa 2 km südlich des Zentrums von Rotorua, über die Verlängerung der Fenton Street zu erreichen, erstreckt sich das Whakarewarewa-Thermalgebiet, das größte und bekannteste Rotoruas, aber meist so stark von Besuchern frequentiert, daß einem die Lust auf ausgedehnte Thermal-Spaziergänge verloren gehen kann. Dennoch sollte man nicht resignieren, gilt es doch, entlang eines dichten und gut zwei Stunden in Anspruch nehmenden Wegnetzes zahlreiche Fumarolen, Sinter-Terrassen, Schlammlöcher, Mineralteiche und farbenprächtige Schwefelbänke bis hin zu einem guten Dutzend Geysire zu besichtigen.

■ Überhaupt die Geysire: **Der Pohutu-Geysir** beispielsweise, der mächtigste von allen, schleudert bis zu neunmal täglich eine bis über 30 m hohe Fontäne in die Luft (und zwar ohne Zusatz von Kernseife, wie bei dem Lady Knox-Geysir in Waiotapu zu beklagen). Genaue Zeiten freilich hält er nicht ein, doch ließ sich ein gewisser Zyklus errechnen, so daß man am Kassenhäuschen wie auch im »Visitor Centre« von Rotorua Auskunft erhalten kann, wann ungefähr mit einer »Eruption« zu rechnen ist.

■ Daß man ausreichend Fotomaterial mitbringen sollte, dürfte klar sein, zumal hier nicht nur die Naturerscheinungen der Erdwärme für so manches tolle Motiv gut sind. Schon am eigentlichen Eingang ins Thermalgebiet kommt man oft vor lauter Fotografen kaum weiter, erhebt sich hier doch jener maßlos beschnitzte, rotbraune **Holz-Torbogen,** der das Maori-Liebespaar *Hinemona* und *Tutanekai* darstellt und als Foto die Umschläge unzähliger Prospekte und Bildbände über Neuseeland schmückt.

■ Es folgt das **New Zealand Maori Arts & Crafts Institute** samt Holzschnitzerwerkstatt nebst traditioneller Malschule und einem Weberaum. Hier hat man reiche

Gelegenheit, den angehenden Künstlern und Handwerkern auf die Finger zu schauen, und kann anschließend deren qualitativ hochstehenden Arbeiten käuflich erwerben.

■ An einem kleinen Kiwi-Haus vorbei (in dessen Dunkel ein Kiwi-Pärchen zu betrachten ist) wird nun eine nachgebaute Maori-Festungsanlage, das **Rotowhio Pa,** erreicht, in denen Maori-Führer kundige Erklärungen abgeben. Oberhalb beginnt das eigentliche Thermalgebiet, das zu begehen man sich schon 1–2 Stunden an Zeit lassen sollte. Bevor man sich den weiteren Attraktionen der näheren Umgebung Rotoruas zuwendet, sollte man abschließend noch dem alten **Maori-Dorf** innerhalb des Thermalgebiets einen Besuch abstatten. Auch hier läßt sich wieder so manches prächtige Foto schießen, obwohl man stets bedenken sollte, daß es sich hier nicht um ein Freilichtmuseum handelt, sondern um eine bewohnte Siedlung, in der die Maori, die ohnehin nicht gerade erpicht darauf sind, abgelichtet zu werden, ihre Ruhe haben wollen.

Der Tarawera-Vulkan:
Nachdem nun der Rundagang durchs Whakarewarewa-Thermalgebiet beendet ist, hat man, zum Parkplatz zurückgekehrt, Gelegenheit, gleich zu weiteren Highlights zu starten: und zwar mit *Tarawera Helicopters* (Tel. 07/348 12 23), die von hier aus in den Luftraum über dem Thermal-Wunderland zwischen Rotorua und Taupo starten, auch zur White Island (siehe unter »Outdoor aktiv« im Taupo-Kapitel) in der Bay of Plenty hinüber, vor allem aber auch zum 1111 m hohen Tarawera-Vulkan hinauf fliegen. Am dortigen Kraterrand wird gelandet, auf daß man die phantastischen Ausblicke in die vielfarbigen Krater hinein sowie über das vulkanisch geprägte Umland hinweg in Ruhe genießen kann.

Auf eigene Faust läßt sich dieser, südlich von Rotorua zwischen dem Lake Tarawera und dem (von Waimango aus erreichbaren) Lake Rotomahana gelegene, »Feuerberg« nur im Rahmen einer Tageswanderung erreichen (dann im »Visitor Centre« eine Karte abrufen), da die zum Krater aufwärts führende Piste nicht für Privatfahrzeuge zugelassen ist; sehr wohl aber für die Jeeps organisierter Mt. Tarawera-Touren, und zahlreiche Veranstalter in Rotorua haben den »Drive In-Vulkan« im Programm (mit Buchung über das »Visitor Centre«).

Sein letzter Ausbruch erfolgte 1886. Die damalige Eruption war derart stark, daß zahlreiche Dörfer verwüstet, über 150 Menschen getötet und schließlich auch die als das »achte Weltwunder« gepriesenen *Pink and White Terraces* zerstört wurden. Diese mehr als 250 m

Im Thermal Wonderland von Waiotapu (oben); Warten auf die große Eruption beim Lady Knox-Geysir ▶

hohen Sinter-Terrassen versanken seinerzeit im Lake Rotomahana (s.o. unter »Durch das Waimangu-Tal«); auf dem Gipfelplateau des Tarawera-Vulkans selbst klaffen seit jener Katastrophe nicht weniger als 9 tief eingefurchte Kraterlöcher.

Weitere Highlights:

■ Am Fuße des Mount Tarawera erstreckt sich der im Durchschnitt rund 6 km durchmessende **Lake Tarawera,** der als »The Milford of the North« gerühmt wird. Dieser Übername ist zwar reichlich überzogen, aber lohnenswert ist der Besuch schon, denn der größtenteils in Wälder gebettete See kennt zahlreiche Panoramen und kann im Rahmen einer 2,5 Stunden währenden, täglich um 11 Uhr startenden Fahrt mit dem »Lake Tarawera Launch Service« (Tel. 07/362 95 95) erkundet werden.

■ Diese Bootstour markiert durchaus einen Höhepunkt, wie auch das nahe dem Bootssteg gelegene und auch mit dem eigenen Fahrzeug ab Rotorua erreichbare **Wairoa Buried Village** zum Pflichtprogramm der Besucher gehört. Bei diesem »Pompeji Neuseelands« handelt es sich um ein 1886 beim Ausbruch des Mt. Tarawera unter einer meterdicken Ascheschicht begrabenes Maori-Dorf; außer einem kleinen Museum lockt vor allem ein netter Rundwanderweg.

■ Eindrucksvoll ist auch schon die rund 16 km lange Anfahrt von Rotorua, werden unterwegs doch die idyllischen, weitgehend von Wald umschwiegenen Kraterseen der **Blue and Green Lakes** passiert. Hier kann man auch wohnen, der Campingplatz (s.o. unter »Unterkunft«) ist der schönstgelegene weit und breit. Und entlang der Seeufer führen mehrere Wanderwege vorbei, für die man im »Visitor Centre« von Rotorua eine Karte nebst Info-Broschüre abrufen kann.

■ So auch zum weiter gen Rotorua gelegenen **Whakarewarewa Forest,** den ein dichtes Netz an Wanderwegen durchzieht und der ein einziges Refugium aus importierten Exoten wie hier heimischen Pflanzen bildet. Sogar kalifornische Mammutbäume sind zu sehen, seit ihrer Pflanzung im Jahre 1900 sind sie bereits um nahezu 60 m gewachsen.

■ Lohnenswert ist ferner die rund 50 km lange Straßenumrundung des **Lake Rotorua,** die vielleicht durch eine Sonnenuntergangs-Bootsrundfahrt mit dem *Lakeland Queen*-Raddampfer beendet werden sollte. Die Einrichtung dieses herrlichen Schiffes stammt aus alten Tagen; bei der Sunset-Tour wird ein leckeres Dinner serviert. Start ist täglich um 18 sowie um 20 Uhr (sowie um 8 Uhr, 9.50 Uhr, 12.30 und 14.30 Uhr) in Rotorua; Buchung über das »Visitor Centre« oder Tel. 07/347 17 66.

■ Weitere Ausflüge ab Rotorua haben zum Beispiel den wunderschönen Nachbarsee **Lake Rotoiti** zum Ziel, der über den nach Whakatane an der Bay of Plenty (siehe Route 3) führenden Highway-30 schnell erreicht ist und sich als Ausgangspunkt für zahlreiche kleine und große Wanderungen eignet. Auch über diese Touren liegen im »Visitor Centre« Broschüren aus; die schönste Wanderung führt vom Südufer des Lake Rotoiti an den südlich angrenzenden Lake Okataina heran sowie weiter an den Lake Okareka, von dem aus es nur noch ein kurzes Wegstück bis zur zwischen Rotorua und dem Lake Tarawera verlaufenden Straße ist.

■ Aber 8 Stunden muß man schon ansetzen für diese Strecke, während die am **Lake Okataina** (Zufahrt ab Highway-30) beginnenden Trails nur je eine Wanderstunde in Anspruch nehmen. Am besten gefielen uns hier der *Tarawhai-Trek* (der sich durch wahre Urwaldriesen schlängelt) sowie der Kraterpanoramen garantierende *Ngahopoua-Trek,* und auch der Besuch des von Primärwald umgebenen Lake Okataina selbst kann unbedingt empfohlen werden.

■ Weitere Highlights lassen sich entlang des nach Auckland führenden Highway-5 besuchen, an dem, schon bald hinter Rotorua, die Fairy Springs Road abzweigt. Sie führt zum Gipfel des 764 m hohen »Hausberges« von Rotorua, dem **Aorangi Peak,** der herrliche Fernblicke freigibt. Alternativ bietet es sich an, die *Skyline Gondola,* eine kleine Kabinenbahn, hinauf zu nehmen. Sie verkehrt täglich ab 9 Uhr, und das der Bergstation angeschlossene *Skyride Restaurant* ist beliebt für Panorama-Dinners.

■ Nahe der Talstation lädt die ausgeschilderte **Rainbow Spring,** eine Frischwasserquelle, zum Besuch ein. Wer sich für die Aufzucht von Forellen interessiert, kann in der angeschlossenen Zuchtstation alles Wissenswerte erfahren. Auch eine Art Tierpark (täglich 8–17 Uhr) ist hier eingerichtet, zu sehen sind Wildschweine, Rehe und, in einem »Nachthaus«, auch ein paar Kiwi-Vögel; und wer sich für Farm-Shows begeistern kann, mag in der angeschlossenen Rainbow Farm die täglich um 10.30, 11.45, 13 und 14.30 Uhr aufgeführten Tiershows zusammen mit meist aus Fernost stammenden Reisenden verfolgen.

Outdoor aktiv

Daß in der »touristischen Hauptstadt« Neuseelands auch die Outdoor-Aktivitäten nicht zu kurz kommen, versteht sich von selbst.

■ Von den oben bereits kurz skizzierten Wanderungen abgesehen, bestimmt einmal mehr der Forellen-Angelsport die Nachfrage. Alle Seen des Umlands bieten sich gleichermaßen gut zum **Trout Fishing** an. Angeltouren stehen bei zahlreichen Veranstaltern auf dem

Programm, auch Mehrtagestouren können gebucht werden. Das umfassendste Angebot bieten »Premier Trout Fishing« (Tel. 07/362 85 90), »Clark Gregor Trout Fishing« (Tel. 07/347 17 30) sowie »Lyons Trout Fishing Package« (Telefon 07/357 40 87).

■ **Scenic Flights** sind ein weiterer »Renner«. Von den bereits oben kurz skizzierten Flügen mit »Tarawera Helicopters« abgesehen, kann man auch das Thermal-Wunderland zwischen Rotorua und Taupo sowie die »Feuerberge« des Vulkan-Plateaus (»Volcanic Air Safaris«, Tel. 07/348 99 84) überfliegen. Ein weiteres attraktives Ziel ist die in der Bay of Plenty gelegene White Island, der aktivste Vulkan Neuseelands (»White Island Airways«, Tel. 07/345 98 32). Ansonsten kann man sich im Cockpit eines alten Doppeldeckers an Loopings und anderen Flug-Kunststücken erfreuen; als Veranstalter fungiert ebenfalls »White Island Airways«.

■ **Rafting-**Flüsse gibt es auch im Umland reichlich; die Schwierigkeitsgrade werden mit 2 bis 5 angegeben. Veranstalter sind u.a. »Kaituna Cascades«, Tel. 07/357 50 32, und »River Rats«, Tel. 07/349 12 41. Wem solche Touren nicht extrem genug sind, kann sich hier auch den Thrill von **Whitewater Sledging** sowie **Whitewater Canoeing** gönnen; Anbieter für letztere Sportarten ist »Whitewater«, Tel. 07/349 61 00.

■ »Adventure Kayaking« (Tel. 07/348 94 51) verleiht **Kajaks** und organisiert geführte Touren von wenigen Stunden bis zu mehreren Tagen Dauer. – »Tandem Skydiving Rotorua« (Tel. 07/345 75 20) ist für **Tandem-Fallschirmsprünge** zuständig. – »Longridge« (Tel. 07/533 15 15) kümmert sich neben vielen anderen Veranstaltern um **Jet Boot-**Fahrten. – Wer schließlich Spaß am **Motorsport** hat, kann mit »Action & Adventure« (Tel. 07/332 57 48) zu Allrad-Busch- und Schlammsafaris, Off Road-Rennen und anderen Wahnsinnsspäßen aufbrechen.

Verschiedenes

■ **Information:** Das riesige, im pseudo-edwardianischen Stil errichtete *Tourism Rotorua Travel & Visitor Centre* in der 67 Fenton Street (Tel. 07/348 51 79) führt wahre Berge an Prospekten und Broschüren über die Stadt und ihre Umgebung, gibt Wanderkarten heraus, nimmt Zimmerreservierungen vor und versteht sich als Buchungszentrum für alle geführten Sightseeing- und Outdoor-Touren, des weiteren als Travel Centre, in dem man alle Bus-, Zug- sowie Flugtickets buchen kann.

Wer Fragen zu Sehenswürdigkeiten, Outodoor-Aktivitäten, Transport, Shopping, Essen und Trinken etc. hat, kann das rund um die Uhr besetzte *Rotorua Info Phone* anrufen, das unter Tel. 07/349 50 01 (deutschsprachig) sowie 07/349 50 00 (englischsprachig) zu erreichen ist.

Das *Automobile Association Centre* befindet sich an der 59 Amohau Street, Tel. 07/348 30 69.

■ **Maori-Folkloreveranstaltungen:** Die täglich in den großen Hotels der Stadt aufgeführten Tanz- und Musikveranstaltungen verkommen zusehends zu kitschigen Shows, in denen Plastikröcke die traditionellen Gewänder ersetzt haben und mitunter auch Zuschauer ihre Fähigkeiten im »dance like a maori« zur Schau stellen dürfen.

Wesentlich anspruchsvoller hingegen sind die allabendlich ab 20 Uhr im *Tamatekapua Meeting House* im (Maori-)Stadtteil Ohinemutu (s.o. unter »Sightseeing«) aufgeführten Darbietungen, bei denen zumeist der *haka,* der Kriegstanz, gezeigt wird.

■ **Shopping:** Maori-Souvenirs an jeder Ecke, Maori-Schnitzwerk, total verkitscht, noch in der letzten Hamburger-Bude. – Worum es in Shopping-Sachen in Rotorua hauptsächlich geht, dürfte klar sein, und auf der Fenton Street finden sich rund 450 Shops, die all das feilbieten, was nach des Touristen Geschmack zu sein scheint. Von Qualität kann da meist keine Rede sein, sehr wohl aber von überzogenen Preisen. Alles unter einem Dach bietet das *The Souvenir Centre* an der 121 Fenton Road.

Wer keine Ramschware sucht, sondern qualitativ hochwertige Produkte, sollte das im Whakarewarewa Thermal Reserve (s.o.) gelegene *New Zealand Maori Arts & Crafts Institute* aufsuchen, zu dem auch eine Schule für Maori-Handwerkskunst gehört. Hier haben die Künstler den ureigenen Maori-Stil noch nicht dem Kommerz geopfert, und im angeschlossenen Shop kann man die vor Ort produzierten Waren käuflich (aber nicht billig) erwerben.

Nach Auckland

234 km trennen Rotorua von Auckland: Wie bereits erwähnt, sind auf dieser Strecke, die größtenteils durch landwirtschaftlich intensiv genutztes Land führt, keine Höhepunkte mehr zu erwarten. Schnell und zügig geht es dahin; in rund 3 Stunden kann man das Ziel problemlos erreichen.

■ Ein Stopp bietet sich unterwegs eigentlich nur im kurz vor Hamilton erreichten **Cambridge** an, das, dem Namen verpflichtet, für sein britisches Flair bekannt ist sowie vor allem für seine zahlreichen Kunsthandwerks- sowie Antiquitätenläden. Hier kann man noch so manches alte Schätzchen »ausgraben«. Adressen der besten Shops erhält man im *Cambridge Visitor Information*

Office (Tel. 07/827 60 33) an der Ecke Queen/Victoria Street.

■ 12 km weiter liegt **Hamilton** am Weg. Über diese Stadt sowie die von hier an durch die Waikato-Region führende Strecke nach Auckland wurde bereits unter Route 1 alles Wesentliche gesagt.

Alternativen zur Weiterreise ab Rotorua

■ Anstatt von Rotorua aus auf dem direkten Weg nach Auckland zurückzukehren, kann man aber auch via Tauranga, über den Highway-33 erreichbar, an die Bay of Plenty heran- und sodann weiter nach Norden zur **Coromandel-Halbinsel** hinauf fahren, die sich auf dem Highway-25 umrunden läßt. Entlang dem Firth of Thames geht es dann weiter nach Auckland, doch muß, wer diese rund 650 km lange Tour nimmt, wenigstens 3 oder 4 Tage ansetzen, will man die Landschaften zumindest ein wenig genießen.

■ Wer es so tun will, findet unter der nachfolgend beschriebenen Route 3 alle wesentlichen Hinweise; ansonsten kann man von Rotorua aus auch der Route 3 entlang der **Pazifikküste** bis hinunter nach Wellington folgen. Der interessanteste Abschnitt dieser Strecke verläuft zwischen Tauranga an der Bay of Plenty sowie Napier an der Hawkes Bay, so daß es sich auch anbietet, von **Napier** aus abzukürzen, nämlich über den Highway-5 nach Taupo zu fahren und dann von dort aus endgültig gen Auckland aufzubrechen.

Route 3: Pacific Coast Highway

Die folgende Route ist mit 1600 km die »Maxi-Tour« auf der Nordinsel. Von Auckland aus geht es zuerst einmal nach Coromandel, das sich mit seinen Kauri-Wäldern, Klippenküsten und Traumstränden genauso exotisch präsentiert, wie es der Name vermuten läßt. Die Halbinsel wird ganz umrundet, zahlreiche Abstecher bieten sich an, und man muß aufpassen, daß man nicht die Lust am Weiterreisen verliert – so wunderschön präsentiert sich die Landschaft, so herrliche Unterkünfte und Campingplätze liegen am Weg, der sodann zur Bay of Plenty überleitet. Hier, wo ein Strand noch länger ist als der andere, wo auch Surfer voll auf ihre Kosten kommen, ist man nur ein kurzes Stück vom Vulkanland um Rotorua entfernt. Touristisches Zentrum ist das im Süden der Riesenbucht gelegene *Whakatane*, wo Outdoor-Aktivitäten zur Wahl stehen.

Weiter geht es nun in die einsamste, wildeste und rauheste Region der Insel: die von Touristen nur selten besuchte Landschaft des East Cape, wo mehr als die Hälfte aller Einwohner Maori sind und sich auch die eigentlichen Maori-»Homelands« auf *Aotearoa* befinden. Zahllose Strände und Buchten laden entlang den die Halbinsel umrundenden Highway-35 ein.

Über Gisborne hinweg geht es an die Hawke's Bay. Höhepunkt ist hier zweifellos der Besuch des Urewera-Nationalparks mit dem größten Primärurwald der Nordinsel, außerdem mit einem der schönsten Treks des Inselreiches. Strände gibt es entlang der Bay in Hülle und Fülle, und mit Napier wird endlich einmal auch eine Stadt erreicht, die tatsächlich einmal sehenswert ist, die sich nämlich nicht ganz zu Unrecht als »Art-decó Capital of the World« rühmt. Den eigentlichen Abschluß dann bildet Cape Kidnappers mit der angeblich einzigen Festlands-Tölpelkolonie der Erde; schnell ist von hier aus Wellington, die Metropole des Landes, erreicht.

Routen-Kurzübersicht

■ **Länge:** ca. 1600 km ohne Abstecher

■ **Streckenverlauf:** von Auckland über die Highways-1, 2 sowie 25 nach Thames, dann weiter auf dem Highway-25 bis Coromandel City hinauf, wo sich eine Pisten-Umrundung der Coromandel-Halbinsel anschließt; weiter geht es auf dem Highway-25 via Whitianga an der Ostküste entlang und zur Bay of Plenty hinunter, die sich über

Tauranga bis Whakatane zieht und vom Highway-2 erschlossen wird. Opotiki, wo der Highway-35 beginnt, ist Ausgangspunkt der Umrundung des einsamen East Cape, die nach Gisborne hinunter führt, wo wir wieder auf den Highway-2 stoßen, der nun an die Hawke's Bay überleitet; ein empfehlenswerter Abstecher über den Highway-38 ins Zentrum des Urewera-Nationalparks schließt sich an, bevor es an der Hawke's Bay entlang zur Art-decó City Napier geht. Einen letzten Höhepunkt markiert der Besuch der nahegelegenen Tölpelkolonie am Cape Kidnappers, bevor es, durch nicht mehr sonderlich spektakuläre Landschaften, zum von hier noch rund 300 km entfernten Wellington geht, wohin der Highway-2 führt.

■ **Öffentliche Verkehrsmittel:** Die gesamte Route ist problemlos mit öffentlichen Verkehrsmitteln, insbesondere Bussen, machbar; von Napier aus bietet sich die Weiterreise mit dem Zug nach Wellington an. Die wichtigste Busgesellschaft auf dieser Ostküsten-Route ist »InterCity«, die auch zahlreiche Buspässe offeriert (z.B. für Coromandel sowie East Cape) und sich für Vielfahrer unbedingt anbietet. Ansonsten empfehlen sich auch auf dieser Route die Backpackers-Busse, über die vorne unter »Transport« alles Wesentliche nachzulesen ist.

Alle weiteren Informationen werden nachfolgend in den entsprechenden Abschnitten gegeben.

■ **Anschlußmöglichkeiten:** mit sowie von Route 2, von Route 1 sowie mit/von Route 4.

Coromandel

Neuseeland auf kleinstem Raum

Viele Gebiete Neuseelands erheben für sich den Anspruch, alle Vorzüge der neuseeländischen Naturlandschaft innerhalb ihrer Grenzen zu vereinigen. Auch die *Coromandel Peninsula,* die sich im Westen der Insel, schräg gegenüber Aucklands, wie ein Daumen nach Norden streckt, macht da keine Ausnahme. Voller Stolz verkünden die Prospekte und Broschüren, die Halbinsel sei *New Zealand en miniature,* und das trifft durchaus zu in diesem rund 80 km langen und zwischen 10 und 25 km breiten Raum, der innerhalb seiner Grenzen alle Erscheinungsformen der insularen Natur bietet; nur Gletscher und schneebedeckte Berge nicht, denn dafür freilich ist es in dieser mit rund 2000 Sonnenstunden im Jahr klimatisch begünstigten Region zu warm.

Westlich des Hauraki-Golfs und seiner südlichen Verlängerung, dem Firth of Thames, steigt die Halbinsel über bewaldete Hänge

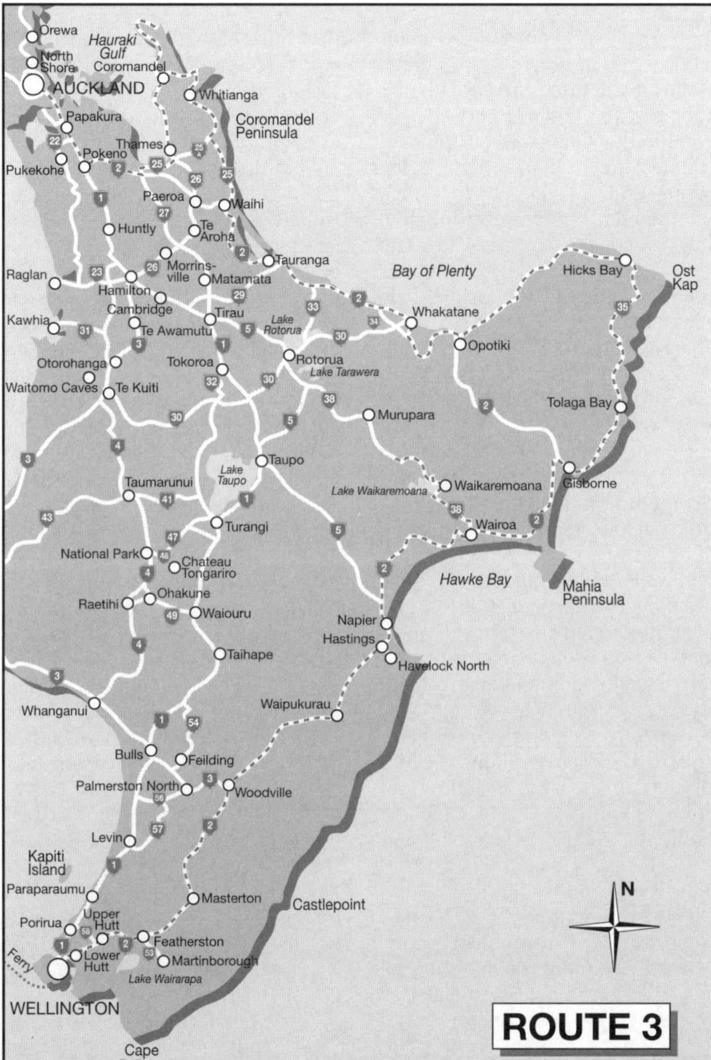

Orewa
Hauraki Gulf
North Shore
Coromandel
AUCKLAND
Whitianga
Coromandel Peninsula
Papakura
Thames
Pokeno
Pukekohe
Paeroa
Waihi
Huntly
Te Aroha
Morrinsville
Tauranga
Bay of Plenty
Hicks Bay
Ost Kap
Raglan
Hamilton
Matamata
Cambridge
Kawhia
Te Awamutu
Tirau
Lake Rotorua
Whakatane
Opotiki
Otorohanga
Tokoroa
Rotorua
Lake Tarawera
Waitomo Caves
Te Kuiti
Murupara
Tolaga Bay
Taupo
Lake Taupo
Taumarunui
Gisborne
Lake Waikaremoana
Waikaremoana
Turangi
Wairoa
National Park
Chateau Tongariro
Hawke Bay
Mahia Peninsula
Ohakune
Raetihi
Waiouru
Napier
Hastings
Taihape
Havelock North
Whanganui
Waipukurau
Bulls
Feilding
Palmerston North
Woodville
Levin
Kapiti Island
Paraparaumu
Masterton
Castlepoint
N
Porirua
Upper Hutt
Featherston
Lower Hutt
Martinborough
Ferry
Lake Wairarapa
WELLINGTON
ROUTE 3
Cape Palliser

und hügelige Schafweiden zur bis nahezu 900 m hohen Coromandel Range an, deren bizarre Restberge vulkanischen Ursprungs die Topographie der Peninsula bestimmen. Nikau-Palmen und Baumfarme, Rimu- und vor allem auch Kauri-Bäume bilden einen subtropischen Regenwald, der sich oberhalb 600 m mit Podocarpaceen und Totara-Bäumen mischt, um schließlich, ganz oben, in subalpine Matten überzugehen. Im Westen dann fällt das Zentralgebirge über steile Flanken abrupt zum Pazifik mit einer atemberaubend wilden Küstenszenerie ab. Hier erstrecken sich wahre »Südseestrände« nebst unzähligen Traumbuchten; die Erosion hat die Klippen zu skurrilen Skulpturen zernagt, im Bereich der Flußmündungen bilden Mangroven einen sattgrünen Gürtel, und Sanddünen sind ein weiteres Merkmal. Der Norden dann, nur von Pisten erschlossen und entsprechend einsam, ist die wildeste und unberührteste Region der Halbinsel, und die Landschaftsbilder, die hier zu betrachten sind, erinnern mit ihren zerklüfteten Konturen, Folge Millionen Jahre langer vulkanischer Tätigkeit, rege z.B. an Tahiti oder Rarotonga.

Der topographischen Vielfalt entspricht der Reichtum an Tierarten, insbesondere Vögeln; und all diesen Superlativen letztlich ist zu verdanken, daß nahezu drei Viertel der gesamten Halbinsel unter Naturschutz gestellt und zum *Coromandel Forest Park* erklärt wurden. Das sind über 73 000 qkm meist gebirgigen Hinterlandes, und hier auch präsentiert sich Coromandel als Outdoor-Country. Wanderwege in allen Schwierigkeitsgraden ziehen sich durch das maßlos urwüchsige Terrain, durch Wattgebiete, Küstenwälder, Klippen und über Strände. Rund zwei Dutzend DOC-Camps, die meisten an einsamen Buchten, bieten alles, was man sich als »Robinson« nur wünschen kann, und ansonsten lockt natürlich auch hier die gesamte Palette der modernen Outdoor-»Industrie«: Coromandel, gestern noch in Kreisen zivilisationsmüder Aussteiger als »Geheimtip« gehandelt, ist mittlerweile in aller Munde; und obwohl die meisten Besuchergruppen bislang noch im Bus an den versteckten Paradiesen vorbei rauschen, ist absehbar, daß die Halbinsel in den kommenden Jahren ihre bislang noch erstaunliche Unberührtheit verlieren wird. Mit rund 100 000 Besuchern im Jahr zählt die Peninsula zur Zeit zwar noch nicht zu den »major attractions« des Landes, doch wie Statistiker errechnet haben, steigen die Zuwachszahlen des Tourismus nirgends in Neuseeland so schnell wie hier, wo nun schon über 5000 Menschen ein Auskommen in dieser Branche haben.

Jobless and penniless, wie es die Coromandler mit routiniertem

Sarkasmus zu sagen pflegen, scheint hier die Zukunft also nicht zu sein, wie ja auch die Vergangenheit alles andere als armselig war. Ab Mitte des 19. Jahrhunderts wurde hier abgeholzt, was die Axt hielt; insbesondere die einstmals so riesigen Kauri-Wälder gingen gegen klingende Münze ihren Weg in die Sägefabriken. Später wurden auf der Suche nach Kauri-Gum (Bernstein) ganze Landschaften umgegraben; es folgte ein bislang in Neuseeland einzigartiger Edelstein-Rush, bevor gegen Ende des letzten Jahrhunderts ein Goldrausch einsetzte, der über 20 000 Glücksritter aus aller Herren Länder anlockte. Wieder wurden riesige Gebiete durchbuddelt und unterhöhlt, später brachte eine exzessive Tierhaltung einen gewissen Wohlstand (und beträchtliche Erosionsschäden). Wenn die Vermutungen der Geologen wahr sind, liegen im Boden von Coromandel zur Zeit noch Goldschätze im Wert von bis zu 30 Milliarden Dollar verborgen.

An-/Weiterreise

■ **Überlandbusse:** Drei Busgesellschaften bedienen die Strecke Auckland-Thames mehrmals täglich; aktuelle Abfahrtzeiten kann man über die *Coromandel Bus Plan Information Line* (Tel. 07/8689088) abrufen. Der »Coromandel Bus« holt einen in Auckland an der jeweiligen Unterkunft ab, er verkehrt 2–3mal täglich; der »Murphy Bus« startet in Auckland an der Ecke Queen/Fort Street im Zentrum (2 Fahrten täglich); »InterCity« fährt 3–4mal täglich an der Downtown Railway Station los. Viermal täglich bestehen zudem Verbindungen von/mit Rotorua (Route 2), Tauranga (Bay of Plenty) sowie Hamilton (Route 1). Der Busbahnhof in Thames findet sich vor der alten Thames Railway Station im Zentrum, in dem auch das *Thames Travel & Ticketing Centre* (Tel. 07/868 72 51) untergebracht ist, in dem man jede gewünschte Transport-Information zu ganz Coromandel bekommen sowie auch alle Tickets reservieren/kaufen kann.

■ **Coromandel-Busse:** Von Thames aus werden auf der Coromandel Peninsula mehrmals täglich der Ort Coromandel angefahren (entlang der Westcoast) sowie, entlang der Ostküste, Whitianga; zwischen diesen beiden Destinationen wiederum verkehren ebenfalls Busse, und zweimal täglich besteht ab Coromandel die Möglichkeit, bis in den höchsten Norden der Peninsula (Fletcher's Bay) per Bus zu fahren.

■ **Buspässe:** Wer voraussichtlich viel Bus fahren wird, kommt mit einem »InterCity«-Buspass am günstigsten weg; man wählt zwischen dem *Peninsula Loop Pass* (rings um Coromandel), der 49 $ kostet, sowie dem *Auckland-Peninsula Loop Pass,* der 79 $ kostet und die Anfahrt von Auckland nach Thames, die Coromandel-Umrundung sowie die Weiterreise zurück nach Auckland oder nach Rotorua (Route 2) oder Tauranga (Bay of Plenty, s.u.) beinhaltet. Kaufen kann man diese Pässe in Thames im o.g. Ticketing Centre sowie in Auckland im »InterCity Centre« an der Beach Road, Tel. 09/367 84 00.

Entlang dem Firth of Thames

Rund 120 km trennen Auckland von dem am Südostzipfel des Firth of Thames gelegenen Städtchen Thames, das Ausgangspunkt zu zahlreichen Abstechern sowie der hier anstehenden »Rund-um-Coromandel«-Tour ist. 1 Stunde und 50 Minuten, so steht's in den Distanztabellen, sind für diese Strecke adäquat.

■ Die Fahrt verläuft von Auckland aus gen Süden auf dem Highway-1. In **Pokeno,** wo der mehrspurige Motorway endet, biegen wir auf den mit »Tauranga« ausgeschilderten Highway-2 ab, von dem nach 35 km der nach Thames führende und das Flachland der Hauraki Plains querende Highway-24 abzweigt.

■ Besondere Sehenswürdigkeiten oder Naturschönheiten liegen keine am Weg. Lediglich der letzte Abschnitt, entlang der Küstenlinie des mit dem Hauraki-Golf verbundenen Firth of Thames, ist für schöne Ausblicke gut, doch erklärten Stone-Freaks sei ein Abstecher ins etwa 10 km südlich der Firthküste gelegene **Ngatea** empfohlen: der in diesem Dorf ansässige *Wilderness Gems Shop* (13 River Road, Tel. 09/867 7417; täglich 9–17 Uhr) nämlich ist nicht nur der größte, sondern auch der bestsortierte Steinladen im Land, und was immer es im Inselreich an Edelsteinen sowie Halbedelsteinen, Muscheln und Fossilien gibt – hier ist es in Rohform, geschliffen oder gefaßt erhältlich. Aber auch Steine aus aller Welt stehen zum Verkauf, aus Brasilien, Australian, aus Asien, Afrika usw.

Thames

Bevor Thames erreicht wird, muß erst noch der breite Waihou River überquert werden. Kein Geringerer als *James Cook* fühlte sich hier an die gute alte englische Themse erinnert und gab dem an der Mündung des Flusses gelegenen Maori-Dorf kurzerhand den Namen »Thames«. Rund 100 Jahre später setzte nach größeren Goldfunden ein regelrechter Goldrausch ein, und innerhalb kürzester Zeit mauserte sich das damals nur wenige Häuser umfassende Dorf zu der mit rund 20 000 Einwohnern größten Stadt Neuseelands. In über 70 Minen wurde hier gebuddelt, was das Zeug hielt, über 700 Steinquetschmaschinen zertrümmerten das Abraummaterial bis in die 1920er Jahre hinein. Dann waren die Vorkommen erschöpft, es ging bergab mit Thames, und erst der Tourismus verlieh dem heute noch rund 6000 Einwohner großen Städtchen neue Impulse.

Alle Wege nach Coromandel führen über Thames, übrigens auch gleichzeitig der größten Stadt der Halbinsel. Ist es für die einen lediglich ein Stopover auf dem Weg zur Peninsula, so für andere idealer Standort für Erkundungen des interessanten Umlands. Es geht beschaulich zu, und weil hier zahlreiche Bauten aus der »guten alten Zeit« erhalten sind, kann man sich stark an die Goldgräber-Ära erinnert fühlen.

Unterkunft:

■ **Camping:** Ortsnah liegt nur der *Dickson Holiday Park* (Telefon 07/868 73 08) auf dem Weg nach Coromandel (Ort) beim Highway-25 an der Victoria Street. Nach Thames sind es rund 3 km, die Anlage ist gepflegt, auch mit solarbeheiztem Pool ausgestattet und kostet 7$/Person fürs Zelt, 15$ fürs Backpackers-Bett, 30–48$ für Miet-Caravans, 37–48$ für Tourist Cabins und 54–67$ für Tourist Flats.

Wer naturnah und idyllisch wohnen will, auch ein Zelt hat, kann im nahen Kauaeranga Valley gleich zwischen 8 *DOC-Camps* wählen, die alle mit WC und Trinkwasser ausgestattet sind und 4$ pro Person kosten; Informationen darüber im »DOC-Information Centre« im Valley (s.u.).

■ **Backpackers:** Einziges Haus am Platz ist die empfehlenswerte und dementsprechend beliebte *Sunkist Lodge* (Tel. 07/868 74 26) an der 506 Brown Street im Zentrum. Hier sind alle Bustickets zu bekommen, täglich wird das Kauaeranga Valley (s.u.) angefahren, es werden tiptoppe Mountain bikes vermietet, und angeschlossen ist ein Bike Workshop, den man kostenlos mitbenutzen kann. Das Bett im Schlafsaal kostet 14$, im Doppelzimmer 17,50$.

■ **Bed & Breakfast:** Drei Unterkünfte offerieren in dieser Preisklasse den wohl besten Gegenwert. Der Stadt am nächsten liegt das 2 km vom Zentrum entfernte *Cotswold Cottage Homestay,* Maramarahi Rd, Totara, Tel. 07/868 63 06. Eine charmante Holzvilla in toller Panoramalage und mit Zimmern, die 70$ (2 Personen) kosten.

Ebenfalls 70$ bezahlt man im viktorianischen *Bakehouse Cottage* im Kauaeranga Valley, Telefon 07/868 95 82.

60$ kosten die Zimmer im *Joy and Sam's B & B,* 111 Grafton Road, Tel. 07/868 93 83.

■ **Hotels & Motels:** Das beste und schönste Haus am Platz ist das *Brian Boro Hotel* (Tel. 07/868 65 23) an der Ecke Richmond/Pollen Street im Zentrum. Ein historischer Gasthof aus dem Jahre 1868, der auch von innen hält, was er von außen verspricht. Hier kann man auch exzellent essen, nirgends schmeckt das Bier besser als im angeschlossenen Biergarten, und an manchen Wochenenden wird hier im Stil von Agatha Christie eine mysteriöse Mördersuche aufgeführt, bei der die Gäste mitspielen. Die Zimmerpreise bewegen sich von 88 $ an aufwärts, aber ein paar Rooms ohne Bad/WC sind schon für 40$ zu haben.

Sightseeing:
Auch die Sehenswürdigkeiten von Thames stehen ganz im Zeichen der vergangenen Goldrausch-Ära.

■ Nicht missen sollte man den Besuch des **Thames School of Mines Museum** in der Cochrane Street, das einen Einblick in die Geologie sowie die Goldrush-History vermittelt, ansonsten mehr als 5000 Mineralien-Exponate aus der ganzen Welt zeigt. Täglich 11–15 Uhr, während der Hochsaison bis 16 Uhr.

■ Die Kolonial- sowie ebenfalls Goldrausch-Geschichte ist Thema im **Historical Museum** an der Ecke Pollen/Cochrane Street. Täglich 13–16 Uhr. – Der durch die Stadt führende und in einer über das Visitor Centre (s.u.) zu beziehenden Karte verzeichnete **Heritage Trail** führt zu den schönsten Bauten aus der goldenen Zeit. – Und am Nordrand des Ortes beim Highway-25 lädt die stillgelegte **Golden Crown Mine & Stamper Battery** zu geführten Touren durch die verschachtelten Gänge der Goldgräber ein. Stolz der Anlage aber ist die letzte noch intakte »Stamper Battery« (Steinquetschmaschine) von Coromandel; da die Öffnungszeiten dieses Freilichtmuseums je Saison sehr unterschiedlich sind, sollte man zuvor das Visitor Centre oder Telefon 07/868 74 48 kontaktieren.

Verschiedenes:

■ **Information:** *Thames Information Centre,* 405 Queen Street, Tel. 07/868 72 84. Mo–Fr 9–17 Uhr, Sa,So 10–13 Uhr. Berge an Informationen zur gesamten Coromandel Peninsula. – Fragen kann man sich von der *Coromandel Travel Information Line* (Tel. 07/8662222) beantworten lassen.

Für naturspezifische Informationen, Trekkingkarten etc. ist das *Department of Conservation* zuständig, das sich 12 km östlich von Thames im Kauaeranga Valley (s.u.) befindet, Tel. 07/866 68 69.

■ **Essen und Trinken:** Für bestes Essen steht hier das Restaurant (mit Biergarten und zwei Bars) des historischen *Brian Boru Hotels* (s.o.), wo man allerdings um 25$ für ein Essen ausgeben muß. – Günstiger ist es in *The Gold Bar & Restaurant* (404 Pollen Street). – Am entspanntesten speist es sich im *Sealey Café & Restaurant* (109 Sealey Road), einer old-style-Villa mit offenem Kamin, Speiseterrasse und einer weithin bekannten Küche.

Wanderparadies Kauaeranga Valley

12 km östlich von Thames und, als Hauptattraktion des Ortes, überall ausgeschildert, erstreckt sich das zum *Coromandel Forest Park* gehörige Kauaeranga Valley, das mit einer dichten Sammlung an Walks und Treks sowie gleich 8 DOC-Camps aufwartet. In früheren Tagen war der Talzug »das« Zentrum der Kauri-Holzindustrie von Coromandel, weshalb man hier keine Primärurwälder erwarten darf, obwohl, in entlegenen Schluchten, hier und da noch kleine Restwälder entdeckt werden können. Aber auch die Sekundärvegetation mit Pinien, Baumfarnen und vereinzelten Kauris kann gefallen, und immer wieder passiert man unterwegs Relikte aus der Kahlschlagzeit.

■ Der erste Weg im Tal sollte der zum vom *DOC* geleiteten **Visitor Centre** sein (s.o. unter »Information«), wo man sich auch mit Wanderkarten und Wegbroschüren eindecken sowie ausführlich über die Ökologie des Ortes und des State Forest informieren kann. Ansonsten wird hier die Geschichte der Kauri-Holzindustrie anschaulich nachgezeichnet und auch über den Goldrush im Rahmen eines Videos berichtet. Hier beginnen die Walks und Treks, die durch das Schutzgebiet führen; einer der beliebtesten Wege ist der **Nature Walk** zum Hoffmans Pool, der insgesamt rund eine Stunde in Anspruch nimmt, teilweise primären Wald durchquert und an einem herrlichen Badeplatz am Kauaeranga River endet. Einen Einblick in die Waldökologie vermittelt der halbstündige **Murray Walk**. Der **Tarawaere Walk** geleitet zu einem historischen Kauri-Damm (2 Stunden). Wer das Kauaeranga Valley ganz durchqueren will oder von hier aus im Rahmen mehrtägiger Treks nach Coromandel-Ort oder Whitianga hinauf laufen will, kann die unterwegs gelegene **Pinnacles Hut** zum Übernachten nutzen.

Nach Coromandel City

Der Highway-25, der sich um Coromandel zieht, markiert unsere weitere Richtung ab Thames. Die folgende Strecke entlang dem Westufer des Firth of Thames erschließt neuseeländische Küstenschönheit in Vollendung: dort die weit gestreckte Meeresbucht, hier die oft im Schatten von Pohutukawa-Bäumen am Fuße üppig grüner Berge und Hügel verlaufende Straße, die immer wieder menschenleere Buchten passiert.

■ Auf den ersten 19 km bis **Tapu** hinauf verteilen sich gleich mehrere toll gelegene Unterkünfte sowie zwei Campingplätze. Ab Tapu auch verläuft eine landschaftlich attraktive Piste ins Landesinnere; sie hat das im Bereich der Ostküste gelegene **Coroglen** (s.u.) zum Ziel (29 km). Wer Zeit und nichts gegen holprige Strecken einzuwenden hat, sollte hier einbiegen, nach Coroglen fahren, sich dort nach Norden wenden, um 11 km später, bei **Kaimarama,** auf die zweite, das Zentralgebirge querende, Piste nach Coromandel City, 22 km entfernt, einzubiegen. Einen ganzen Tag freilich sollte man für diesen Umweg schon ansetzen, aber es lohnt sich, denn wildere Landschaften als die, die man entlang dieser »Scenic Drives« zu sehen bekommt, wird man kaum irgendwo auf der Nordinsel aufspüren.

■ Wer auf diese staubreiche Pistenschleife verzichtet, sollte trotzdem in Tapu auf die anfangs noch asphaltierte Nebenstraße einbiegen, denn 6 km weiter liegen die reizvollen **Rapaura Falls Watergardens** am Weg: Zwischen künstlichen Wasserfällen und mit Exoten bepflanzten Rabatten liegen 13 große Teiche, die der bunten Blütenpracht der Wasserlilien vorbehalten sind. Wanderwege führen durchs gepflegte Grün; auch eine Cafeteria lädt ein. Täglich 10–17 Uhr.

■ Noch ein Stückchen weiter sollte man nun der Piste folgen, denn ein paar Minuten noch, nun schon 400 m hoch, wird ein ausgeschilderter Walkway passiert, der für kurze Zeit durch herrlichen Bergwald verläuft, bevor er am **Square Kauri,** einem etwa 1200 Jahre alten und rund 9 m Umfang messenden Kauri-Holzgiganten, endet.

■ Nach Tapu zurückgekehrt, sind nun noch 35 km entlang der ständig zu Stops einladenden Küstenstraße zurückzulegen, bis **Coromandel City** vorausliegt.

Coromandel City – Refugium für Künstler und Kommunarden

Vor diesem Ort, trotz seines Beinamens »City« lediglich 996 Einwohner groß, ging 1820 das Segelschiff »H.M.S. Coromandel« vor Anker, um Kauribäume zu schlagen. Damit ist erklärt, wie der Ort und nach ihm die ganze Halbinsel zu ihrem von Indien entlehnten Namen kam: »Coromandel« ist dort die Bezeichnung für die Madras Coast. Kaum glaubhaft scheint heute, daß in diesem charmanten und wunderschön mit Blick auf den Hauraki-Golf gelegenen Städtchen einst bis zu 10 000 Menschen gelebt haben sollen. Auch hier sorgte das Gold für Furuore, und gegen Ende des 19. Jahrhunderts bildete Coromandel zusammen mit Thames sozusagen das neuseeländische Klondyke.

In den 1960er und 70er Jahren zog es zahlreiche Künstler und Kommunarden in dieses damals noch am »Ende der Welt« gelegene Nest; die mehreren Dutzend »Communities«, die im Umland noch heute ihren alternativen Lebensformen nachgehen, sind mittlerweile ebenso eine Attraktion wie die über zwei Dutzend Künstler und Kunsthandwerker, die sich hier von der ungemein schönen Natur inspirieren lassen.

Ansonsten ist der Ort Ausgangspunkt für Entdeckungsfahrten in den hohen, auch heute noch abenteuerlichen Norden der Peninsula, und auch zur Ostküste hinüber ist es lediglich ein »Katzensprung« (13km).

Unterkunft:

■ **Camping:** Vor Ort gibt es zwei Campingplätze, beide etwas außerhalb direkt am Meer mit Sandstrand gelegen. Am besten gefiel uns der *Shelly Beach Motor Camp* (Tel. 07/866 89 88) an der nach Norden führenden Colville Road (5 km), wo man für 15 $ einen Zeltstellplatz bekommt. Cabins gibt es aber keine. – Ebenso wie auch auf dem 4 km westlich Coromandel gelegenen *Long Bay Motor Camp* (Tel. 07/866 87 20).

■ **Backpackers:** Daß es hier mittlerweile schon mehr als ein halbes Dutzend Backpackers gibt, zeigt an, wie beliebt der Ort in gewissen Kreisen ist. Als Treff fungiert die *Tui Lodge* (Tel. 07/866 82 37) an der 600 Whangapoua Road, wo auch kostenlos Mountain bikes verliehen werden und die Betten 13 $ sowie 14 $ (Double) kosten, man auch alle Tickets buchen kann.

Der *White House Backpackers* (Tel. 07/866 84 68) an der Ecke Rings Road/Frederick Street bietet sich für Outdoor-Freaks an, denn die Herberge versteht sich als »Activity Centre«. Die Betten kosten hier 15 $ bzw. 17,5 $ (Double).

■ **Bed & Breakfast:** Am günstigsten ist die *Jacaranda Lodge* (Tel. 07/86 80 02) 3 km südlich am Highway-25, von 3 ha Farmland umgeben und entsprechend ruhig. Hier werden auch Backpackers-Betten vermietet (15 $), und die Doppelzimmer kosten 60 $.

Am edelsten präsentiert sich fraglos das *Karamana Homested* (Tel. 07/866 71 38) an der Whangapoua Road beim Zentrum (1 km außerhalb): Zimmer in einer über 120 Jahre alten Holzvilla, authentisch viktorianisch eingerichtet, für 85–110 $.

■ **Hotels & Motels:** Das *Coromandel Hotel* (Tel. 07/866 87 60) an der Kaponga Road im Zentrum bietet schlichte Zimmer, die aber auch nur 25 $ pro Person kosten.

Wer naturnah am Meer wohnen will, sollte die *Anglers Lodge* (Tel. 07/866 85 84) an der Colville Road nördlich Coromandel bevorzugen. Die Anlage erstreckt sich am Hang über einem Strand, und die Wohneinheiten kosten zwischen 80 und 94 $.

Beliebt ist auch der am Stadtrand gelegene *Tidewater Tourist Park* (Tel. 07/866 88 88), der als modernster Tourist-Komplex in der Gegend gilt, Tourist Flats zu 55 $ sowie Motelzimmer zu 75 $ vermietet. Angeschlossen die Jugendherberge, die 14 $/Bett kostet, aber mit den o.g. Backpackers nicht konkurrieren kann.

Sightseeing:

■ Top-Sehenswürdigkeit des Ortes sowie der Region ist die **Driving Creek Railway** an der ausgeschilderten Driving Creek Road, oberhalb Coromandels. Geschaffen wurde diese 38 cm-Schmalspurbahn von *Barry Brickell,* einem begnadeten Töpfer, der sich vor nunmehr über 20 Jahren daran machte, die Trasse zu legen, um den Ton in den umliegenden Wäldern zu seinem Haus und Brennofen transportieren zu können. Daraus ist nun eine Touristenattraktion geworden, und täglich kutschiert der Künstler Hunderte Besucher durch seinen Urwald, über Brücken hinweg, durch zwei Tunnels und an seinen Skulpturen vorbei. 45 Minuten währt die nette Fahrt, die nur 7$ kostet und täglich um 14 Uhr startet; während der Hochsaison verkehrt der Zug mit seinen ringsum offenen Passagier-»Loren« auch um 10 Uhr; ansonsten immer dann, wenn mindestens 70$ einzunehmen sind.

■ Der **Heritage Trail,** über den das »Visitor Centre« eine Karte herausgibt, führt zu den historisch bedeutsamen Bauten des Ortes. – Während der **Craft Trail** zu mehr als zwei Dutzend international bekannten Künstlern und Kunsthandwerkern geleitet, die im Umfeld von Coromandel arbeiten. – Bleiben schließlich die **Coromandel Community Visits,** die das »Visitor Centre« zu den Kommunen und Öko-Farmen organisiert, die sich hier in den 60er und 70er Jahren bildeten.

Outdoor aktiv:

»Action Helicopters« (Mobiltel. 025/47 35 84) arrangiert **Heli-Rundflüge**, »Dave's Gold Country Treks« (Tel. 07/866 89 87) mehrstündige **Treks** zu verlassenen Goldgräberfeldern in der Umgebung, »White Star Horseback Riding« (Tel. 07/866 68 20) Ausritte und **Pferdetreks** von unterschiedlicher Dauer und Schwierigkeitsgrad, »Fitz's Fishing Trips« (Tel. 07/866 82 87) kennt alle **Big Game**-Fischgründe, für **Bootscharter** ist hier »Wyuna Charters« (Tel. 07/866 85 07) zuständig, und das **White House Backpackers Activity Centre** (s.o.) offeriert geführte Treks, Pferdetreks, MTB-, Tauch-, Seekajak- und Fishing-Touren.

Verschiedenes:

■ **Information:** *Coromandel Information Centre* mit dem Büro des *Department of Conservation,* (im Zentrum an der) Kapanga Road, Tel. 07/866 85 98. Mo–Fr 9–17 Uhr, Sa,So 10–12.30 Uhr. Informationen zum Ort und zum hohen Norden der Halbinsel, auch Trekking- und MTB-Trailkarten.

■ **Essen und Trinken:** Im noch aus dem 19. Jahrhundert stammenden *Coromandel Pub* des *Coromandel Hotels* (s.o.) sitzt man schlicht, doch ißt gut und preisgünstig sowohl

Frühstück (8–9 Uhr) als auch Lunch (12–13.30 Uhr) und Dinner (18–20.30 Uhr).

Schöner freilich ist das *Shag Rock Cafe* an der 24 Wharf Road, wo ebenfalls alle Mahlzeiten serviert werden, man auch im Garten sitzen kann, aber etwas tiefer in die Tasche greifen muß.

Der Nordzipfel – »Südseeidyll« im Abseits

Die meisten Besucher von Coromandel verzichten aus Zeitgründen darauf, den hohen Norden der Halbinsel zu bereisen. Das ist freilich schade, denn die Landschaften und Beaches sind atemberaubend schön, andererseits aber auch wieder gut, erhält sich so doch dieser Landesteil seine verbliebene Ursprünglichkeit und wohl auch noch für ein paar Jahre seine Schotterpisten.

Der Coromandel Loop:
Wer motorisiert ist, kann entlang der Westküste bis zum Nordzipfel hinauf nach Fletcher's Bay fahren (ca. 65 km ab Coromandel, davon 28 km Asphalt), wo die Piste endet. Nur Mountain biker und Wanderer aber haben die Möglichkeit, über den *Coromandel Walkway* (s.u. unter »Outdoor aktiv«) weiter nach Osten vorzustoßen und so eine Schleife zu beschreiben, die nach insgesamt rund 120 km wieder nach Coromandel City zurückführt. Öffentliche Verkehrsmittel (s.o. unter »An-/Weiterreise«) verkehren ebenfalls bis zur Fletcher's Bay; ab der Stone Bay am Südostende des Coromandel Walkway fahren Busse und Post-Vans entlang der Ostküste nach Coromandel City retour, so daß auch Reisende ohne eigenes Fahrzeug den großen Coromandel-Loop unternehmen kann.

Karten/Informationen:
Gutes Kartenmaterial, für diese Region unbedingt erforderlich, kann man in den *Visitor Centres* von Thames sowie Coromandel City abrufen; das *Department of Conservation* in Coromandel City informiert über Walkways, Treks und Mountain-bike-Trails.

Unterkünfte:

■ Es gibt gleich vier herrlich gelegene **DOC-Camps** in der Region, alle mit Toiletten, kalten Duschen, Feuerstellen und Trinkwasser ausgestattet: Fantail Bay und Port Jackson am Nordzipel, Stone Bay, am Südende des Coromandel Walkways, sowie Waikawau Bay, ein Stück weiter südlich.

■ **Backpackers** finden sich in Colville am Ende der Asphaltstraße, 28 km nördlich Coromandels: *Colville Backpackers,* Tel. 07/8666820. Mehrere Quadratkilometer große Farm, großes Aktivitäts-Angebot, tolle Lage, Betten zu 7–15 $.

An der Fletscher's Bay laden gleich zwei Unterkünfte ein: *Fletcher's Bay Backpackers,* Telefon

07/86 88 08. Ein kleines Hostel am »Ende der Welt« nahe mehrerer Walks, herrlicher Strände. – Noch einsamer, direkt an einer Traumbay, liegt das trefflich *End of Road* (Tel. 07/868989) geheißene Hostel, wo die Betten 15$ kosten, man aber auch sein Zelt aufschlagen kann.

In Port Charles, am Südrand des Coromandel Walkways, bietet sich schließlich die *Paradise Bikers & Tourist Lodge* (Tel. 07/866 69 22) an: Top-Herberge, gute Atmosphäre, herrliche Lage, viele Aktivitäten, Betten zu 15 und 17$.

Outdoor aktiv:

■ **Treks & Walks:** Mehr als 12 Walkways und Treks warten im hohen Norden der Peninsula. Der rund 8km lange, problemlos in 2–3 Stunden machbare *Coromandel Walkway,* der von der Fletcher's Bay zur Stone Bay führt, gehört zu den schönsten Küsten-Wanderwegen der Nordinsel. Da er das Verbindungsstück zwischen den einerseits an der Fletcher's Bay und andererseits an der Stone Bay endenden Pisten darstellt, ermöglicht er den Coromandel Loop. Wer schlecht zu Fuß ist oder zu schweres Gepäck hat, kann die Strecke auch ganz bzw. teilweise per Boot zurücklegen, das zwischen den beiden Bays verkehrt (über »Fletcher's Bay Backpackers«).

Der *Mount Moheau-Trek* hingegen hat den mit 892 m höchsten Berg von Coromandel zum Ziel; er zieht sich als anspruchsvoller, rauher Pfad in die Höhe, von wo aus man ein atemberaubendes Panorama bis hinüber nach Auckland genießen kann. 8 Stunden sind anzusetzen, und die o.g. Backpackers in Colville sowie an der Fletcher's Bay organisieren die Anfahrt zum Startpunkt.

■ **Mountain biking:** In den vergangenen Jahren hat das Department of Conservation mehrere spezielle Mountain-bike-Trails angelegt. Auch der Coromandel Coastal Walk ist mit dem Rad befahrbar, und in Anbetracht der nahezu fahrzeugfreien Pisten des Nordzipfels bietet es sich geradezu an, diese Landschaft per Rad zu entdecken. MTB-Verleihstationen finden sich in Coromandel City (siehe dort) sowie an der Fletscher's Bay, wo der gleichnamige Backpackers zuständig ist.

■ **Kajak & Schnorcheln:** Auch für diese Aktivitäten ist der »Fletcher's bay Backpackers« zuständig; Organisation von Touren und Kajakverleih.

An den Pazifik

Da es keine Straßenverbindung zwischen der nördlichen sowie der mittleren Pazifikküste von Coromandel gibt, führen alle Wege wieder nach Coromandel City zurück, von wo aus zwei Straßen die Peninsula durchqueren: einerseits die etwas südlich Coromandel City beginnende Piste-309, die durch wilde

Landschaften nach Whitianga führt (29 km), und andererseits der (auch vom Bus genommene) Highway-25, über den man 46 km fahren muß, um Whitianga zu erreichen.

■ Beide haben ihre Reize, aber wesentlich eindrucksvoller ist der teilweise asphaltierte Highway, der zudem für mehrere Abstecher gut ist. Nach 13 km auf dieser Strecke zweigt in **Te Rerenga** eine Piste nach Whangapoua ab, und wer sich von dort aus für rund 30 Minuten auf den Weg nach Norden macht, gelangt zum malerischen **New Chums Beach**.

■ Nach insgesamt 29 km ab Coromandel zweigt in Kuaotumo eine Piste zum noch 4 km entfernten **Otama Beach** ab, der zusammen mit der 6 km weiter östlich gelegenen **Opito Bay** zu einem *Recreation Reserve* ernannt wurde und mit herrlichen weißen Sandstränden ebenso erfreut wie mit zahlreichen Walkways, die entlang der Coast sowie durchs Landesinnere führen.

■ 7 km südlich von **Kuaotumu** (eine ehemalige Goldgräberstadt, ebenfalls mit Strand sowie einem Campingplatz: *Koaotuno Beach Tourist Park*) ist am Highway der **Waitaia-Trek** ausgeschildert (2 Stunden). 10 km später schließlich ist *Whitianga* erreicht.

Whitianga und Mercury Bay

Whitianga, eigentlich *Te Whitianga a Kupe*, was soviel wie »wo Kupe durchzog« bedeutet, soll schon um 950 herum von dem polynesischen Navigator *Kupe* gegründet worden sein. Doch das erste verbürgte Datum ist der Juli 1769, als *James Cook* hier an Land ging, um den Durchlauf des Planeten Merkur vor der Sonne zu beobachten. Der Name Mercury Bay für die vor Whitianga gelegene Bucht stammt aus dieser Zeit, in die ein weiteres wichtiges Datum neuseeländischer Geschichte fällt: am 15. November 1769 nämlich nahm James Cook von hier aus das Land für den englischen König Georg III. in Besitz.

20 Jahre später begann schon die erste Plünderung der Kauriwälder durch frühe Siedler, und zu Wohlstand kam der Ort ab den 1950er Jahren, als sich Whitianga zum Feriendomizil für Aucklander zu entwickeln begann: Über die Wochenenden sowie zwischen Dezember und Februar und über Ostern gesellen sich zu den 2100 Einwohnern Tausende Urlauber; Reisende aus europäischen Landen finden hier außer zahlreichen Herbergen und einem großen Wassersportangebot eigentlich nichts, was zu einem Stopover einlädt.

Da aber kein Weg um die Stadt herumführt, sie außerdem Verkehrsknotenpunkt auf dem (Bus-)Weg nach Süden darstellt, hier die wichtigsten Informationen:

■ **Unterkunft:** Für Camping bietet sich u.a. der *Mercury Bay Motor Camp* (Tel. 07/866 55 79) an der 121 Albert Street an, wo auch Kajaks und MTBs vermietet werden; mit Swimmingpool. Zelten 16 $, Cabins 30–40 $, Tourist Flats 50 $.

Einziger Backpackers im Ort ist die *Coromandel Backpackers Lodge* (Tel. 07/866 53 80) an der 46 Buffalo Beach Road, die sich auch als Outdoor-Zentrum versteht (Kajak, MTB-Verleih, Touren und Treks, Bootsfahrten). Betten 15 bzw. 17,5 $.

In der Klasse »Hotels und Motels« bieten sich zig Häuser an. Außer zur Hochsaison, wenn stets alle Zimmer belegt sind, kann hier jeder problemlos ein geeignetes Plätzchen finden.

■ **Information:** *Visitor Information Office* und *Department of Conservation,* Albert Street, Telefon 07/866 55 55. Mo–Fr 9–17 Uhr, Sa,So 9–13 Uhr.

Traumstrände im Osten

■ Wer mit dem Fahrrad unterwegs ist, kann von Whitianga aus innerhalb weniger Minuten mit der Personenfähre zum schönen **Cooks Beach** auf der Südseite der Mercury Bay übersetzen. Wer dagegen mit dem Auto reist, muß rund 40 km weit zu dem gleichnamigen Strandort fahren: Der Highway-25 markiert die Richtung, bis nach 28 km in *Whenuakite* eine ausgeschilderte, asphaltierte Nebenstraße nach Cooks Beach abzweigt. Auf dem *Cooks Beach Motorcamp* (Tel. 07/866 54 69) läßt es sich bestens campen (18 $, Flats zu 35–55 $), und wer verwöhnt ist, kann hier im *Homestead Park Resort* (Telefon 07/86 55 95), einem herrlich am Strand gelegenen Cottage-Komplex absteigen (85–120 $); jedenfalls wohnt es sich hier viel schöner als im benachbarten Whitianga, dessen Strände dem Cook Beach ebenfalls nicht das Wasser reichen können.

■ Selbst wer keine Lust mehr auf Strand und Baden hat, sollte vom Highway-25 Richtung Cook Beach abzweigen, denn eine 2 km lange Straße führt in westlicher Richtung hinauf zum beeindruckenden, ringsum steil ins Meer abfallenden **Shakespeare Cliff,** das ein famoses Panorama freigibt.

■ Anstatt nun zum Highway zurückzufahren, sollte man auf halber Strecke etwa den zur Küste weisenden Schildern »**Hahei**« folgen, wo eine markante Steilküste verläuft. Der Ort selbst ist eine Ansammlung von Ferienhäusern, und wer hier wohnen will, hat zwei Möglichkeiten: Das *Haihai Holiday Resort and Backpackers* (Tel. 07/866 38 89) erstreckt sich auf 500 m Länge direkt hinter dem Ortsstrand. Mit Zeltplätzen (17,5 $), Lodges (34 $), Cabins (45 $) sowie Flats (66 $) nebst Backpackers-Betten (ab 16 $). – Ansonsten bleibt die *Tatahi Backpackers Lodge* (Tel. 07/866 39 92), wo man 15 bzw. 18 $ für ein gemütliches Zimmer zahlt.

■ Doch nun nichts wie hin zu dem Juwel unter den Coromandel-

Stränden, dem **Cathedral Cove Beach**. Ab Hahei führt ein aussichtsreicher, aber streckenweise etwas anstrengender Walkway von rund 30 Minuten Dauer entlang der Küste nach Norden – unterwegs geht es an uralten knorrigen Puriri-Bäumen vorbei –, wo es zum Strand hinunter geht. Seinen »Kathedralen«-Namen verdankt der Beach offensichtlich dem gewaltigen Felsdome der diese bizarr skulptierte Felsbucht begrenzt: Einem gotischen Kirchenportal gleich prunkt zu Füßen des »Doms« eine 20 m breite und 10 m hohe Öffnung, die bei Ebbe den Zugang zu einem weiteren, noch verschwiegeneren Traumstrand ermöglicht. Einen ganzen Tag lang kann man hier gut und gerne verbringen, Duschwasser wird von einem Sturzbach gespendet.

■ Doch noch für einen weiteren tollen Abstecher ist Hahei gut: Folgt man der im Ort nach Süden führenden Fahrspur, wird schon nach wenigen Minuten der **Hot Water Beach** erreicht, der bei Ebbe seine unterirdischen Thermalquellen freigibt. Wer eine Schaufel dabei hat, kann sich hier, direkt am Meer, seinen privaten Thermalpool schaufeln; zur Not geht's auch mit den Händen (kann aber heiß werden). Da sitzt man dann, möglichst nahe am Meer, in seiner heißen »Badewanne« und wartet auf die nächste Welle oder die einsetzende Flut, die dann wieder Abkühlung bringt.

■ Auf den Highway-25 zurückgekehrt, geht es nun kurvig durchs Landesinnere, bevor 42 km südlich Whitianga die Küste bei **Tairua** erreicht wird. Der Ort ist zusammen mit dem südlich angrenzenden und durch den weit ins Land reichenden Taírua Harbour getrennten Ort **Pauanui** so eine Art »St. Tropez von Neuseeland«: Beide Beach Resorts gelten als In-Treff der Auckland-Schickeria, die Preise sind entsprechend hoch, die Strände schön, doch nicht mit schon gesehenen vergleichbar. Und so wird man weiterfahren zum 41 km südlich gelegenen **Whangamata,** einem weiteren typischen Ferienort für Urlauber aus Auckland, der nicht sonderlich gefällt.

■ Noch 29 km gen Süden bleiben bis **Waihi** mit seinem 12 km entfernten Traumstrand **Waihi Beach,** der aber bereits nicht mehr zu Coromandel gehört, sondern vielmehr zur Bay of Plenty, deren Nordgrenze hier verläuft.

Bay of Plenty

Kiwiland, sonnenverwöhnt

Die Bay of Plenty erstreckt sich zwischen Coromandel und Eastland über rund 200 km entlang der Pazifikküste. Im Binnenland reicht die Region bis an das vulkanische Gebiet von Rotorua heran, im

Norden markiert der Ferienort Waihi ihre Grenze, im Südwesten das Städtchen Opotiki. Parallel zur Küstenlinie verläuft der Highway-2, dementsprechend auch als »Pacific Coast Highway« bekannt. Die touristischen Zentren sind insbesondere Tauranga und Whakatane, die größten Städte an der Bay, die, wie die gesamte Provinz auch, im vergangenen Jahrhundert durch reiche Goldfunde zu Wohlstand kamen. Doch der Goldrush verebbte so schnell, wie er gekommen war; es blieben der durch vulkanische Ascheregen fruchtbare Boden sowie ein ungemein mildes Klima, das keine eigentlichen Winter kennt und über 2000 Sonnenstunden im Jahr beschert. Nur wenige Landstriche in Neuseeland kennen vergleichbar gute Bedingungen für die Landwirtschaft bieten, weshalb sich hier eines der größten Obstanbaugebiete erstreckt.

Doch geht es nicht um Äpfel, Weintrauben und Zitrusfrüchte, sondern insbesondere um Kiwis, die, wie es heißt, nirgends auf der Welt besser gedeihen als in dieser warmen, klimastabilen Küstenzone. Das war freilich nicht immer so, denn die Kiwi-Frucht fand, was heute kaum noch jemand weiß, erst im Jahre 1906 von China her ihren Weg auf den Archipel und trug damals den Namen »chinesische Stachelbeere«. In größerem Rahmen angebaut wurde die *Actinida chnesis* erst ab 1937, und noch 20 Jahre mußten vergehen, bis ein findiger Werbetexter auf die zündende Idee kam, der Frucht, nun schon ein Exportschlager, einen mehr Neuseeland-spezifischen Namen zu verpassen. So wurde die ovale, haarige und ungeheuer Vitamin-C-reiche chinesische Stachelbeere zur Kiwi. Zentrum der Kiwi-Industrie ist das Gebiet um Te Puke, zwischen Tauranga und Rotorua; wer hier zwischen April und Juni, der Erntezeit, unterwegs ist, hat gute Chancen, sich mit Kiwi-Pflücken ein wenig das Reisebudget aufbessern zu können.

Über 150 000 t werden jährlich gepflückt; davon gehen mehr als 100 000 t in den Export. Deshalb scheint der Name, den *James Cook* dieser Landschaft einst gab, überaus gut gewählt: »Bucht des Überflusses«. Dies gilt auch in touristischer Hinsicht, denn die unendlich langen Feinsandstrände mit ihren idealen Bade- und auch Surfreviere erfreuen sich schon seit vielen Jahren einer großen Beliebtheit bei einheimischen Urlaubern. Auf Ausländer allerdings trifft man relativ selten, denn zu groß sind die Schatten, die die wildromatische Coromandel-Halbinsel im Norden, das spektakuläre Geysirland im Westen sowie das einsame und naturschöne East Cape im Südosten werfen. Lediglich die *White Island,* die draußen vor der Bay dampft, Neuseelands einziger Meeresvulkan und gleichzeitig aktivster

Strandrefugium bei der Helena Bay ▶

»Feuerberg«, entwickelt sich zunehmend zum Magneten für Besucher aus aller Welt.

An-/Weiterreise

■ **Bus:** Wie man von Coromandel aus an die Bay of Plenty reist, wurde im vorherigen Abschnitt bereits erläutert (siehe unter »Coromandel, An-/Weiterreise«). Ansonsten werden alle Orte der Bay von den »Intercity-« sowie »Newman's«-Bussen aus allen größeren Städten mehrmals täglich angefahren.

■ Wer voraussichtlich viel Bus fahren wird, kommt wieder einmal mit einem **Buspass** am preisgünstigsten weg, und Hauptanbieter ist »InterCity«, der nicht nur den in Tauranga endenden Coromandel-Buspass herausgibt (s.o.), sondern auch den in Tauranga beginnenden *Eastland Passport,* der 3 Monate gültig ist, 98 $ kostet und zu unbegrenzten Fahrten in eine Richtung zwischen Tauranga und Hastings berechtigt. Mit beiden Buspässen zusammen kann man nahezu die gesamte hier anstehende Route 3 befahren, und buchen kann man die Pässe in jedem »InterCity Travel Centre« des Landes sowie in unzähligen Reisebüros.

■ **Zug:** Bahnfahrer erreichen die Bay mit dem *Kaimai Express,* der täglich zwischen Auckland und Tauranga verkehrt. Der Fahrpreis je Strecke liegt bei 49 $. Weitere Bahnlinien gibt es aber nicht im Bereich der Bay.

■ **Flug:** »Air New Zealand« (landesweite Buchung und Reservierung über Freephone 0800 737 000) bedient täglich bis mehrmals täglich die Strecken von Auckland nach Tauranga sowie Whakatane; Tauranga wiederum ist auch mit Wellington verbunden. Aber berücksichtigt man Kosten und auch Zeitaufwand, lohnt es kaum, den Flieger zu nehmen.

Nach Tauranga

■ Das rund 4000 Einwohner große **Waihi,** an der Grenze zwischen Coromandel und der Bay of Plenty gelegen, war einst, dank der größten Goldmine des Landes, auch die reichste Stadt auf dem Archipel; das ist sie, mit Einschränkungen, bis heute geblieben: Dank dem Ferientourismus sowie einer 1988 wieder eröffneten und wider Erwarten äußerst ergiebigen Goldmine. Die **New Martha Goldmine** kann man im Rahmen geführter Touren auch besuchen, aber das bringt nicht viel. Schöner ist es allemal, auf den Spuren der ehemaligen Goldgräber zu wandern, also dem **Karangahake Gorge Historic Walk** zu folgen. Er beginnt 14 km westlich Waihis am Highway-2, ist dort ausgeschildert und führt entlang der ehemaligen Eisenbahntrasse ins alte Goldmining Area.

■ Informationen über diesen Spaziergang sowie die anderen Attraktionen von Stadt und Region kann man abrufen im *Waihi Information*

Office (Tel. 07/863 53 54) an der 33 Wilson Road, das aber nicht in Waihi, sondern vielmehr im 12 km entfernten **Waihi Beach** beheimatet ist. Dort locken auch herrliche Sandbuchten sowie vor allem der über 10 km lange und niemals überfüllte Hauptstrand des Ortes, der zum Sonnen, Baden, Schwimmen und Surfen ideale Bedingungen bietet.

Auch die schönsten Unterkünfte weit und breit sind hier zu finden. Reist man nicht gerade zur Hochsaison an, wenn sich halb Auckland hier zu tummeln scheint, kann man es gut aushalten. Empfehlenswerte Bleiben sind: der *Beachhaven Caravan Park,* Tel. 07/863 5505. 2 Gehminuten vom Meer entfernter Wiesenplatz. Zelten 9 $/Person, Cabins 37 $, Cottages 55–100 $. – Und vor allem der an einer Felsnase zwischen zwei Stränden gelegene *Bowentown Holiday Park,* Tel. 07/863 53 81. Cabins zu 34 $, Flats zu 50 $ und Stellplätze zu 9 $ (pro Person).

■ Ab Waihi nun markiert der von Auckland her kommende Highway-2 die weitere Richtung; auf dieser gut ausgebauten Straße ist schnell das 23 km südlich gelegene **Katikati** erreicht, das sich zwischen dem durch eine Sandnehrung geschützen Tauranga Harbour und der binnenwärts bis nahezu 1000 m hoch aufragenden Kaimai Range erstreckt. In der Umgebung dieses rund 1700 Einwohner großen Ortes laden mehrere Thermalquellen zum Besuch ein; ansonsten locken zahlreiche Walkways sowie insbesondere **Waka-**Fahrten in traditionellen Maori-Kanus *(waka),* die man über das *Katikati Information Office* an der Main Street (Tel. 07/549 16 58) buchen kann.

Bay-Metropole Tauranga

Zügig geht es nun von Katikati durch nicht sonderlich spektakuläre Landschaften zum 34 km entfernten Tauranga. Diese Provinzhauptstadt der Bay of Plenty bildet zusammen mit dem nahtlos angrenzenden Badeort *Mount Maunganui* ein von über 82 000 Menschen bewohntes Ballungszentrum, und so nett die Strände in der Umgebung auch sind, so voll sind sie auch, und so nichtssagend präsentiert sich die weit gestreckte Doppelstadt, die für Reisende aus Europa eigentlich nur als Verkehrsknotenpunkt von Bedeutung ist und außer dem *Tauranga Historic Village* (täglich 10–16 Uhr) an der 17th Avenue keine Sehenswürdigkeiten zu bieten hat. Dieses Freilichtmuseum will eine *Shantytown* darstellen, ein historisches Goldgräberstädtchen: Über 90 Bauten aus der goldenen Ära hat man aufgestellt; auch ein Maori-Dorf wurde rekonstruiert; dazu gesellen sich alte Maschinen nebst einer Dampflok aus dem Jahre 1877; an den Wochenenden wird ein Kunsthandwerks-Markt abgehalten; alles in allem kann man hier schon 1–2 Stunden verbringen. – Dann aber heißt es nichts wie weiter, weshalb hier die wichtigsten Informationen ausreichen:

Unterkunft:

■ **Camping:** In Tauranga gibt es keinen zentrumsnahen Campingplatz; alle liegen mehrere Kilometer außerhalb. Relativ gut gefiel uns der am Weg von Katikati vor Tauranga ausgeschilderte *Plummers Point Motor Camp* (Tel. 07/548 06 69) in Strandlage mit heißen Thermalpools. Zeltstellplätze zu 18 $, Cabins zu 35 $.

Schöner ist es aber auf dem *Mount Maunganui Domain Motor Camp* (Tel. 07/575 44 71) in Mount Maunganui, am Strand zu Füßen des gleichnamigen Berges, wo man 16 $ fürs Zelt bezahlt, 39 $ für eine Tourist Cabin und wo man herrlich baden und surfen kann.

Noch schöner, vor allem auch ruhiger, wohnt man weiter südlich am kilometerlangen Papamoa Beach (s.u.), nur rund 8 km südlich Mount Maunganuis gelegen.

■ **Backpackers:** gibt es drei an der Zahl in der Doppelstadt. Am schönsten ist die etwas nördlich beim Highway-2 gelegene *Bell Lodge,* 39 Bell Street, Tel. 07/578 63 44. Kostenloser Transportservice, Wasserport-Möglichkeiten, kostenloser MTB-Verleih. Zeltplätze und Betten zwischen 14 und 28 $.

Nahe dem Zentrum von Tauranga liegt *Just the Ducks Nuts* (Tel. 07/576 13 66) an der 6 Vale Street. Ebenfalls kostenloser Transportservice. Die Betten kosten 15 $ bzw. 18 $.

Bleibt das *Waireinga YHA Hostel* (Tel. 07/578 50 64) an der 171 Elizabeth Street. Ein moderner Flachbau im Zentrum, wo auch MTBs sowie Surfboards verliehen werden und die Betten generell 15 $ kosten.

■ **Hotels & Motels:** mehr als 150 vor Ort. Schon an der Durchgangsstraße reiht sich Lodge an Lodge, und selbst während der Hochsaison ist es nie ein Problem, ein vakantes Zimmer ab 60 $ zu finden.

Verschiedenes:

■ **Information:** *Visitor Information Centres* in Tauranga, The Strand, Tel. 07/578 81 03; und in Mount Maunganui, Salisbury Avenue, Tel. 07/575 50 99. Hier kann man alle Tickets buchen, Zimmer reservieren, Broschüren sowie Prospekte zur gesamten Bay sowie auch zu Rotorua und East Cape abrufen.

■ **An-/Weiterreise:** Die »InterCity«-Busse stoppen und starten am zentral gelegenen Bahnhof, alle anderen Busse hingegen haben ihren Terminal beim »Visitor Centre« (s.o.). Zwischen dem Flughafen und der Stadt verkehrt ein Shuttle-Bus ab dem »Visitor Centre«. Tauranga ist mit allen größeren Orten der Nordinsel verbunden, und

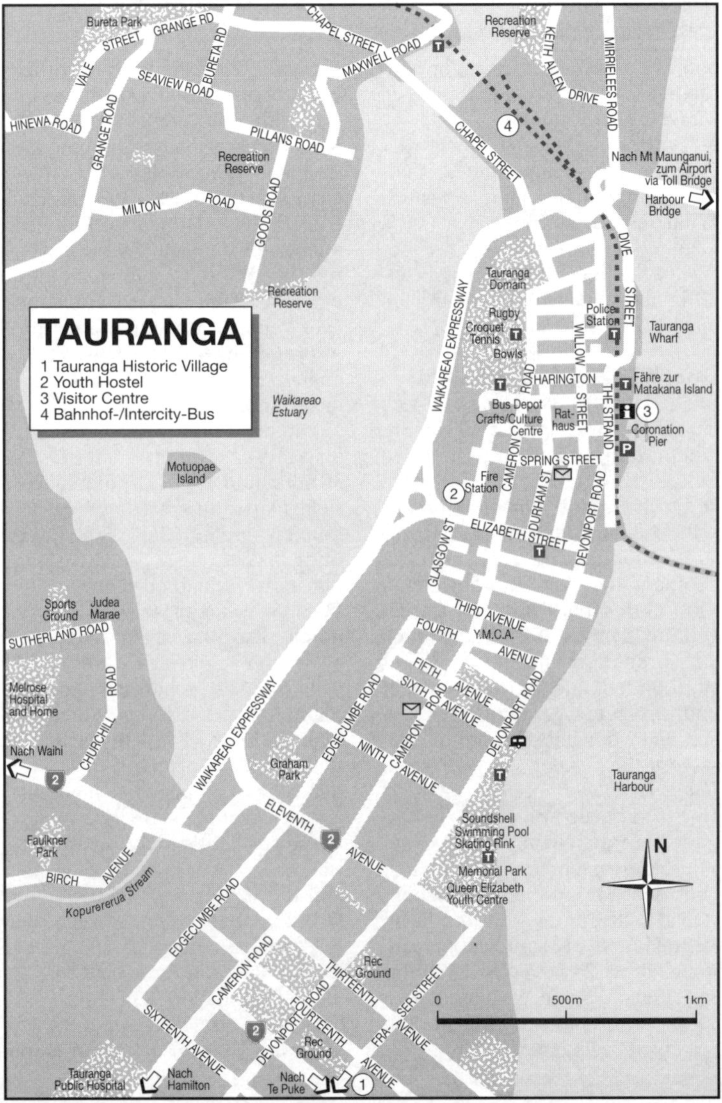
TAURANGA
1 Tauranga Historic Village
2 Youth Hostel
3 Visitor Centre
4 Bahnhof-/Intercity-Bus
Bureta Park
GRANGE RD
STREET
VALE
BURETA RD
CHAPEL STREET
MAXWELL ROAD
SEAVIEW ROAD
HINEWA ROAD
GRANGE ROAD
PILLANS ROAD
Recreation Reserve
MILTON
ROAD
GOODS ROAD
Recreation Reserve
Recreation Reserve
KEITH ALLEN
DRIVE
MIRRIELEES ROAD
CHAPEL STREET
Nach Mt Maunganui, zum Airport via Toll Bridge
Harbour Bridge
DIVE
STREET
Tauranga Domain
WAIKAREAO EXPRESSWAY
Rugby
Croquet
Tennis
Bowls
Police Station
WILLOW
STREET
Tauranga Wharf
ROAD
HARINGTON
THE STRAND
Fähre zur Matakana Island
Bus Depot
Crafts/Culture Centre
Rat-haus
Coronation Pier
Waikareao Estuary
CAMERON
SPRING STREET
Fire Station
DURHAM ST
DEVONPORT ROAD
Motuopae Island
GLASGOW ST
ELIZABETH STREET
THIRD AVENUE
FOURTH
Y.M.C.A.
AVENUE
FIFTH
AVENUE
SIXTH
AVENUE
ROAD
DEVONPORT ROAD
Sports Ground
Judea Marae
SUTHERLAND ROAD
ROAD
Melrose Hospital and Home
CHURCHILL
Nach Waihi
WAIKAREAO EXPRESSWAY
EDGECUMBE ROAD
CAMERON
NINTH
AVENUE
Graham Park
Tauranga Harbour
ELEVENTH
AVENUE
Soundshell
Swimming Pool
Skating Rink
Memorial Park
Queen Elizabeth Youth Centre
Faulkner Park
BIRCH
AVENUE
Kopurererua Stream
N
EDGECUMBE ROAD
CAMERON ROAD
Rec Ground
THIRTEENTH
SER STREET
FRA-
AVENUE
0
500 m
1 km
SIXTEENTH AVENUE
DEVONPORT ROAD
FOURTEENTH
Rec Ground
AVENUE
Tauranga Public Hospital
Nach Hamilton
Nach Te Puke

erklärte Busreisende sollten sich hier den *Eastland Passport* im »InterCity Centre« im Bahnhof (Tel. 07/578 28 25) kaufen.

■ **Outdoor aktiv:** Zwar bietet der Ort eine dichte Sammlung an Outdoor-Aktivitäten, aber wer nach Whakatane weiterreist (s.u.), »dem« Outdoor-Zentrum an der Bay, sollte lieber dort von den vielfältigen Möglichkeiten Gebrauch machen.

Durchs Kiwi-Frucht-Land

Südlich von Tauranga wendet sich der Highway-2 ins Landesinnere hinein zum 16 km entfernten Te Puke.

■ Doch Strand- und Surf-Freaks sollten lieber die von der Hauptstraße abbiegende Küstenstrecke nehmen, die von Tauranga zum 8 km entfernten **Papamoa Beach** verläuft. Dieser Strand, unendlich lang, breit, weiß und feinsandig, gut zum Baden und Surfen geeignet und von Dünen gesäumt, ist sicherlich einer der hübschesten der gesamten Bay. Und der *Papamoa Beach Holiday Park* (Tel. 07/572 08 16) ist in bezug auf seine Ausstattung und vor allem die Lage auf Wiesenterrassen in den Dünen über dem Strand einer der schönsten Beach Camps weit und breit. Zelten kostet 21 $, mit Seeblick unverschämte 24 $, Tourist Cabins 45 $, Flats 55 $ und Wohneinheiten 80 $; angeschlossen Restaurant, Lebensmittelladen etc.

■ Eine Stichstraße führt von Papamoa zum Highway-2 zurück. Nach 6 km ist dann **Te Puke,** das Zentrum des neuseeländischen Kiwifrucht-Anbaus, erreicht. Der Beiname der Stadt lautet »Kiwi Capital of the World«, und im April trudeln hier Hunderte Reisende auf der Suche nach einer (nicht gerade gut bezahlten) Erntearbeit in den Kiwi-Plantagen ein. Rund ums Jahr kann man sich hier über alles informieren, was die Kiwi-Frucht angeht. Erste Anlaufstelle dafür ist das *Visitor Centre* (Tel. 07/573 91 72) an der Jellico Street, das wirklich nicht zu übersehen ist: Die 30 m hohe *Big Kiwi Fruit* mit Aussichtsplattform weist den Weg; hier können potentielle Erntehelfer übrigens eine Liste der Kiwi-Plantagen im Umland abrufen.

■ Fährt man nun weiter, so geht es durch Kiwiplantagen und nach 6 km zum **Kiwifruit Country** (Tel. 07/573 63 40), eine der größten Plantagen des Landes, durch die man, in in Kiwi-Frucht nachempfundenen Wägelchen sitzend, durch das Anbaugebiet hindurchfahren kann. Amerikanischer, kitschiger geht's nicht mehr, doch ist diese »Attraktion« eine der meistbesuchten des Landes.

■ 3 km weiter dann zweigt der Highway-33 zum noch 40 km entfernten Rotorua ab (siehe Route 2), und 59 km, davon über 30 km entlang der Küste, sind nun über den Highway-2 noch bis **Whakatane** zurückzulegen. Unterwegs warten Beaches, Beaches, Beaches – doch wer ein wenig Zeit hat, ist mit der Binnenschleife nach Whakatane besser bedient: dann abbiegen Richtung Rotorua und nach 28 km, schon am Lake Rotorua angekommen, auf den Highway-30 einbiegen, der nach 73 km ans Ziel führt und unterwegs die idyllische Wald-Seen-Wälder-und-Thermalquellen-Landschaft südöstlich Rotoruas passiert.

Whakatane und Ohope Beach

Das Schöne an der rund 18 000 Einwohner großen Industrie- und Ferienstadt Whakatane ist, daß man nicht in ihr wohnen muß, um die Attraktionen des Umlands besuchen sowie das Outdoor-Angebot nutzen zu können. Der Ort selbst hat nämlich für ferngereiste Europäer keine Reize, während die Umgebung für zahlreiche Abstecher gut ist. Insbesondere der Flug bzw. die Bootsfahrt zur draußen in der Bay liegenden *White Island* wird unvergeßlich bleiben. Nahebei erstrecken sich traumhafte Strände, warten Walkways, Scenic Flights, Rafting-, Kajak-, MTB-Touren und vieles weitere mehr.

■ Von uns empfohlenes »Base-Camp« ist das 6 km südlich gelegene **Ohope Beach,** wohin ständig Shuttle-Busse unterwegs sind und sich tolle Unterkünfte ebenso finden wie Strände, die selbst verwöhnten Reisenden noch ein Staunen entlocken können.

Unterkunft:
Da man in Whakatane beim besten Willen nicht »urlaubsgemäß« wohnen kann, stellen wir Unterkünfte am Ohope Beach vor:

■ **Camping:** *Surf 'n' Sand Holiday Park,* Tel. 07/312 48 84. Direkt am langgestreckten Hauptstrand, ideale Surfbedingungen. Zelten 12 $/Person, Cabins 25 und 35 $, Flats 45–52 $ und Motelzimmer 50–70 $.

■ **Backpackers:** *Ohope Beach Backpackers Inn,* 1A Westend, off Main Street, Tel. 07/312 51 73. Einziges Hostel im Ort, nett und gepflegt, großes Outdoor-Angebot, kostenloser Transportservice. Betten zu 14 sowie 15 $.

■ **Hotels & Motels:** Schönstes Haus am Platz ist *The Rafters* an der 261A Pohutukawa Avenue, Tel. 07/312 48 56. Direkt am Meer, komfortabel eingerichtet. 90 $ für 2 Personen inklusive Riesenfrühstück.

Gefallen kann auch das *Surfers Reach Motel,* 52 West End, Tel. 07/312 41 49. Studios zu 70 und 130 $. Surfer-Treff, aber leider recht nah an der Straße.

Bleibt das *Ohope Beach Resort* (Tel. 07/312 46 92) in 5 West End. Liegt wunderschön am bewaldeten Buchtrand hinter dem Strand. Wohneinheiten zu 75–110 $.

Verschiedenes:

■ **Information:** Zuständig ist das *Whakatane Information Centre* in Whakatane an der Boon Street, Tel. 07/308 60 58, das Zimmerreservierungen vornimmt, auch als Outdoor- sowie Transport-Buchungszentrum fungiert und außer über die Bay of Plenty auch übers East Cape informiert.

■ **An-/Weiterreise:** Whakatane ist per Bus mit allen größeren Ortschaften der Nordinsel verbunden, auch mit Coromandel (via Tauranga) sowie dem East Cape. Wer von hier aus mit Bussen dem weiteren Verlauf der Route folgen will, sollte sich den *Eastland Passport* von »InterCity« zulegen. Auf dieser Strecke arbeitet die Gesellschaft mit »Bay Coachlines« zusammen, die (Pyne Street, Tel. 07/308 61 69) ebenso wie »Adventure East Tourism« (207 The Strand, Telefon 07/308 89 99) den Pass verkauft.

Vulkaninsel White Island

»Die« touristische Attraktion der Bay of Plenty ist die 50 km weit vorgelagerte White Island, der die Maori einst mit feinem Sprachgefühl den zutreffenderen Namen *Whakaari* gab, was soviel bedeutet wie »Das, was herausgehoben und sichtbar wurde«. Diese Bezeichnung trifft den Kern, denn in der Tat stieg die gesamte Insel vor rund 2 Mio. Jahren im Rahmen gewaltiger Eruptionen aus einem über 1200 m tief abfallenden Meeresgraben auf, und bis heute ist die Genese dieses rund 2,5 km langen und 1,5 km breiten Eilands lange nicht abgeschlossen. Immer wieder kommt es hier zu gewaltigen Ausbrüchen (der letzte 1990); ständig bauen sich aus kleineren Lavaergüssen neue Formationen auf. Die White Island sitzt direkt dem Zentrum des *Pacific Ring of Fire* auf, wie die vulkanische Zone, die sich vom Tongariro-Nationalpark (siehe Route 1) über den Lake Taupo und Rotorua (siehe Route 2) bis hin nach Samoa erstreckt.

Schon von der Bay aus erkennt man unschwer die Silhouette dieser ständig in schwarze Rauchschwaden gehüllten Insel, und je näher man kommt, desto bizarrer und urwelthafter bietet sie sich mit ihren zahlreichen Kratern, derzeit bis 321 m hoch, dem staunenden Betrachter dar. Dann geht man an Land und findet sich plötzlich in einer Landschaft wieder, wie man sie kaum je zuvor gesehen hat: Hier gibt es nichts Organisches, kein pflanzliches Leben, sondern nur erstarrte Lava-Skulpturen, riesige Schwefelfelder, und aus zahllosen Erdspalten und Fumarolen steigen Gase aus, zischt und pfeift es, als würde es jeden Moment erneut zu einer seismischen Erschütterung kommen, von denen es allein in den letzten 200 Jahren mehrere Dutzend gemessen wurden.

Drei Möglichkeiten der Besichtigung stehen von Whakatane aus zur Wahl: zunächst der Rundflug für 95 $ pro Person kostet (mindestens 2 Personen), der rund eine Stunde dauert und durchaus ein Erlebnis ist. Aufregender aber gestaltet sich der Ausflug mit dem Helikopter, der einerseits viel näher an die Vulkane heran fliegt, andererseits über spektakulären Landschaften in der Luft stehen bleibt und eben auch landet, auf daß man im Rahmen geführter Touren die bizarrsten Lava-Regionen durchschreiten und fotografieren kann; diese Variante währt rund 2,5 Stunden und kostet 275 $. Bleibt schließlich die Bootsfahrt mit geführtem Landgang, und wer einen ganzen Tag an Zeit für dieses Vulkan-Erlebnis aufbringen kann, sollte diese Alternative wählen, die zudem nur 85 $ kostet, wobei in dem Preis die Überfahrt, ein Mittagessen sowie eine 2stündige geführte Wanderung auf der Insel enthalten ist.

Buchungen nimmt das »Visitor Centre« in Whakatane entgegen; während der Hochsaison ist eine Reservierung unbedingt zu empfehlen, und ansonsten kann man die Veranstalter auch direkt kontaktieren: Flüge mit Propellermaschinen unternehmen »East Bay Flight Centre« (Tel. 07/308 84 46), außerdem »Bell Air Scenic Flights« (Tel. 07/308 66 56), beide am Whakatane Airport. Helikopterflüge organisieren »Helicopter Adventure« (Freephone 0800 804 354) sowie »Adventure East Tourism«, 207 The Strand, Telefon 07/308 89 99. Letzterer Veranstalter führt auch Bootstouren (mit Katamaran oder Yacht) durch, doch individueller sind die Tagestouren von »Pee Jay Charters« (Tel. 07/312 95 34) auf einer 15 m-Yacht.

Outdoor aktiv an der Bay of Plenty

■ Zentrum für Aktivitäten jedweder Art ist Whakatane. Neben den empfehlenswerten Entdeckungstouren zur White Island (s.o.) bieten sich hier zahlreiche »Abenteuer« an, von denen die meisten über **Adventure East Tourism** (s.o.) gebucht werden können. Auf dem Programm stehen u.a. Pferdetreks, geführte Wanderungen und Treks, Abseiling-Kurse, Jet-Boot-Fahrten, MTB-Touren, Scenic Flights, Rafting- und Seekajaktouren sowie vieles andere mehr. Mountain bikes, Kanus und Seekajaks können ausgeliehen werden.

■ Ein weiteres Outdoor-Zentrum ist **Vulkan Helicopters** (s.o.), das nicht nur für White-Island-Trips zuständig ist, sondern auch für Rafting sowie Jet-Boating mit extremen Trips: Auf dem Motu River geht es per Jet-Boot hinauf, dann per Helikopter zum Oberlauf, schließlich im Rahmen einer Rafting-Tour (Grad 5) wieder hinunter (380 $; 8 Stunden); andere Kombi-Touren dauern 2–3 Tage (495 $ bzw. 565 $ alles inklusive).

■ **Walks & Treks:** Fast 15 Touren erschließen das Hinterland von Whakatane. Die schönste Tour, die eigentlich alle landschaftlichen Höhepunkte verbindet, ist der *Nga Tapuwae o Toi Walkway,* der durch Urwälder, zu Wasserfällen und Seevögel-Kolonien führt, bestens markiert, präpariert und 16 km lang ist. Wem das zu lang erscheint, kann auch lediglich Abschnitte bewandern. Das »Visitor Centre« hat Karten und ausführliche Broschüren.

■ Die schönsten **Jet-Boot-Touren** führen über den extremen Motu River, den Rangitaiki River sowie zu den Aniwheua Falls. Die reinen Bootstouren kosten um 50 $, Kombi-Touren (Jet-Boot, anschließend Rafting oder Kajaking) kommen auf 85–135 $. Anbieter ist u.a. »Kiwi Jet Boat Tours«, Silver Hill, Tel. 07/307 06 63.

■ Bei **Swim with the Dolphins** handelt es sich um rund 3stündige Bootsfahrten zu den Delphin-Gewässern vor der Bay. Thermodress ist inklusive; wer mitschwimmen will, zahlt 75 $, wer nur zuschaut 60 $. Anbieter ist u.a. »Dolphins Down Under«, 92 The Strand, Tel. 07/308 46 36.

■ Für **Big Game Fishing** ist die Bay ein Paradies. Mehrstündige bis mehrtägige Fahrten offerieren »Charmaine Charters« (Telefon 07/308 68 71) sowie »Pacific Knight« (Tel. 07/304 80 03).

■ Bleiben schließlich **Scenic Flights** hinüber zur White Island (s.o.) sowie u.a. nach Coromandel, East Cape, Rotorua, ins Thermal Wonderland zwischen Rotorua und Taupo sowie zu vielen anderen Destinationen mehr.

Eastcape

»Stammland« der Maori

Die Eastcape-Halbinsel, die sich nördlich einer gedachten Linie von Whakatane nach Gisborne wie ein Sporn in den Pazifik reckt, ist eine der einsamsten, entlegensten und rauhesten Regionen der Nordinsel. Spektakuläre Steilküsten und Traumbuchten sowie unendlich lange Sandstrände reihen sich aneinander, während das Binnenland, von keiner einzigen Straße durchschnitten, kahle Schafhügel und wilde Bergzüge prägen, die bis über 1700 m hoch aufragen und größtenteils von undurchdringlichem Urwald bestanden sind. Zusammen mit den Wäldern des westlich angrenzenden Urewera-Nationalparks verwehrte diese schluchtenreiche Gebirgslandschaft der Raukumara Range den weißen Siedlern den Landweg, so daß die Maori, die hier die Hälfte, außerhalb der wenigen Städte gar zwei Drittel, der Bevölkerung stellen, unter sich blieben. Die Region am Kap ist das größte Siedlungsgebiet der »Ureinwohner«, gleichzeitig auch das

»Homeland« der Maori, denn hier landete, um 1350 n.Chr. herum, die große und aus Polynesien kommende Maori-Flotte, mit der die eigentliche Geschichte von *Aotearoa* ihren Anfang nahm.

Noch vor wenigen Jahren galt der zwischen Whakatane und Gisborne auf einer Strecke von rund 400 km verlaufende und die Halbinsel umrundende Highway-35 als eine der extremsten Pisten des Inselreiches überhaupt. Damit ist es zwar jetzt vorbei, denn die Straße ist asphaltiert, aber die Einsamkeit ist geblieben, denn nur wenige Touristen nehmen diesen kurvenreichen Weg, den zu befahren man mindestens zwei Tage ansetzen muß. Stattdessen reist das Gros der Neuseeland-Besucher vom nahe Whakatane gelegenen Opotiki aus über den Highway-2 auf direktem Weg nach Gisborne, was bei einer Streckenlänge von rund 130 km gut in zwei Stunden machbar ist. – Wer unter Zeitmangel leidet, mag es so tun, doch allen anderen sei empfohlen, den »Rings-ums-Kap-Highway« zu wählen, der durch ein weitgehend ursprüngliches Stück Neuseeland führt.

Südlich Whakatanes

58 km mißt die Distanz von Whakatane über den Highway-2 nach Opotiki. Erst auf den letzten 20 Kilometern, wo es wieder entlang der Küste geht, bieten sich häufiger Stops an herrlichen Stränden an.

■ Der erste am Weg erstreckt sich an der Bucht des **Ohiwa Harbour** mit den nördlichsten Black Beach Trees und dem südlichsten Mangrovensumpf Neuseelands. Auf einer sandigen Landzunge (mit Bademöglichkeiten auf beiden Seiten) thront der propere *Ohiwa Family Holiday Park* (Telefon 07315 47 41). Zelten 9 $/Person, Cabins 28–50 $).

■ Auch der bald angrenzende **Waiotahe Beach** ist schlicht wunderschön, insbesondere um den Jahreswechsel herum, wenn die Pohutukawa-Bäume in sattroter Blüte stehen.

Opotiki – letzte Stadt am langen Weg

Ein paar Kilometer südlich Waiotahes liegt Opotiki, »Gateway to East Cape«, und damit auch die letzte nennenswerte Ortschaft auf der von hier aus 334 km langen Strecke entlang dem Highway-35 nach Gisborne hinunter. Wer abkürzen will, kann auf dem Highway-2 verbleiben (126 km), doch zuvor bietet es sich so oder so an, im diesem rund 3000 Einwohner großen Städtchen einen Aufenthalt einzuschieben. Herausragende Sehenswürdigkeiten gibt es zwar keine, aber der angenehm wirkende Ort ist für zahlreiche Abstecher und Aktivitäten gut.

Unterkunft:

■ **Camping:** *Opotiki Holiday Park,* Potts Avenue, Tel. 07/315 66 69. Zentrumsnah am Fluß, mit guter Ausstattung. 8 $/Person bzw. 40 $/Cabin und 58 $/Motelzimmer.

Besser gefällt das 6 km südlich, direkt am Langstrand gelegene *Tirohanga Beach Motor Camp,* Tel. 07/315 79 42. Über 3 ha groß, weitläufig und preisgünstig: zelten 7 $/Person, Tourist Flats 20–27 $.

■ **Backpackers:** Ein paar Kilometer nördlich am Waiotahe Beach lädt das direkt am Meer gelegene *Opotiki Backpackers Beach House* ein, Appleton Road, Telefon 07/315 51 17. Zu vermieten Surf-Boards, Body-Boards, Kajaks und Mountain bikes. Die Betten kosten generell nur 12 $.

Im Ort selbst empfiehlt sich *Central Oasis Backpackers,* 30 King Street, Tel. 07/315 51 65. Eine charmante Villa aus Kauri-Holz, mit angenehmer Atmosphäre. Betten 12–16 $.

Ausflüge und Outdoor-Aktivitäten: Von den zahlreichen Stränden, die rings um Opitiki zum Sonnen, Baden und insbesondere Surfen einladen, einmal abgesehen, lohnen hier insbesondere Abstecher ins Landesinnere.

■ Fraglos die spektakulärste Tour folgt dem rund 145 km lagen **Motu Road Loop,** der 12 km östlich Opotikis am Highway-35 beginnt und sich als Tagestour anbietet. Rund 50 km mißt die Distanz von der Abzweigung bis zum Motu-Dorf. Diese Straße einmal zu befahren kann jedem Freund extremer Pisten nur empfohlen werden. Sie ist als »difficult« eingestuft (aber mit normalen Fahrzeugen, doch nicht mit größeren Wohnmobilen machbar) und führt durch wilde Landschaften, bevor sie, 15 km hinter Motu, auf den Highway-2 stößt, der nun bald durch durch die dramatisch schöne Waioweka-Schlucht nach Opotiki zurückfährt. Diese Tour ist auch zum Radeln ideal. Touren und MTB-Verleih bei »Dreamers & East-Capers«, St. John Street, Telefon 07/315 55 77. Dieser Veranstalter organisiert auch **Wildwasserkajak**-Fahrten auf dem Waioweka River.

■ **Jet-Boot-Fahrten** arrangiert »The Motu River Tours«, Tel. 07/315 81 07. Mit 65 $ außerordentlich billig. – »Wet ‘n’ Wild« (Tel. 07/315 55 77) offeriert **Rafting-Trips** in verschiedenen Längen und Schwierigkeitsgraden.

■ Hunderte Kilometer an markierten **Walks und Treks** verlaufen hier, quasi an der Nahtstelle zwischen dem Urewera-Nationalpark und dem Raukumara Forest Park. Über diese Schutzgebiete erhält man im »Visitor Centre« detaillierte Karten und Broschüren, ebenso wie über das 14 km südlich gelegene *Urutawa Conservation Area* (ein 22 000 ha großes Schutzgebiet mit über 10 Treks und zahlreichen Übernachtungshütten), den 40000 ha großen *Waioweka Forest* und das *Waioweka Gorge Scenic Reserve.* Ferner bestehen von hier aus auch Möglichkeiten, von Norden her in den urwüchsigen Urewera-Nationalpark (s.u.) vorzustoßen, also beispielsweise die mehrere Tage währenden Wanderungen *Whakatane River-Trek* oder *Maungapohatu River-Trek* zu begehen.

Verschiedenes:

■ **Information:** *Opotiki Visitor Information Ofiice* und *Department of Conservation,* an der Ecke St. John/Elliot Street, Tel. 07/3158484. Jede Menge Infos zur East Cape-Region sowie zu Urewera-Nationalpark (s.u.) und Raukumara Forest Park.

■ **An-/Weiterreise:** »Bay Coachlines«, beim »Visitor Centre« gelegen (Tel. 07/315 64 50), ist für Busverbindungen auf dem Highway-35 zuständig und bedient, zusammen mit »InterCity«, auch die Direktroute nach Gisborne.

Wer mit dem eigenen Fahrzeug unterwegs ist, sollte in Opotiki noch einmal volltanken, denn entlang der nachfolgenden Strecken bis hinunter nach Gisborne gibt es lediglich zwei Tankstellen.

■ In Opotiki besteht, bis hinunter nach Gisborne, die letzte Möglichkeit, **Geld** zu wechseln.

Strandroute zum Ostkap

Unsere Route folgt dem Küstenhighway-35 Richtung Gisborne. Da sich auf dieser 334 km langen Strecke laut einer Statistik nicht weniger als 300 benannte Strände finden, dürfte klar sein, daß es sich hier um klassisches »Land zum Selbst-Entdecken« handelt, es also im Rahmen dieses Buches unmöglich ist, alle Beaches vorzustellen. Auch sollte man als Ortsunkundiger auf keinen Fall einfach an einem x-beliebigen Strand schwimmen gehen, denn Unterwasserströmungen machen das Baden hier oft zu einem lebensgefährlichen Abenteuer, weshalb es dringend ratsam ist, stets zuvor die Einheimischen um Rat zu fragen!

■ Am **Tirohanga Beach** mit gleichnamigen Campingplatz vorbei (s.o.) geht es nach Osten. 70 km sind zurückzulegen, bis mit Te Kaha die erste nennenswerte Ortschaft am Weg erreicht wird. Traumhafte Buchten und Strände reihen sich aneinander; wer ein Zelt oder Wohnmobil besitzt, wird keinerlei Probleme haben, ein einsames und idyllisches Fleckchen für die Nacht zu finden.

■ Gewarnt sei lediglich vor dem nach 24 km erreichten **Torere Beach,** dessen Strömungen schon manch einem Schwimmer zum Verhängnis geworden sind. 9 km weiter wird der **Hawai Beach** passiert, einer der besten Plätze für Strandangler weit und breit. Uns persönlich gefiel die **Whitianga Bay** (km 51) in diesem Küstenabschnitt mit Abstand am besten.

■ Bei **Omaio,** einem kleinen Maori-Dorf mit General Store, erstreckt sich das *Omaio Reserve* mit Picknickplätzen, Trinkwasser, Toiletten und Campingsites zum einsamen Übernachten. Doch touristisches Zentrum der Region ist **Te Kaha,** das sich aufgrund seiner reizvollen Lage und der Infrastruktur für einen Stopover empfiehlt. Ein »Visitor Centre« gibt es zwar nicht, aber die Einheimischen sind freundlich und hilfsbereit, so daß es keine Probleme bereitet, den Weg zum 3 km entfernten *Maungaroa Scenic Drive* zu finden, der für tolle Panoramen über die Küstenlinie und das tief bewaldete Binnenland gut ist. Sehenswert ist hier auch das in Te Kaha Tukaki gelegene und reich verschnitzte alte Meeting House der Maori. Für die Nacht eignet sich der *Te Kaha Holiday Park* (Tel. 07/3252849), wo man gut zelten kann (8,5 $/Person), auch Backpackers-Betten vermietet werden (14 $) sowie Cabins zu 44 $, Flats zu 55 $ und Wohneinheiten zu 56–75 $. Das *Te Kaha Hotel* (Tel. 07/3252830) mit Backpackers-Betten (14 $) sowie simplen Zimmern (45 $) bietet sich ebenfalls an, wo zudem gutes und preiswertes Essen, insbesondere Seafood, serviert wird und wo man in Ruhe sein Bier trinken kann.

■ Die 18 km später erreichte **Whanarua Bay,** mit vielen, oft winzig kleinen Traumstränden nahebei, gehört zu den schönsten Buchten des Ostens. Auch hier gibt es einen Campingplatz, den *Rendezvous on the Coast Holiday Park,* Tel. 07/3252899. Zeltstellplatz 14 $, Cabins 30 $, Zimmer 45 $. Zudem Verleih von Booten, Seekajaks sowie Tauchausrüstungen.

■ Wieder schluckt einen nun für rund 20 km die Strandeinsamkeit, bis die **Waihau Bay** erreicht wird, ein 112 Einwohner großes Dorf, dessen General Store sich auch als lokales Information Centre versteht. In einem kleinen Restaurant aus dem Jahre 1914 kann man gut und preisgünstig essen (Fisch, insbesondere Crayfish), und die *Waihau Bay Lodge* (Tel. 07/325 38 04), die auch Diving- sowie Fishing-Tours organisiert, offeriert alle Unterkunftskategorien von Campsites über Backpackers-Betten bis hin zu Motelzimmern.

■ 3 km außerhalb liegt der *Waihau Bay Holiday Park* (Tel. 07/325 38 44). Lediglich 9 km verbleiben bis **Whangapaparoa**, der »Walbucht« mit dem angrenzenden **Cape Runaway,** bei dem 1350 n.Chr. die Maori-Flotte an Land ging. Doch nichts weist auf dieses bedeutende Ereignis hin; lediglich ein kürzlich restauriertes Maori-Meetinghouse ist in der Nähe zu besichtigen.

■ Steile Klippen und wilde Strände schließen sich gen Osten an, Surfer finden hier zahlreiche Traumreviere vor. Im nach insgesamt 151 km erreichten **Hicks Bay** steht mit dem *Tuwhakairiora Maori Meeting*

House aus dem Jahre 1872 mit seinen überreichen Holzschnitzereien und Malereien eines der interessantesten überhaupt. Nach Absprache mit den lokalen Maori kann es besichtigt werden; Anfragen richtet man am besten an eine der Unterkünfte (s.u.) oder aber an den örtlichen General Store, wo man auch tanken kann. Die Lage des Ortes ist beeindruckend, und da sich das 200 Einwohner große Dorf auch als Ausgangspunkt zur Entdeckung des nahe gelegenen Ostkaps anbietet, sollte man hier eventuell wieder einen Zwischenstop machen. Unterkünfte gibt es gleich mehrere, etwa ein Stückchen weiter östlich der einsam gelegene *Te Araroa Holiday Park* (Tel. 06/864 48 73) mit Zeltstellplätzen (16) und Backpackers-Betten (14$). – Doch schöner ist die direkt am Badestrand gelegene *Hicks Bay Backpackers Lodge* (Telefon 06/864 47 31; Betten 14–17,5 $), wo sich Bush- sowie Waterfall-Walks anbieten, auch Pferde und MTBs vermietet sowie Touren zum Ostkap organisiert werden. – Bleibt die *Hicks Bay Motor Lodge* (Tel. 06/864 48 80), von deren komplett eingerichteten Wohneinheiten aus (80 $) man tolle Ausblicke aufs Meer und entlang der Küste genießen kann.

■ 9 km sind nun noch bis **Te Araroa** zu fahren, das sich rühmt, mit *Te Waha o Rerekohu* den größten Pohutikawa-Baum der Welt zu besitzen – glücklich alle, die ihn, um Weihnachten herum, in voller Blüte, betrachten können. Der Baum steht an der Beachfront des Orts, auf dem unübersehbaren Schulgelände.

■ In Te Araroa zweigt eine unbefestigte Sand-/Schotterpiste ab, die exakt in östlicher Richtung verläuft und nach 22 km am **East Cape,** dem östlichsten Punkt Neuseelands endet. Die Strecke (auch mit normalen Autos befahrbar) ist als »Scenic Drive« eingestuft, vor allem wegen der wilden Klippen-Küsten-Landschaft entlang der Piste. Dann ist das eigentliche Ostkap mit seinem markanten Leuchtturm erreicht, und wenn es einen Platz in Neuseeland gibt, den man morgens aufsuchen muß, wenn die Sonne aus dem Meer auftaucht und die Farben zum Leben erweckt werden, dann ist es dieser, wo sozusagen der Tag beginnt.

Nach Gisborne

Rund die Hälfte der Strecke von Opotiki nach Gisborne ist nun zurückgelegt.

■ Südlich von Te Araroa verläuft die Straße durchs Landesinnere, bevor mit **Tikitiki** (km 23) die breite Mündung des Waiapu River ins nahe Meer erreicht wird. Hier lohnt der Besuch der *St. Mary's Church,* die, als Mahnmal für die im Ersten Weltkrieg gefallenen Maori-Soldaten, reich mit Emblemen sowie kunstvollen Verzierungen geschmückt ist, eine der schönsten Maori-Kirchen des Landes. Wer übernachten will, kann das im östlichsten Hotel Neuseelands tun, dem *Waipu Hotel & Caravan Park* (Tel. 06/864 37 45), wo Stellplätze 12 $ (für 2 Personen) kosten sowie B & B inklusive Dinner schon ab 60 $ für 2 Personen zu haben ist.

■ An Ruatoria vorbei, einer größeren Ortschaft im Binnenland, geht es zum 45 km südlich Tikitiki gelegenen Te Puia, wo sich ein Besuch der heißen Thermalquellen **Te Puia Springs** aufdrängt. Das Meer ist rund 13 km entfernt, und eine Piste zweigt in Te Puia zur Küste mit der **Waipiro Bay** ab. Früher war der gleichnamige Ort eine der größten Maori-Siedlungen weit und breit, doch heute leben hier nur noch wenige Menschen. und wem der Sinn auf vollkommene Einsamkeit steht, sollte hier im *Waikawa Horse Adventure Backpackers* absteigen, das nur über eine Jeep-Piste zu erreichen ist und kostenlose Abholung offeriert (Tel. 06 864 67 19); von dem Haus aus eröffnen sich Ausblicke auf das Ostkap. Strom gibt es nicht; alternativ erleuchten abends Kerzen die Zimmer (15 $/ Person). Im Programm stehen u.a. Pferdetreks in verschiedenen Längen und Schwierigkeitsgraden, und wer noch nicht versiert ist im Reiten, kann hier auch preisgünstige Reitstunden nehmen.

■ Vor der Weiterfahrt sollte man sich im *Te Puia Springs Visitor Information Centre* im District Council Building (Tel. 06/864 68 53) vielleicht mit Infomaterial zum Eastland eindecken, denn das nächste Info-Büro befindet sich erst in Gisborne, noch 100 km entfernt. Hier auch kann man sich beschreiben lassen, wie der westlich gelegene **Mount Hikurangi** bestiegen werden kann, der mit 1752 m höchste und den Maori einst heilige Berg im Eastland, auf den allmorgendlich die ersten Sonnenstrahlen fallen.

■ Nun aber weiter nach Süden, wo sich, 11 km entfernt, der ruhige, nur knapp 150 Einwohner große Ferienort **Tokomaru** an der gleichnamigen Bay ausdehnt. In diesem Maori-Zentrum stehen gleich vier Versammlungshäuser; am sehenswertesten ist fraglos das aus dem Jahre 1934 stammende, reich geschnitzte *Pakirikiri Marae*, das man auch besichtigen kann (Anmeldung über die Unterkünfte bzw. den Pub oder den General Store). Beste Unterkunft ist hier der Backpackers *House of the Rising Sun* (Tel. 06/864 58 58), der strandnah im Dorf liegt, kostenlose MTBs verleiht, schöne Ausblicke gewährt und einen Beach hat, der für phantastische Sonnenaufgänge gut ist; Betten zu 13 und 15 $). Wer zelten will, kann das auf dem *Mayfair Camping Ground* (Tel. 06/864 58 43), wo ebenfalls Backpackers-Betten sowie Cabins vermietet werden. Treff ist hier die *Te Puka Taverne,* am Ostende der Bay am Meer, wo auch preiswerte Gerichte serviert werden.

■ 14 km weiter südlich, die Strecke verläuft durchs Landesinnere, lädt eine Stichstraße zum 7 km entfernten, famos goldgelben Sandstrand der **Anaura Bay** ein. Hier beginnt ein 3,5 km langer Coastal Walkway, der auf einen Höhenzug führt, von dem aus man ein prächtiges Panorama auf den Strand, die Bay sowie die vorgelagerte Insel genießen kann.

■ 12 km weiter ist die **Tolaga Bay** erreicht, ein attraktiver und nahe vieler Strände gelegener Fischerort, mit mehreren Unterkünften, exzellenten Bade- sowie ausgezeichneten Angelmöglichkeiten und vor allem einer grandiosen Felsformation, am Ende des 5 km langen *Cooke's Cove Walkway*. Unterwegs werden viele, den Maori heilige, Stätten passiert, und Höhepunkt der an der Wharf Road ausgeschilderten Wanderung ist ein riesiges »Hole in the Wall«, entdeckt von James Cook, der hier mehrere Tage verbrachte. Wer wild zelten will, findet am Bayende bei den Klippen einen trefflichen Platz; für organisiertes Campen ist der *Tolaga Bay Motor Camp* (Tel. 06/862 67 16) zuständig. Ansonsten gibt es noch u.a. das im Tudorstil errichtete *Tolaga Inn* an (Tel. 06/862 68 56), wo schöne Hotelzimmer (75 $) vermietet werden und wo man auch gepflegt essen kann.

■ 55 km sind nun noch bis Gisborne zurückzulegen. Wen es noch einmal nach Einsamkeit pur gelüstet, der sollte an den 12 km weiter südlich links ausgeschilderten **Waihau Beach** fahren (6 km), der traumhaft schön und wie geschaffen ist zum Wildcampen.

■ Das 13 km entfernt am Highway liegende **Whangara** ist mit seinem herrlich geschnitzten Maori Meeting House einen kurzen Stopover wert. Wenig später dann liegt schon **Gisborne** voraus, die mit 45 000 Einwohnern größte Stadt im Eastland.

Gisborne – »Sunrise City«

Wovon diese Hauptstadt der Eastland-Provinz lebt, Fischfang und Fischindustrie, ist anhand der zahlreichen Konservenfabriken und Kühlhäuser, die das Stadtbild bestimmen, unschwer zu erkennen. Touristen aus europäischen Landen pflegen diesen nahe der »Datumsgrenze« gelegenen Ort (der am Morgen als angeblich erste Stadt der Welt die aufgehende Sonne erblickt) üblicherweise links liegenzulassen. Doch einen kurzen Sightseeing-Trip zumindest sollte niemand auslassen, kann man hier doch höchst geschichtsträchtigen Boden betreten sowie vor allem, unserer Meinung nach, mit das schönste Maori-Versammlungshaus des Inselreiches besichtigen.

■ Für die Geschichte sorgte der englische Seefahrer und Entdecker

James Cook, der an der Mündung des Turanganui River ins Meer (auf die Küstenstraße, dann Richtung Kaiti Beach halten), am 9. Oktober 1769, als erster Weißer neuseeländischen Boden betrat. An dieses bedeutsame Ereignis erinnert das **Cook Memorial,** das ein Pendant auf dem angrenzenden und über die Crawford Road erreichbaren **Kaiti Hill** hat, wo ein bronzener Cook weit über die Stadt und die Bucht aufs Meer hinaus blickt. Sehenswerter aber ist das auf dem Weg zur Hügelkuppe gelegene **Poho-o-Rawiwi Maori Meeting House,** das im Jahre 1925 errichtet wurde und wunderbare Schnitzereien zeigt, wie man sie ähnlich perfekt wohl nirgends sonst im Lande bestaunen kann. Auch das Innere ist sehenswert, und wer hinein will, sollte einen der anwesenden Maori um Erlaubnis bitten, sich aber das Fotografieren verkneifen, da es ausdrücklich verboten ist.

Nachfolgend nun in aller Kürze die wichtigsten Informationen, denn wer mit öffentlichen Verkehrsmitteln reist, wird eventuell um einen Aufenthalt nicht umhin kommen:

An-/Weiterreise:
Der Busbahnhof von »InterCity« und »Bay Coachlines« befindet sich direkt im Zentrum an der Ecke Childers/Peel Street, nahe dem »Visitor Centre«. Verbindungen bestehen mit Auckland, Opotiki, Rotorua, Taupo sowie Wellington via Napier und Hastings. Tickets bekommt man im angeschlossenen »InterCity Travel Centre« (Tel. 06/8686196) sowie im »Visitor Centre«, wo man auch Flüge nach Auckland und Wellington buchen kann (Shuttle-Bus zum/vom Airport).

Unterkunft:
■ **Camping:** Bester Platz ist der citynah am Waikanae Beach, an der Grey Road gelegene *Waikanae Beach Holiday Park* (Tel. 06/867 56 34), der sich direkt hinter dem Bahnhof auf einer mit Bäumen bestandenen Wiese erstreckt, eine gute Ausstattung hat. Zeltplätze (16 $), rund 25 Cabins (24 $) und Tourist Flats (48 $).

■ **Backpackers:** Wer mit dem Bus über den Highway-2 anreist, kann sich gleich am *Gisborne Backpackers* (Tel. 06/868 10 00), 2 km außerhalb der City, absetzen lassen; auch Zeltplätze stehen zur Verfügung, und die Betten kosten 13–18 $.

Ansonsten bietet sich das 0,5 km außerhalb an der 32 Harris Street gelegene *Gisborne YHA Hostel* an (Tel. 06/867 32 69). Ein großes Holzhaus im Gartensaum mit ausgezeichneter Ausstattung und Betten zu 14 sowie 16 $.

■ **Hotels & Motels:** Das *Westlake Hotel* (Tel. 06/868 50 13) an der Ecke Gladstone/Peel Street im Zentrum hat korrekte Zimmer zu

49–55 $ sowie komplett eingerichtete Wohneinheiten zu 59–65 . – Am schönsten wohnt es sich aber rund 5 Fahrminuten außerhalb am Wainui Beach, wo sich das 50 m vom Strand entfernte *Wainui Beach Motel* (Telefon 06/868 58 82) mit Wohneinheiten zu 75–90 $ empfiehlt.

Verschiedenes:

■ **Information:** *Eastland & Gisborne District Information Visitor Centre,* 209 Grey Street (im Zentrum), Tel. 06/868 61 39. Infos auch über den Urewera-Nationalpark Kartenverkauf, Buchungen für Bus und Flugzeug sowie Zimmerreservierungen.

■ **Essen und Trinken:** An der *Gladstone Road* im Zentrum reihen sich zahlreiche Restaurants verschiedener Kategorien aneinander, und auch am Hafen läßt sich so manches Gasthaus finden. Eines der besten Cafés des Ortes ist das *Wharf Café* an der Esplanade 60, das auch Snacks sowie Weine serviert.

Urewera-Nationalpark

Neuseelands urigster Urwald

Mit einer Fläche von stolzen rund 213 000 ha ist dieser Nationalpark nach Fjordland (1,2 Mio. Hektar), Kahurangi (365 000 ha) und Mount Aspiring (355 000 ha), alle auf der Südinsel, der viertgrößte des Landes sowie der größte der Nordinsel. Er erstreckt sich, grob gesagt, von der Taupo-Rotorua-Vulkanzone im Norden bis nahe an die Hawke's Bay im Süden, grenzt im Osten an die East-Cape-Landschaft mit dem Raukumara Forest Park und geht im Westen in den Whirinaki Forst Park über, der bis nahe an den zwischen Taupo und Napier verlaufenden Highway-5 reicht.

Flora und Fauna

Zählt man all die oben genannten Schutzgebiete zusammen, errechnet sich eine Fläche von über 4000 qkm wilder Urwald-Landschaften, Einsamkeit und Ursprünglichkeit. Auf dem Areal verteilen sich zahlreiche Seen, bis 1400 m hohe Berge sowie Täler, die bis 150 m tief herunterreichen, so daß man hier auf die unterschiedlichsten Waldformen stoßen kann. Alle weisen einen charakteristischen Stockwerkbau auf: Bestimmen Farne das Vegetationsbild in der Strauchschicht, so werden die tieferen Lagen von Podocarpaceen und immergrünen Laubhölzern, insbesondere Rata-, Rimu- und Tata-Bäumen, dominiert. Ab 700 m Höhe mischt sich zusehends die Südbuche in die primären Regenwälder, die hier auch steilste Bergflanken auskleiden und sich bis auf 900 m, wo die Baumgrenze verläuft, ziehen.

In Sachen Fauna finden die Vögel eines ihrer wichtigsten Inselrefugien, bevorzugt in den etwa 25 Feuchtgebieten. Allein fünf Entenarten sind im Park bekannt, Kaka und Springsittich sowie das Weißköpfen haben hier große Bestände, und auch der seltene Streifenkiwi, den Kuckuckskauz und den winzigen Zwergschlüpfer kann man im Bereich der großen Seen beobachten.

»Kinder des Nebels«

Auch heute noch wohnen, abseits jeglicher Zivilisation und in den unzugänglichsten Regionen des schluchtenreichen Waldgebiets verborgen, Angehörige jenes Maori-Stammes der *Tuhoe,* die sich selbst als »Kinder des Nebels« verstehen und seit über 1100 Jahren schon in starker spiritueller Verbindung zu ihrer Urwald-Umgebung leben. Der Wald liefert ihnen alles, was sie benötigen; hier sind die uralten Mythen noch lebendig, und war seit dem Zweiten Weltkrieg etwa ein starkes Abwandern dieser »Wald-Maori« in die Städte zu registrieren, so kehren heute, von der Konsumgesellschaft gefrustet, viele junge Maori wieder in die Heimat ihrer Ahnen zurück.

So ist zu hoffen, daß der enorme Wissensschatz um Bräuche, Rituale und Mythologien sowie Ressourcen dieses Maori-Stammes nicht verloren geht, wie ja in der Abgeschiedenheit des Urwalds auch heute noch Gruppierungen jener *Ringatu*-Sekte leben, die, unter ihrem charismatischen Führer *Te Kooti* (siehe unter »Te Kuiti«, Route 1), bis in die späten 1880er Jahre hinein erbittert gegen die weißen Eindringlinge kämpften und u.a. den Bereich des heutigen Whanganui-Nationalparks besetzt hielten. Auch nach dem Ende der Kriege galt Urewera in Kreisen der weißen Siedler als Tabugebiet, was letztlich dazu führte, daß diese größte Primärwald-Region der Nordinsel weitgehend unangetastet blieb.

Parkzentrum Aniwaniwa

Wichtigster Zugangsweg in den Nationalpark ist der zwischen Wairoa an der Hawke's Bay und der Vulkanzone bei Rotorua verlaufende Highway-38. Wer mit öffentlichen Verkehrsmitteln unterwegs ist, sollte das »Visitor Centre« in Rotorua bzw. Wairoa oder Gisborne kontaktieren, um zum Parkzentrum Aniwaniwa zu gelangen. Es ist 65 km von Wairoa entfernt und liegt nahe der Südgrenze des Parks am über 52 qkm großen Lake Waikaremoana, der eigentlich das »Herz« des Refugiums bildet.

■ Hier befindet sich das moderne **Visitor Centre** des *Departments of Conservation,* in dem man sich ausführlich über Flora, Fauna und Historie des Parks informieren kann, auch Auskunft über alle Wanderwege und Treks erhält, des weiteren Wanderkarten abrufen und gleich zu mehreren Touren starten kann.

■ Zur **Übernachtung** bietet sich hier das *Aniwaniwa DOC-Camp* an – Ein kurzes Stück weiter südlich erstreckt sich am Ufer des gleichnamigen Sees das *Waikaremoana Motor Camp* (Tel. 06/837 38 26) mit Zeltplätzen (16 $), Cabins (ab 32 $), Chalets (55 $) sowie Wohneinheiten. – Bleibt die *Tuai Lodge* (Tel. 06/837 38 76) im Tuai Village nahe dem Südufer des Lake Waikaremoana, wo die Zimmer 40 $ (Single) bzw. 60 $ (Double) kosten und Mahlzeiten erhältlich sind.

Lake-Waikaremoana-Trek

Dieser auch als »Lake Track« bekannte Fernwanderweg gilt zusammen mit dem Milford-, Kepler- und Routeburn- sowie Abel Tasman Coastal- nebst dem Heaphy-Trek, die alle auf der Südinsel verlaufen, als einer der »Great Walks« auf Neuseeland. Auf der Nordinsel gibt es kein Pendant zu dieser insgesamt rund 51 km langen Urwaldtour, und nur im Rahmen einer Kanufahrt auf dem Whanganui River (siehe Route 1) kann man ähnliche Natureindrücke sammeln. Die Begegnung mit seltenen Vögeln ist garantiert, und außer dem Dezember sowie Januar, wenn es vor lauter Wandervolk eng werden kann, bieten sich alle Monate gleichermaßen für diesen relativ leichten, in 3–4 Tagen problemlos zu bewältigenden »Rund-um-den-See«-Trek an. Als die beste Zeit aber gilt der Februar, wenn nicht nur das Klima angenehm ist, sondern auch die Feuchtbiotope in Blüte stehen, was für phantastische Farbkontraste sorgt.

Ausgangspunkt ist Aniwaniwa. Am ersten Tag geht es streckenweise steil vom auf 585 m Höhe gelegenen Seeufer in die 1177 m hoch aufragende Panekiri Range hinauf; auf dem letzten Stück zur Übernachtungshütte ist eine Holzstiege zu bewältigen; wer schlapp macht, kann sich an einem Sicherungsseil in die Höhe ziehen. Das Panorama könnte schöner nicht sein, und an klaren Tagen kann man von hier aus bis weit hinauf zu den Vulkangipfeln des Tongariro-Nationalparks blicken.

Am zweiten Tag geht es über den erreichten Höhenrücken hinüber und darauf an den tief unten gelegenen Lake Waikaremoana hinab. Waldesdunkel und lichte Panoramen wechseln sich ab, und nach dem Abstieg lädt eine weitere Hütte ein.

Am dritten Tag sollte man sich vielleicht die Ruhe antun, also etwa nur rund 2 Stunden laufen. Denn nun geht es am Ufer des nahezu mystisch schönen Sees entlang zum »Korokoro Campsite«. Von dort zur Mauruiti-Hütte ist es auch nur ein kurzes Waldwegstück; drei Stunden weiter liegt die Te Puna-Wanderhütte, Es schließt sich bald der »Tapuaenui Campsite« an, bevor es zur Whanganui-Hütte geht, von der aus das am Highway-38 gelegene Trekende bald erreicht ist.

Insgesamt stehen also fünf Wanderhütten zur Verfügung, des weiteren mehrere Campsites. Wer in den Hütten übernachten will, muß sich zuvor in Aniwaniwa im »Visitor Centre« anmelden.

Weitere Treks und Walks

■ Wer viel Zeit mitbringt, kann im Urewera-Nationalpark noch so manchen anderen Fernwanderweg durch das Große Grün begehen; alle starten am bzw. in direkter Nähe des das Schutzgebiet durchquerenden Highway-38, nördlich Aniwaniwas. Auch diese Wege sind markiert, aber kaum präpariert, außerdem eher selten begangen, so daß man schon ein bißchen Trekking-Erfahrung haben sollte, bevor man sich in die »Grüne Hölle« aufmacht. Es bieten sich der **Whakatena River-Trek** an, des weiteren der **Maungapohatu River-Trek,** der **Rua's-Trek** nebst dem **Horomanga River-Trek**; alle sind für etwa eine Woche gut, aber streckenweise ziemlich beschwerlich.

■ Informationen über diese Touren kann man ebenfalls im »Visitor Centre« von Aniwaniwa bekommen, wo auch mehrere kürzere Wanderwege einladen, die all denen ein Urwald-Feeling vermitteln können, deren Zeit limitiert ist. Wer keine Zeitreserven hat, sollte zumindest den einstündigen **Hinerau's Track** begehen, der trotz seiner Kürze einen Einblick in die Waldschönheit Ureweras vermitteln kann und außerdem ornithologisch von Interesse ist.

■ Für den **Lakes Waikareiti & Ruapani Track** dann ist schon ein guter halber Tag anzusetzen, und auch dieser 12 km lange Rundweg ist bestens markiert sowie präpariert. Riesenfarne neben Südbuchenwald und ausgedehnten Feuchtbiotopen machen diese Tour empfehlenswert, die beiden hoch gelegenen Seen sind wahre Vogelparadiese, und wer länger in diesem Refugium verbleiben will, kann in einer Übernachtungshütte am Lake Waikareiti die Nacht verbringen, um von dort aus den **Kaipo Lagoon Track** anzuschließen, der in ein 2 Stunden entferntes Hochmoorgebiet führt.

■ Bleibt u.a. der **Ngamoko Track,** der ebenfalls einen halben Tag in Anspruch nimmt und nacheinander durch dichte Podocarpaceen-Baumfarn-Wälder, Südbuchenwald, Bergwälder sowie über subalpine Matten zu einem 1100 m hoch gelegenen Aussichtspunkt führt.

Hawke's Bay

Diese riesige, allein schon in der Luftlinie über 80 km durchmessende Meeresbucht erstreckt sich von der südlich Gisbornes in den Pazifik ragenden *Mahia Peninsula* bis zum *Cape Kidnappers* bei Hastings und ist eines der größten Fruchtanbaugebiete des Landes. Zusammen mit den Winzern der südlich Gisbornes gelegenen Weinlandschaft keltern die Betriebe an der Hawke's Bay den größten Teil des neuseeländischen Weines; auch Rinder- sowie Schafzucht wird hier betrieben, und die rund 230 km lange Strecke von Gisborne über den Highway-2 bis hinunter nach Hastings führt dementsprechend durch ein von Zäunen kariertes extensives Farmland, das mit den herrlich wilden Landschaften des landeinwärts gelegenen Urewera-Nationalparks kontrastiert. Dieses Refugium, durch das sich einer der vielleicht schönsten Treks Neuseelands zieht, gehört zu den größten zusammenhängenden Urwaldgebieten Neuseelands. An der Küste locken freilich wieder ungezählte Traumstrände, am Südende der Bay sind viele Vogelkolonien beheimatet, und Napier schließlich, die größte Stadt der Provinz, nennt sich zu Recht »Art-Decó-City« und ist damit durchaus einen Stopover wert.

Von Gisborne nach Napier

Unser weiterer Weg nach Süden folgt ab Gisborne dem küstennahen Highway-2. Über diese Strecke, die teils durch Kulturland, teils durch Wald verläuft, brauchen hier nicht viele Worte verloren zu werden.

■ Erst bei **Morere,** nach rund 65 km, überredet ein kleines Thermalbad inmitten einer schönen Urwald-Parklandschaft zu einem entspannenden Bad. Beim 9 km entfernten **Nuhaka** dann führt der Highway an den Nordrand der Hawke's Bay: Der sich hier erstreckende weiße Sandstrand reicht, von kurzen Unterbrechungen abgesehen, bis hinunter zur Schotterküste beim Cape Kidnappers. Die schönsten dieser Beaches kann man gleich hier besuchen, und entlang der nach Mahia abbiegenden Nebenstraße lassen sich zahlreiche weitere Stränden aufspüren, die zum Baden sowie oft auch Surfen geeignet sind. Nahe dem Straßenende in **Mahia Beach** liegt der gleichnamige *Holiday Park* (Tel. 06/837 58 30): zelten 16 $, Cabins 36 $. Weiter südlich auf der Mahia Pensinsula schließen sich weitere Beaches an, aber wer die Route am East Cape entlang hinter sich hat, ist inzwischen in Sachen Strände verwöhnt und wird kaum einen Stopover einlegen wollen.

■ So auch im 31 km später erreichten **Wairoa** nicht, mit rund 10 000 Einwohnern drittgrößte

Stadt an der Hawke's Bay. Selbst das hochgelobte *Takitimu Maori Meeting House,* modern verkleidet und verglast, macht (im Vergleich mit anderen schon gesehenen Meetinghäusern) nicht viel her. Einen Besuch wert scheint lediglich das *Wairoa Visitor Centre* an der Ecke Highway-2/Queens Street (Tel. 06/8387440), wo man sich über die Hawke's Bay sowie den Urewera-Nationalpark informieren kann, wohin, 7 km nördlich Wairoas, in **Frasertown** der Highway-38 abzweigt. Auch Busse sind auf dieser bald zur Piste werdenden und nach insgesamt 191 km auf den Highway-5 zwischen Taupo und Rotorua (siehe Route 2) mündenden Straße unterwegs; wer sie benutzen will, kann im »Visitor Centre« aktuelle Fahrpläne abrufen sowie Tickets reservieren.

■ Nachfolgend sei nun ein Abstecher ins »Herz« des **Urewera-Nationalparks** (s.o.) empfohlen, als das der 58 km entfernte Lake Waikaremoana gilt. Wer Zeit hat, sollte erwägen, über den See hinaus die gesamte Piste bis hinauf zum Highway-5 abzufahren. Ziel ist das »Thermal Wonderland« im vulkanischen Zentrum des Landes, und via Taupo kann man anschließend über den Highway-5 durch eine Mittelgebirgslandschaft zum 143 km entfernten Napier weiter fahren. Die Straße zwischen Wairoa und Napier zeigt sich jedenfalls arm an Höhepunkten, und natürlich kann man über die Alternativstrecke auch die anstehende Route abbrechen, um Route 1 oder Route 2 anschließen.

■ Fahren wir nun weiter entlang dem Highway-2, geht es, von einem kurzen Schlenker an die Küste abgesehen, durch das landwirtschaftlich intensiv genutzte Tiefebenen-Hinterland der Hawke's Bay. Die Fahrt gestaltet sich langweilig; erst nach rund 50 km, der Highway wird jetzt kurvig, kann die Landschaft wieder ein wenig gefallen. Nach 75 km wird der recht malerische **Lake Tutira** erreicht (mit empfehlenswertem Restaurant). 43 km, davon die Hälfte entlang der Küstenlinie, sind nun noch bis **Napier** zurückzulegen.

Napier – Stadt mit Stil

Der 3. Februar 1931 markiert das wichtigste Datum in der Geschichte dieser heute rund 51 000 Einwohner großen Provinzmetropole der Hawke's Bay: An diesem Tag legten zwei gewaltige Erdbeben mit Stärke 7,9 auf der Richterskala all das in Schutt und Asche, was hier (und in anderen Städten der Umgebung) innerhalb der vergangenen hundert Jahre aufgebaut worden war. Die Straßen, so heißt es, bewegten sich wie Schiffsdecks in rauher See, kaum ein Gebäude blieb unbehelligt, und was noch stand, wurde ein Opfer der ausbrechenden Brände sowie der 600 Nachbeben, die in den folgenden drei Monaten registiert werden konnten. – Es war die größte Naturkatastrophe Neuseelands in historischer Zeit. Rund 260 Menschen kamen dabei ums Leben, und den Sachschaden bezifferte man auf damals 5 Mio. englische Pfund. Als man daran ging, die Stadt wieder aufzubauen, waren die architektonischen Auflagen klar: Man mußte flach bauen, höchstens zweigeschossig und statt der früher verwendeten Ziegelsteinmauern möglichst solche aus Beton gießen. All dies ließ sich prächtig mit dem gerade aufblühenden »Style Moderne« der damaligen Art-deco-Epoche verbinden, und weil die für den Wiederaufbau zuständigen Architekten begeisterte Anhänger dieses dekorativen, im Paris der 20er Jahre geprägten und später in den USA zur Blüte gebrachten Baustils waren, kann man sich vorstellen, welch bemerkenswerte Kulisse hier neu geschaffen wurde. Lediglich zwei Jahre währte es, Napier wie Phönix aus der Asche wieder auferstehen zu lassen. Das Ergebnis ist heute zu bestaunen: »Art Decó Capital of the World«. Wer dafür kein Interesse aufbringt, kann jedoch gleich weiter fahren.

An-/Weiterreise:

■ **Bus:** Der Busterminal befindet sich an der Ecke Thackeray/Munroe Street vor dem Bahnhof, und »InterCity« (am Bahnhof, Tel. 06/834 27 20) sowie »Newman's« (Tel. 06/835 20 09) verbinden Napier mit allen größeren Ortschaften der Nordinsel. Reservierungen kann man außerdem über das »Visitor Centre« (s.u.) vornehmen.

■ **Zug:** Die Railway Station vor dem Busbahnhof im Zentrum der Stadt ist End- bzw. Startpunkt des zwischen Wellington und Napier via Hastings verkehrenden *Bay Express,* der täglich einmal in jede Richtung startet (ab Napier 14.40 Uhr) und rund 5 Stunden für die Strecke benötigt.

■ **Flug:** »Air New Zealand« (Tel. 06/835 328) bedient vom *Hawke's Bay Airport* (Tel. 06/835 11 30; Shuttle-Bus von/zur Stadt für 7 $) täglich bis mehrmals täglich die Routen von/nach Auckland, Rotorua sowie Wellington.

Unterkunft:

■ **Camping:** Die 7 ha große Anlage des *Kennedy Park Holiday Complex* (Storkey Street, Tel. 06/843 91 26) liegt 3 km vom inneren Zentrum entfernt neben der Kennedy Road (die am Bahnhof beginnt), zählt mit zu den am besten ausgestatteten Camps des Landes und bietet alles, was das Herz begehrt: so u.a. Restaurant, Spielplatz, Shop, Swimmingpool nebst Zeltplätzen (10 $/Person), Cabins (ab 35 $), Flats (46 $) und Wohneinheiten (75 $).

■ **Backpackers:** Beste Adresse ist hier das direkt an der 277 Marine Parade absolut zentrale *Napier YHA Hostel* (Tel. 06/835 70 39), das modern und ansprechend ausgestattet ist und gar ein eigenes Raucherzimmer hat. Betten zu 15–18 $.

Das *Criterion Backpackers Inn* (Tel. 06/835 20 59) liegt ebenfalls im direkten Zentrum an der 48 Emerson Street, und zwar in der ersten Etage eines stilvollen Art-deco-Gebäudes. Die Ausstattung ist gut, die Preise sind mit 14 bzw. 17 $ niedrig, und entsprechend beliebt ist die Herberge, so daß man ein paar Tage vor der Ankunft reservieren sollte.

■ **Hotels & Motels** säumen zu Dutzenden die Straßen im Zentrum. Wer zentral, doch günstig wohnen will, sollte im *Victoria Hotel* an der 367 Marine Parade (Tel. 06/835 31 49) unterkommen; angeschlossen auch ein Restaurant. Die Zimmer kosten 55 $ (Single) bzw. 65 $ (Double).

Noch günstiger wohnt man etwas außerhalb, und wer nichts gegen eine Entfernung von 6 km einzuwenden hat, sollte im Ortsteil Westshore das *Westshore Hotel* (Tel. 06/835 91 79) aufsuchen, das nur 50 m vom Strand entfernt liegt. 25 $ fürs Single bzw. 35 $ fürs Double.

In Napier selbst empfiehlt sich das an der 335 Kennedy Road gelegene *Tropicana Motel* (Tel. 06/843 91 53), eine typische Motel-Anlage mit Swimmingpool und Wohneinheiten für 70 $.

Essen und Trinken:

Die Stadt bereichern zahlreiche ausgezeichnete Restaurants. Als Restaurant-Meile fungiert die Uferstraße Marine Parade, an der sich Lokale jeder Preisklasse aneinander reihen.

■ Wer es stilecht mag, also in einem Art-deco-»Tempel« speisen will, sollte das **Buck's Great Wall Restaurant** an der Marine Parade im »A & B Building« aufsuchen, wo man gut, aber auch gut teuer essen kann.

■ Gemütlicher speist es sich freilich im **Cottage Arms** an der 209 Marine Parade, einem authentisch britischen Pub mit Gerichten, die auch draußen serviert werden.

■ Im »ASB Bank-Building« an der 100 Hastings Street lädt das **Marnies Restaurant** zu Seafood und Steaks ein.

■ Das **Bayswater** an der Hardinge Road im Vorort Ahuriri bevorzugt preisgekrönte Kreationen der teuren Gattung.

■ Wer frühmorgens auf der Suche nach einem Frühstücksrestaurant ist, kann ab 6 Uhr in **Jenny's Cuisine** an der 271 Hastings Street im Dalton House einkehren.

Sightseeing:

■ **Art-deco:** Die im »Visitor Centre« erhältliche Karte »Art-deco City Map« nennt, in Verbindung mit dem Faltblatt »Take a walk through Art-deco Napier«, alle Informationen, die man für einen halbtägigen Sightseeing-Trip zu den herausragenden Bauten benötigt. Auch organisierte Stadtwanderungen werden angeboten, und wer wirklich interessiert ist, kann an einer ganztägigen *Art-deco City Tour* teilnehmen, die 22 $ kostet und täglich um 10 Uhr am »Visitor Centre« beginnt.

■ **Wine Tours** sind ein andere Attraktion der Stadt: Mehrmals täglich starten am »Visitor Centre« geführte Touren zu den interessantesten Weingütern der Hawke's Bay; je nach Länge kosten diese Fahrten zwischen 25 und 35 $.

■ Weitere Sehenswürdigkeiten finden sich auf der **Marine Parade** sowohl nördlich auch als südlich des »Visitor Centres«. Einen Besuch wert ist insbesondere das *Hawke's Bay Museum*, das über Stadt- und Maorigeschichte, Kunst und natürlich auch Architektur informiert und derzeit zu den 10 besten Ausstellungen des Landes gerechnet wird. Täglich 10–16.30 Uhr.

Das *Hawke's Bay Aquarium*, am Südende der Marine Parade, gewährt auf drei Stockwerken einen Einblick in die Unterwasserwelt vor Neuseelands Küsten. Täglich 9–17 Uhr; »Nervenkitzel« um 15 Uhr, wenn die Haie gefüttert werden.

Verschiedenes:

■ **Information:** *Napier Visitor Information Office,* (im Stadtzentrum) 100 Marine Parade, Tel. 06/834 41 61. Mo–Fr 8.30–17 Uhr, Sa,So 9–17 Uhr. Hier werden alle Fragen erschöpfend beantwortet und kann man auch Touren sowie Aktivitäten buchen.

■ **Outdoor aktiv:** Die Heißluftballonflüge mit »Ballon Flights« (Tel. 06/858 84 80) über die Hawke's Bay sind einen tieferen Griff in die Tasche wert: 195 $ kostet der Flug pro Person, sofern mindestens 3 Personen mitmachen.

Ansonsten kann man im Rahmen geführter Touren auch von hier aus zu den Vogelkolonien am Cape Kidnappers gelangen (s.u.).

Tölpel am Cape Kidnappers

■ Fahren wir nun von Napier aus auf dem Highway-2 weiter gen Süden, sind es nur rund 10 km zu einer mit »Clifton« ausgeschilderten Nebenstraße, die nach weiteren 10 km etwa in *Clifton* endet. Von hier aus bleiben 8 km bis zum Cape Kidnappers und damit zur einzigen Tölpel-Festlandskolonie der Erde, die zu besuchen sich niemand entgehen lassen sollte. Doch die Strecke muß man sich erwandern, und da es am Strand entlang geht, was nur bei Ebbe möglich ist, sollte man etwa 3 Stunden nach dem höchsten Tidenstand in Clifton loswandern und die Kolonie spätestens 1,5 Stunden nach dem tiefsten Tidenstand wieder verlassen. Allein diese **Strandwanderung** ist den Abstecher wert, vorbei an steilen Klippen. Die rund 15 000 Tölpelpärchen, die hier zwischen September und Juni ihre Jungen großziehen (je Paar 1 Ei), sind so zutraulich, daß man bis auf wenige Meter an sie heran kann. Als beste Besuchszeit gelten die Monate zwischen November und Januar.

Auskunft über die Gezeitenstände gibt es im »Visitor Centre« von Napier sowie in Clifton, wo die meisten Besucher der Kolonie eine Nacht verbringen: Im *Clifton Motor Camp* (Tel. 06/875 02 63) zahlt man nur 13 $ fürs Zelt bzw. 25 $ für eine Cabin bezahlt und kann man sich ebenfalls über Weg und Tölpel informieren.

■ Wem die Wanderung zu anstrengend ist oder wer unter Zeitdruck steht, kann in Clifton sowie in Napier verschiedene **Tölpel-Touren** buchen. Die beliebteste ist die 4stündige *Gannet Beach Adventures* (Tel. 06/875 08 98), die zwischen Oktober und April täglich durchgeführt wird, indem die Teilnehmer, von einem Traktor gezogen und in Wägelchen sitzend über den Strand zur Kolonie tuckern. Lediglich 3 Stunden dauert hingegen die mit Jeeps durchgeführten *Gannet Safari* (Tel. 06/875 05 11).

Nach Wellington

■ Nur 21 km trennen Napier vom sogar 58 000 Einwohner großen **Hastings,** das mit Napier die Zerstörung aller Bauwerke durch das Erdbeben von 1931 gemeinsam erlebte. Auch hier wurde teilweise in Art-deco wieder aufgebaut, aber da die Stadt heute eines der bedeutendsten Industriezentren Neuseelands ist und in Sachen Architektur zudem mit Napier nicht konkurrieren kann, gibt es eigentlich keinen Grund, hier einen Stopover einzulegen.

Rund 310 km sind nun noch bis Wellington zurückzulegen. Da diese Strecke keine Höhepunkte aufweist, ist es keine schlechte Idee, nicht dem Highway-2 hinunter zur Landeshauptstadt zu folgen, sondern über den nördlich Napiers beginnenden Highway-5 nach Taupo zu fahren und ab dort über den sogenannten »Desert Highway« via Route 2 (siehe dort) oder aber via Tongariro-Nationalpark (siehe Route 1) Wellington anzusteuern.

Route 4: Der hohe Norden

Wie der Süden Neuseelands für seine Berge und Gletscher, Fjorde und Steppenlandschaften bekannt ist, so der hohe Norden für Traumstrände, »Robinson«-Inseln, Kauriwälder und ein ungemein angenehmes subtropisches Klima, das den Reisenden aus europäischen Landen auch im sogenannten Winter mit nahezu sommerlichen Temperaturen verwöhnt. Die Sonne scheint verläßliche 2000 Stunden im Jahr, und selbst im Hochsommer, wenn die Temperaturen über 30°C steigen können, wird man sich dank einer steten Brise niemals über Hitze beklagen müssen. Obwohl hier die beliebtesten Strand-Ferienziele der Neuseeländer zu finden sind, ist es nie ein Problem, selbst zur Hochsaison einsame Sandbuchten für sich allein zu haben.

Dies gilt an der von der Tourismusindustrie am stärksten vermarkteten Ostküste von Northland ebenso wie an der einsamen Westküste, ganz zu schweigen vom sogenannten *Ninety Mile Beach* im äußeren Norden, einer der längsten Strände mit garantierter Einsamkeit. Hier säumen haushohe Dünenwälle die puderfeinen Sandflächen, greifen Wattgebiete weit ins schmale Land, und die mit Mangroven bewachsenen Gezeitensümpfe erinnern rege an die Tropen. Die zerklüftete Pazifikseite mit ihren zerfransten, doch teilweise in dichte Wälder gehüllten Steilküsten und vorgelagerten Inselgruppen hingegen präsentiert sich durchaus mediterran; nur mit dem kleinen Unterschied eben, daß keine Hotelstädte, Apartmentsiedlungen und Urbanisationen stören und selbst in den Touristenzentren kaum Rummel zu beklagen ist. Im hügeligen Landesinneren dann treibt die Vegetation Wurzeln, wo immer sie kann, sprießen hemmungslos urwaldartige Mischwälder, überragt von Kauri-Bäumen, wahren Holzgiganten.

Hier möchte man nicht nur Urlaub machen, Sonne, Strand und Meer genießen, natürlich auch ein üppiges Outdoor-Angebot – in Anbetracht des Klimas und der exotisch schönen Landschaften kann man nur zu gut verstehen, warum sich die ersten europäischen Siedler gerade hier niederließen. Der Norden, diese schmale Halbinsel, die sich rund 450 km von Auckland aus in die wärmeren Gefilde des Pazifiks erstreckt, gilt dementsprechend als die »Wiege der Nation«, zumal es auch hier war, wo am 5. Februar 1840 der Maori-Häupling *Hone* und nach ihm weitere 45 Maori-Führer jenen *Treaty of Waitangi* unterzeichneten, mit dem

Neuseeland endgültig Teil des britischen Empires wurde. Doch schon weit, weit zuvor wurde hier, wo im 12. Jahrhundert etwa die ersten polynesischen Einwanderer an Land gingen, das eigentliche *Aotearoa* geboren, und von genau hier reisen die Seelen der verstorbenen Maori heim nach *Hawaiki* ins Geisterreich. Von einem einsamen Pohutukawa-Baum an den nördlichsten Felsen des *Cape Reingas* stürzten sie sich ins Meer und holten »einen letzten irdischen Atemzug« vor den *Three Kings Islands,* 50 km vom Nordkap Neuseelands entfernt.

Die anstehende Route nun führt auf einer ausgesuchten Strecke von Auckland aus um diese 450 km lange Nordland-Halbinsel herum; sie mißt insgesamt, schon ohne Abstecher, rund 1250 km Länge. Eine Woche ist also das Mindeste, was man an Reisezeit ansetzen muß, obwohl diese klimatisch und landschaftlich so sehr verwöhnte Region auch für die Spanne eines ganzen Urlaubs genug an Abwechslung bieten könnte.

Natürlich ist es verlockend, gleich zu Beginn der Neuseeland-Reise in diese höchst angenehmen Gefilde vorzustoßen und sich vom Jet-Lag zu kurieren. Doch sollte man unseres Erachtens lieber zuerst die anderen, südlich gelegenen Landesteile bereisen, eben weil dort die Jahreszeiten stärker ausgeprägt sind und man in Northland noch prächtig Urlaub machen kann, wenn alle anderen Regionen schon oder noch vom mehr oder weniger kühlen Winter heimgesucht werden.

Routen-Kurzübersicht

■ **Länge:** ca. 1250 km ohne Abstecher

■ **Streckenverlauf:** von Auckland aus auf dem Highway-1 an die Bay of Islands, sodann entlang dem Highway-10 parallel zur Pazifikküste nach Awanui, von wo aus der Highway-1 wiederum über die Aupori Peninsula bis ans Nordende der Straße am Cape Reinga führt. Wer kein Allradfahrzeug hat (mit dem das Befahren des Ninety Mile Beach entlang der Tasman-See möglich ist), muß den gleichen Weg wie hin zum Kap auch wieder zurück nehmen und folgt dem Highway-1 über Awanui hinaus bis zur Mangamuka Bridge, von wo es auf Nebenwegen zum Highway-12 geht, der von nun an den weiteren Weg entlang der Westseite Northlands nach Süden markiert, bevor bei Brynderwyn, 115 km nördlich Aucklands, wieder der Highway-1 erreicht wird, der an den Ausgangspunkt zurückkehrt.

■ **Öffentliche Verkehrsmittel:** Zusätzlich zu den unter »Unterwegs in Neuseeland/Transport« aufgeführten Busgesellschaften gibt es noch den auf Northland spezialisierten *Northliner Express* (Tel. 09/307 58 73), der täglich vom *Downtown Airline Terminal* in Auckland an der Queen Street den hohen Norden bedient. Interessant

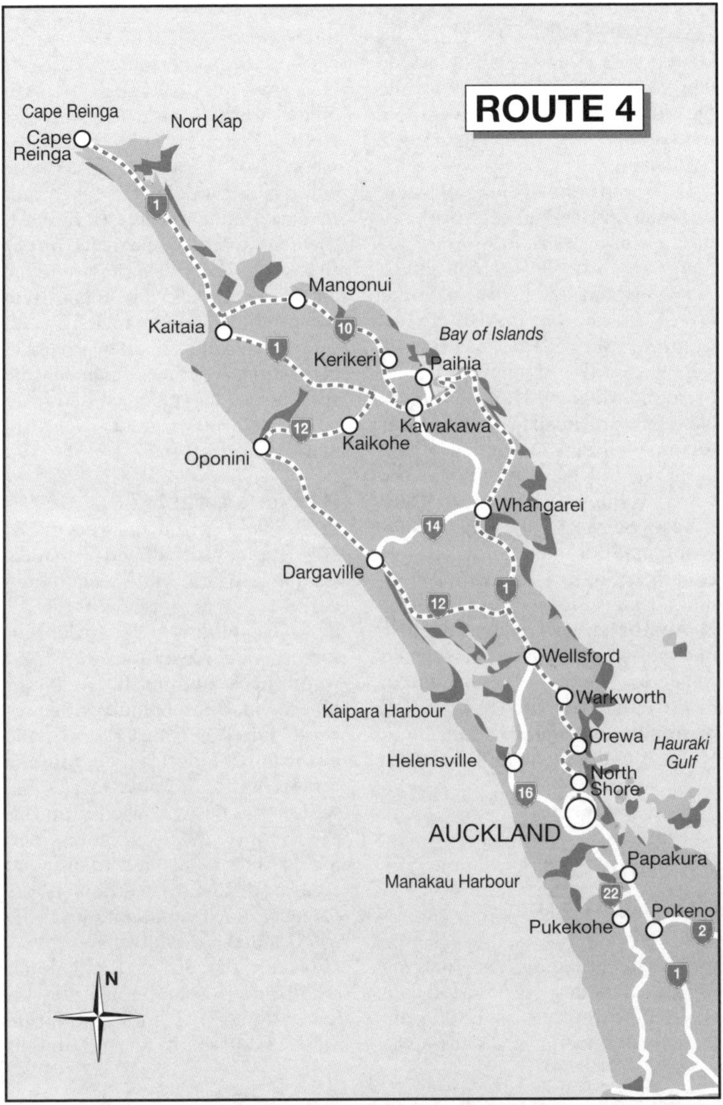
ROUTE 4
Cape Reinga
Nord Kap
Cape Reinga
1
Mangonui
Kaitaia
10
Bay of Islands
1
Kerikeri
Paihia
Kawakawa
12
Kaikohe
Oponini
Whangarei
14
Dargaville
1
12
Wellsford
Warkworth
Kaipara Harbour
Orewa
Hauraki Gulf
Helensville
North Shore
16
AUCKLAND
Papakura
Manakau Harbour
22
Pokeno
Pukekohe
2
1
N

ist der *Bay of Islands Pass,* der 49 $ kostet; wer mehr Zeit hat, wähle den *Freedom Pass* für 79 $; alle Destinationen lassen sich zudem mit dem *Loop Pass* für 109 $ entdecken.

Des weiteren bieten sich die zahlreichen Backpackers-Busse an (s.o. unter »Transport«), die alle den Norden im Programm haben. Auf Northland spezialisiert ist der *Green Beetle Bus* (»ABC Travel Centre«, 9 Fort Street, Auckland, Tel.09/3584874), der jeweils Di und Fr zu mehrtägigen Rundreisen mit Namen »Northcape Shuttle« startet; angefahren werden u.a. Whangarei, Bay of Islands, Whangaroa, Cape Reinga sowie der Kauri Forest; Schwerpunkt dieses Veranstalters, der auch ab der Bay of Islands verkehrt (siehe unter »Paihia«), ist das Outdoor-Angebot.

■ **Abstecher** sind zuhauf möglich, und immer wieder werden im nachfolgenden Text solche Schlenker beschrieben bzw. erwähnt.

■ **Anschlußmöglichkeiten:** mit Route 1 und 3 sowie an Route 2

Entlang der Pazifikküste

Der nach Norden führende und mit »Whangarei« ausgeschilderte Highway-1 führt uns aus dem Stadtzentrum von Auckland hinaus ans »Gate to the North«, wie die 1150 m lange *Harbour Bridge* genannt wird, die als hoch gewölbte stählerne Konstruktion die Ausfahrt aus dem *Waitemata Harbour* überspannt. Konnte man schon zuvor ein paar herrliche Blicke auf das riesige Hafenbecken mit seinen unzähligen Booten und Segelyachten werfen, so erst recht von der Brücke aus; zu bedauern ist nur, daß die Spurbreite und das stets extrem hohe Verkehrsaufkommen beim besten Willen kein Anhalten erlauben: von hier aus werden sie nämlich alle geschossen, die phantastisch schönen Postkarten von der »City of Sails«.

Hibiscus Coast

Weiter geht es nun an zweckmäßig angelegten, weitläufigen Vorstadtsiedlungen und Industriegebieten vorbei.

■ Erst ab **Albany** etwa, wo der Motorway wieder zweispurig wird, gewinnt nach und nach die Natur Überhand. Wiesen und Weiden sowie dichtes Buschwerk rücken nahe an die unverändert stark befahrene Straße heran, die aber erst 26 km weiter, bei **Orewa,** wieder an das Meer führt. Weite Buchten und Sandstrände, Schafweiden und Redwood-Bäume bestimmen die Szenerie, doch vor allem sind es die roten Blüten des Malvengewächses Hibiskus, die dieser Küstenlandschaft ihren besonderen Reiz verleihen und schnell erklären, warum diese Landschaft als »Hibiscus

Coast« bekannt ist. Orewa ist ihr Zentrum, und wer Baden und Surfen im Sinn hat, kann sich in diesem aufstrebenden kleinen Ferienort, an einem über 2 km langen Sandstrand gelegen, beiden Freuden hingeben. Die Surfspots sind weithin bekannt, an lauen Sommertagen ist »Moonshine-Surfing« angesagt, und gleich vier Campingplätze sowie mehrere Dutzend Lodges, Motels und Hotels bieten sich zum Übernachten an.

■ Ein paar Kilometer verbleiben zum an einer breiten Flußmündung gelegenen **Waiwera** – ein wahrhaft heißer Tip: Hier laden die *Waiwera Mineral Pools* auf ein 35–39°C heißes Bad ein, und wer nicht unter Zeitstreß leidet, kann in einem der vier großen Schwimmbecken oder in einem privaten Pool entspannen. Täglich 9–21 Uhr.

■ Auf der Weiterfahrt nach Norden wird gleich hinter Waiwera die Abweigung zum ausgeschilderten **Wenderholm Reserve** passiert. Wer zur Abwechslung mal wieder Natur pur in ihrer schönsten Ausprägung genießen will, sollte dem Weg in dieses 134 ha große, direkt an der Mündung des Puhoi-Flusses gelegen Schutzgebiet nehmen. Ein rund 2 Stunden währender Rundwanderweg führt durch das große, tropisch anmutende Grün dieser mit knorrigen Pohutukawa-Bäumen, Mangroven sowie Lorbeergewächsen bestandenen Sandnehrung, und wer ornithologisch interressiert ist, kann in diesem recht selten besuchten Refugium so manchen Vogel beobachten.

Kawau Island und Cape Rodney

■ Vorbei am 5 km weiter ausgeschilderten **Puhoi,** einer böhmischen Gründung aus dem Jahre 1863, geht es nun (wieder) durchs Landesinnere zur Ortschaft **Warkworth,** die selbst zwar keine Reize vermittelt, aber das Zentrum der nahe gelegenen und wild-schönen Küste ist. Ein *Visitor Centre* (1 Baxter Street, Tel. 09/425 90 81) informiert über all die herrlichen Strände sowie Aktivitäten.

■ Wessen Zeit nicht allzu knapp bemessen ist, sollte einen rund 10 km langen Abstecher nach **Sandspit** unternehmen: Dort lädt der *Sandspit Motor Camp* (Tel. 09/425 86 10), direkt am Strand gelegen, mit schönen Zeltplätzen (9 $/Pers.) sowie Cabins (32–40 $) zum Übernachten ein. Direkt neben dem Campingplatz starten allmorgendlich zwischen 9.30 und 11 Uhr zahlreiche Boote zur vorgelagerten **Kawau Island**. Die Touren dauern rund 4–5 Stunden, die Preise belaufen sich auf 18–35 $, und am empfehlenswertesten ist eine Fahrt mit *The Kawau Royal Mail Run* (Tel. 09/425 76 50). Das Postboot startet Mo–Fr um 10.30 Uhr, läuft all die herrlichen Buchten dieses als *Historic Reserve* geschützten Eilands an und läßt dem interessierten Besucher auch Zeit genug, eines der schönsten Holzgebäude der Kolonialzeit in Neuseeland überhaupt zu besichtigen: das 1844 errichtete und von einem exotischen Wald- und Blumen-Paradies umgebene *Mansion House*. Erlesene Gewächse aus aller Welt sind zu bestaunen, wie die insgesamt rund 40 ha große Insel überhaupt mit einer außerordentlich reichen Flora sowie Vogelwelt aufwartet. Solvente Reisende haben auch die Möglichkeit, in diesem straßenlosen, aber von zahlreichen Wanderwegen durchzogenen Refugium zu übernachten. Kosten die *Kawau Island Cottages* (Vivian Bay, Tel. 09/422 88 35) 200 $ für 2 Personen, so die *St. Clair Lodge* (Vivian Bay, Telefon 09/422 88 50) 240 $.

■ Nach Warkworth zurückgekehrt, hat man die Qual der Wahl, ob man nun direkt nach Norden weiter fahren oder aber eine Küstenschleife zum **Cape Rodney** anschließen will. Wir empfehlen den rund 50 km langen Umweg über die mit »Leigh« ausgeschilderte Nebenstraße, denn am Rodney-Kap, wo die gesamte Küste zum »Marine Park« erklärt wurde, fordern mehrere Coastal Walks zu herrlichen Wanderungen entlang der wildromantischen und buchtenreichen Küste auf. Hier lassen sich Sturmtaucher und viele andere Seevögel beobachten, und angeblich kann man sogar vom Weg aus Felshummer in weniger als 1 m Wassertiefe mit bloßem Auge beobachten. Außerdem stehen mehrere kleine Campingplätze zur Verfügung. Am schönsten ist vielleicht der *Whangateau Camping Park* (Leigh Road, Tel. 09/422 63 05), wo man prächtig baden und zelten (13 $ für 2 Personen), aber keine Cabins mieten kann.

Nach Whangarei

■ Anstatt vom Cape Rodney aus den gleichen Weg wieder zurück zu nehmen, bietet es sich an, der ab Leigh nach **Wellsford** ausgeschilderten Straße zu folgen, die 32 km lang ist, aber in der ersten Hälfte nur mit Schotter bedeckt ist. Der am Highway-1 gelegene Ort selbst kennt keine Reize, aber folgt man dem hier nach Südwesten abzweigenden Highway-16 für rund 13 km, gibt der **Cleaseby Hill Lookout** ein phantastisches Panorama über das im Westen liegende und mit der Tasman-See verbundene Wattgebiet des nahezu 40 km langen Kaipara Harbour frei. Insbesondere zum Sonnenuntergang sind die Motive schlicht einzigartig.

■ Doch nun weiter nach Norden, dem noch rund 90 km entfernten Whangarei entgegen. Besondere Highlights gibt es entlang dem Highway keine, und so geht es, durch eine mal mehr, mal weniger stark kultivierte Landschaft recht zügig dahin. Wer mag, kann über zahlreiche ausgeschilderte Stichstraßen

An der mit Stränden reich gesegneten Ostküste von Coromandel (oben); Beach bei Waikato ▶

zur Pazifikküste fahren, wo sich immer wieder herrliche Sandbuchten erstrecken, die zum Baden, oft auch Surfen, wie geschaffen sind und oft genug auch einen kleinen Campingplatz für die Nacht bieten. Insbesondere **Mangawhai,** ein malerisch gelegenes Seaside-Dorf mit gleich drei tiptoppen Campingplätzen und einer wunderschönen »Stelzenbungalow«-Anlage (*Milestone Cottage Motel,* Moir Point Road, Tel. 09/431 40 18) eignet sich für einen Stopover, zumal hier auch zahlreiche »Ocean Beach Walkways« von unterschiedlicher Länge ihren Ausgang nehmen.

■ Sonst braucht man über diese Strecke keine Worte zu verlieren. Auch die an der engen Einfahrt in den großen Whangarei Harbour bei **Mardsen Point** gelegene Öl- und Gasraffinerie, die zu den wichtigsten Stromerzeugern des Landes gehört und alltags im Rahmen von Führungen gratis besichtigt werden kann (von 10 bis 17 Uhr), wird Urlauber kaum zu einem Stop verleiten. So geht es weiter, rings um den riesigen Tiefseehafen des Whangarei Harbour herum, dem noch rund 20 km entfernten **Whangarei** entgegen.

Whangarei – Northlands einzige Stadt

Das rund 45 000 Einwohner große Verwaltungszentrum von Northland bietet als Industriestandort und Tiefseehafen auf den ersten Blick zwar wenig Reizvolles, aber wer nicht unter Zeitdruck steht, sollte hier durchaus einen Aufenthalt einlegen: Das Umland ist wunderschön, die Küste reich an angenehmen Badeorten, und ein paar Sehenswürdigkeiten gibt es auch in diesem politischen, kommerziellen sowie kulturellen Zentrum des hohen Nordens, an dem ohnehin kein Weg vorbeiführt.

Unterkunft:

■ **Camping:** Es gibt sechs Campingplätze, aber die schönsten liegen nicht bei der Stadt, sondern rund 10 km außerhalb, an der am Flughafen vorbeiführenden Straße. Außerdem bieten sich die Campgrounds im nahen Tutukaka (s.u.) an.

Für zentrumsnahes Wohnen steht der *William Jones Motorcamp,* 24 Mair Street, Telefon 09/437 68 56. Liegt ruhig zu Füßen des Mount Parahaki am Haeta River, kostet 13 $ fürs Zelt (2 Personen), hat auch Backpacker-Betten (10 $) sowie Cabins für nur 25 $.

Sehr schön ist auch der *Whangarei Falls Caravan Park,* Ngunguru Road, Tel. 09/437 06 09. Direkt bei den Wasserfällen (mit tollen Badepools), ist gleichzeitig Backpackers (13 $), organisiert Outdoor-Aktivitäten (u.a. Tauch- und Kajaktrips), nimmt 15 $ fürs Zelt und 32 $ für eine Cabin.

■ **Backpackers:** Neben den o.g. Campingplätzen, die sich alle auch als Backpackers verstehen, empfiehlt sich der dem Namen getreu zentral gelegene *Central City Backpackers,* 67 Hatea Drive, Tel. 09/437 61 74. Hier wird eine angenehme familiäre Atmosphäre gepflegt. Die Betten kosten 13–18 $. Ansonsten versteht sich die Herberge als »das« Outdoor-Activity-Centre von Whangarei.

Empfehlenswert auch das *Whangarei YHA Hostel* (Tel. 09/438 89 54) an der rund 10 Gehminuten vom Zentrum entfernten 52 Punga Grove Avenue. Hier wohnt man ruhig, zahlt 14 $ bzw. 16 $ (Double) und kann kostenlos Fahrräder sowie Dingies ausleihen.

■ **Motels & Hotels:** An der Kamo Road reihen sich Unterkünfte dieser Art aneinander, aber schöner und vor allem ruhiger wohnt man u.a. im zentrumsnahen *Sierra Motel,* 26 Western Hills Drive, Tel. 09/437 06 39. Mit Swimmingpool sowie Spa-Bädern. Studios für preiswerte 70 $ (2 Personen).

Sehenswertes:

■ Touristische Hauptattraktion im Zentrum ist das in der Water Street gelegene, deutlich ausgeschilderte **Clapham's Clock Museum,** das täglich von 10–16 Uhr geöffnet hat und mit einer Kollektion von rund 1000 Zeitmessern (deren älteste aus dem Jahre 1636 stammt) sicher eines der größten Uhrenmuseen überhaupt ist.

■ Gleich um die Ecke in der Rust Avenue lädt die **North Gallery** mit einer Kunstausstellung lokaler Meister ein.

■ Das ein paar Kilometer außerhalb am Highway-14 gelegene **Whangarei Heritage Museum** entführt in die Geschichte Northlands. Täglich 10–16.30 Uhr.

■ Selbst wer in Eile ist, sollte die Fahrt (oder rund einstündige Wanderung) auf den 261 m hohen **Mount Parahaki** nicht versäumen: Dieser Panorama-Berg ist am zum Flughafen führenden Memorial Drive ausgeschildert, und von der Höhe aus, auf der einst Neuseelands größter *pa* (befestigte Maori-Siedlung) thronte, genießt man einen beeindruckenden Ausblick über Stadt und Hafen, Land und Meer.

■ Abschließend sei der Besuch der am Weg nach Tutukaka (s.u.) gelegenen **Whangarei Falls** empfohlen: Die Fallhöhe beträgt gut 20 m, herrliche Badepools tun sich am Fuße des Wasserfalls auf.

Outdoor aktiv:

■ Das Umland von Whangarei ist reich an **Walkways**. Eine Broschüre des »Visitor Centre« listet alle Optionen auf.

■ **Big Game Fishing** gilt als weitere Attraktion des Orts. »Sport Fishing Adventures« (Telefon 09/438 95 35) organisiert täglich Hochsee-Angeltouren.

■ Ansonsten locken **Pferdetreks** mit »Whananaki Trail Rides« (Tel. 09/433 82 99). Im Angebot dieses

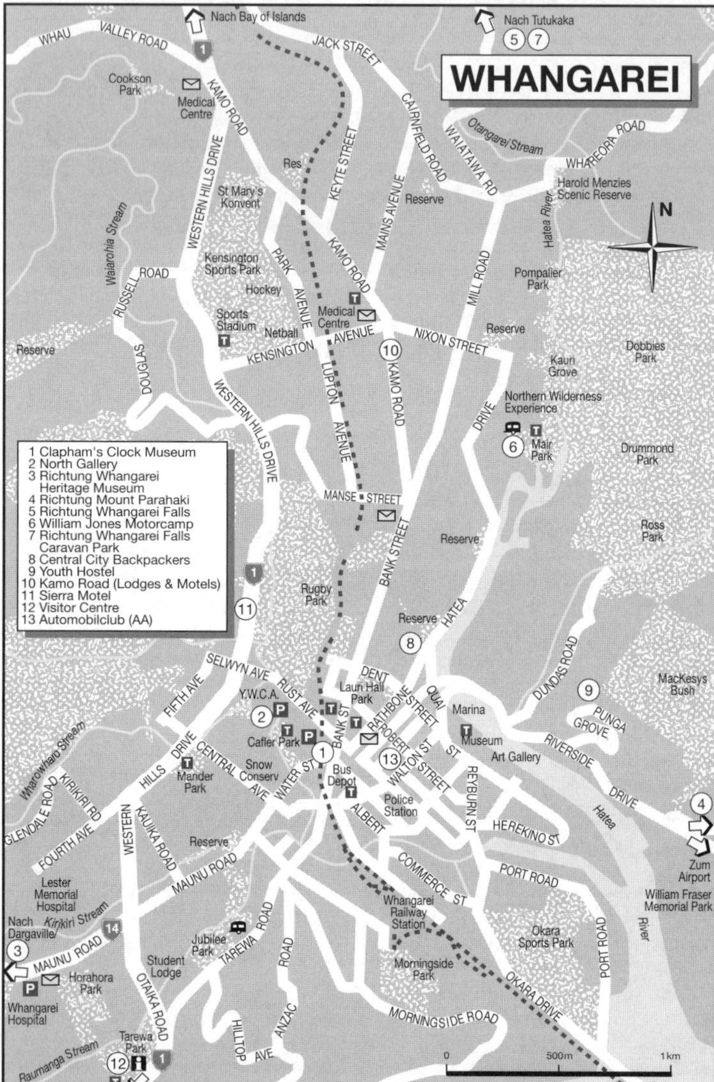

WHANGAREI
Nach Bay of Islands
Nach Tutukaka
1 Clapham's Clock Museum
2 North Gallery
3 Richtung Whangarei Heritage Museum
4 Richtung Mount Parahaki
5 Richtung Whangarei Falls
6 William Jones Motorcamp
7 Richtung Whangarei Falls Caravan Park
8 Central City Backpackers
9 Youth Hostel
10 Kamo Road (Lodges & Motels)
11 Sierra Motel
12 Visitor Centre
13 Automobilclub (AA)
Whau Valley Road
Jack Street
Kamo Road
Western Hills Drive
Cookson Park
Medical Centre
Keyte Street
Cairnfield Road
Waiatawa Rd
Otangarei Stream
Whareora Road
Harold Menzies Scenic Reserve
Hatea River
St Mary's Konvent
Res
Reserve
Mains Avenue
Mill Road
Wairarohia Stream
Russell Road
Kensington Sports Park
Hockey
Park Avenue
Sports Stadium
Netball
Pompallier Park
Kensington Avenue
Nixon Street
Lupton Avenue
Douglas
Kauri Grove
Dobbies Park
Northern Wilderness Experience
Drive
Mair Park
Drummond Park
Manse Street
Bank Street
Ross Park
Rugby Park
Hatea
Selwyn Ave
Dent
Laurie Hall Park
Quai
Dundas Road
MacKesys Bush
Fifth Ave
Y.W.C.A.
Rust Ave
Bank St
Rathbone Street
Marina
Punga Grove
Cafler Park
Robert Street
Museum
Art Gallery
Riverside Drive
Wharowharo Stream
Central Ave
Snow Conserv
Water St
Bus Depot
Walton St
St
Reyburn St
Kirikiri Rd
Hills Drive
Mander Park
Police Station
Glendale Road
Western
Kauika Road
Albert
Herekino St
Zum Airport
Fourth Ave
Reserve
Maunu Road
Commerce St
Port Road
William Fraser Memorial Park
Lester Memorial Hospital
Kirikiri Stream
Whangarei Railway Station
River
Nach Dargaville/
Maunu Road
Tarewa Road
Jubilee Park
Road
Okara Sports Park
Student Lodge
Morningside Park
Horahora Park
Whangarei Hospital
Otaika Road
Anzac
Hilltop Ave
Morningside Road
Okara Drive
Tarewa Park
Raumanga Stream
Nach Wellsford
0
500m
1km
N

Veranstalters stehen mehrstündige Ausritte ebenso wie regelrechte Treks entlang der Küste oder durchs hügelige Binnenland von mehreren Tagen Dauer.

■ Zwar nennt sich Whangarei gerne als Zentrum für den **Tauchsport,** aber Ausgangspunkt für Divingtrips ist nicht Whangarei, sondern Tutukaka, das im nächsten Abschnitt vorgestellt wird.

■ **Höhlentouren** werden in Whangarei ebenfalls angeboten, aber im Vergleich zu den Waitomo Caves (siehe Route 1), die wohl jeder Neuseeland-Reisende besucht, machen die hiesigen Tropfsteinhöhlen nicht viel her.

■ **Kajak:** Das etwas außerhalb bei Mangakaramea gelegene »Mangakaramea Adventure Centre« (Tel. 09/432 21 51) ist für den Verleih von Seekajaks zuständig und führt, im Bereich des Whangarei Harbour, Touren von unterschiedlicher Länge durch.

Verschiedenes:

■ **Information:** *Whangarei and Northland Visitor Information Centre,* im Tarewa Park an der 92 Otaika Road, Tel. 09/438 10 79. Täglich 9–17 Uhr. Versteht sich u.a. als Buchungszentrale für Transport, Unterkunft sowie Outdoor-Aktivitäten für den Großraum Northlands. Das Angebot an Informationsmaterial kann einen schier erschlagen, und die Angestellten sind hilfsbereit und versiert.

Automobile Association Centre, an der Ecke John/Roberts Street, Tel. 09/438 48 48. Führt die besten Karten zu Northland überhaupt, und hier bietet es sich an, Informationen darüber einzuholen, welche Pisten (von denen es weiter nördlich viele, vor allem auch lohnenswerte gibt) mit einem gewöhnlichen Auto befahrbar sind.

Unbedingt einen Besuch wert ist das *Department of Conservation,* Northland Regional Office, Tel. 09/438 02 99. Karten und Broschüren zu allen Schutzgebieten, darunter die Broschüre »Northland Conservation Campsites«, in der alle DOC-Camps der Region beschrieben werden und in einer Karte verzeichnet sind.

■ **An-/Weiterreise:** Whangarei ist sowohl per Flugzeug als auch mit den Bussen von »InterCity«, »Newman's« sowie »Clarke« mehrmals täglich mit Auckland verbunden. Der Airport liegt außerhalb (Shuttle-Bus ins Zentrum), die Busterminals nahe beieinander im direkten Zentrum beim »Visitor Centre«, wo man auch Reservierungen und Buchungen vornehmen kann.

Auf Schleichwegen nach Russell

Nur knapp 70 km sind es von Whangarei aus bis an die Bay of Islands, sofern man den Highway-1 wählt. Doch Sehenswertes ist entlang dieser Strecke nicht zu erwarten, und so sei hier die unbedingte Empfehlung ausgesprochen, über zwei Küstenschleifen ins touristische Zentrum von Northland zu reisen. Die gesamte Distanz bis ans Ziel beträgt dann zwar rund 140 km, und da die Straßen schlecht, oft nur Pisten sind, sollte man schon einen ganzen Tag einplanen; aber dafür ist die Streckenführung recht spektakulär, wie auch die Küste selbst, an der sich gleich mehrere DOC-Camps verteilen, streckenweise von erhabener Schönheit ist, die der berühmten Bay of Islands in nichts nachsteht.

Tutukaka – Tauchrevier der Superlative

Mit Nadel-, Laub- und Farnbäumen sowie vereinzelten Palmen bestandene Steilhänge laufen in eindrucksvolle Sandstrände aus oder säumen verschwiegene kleine Buchten, vor denen sich ungewöhnlich klares Wasser mit einer farbenprächtigen und artenreichen marinen Flora und Fauna bemerkbar macht.

■ Tutukaka sowie das angrenzende **Ngunguru,** nur 26 km östlich Whangarei gelegen und von dort aus schnell über die im Zentrum ausgeschilderte (asphaltierte) Ngunguru Road erreicht, gilt als »die« Tauch-Adresse in Neuseeland, und kein anderer als *Jacques-Yves Custeau* ordnete die hiesigen Tauchreviere den fünf besten auf der Erde zu!

Diese Top-Spots, Mekka für Sporttaucher aus aller Herren Länder, erstrecken sich aber nicht vor dem Festland, sondern vielmehr im Bereich der rund 35 km weit vorgelagerten **Poor Knights Islands** mit gigantischen Unterwasserhöhlen und atemberaubenden Korallenriffen. Big Game Fishing sowie Kayaking komplettieren die Outdoor-Highlights dieser Region, die dank der nahen Bay of Islands, in deren »Schatten« sie liegt, bislang von den Touristenscharen ausgespart blieb. Auch wer mit dem Anschauen dieser Küstenlandschaft, mit Baden, Schwimmen und Relaxen zufrieden ist, findet alles vor, was man sich nur wünschen kann.

Anreise:

Wer mit dem eigenen Fahrzeug unterwegs ist, hat keine Probleme; wer hingegen auf öffentliche Verkehrsmittel angewiesen ist, muß im »Visitor Centre« nachfragen, wann Busse nach Tutukaka hinausfahren. Ferner unterhalten auch die Unterkünfte sowie die Tauchbasen und der Angelclub in Tutukaka einen Zubringerdienst. Schließlich bereitet es kein Problem, trampend das Ziel zu erreichen.

Unterkunft/Essen und Trinken:

■ **Camping:** *Ngunguru Motor Camp,* Papaca Place, Tel. 09/434 38 51. Direkt am Meer, sicheres Schwimmen, auch Kajak- sowie Bootsverleih. 20 $ fürs Zelt sowie 35–45 $ für die Cabins.

■ **Backpackers:** Einziges Haus am Ort ist der *Ngunguru Coastal Backbackers,* Waiotoi Road, Tel. 09/434 34 19. Ist auch auf Vegetarier eingestellt, arrangiert Tauch- und Kajak-Trips sowie geführte Wanderungen ins wilde Küstenland. Die Betten kosten lediglich 12 $.

■ **Motels & Hotels:** Das preisgünstigste Haus dieser Klasse ist das an der Küste in Ngunguru gelegene *Chalet Court Motel* (Tel. 09/434 37 86), wo Bed & Breakfast schon für 45–60 $ (2 Personen) zu haben sind.

Preiswert ist auch das *Sands Motel* an der Whangaumu Bay in Tutukaka (Tel. 09/434 37 47), das direkt am Beach liegt und ab 67 $ (2 Personen) kostet.

Top-Anlage des Ortss ist *Pacific Rendevous* (Tel. 09/434 38 47) in Tutukaka, das sich auf einer 10 ha großen Halbinsel erstreckt und gleich zwei private Sandstrände besitzt. 30 komfortable Wohneinheiten kosten zwischen 85 und 180 $ für 2 Personen.

■ Von den **Restaurants** einmal abgesehen, die den o.g. Unterkünften angeschlossen sind, gibt es nur wenige gute Lokale. Das beste Restaurant am Ort ist fraglos *Schnappa Rock* an der Marina Road in Tutukaka, wo man wunderschön auf der Terrasse mit Seeblick essen kann.

Outdoor aktiv:

■ **Tauchen/Schnorcheln:** In Tutukaka, »dem« Diving-Zentrum des Landes, dreht sich alles um Tauch- sowie Schnorcheltouren. Nahezu jede Herberge im Ort arbeitet mit einer Tauchbasis zusammen und arrangiert entsprechende Touren, die zumeist einen halben oder ganzen Tag dauern. Im Preis für die Tauchtouren enthalten sind üblicherweise die Bootsfahrt hinaus zu den Poor Knight Islands sowie die komplette Diving-Ausrüstung nebst zwei Tauchgängen, was komplett 135 $ kostet; sind 3 Tauchgänge geplant, liegt der Totalpreis bei 150 $; wer nur mit hinaus fahren oder schnorcheln will, zahlt um 65 $; zwei Tauchgänge (ohne Bootsfahrt) kommen auf 75 $ bzw. 95 $ inklusive der Tankfüllungen; für deren drei sind 90 bzw. 110 $ zu bezahlen; ferner stehen »Night Dives« sowie Touren zu anderen Tauchrevieren auf dem Programm.

Wer zwar tauchen und ein Zertifikat vorweisen kann, sich Solo-Tauchgänge aber nicht zutraut, kann auch mit einem erfahrenen Dive Master in die Tiefe gehen; die versiertesten Dive Master hat »Aqua Action« an der Marina Road in Tutukaka (Tel. 09/434 38 67) unter Vertrag; Tauch-Schulung steht ebenfalls auf dem Programm dieses *PADI Dive Centres,* das auch »advanced and special trainings« durchführt.

■ **Big Game Fishing:** Die Gewässer in diesem Küstenabschnitt werden von einer vom australischen Great Barrier Riff kommenden Meeresströmung erwärmt und gelten mit als die besten Reviere für Big Game Fishing überhaupt vor Neuseeland. Größter Anbieter an Touren von unterschiedlicher Länge ist der »Whangarei Deep Sea Anglers Club« an der Marina Road in Tutukaka (Tel. 09/4343818), der auch reine Sightsseing-Küstentouren sowie Diving- und Schnorcheltouren organisiert. Ein halbtägiger Fishing-Trip kostet inklusive Ausrüstung um 65 $.

■ **Cruises** (Yacht-Sightseeingtouren) entlang der streckenweise dramatischen Küstenlinie bzw. zu den vorgelagerten Poor Knight Islands werden ebenfalls von zahlreichen Veranstaltern angeboten; sie kosten von 65 $ für die Halbtagestour bis hin zu 120 $ für den ganzen Tag, bei einer Mindestteilnehmerzahl von 6 Personen.

Auf der Old Russell Road

■ Anstatt von Tutukaka wieder nach Whangarei zurückzufahren, kann man auch der Küste bis hinauf ins 10 km entfernte **Matapouri** folgen; ein Stückchen weiter wird die Straße zur Piste und zieht sich ins Landesinnere, bevor es, nach weiteren 15 km etwa, rechts gen **Whananaki** ausgeschildert ist. Das Dorf selbst ist nicht der Rede wert, aber 2 km entfernt, und direkt am Strand der Otamure Bay gelegen, befindet sich das einsame *Otamure Bay DOC-Camp,* das nicht beaufsichtigt und mit WC sowie kalter Dusche ausgestattet ist. – Wer ein paar relaxte Beach-Tage genießen will, ist hier, völlig im Strand-»Abseits«, genau richtig.

■ Entlang der Küste kann man nicht weiter direkt nach Norden vorstoßen, aber über ein Geflecht von Pisten via Opuawhanga an die rund 22 km von Whananaki entfernte **Helena Bay** fahren (auch vom Highway-1 aus erreichbar: dann in Whakapara, 22 km nördlich Whangareis, auf die ausgeschilderte Asphaltstraße einbiegen). Dort beginnt die eigentliche »Old Russell Road« mit einer spektakulären Streckenführung sowie streckenweise dramatischer Küstenlandschaft.

■ Wer einsame Strände, Mangrovenwälder, auch Kauri-Wälder sucht, kurz: Natur pur, kann hier für viele Tage auf Entdeckungen gehen. Im wenige Kilometer nördlich der Helena Bay gelegenen **Oakura** bieten sich sogar zwei empfehlenswerte Unterkünfte an: zum einen *Oakura Motels and Caravan Park* (Tel. 09/433 68 03), eine 3 Gehminuten vom Strand entfernte Anlage mit beheiztem Pool, Shop, guter Ausstattung und Zimmern zwischen 46 und 68 $, Cabins zu 30 und 40 $ sowie Zeltstellplätzen für 17 $. Die andere Anlage, *Whangharua Camp & Backpackers* (Tel. 09/4336806), liegt wesentlich schöner auf einer breiten Wiese direkt an der Bucht des Whangaruru Harbour (3 km südlich Oakura), offeriert Backpackers-Betten (14 $ im Schlafsaal), Zeltstellplätze (17 $) sowie Cabins (35 $) und besticht mit einem großen Aktivitätsangebot: Windsurfer und Kajaks werden vermietet, geführte Kajaktouren organisiert, des weiteren Bootstouren zur Bay of Islands, zu den Poor Knights Islands, auch Big Game Fishing, und nicht zuletzt kann man hier Yachten sowie Boote chartern.

■ Vor der Weiterfahrt auf der küstennah nach Norden führenden »Old Russell Road« sollte man in Oakura noch einmal tanken (letzte Tankstelle vor Russell) und sich eventuell den Mietvertrag seiner Auto-Verleihfirma durchlesen: bei manchen Verleihern ist das Befahren dieser Straße über Oakura hinaus nämlich nicht gestattet, eben weil der Straßenzustand streckenweise wirklich erbärmlich ist. Aber das wird während der Fahrt schnell vergessen, und wer nicht zu sehr unter Zeitstreß leidet, sollte sich wenigstens einen Tag nehmen, um die ab Oakura noch 45 km lange Strecke nach Russell kennenzulernen. Hunderte Stellen bieten sich für Stopovers an, besonders für Fotos. Sehr zu empfehlen ist es, an der nach rund 20 km erreichten Gabelung rechts einzubiegen, um auf die schmale Halbinsel des **Whangaruru North Head** hinauszufahren. Nach ein paar Kilometern ist das gleichnamige *DOC Camp* erreicht (mit Toiletten, Trinkwasser und kalten Duschen; Anmeldung bei der angeschlossenen Farm). Es liegt direkt am Meer in Nähe zahlreicher markierter Walkways, die mal in ein Riedgebiet führen, mal in dichte Wälder, mal entlang der wildromantischen Küste.

■ Zur Abzweigung zurück, dann der geradeaus nach Russell ausgeschilderten Piste folgen, die sich nun durch einen dichten subtropischen Urwald zieht, der bereits zum Schutzgebiet des **Bay of Islands Maritime and Forest Parks** (s.u.) gehört. Auch in diesem Abschnitt drängen sich wieder mehrere ausgeschilderte Wanderungen auf, und wer noch nie einen wirklichen Urwald von innen sah, sollte diese 1–2 Stunden in Anspruch nehmenden Touren, vorbei an Kauri-Bäumen, nicht versäumen.

■ Bald darauf grüßt die Zivilisation wieder mit einer geteerten Straße. Nur wenige Kilometer verbleiben bis **Russell** und damit zur **Bay of Islands**.

Wer diese »Old Russell Road« aufgrund seines Mietvertrags nicht befahren darf oder will, kann von Oakura aus auch auf den Highway-1 zurück, der dann bei Whakapara, nördlich Whangareis, erreicht wird.

Von dort aus sind es noch 33 km bis Kawakaka, wo die an die Bay of Islands führende Straße rechts abzweigt. Nach 16 km wird Opua erreicht, damit die Bay, und hier muß man sich entscheiden, ob man nach Russell übersetzen will (ständig pendelnde Autofähren; 10 Minuten) oder gleich ins wenige Kilometer nördlich gelegene Paihia, das touristische Zentrum der Bay, weiter möchte.

Bay of Islands

Northland's Paradise

Wirft man einen Blick auf die Neuseeland-Karte, fällt einem sofort das weite und von einer wild gezackten Uferlinie umgebene Hafenbecken auf, zu dem sich die Pazifikküste 250 km nördlich Aucklands öffnet. Genau 144 Inseln liegen wie hingestreut in dieser rund 30 km langen und bis 20 km weit ins Binnenland reichenden Bucht, die aus einem System »ertrunkener« Flußtäler besteht: Als sich der Glazialpanzer der letzten Eiszeit engültig zurückzog und damit der Meeresspiegel stieg, wurden zahlreiche Bergkuppen vom Festland getrennt, und in den Tälern dazwischen bildeten sich Riffe, die heute ein reichhaltiges marines Leben beherbergen.

Das spiegelglatte Meer darüber schillert in bestechenden Farben; die meisten der 144 Eilande sind dicht mit sattgrünem Urwald bewachsen, und angesichts dieser idyllischen, nahezu tropisch-schönen Traumlandschaft nimmt es nicht wunder, daß sich hier schon die ersten Maori-Stämme niederließen. Auch die ersten Siedler gingen hier an Land, wo mit Russell das erste »weiße« Dorf Neuseelands entstand, und heute gilt die von der Natur verwöhnte Bay als »das« Küstenferienzentrum von Neuseeland.

Während der Saison zwischen Dezember und Anfang Februar gesellen sich durchschnittlich über 100000 Urlauber meist aus dem Inland unter die 5000 Einwohner der Bucht, und dann kann man hier recht schnell die Lust auf einen Aufenthalt verlieren. Zu allen anderen Zeiten aber, auch im Winter, besteht das Problem darin, daß man hier im Handumdrehen die Lust am Weiterreisen verlieren kann, weshalb wir die Northland-Tour auch ganz bewußt ans Ende der Rundreise über die Nordinsel gestellt haben. Auch das Outdoor-Angebot ist überwältigend, insbesondere für erklärte Wassersportler.

Wer auf den letzten »Drücker« reist, also keine Zeitreserven mehr hat, muß wenigstens einen Tag für die Bay ansetzen; ansonsten sind drei Tage Minimum, ist eine Woche als angemessen zu bezeichnen; freilich spricht auch nichts dagegen, hier sowie im herrlichen Umland einen ganzen Urlaub zu verbringen – manchmal nämlich kann »weniger« eben »mehr« sein!

Wiege der Nation

■ Entdeckt wurde die Bucht schon im **10. Jahrhundert**: Kein anderer als der legendäre polynesische Navigator *Kupe* soll es gewesen sein, der hier als erster an Land ging. In die Heimat zurückgekehrt, berichtete er seinem Volk von *Tiriti o te Moana,* dem »Geschenk des Meeres«. Um **1350**, das gilt als bewiesen, soll spätestens die »große Flotte« der Maori nach Neuseeland aufgebrochen sein.

■ Wieviele Maori-Stämme hier, in der Bay of Islands, an Land gingen, ist nicht mehr zu rekonstruieren. Aber als im November **1769** *James Cook* vor Anker ging, sollen es hier über 50 Dörfer sechs unterschiedlicher Stämme gegeben haben. Der englische Weltumsegler gab der »Bucht der Inseln« ihren heutigen Namen, und drei Jahre mußten vergehen, bis mit dem französischen Entdecker *Marc Joseph Marion du Fresne* der nächste Europäer in der Bay of Island landete.

■ Es folgten bald Pelzrobbenjäger, Walfänger, Missionare sowie schließlich auch Siedler, was ab dem frühen **19. Jahrhundert** zu heftigen kriegerischen Auseinandersetzungen führte. Schon **1801** war Russell (s.u.), das erste »weiße« Dorf auf neuseeländischem Boden, entstanden. In den 1920er Jahren folgten dann Paihia (s.u.) sowie Kerikeri (s.u.). Am **6. Februar 1840** schließlich wurde in Waitangi, heute ein Vorort von Paihia, der Friedensvertrag zwischen den Maori und den Weißen geschlossen. Damit wurde Neuseeland Teil des britischen Empires, und zu Recht also rühmt sich die Bay of Island heute, die »Wiege der Nation« zu sein.

Russell

Keimzelle des Landes: Dem Navigator *Kupe* folgten die Maori, die hier das Dorf *Korarareka* gründeten. 1801 legten die Weißen den Grundstein für ihre erste Siedlung, und von 1840 bis 1841 war Russell – seinerzeit als »Hölle des Pazifiks« verschrieen, weil sich hier zahlreiche Glückssucher, zwielichtige Gestalten aufhielten – sogar die erste Hauptstadt des Inselreiches. Dieser Status ging dann auf Auckland, später auf Wellington über. Bis in die 1950er Jahre fiel der Ort in eine Art »Dornröschenschlaf«, aus dem er erst vom Tourismus wieder »wachgeküßt« wurde. Heute ist Russell, rund 1000 Einwohner groß, erste Urlauberadresse an der Bay, doch kaum glaubhaft scheint, daß sich hier in Spitzenzeiten über 50 000 Gäste aufhalten sollen.

Höchst malerisch füllt der Ort den Raum zwischen Meer und dicht bewaldeten sowie mit Weiden bedeckten Hügelketten aus. Wer höchste Ansprüche an sein Feriendomizil stellt, sollte von hier aus die Bucht der Inseln entdecken. Russell hat sich viele Schmuckbauten aus der viktorianischen Ära erhalten, die Lage könnte idyllischer, das Stadtbild charmanter nicht sein.

An-/Weiterreise:

■ **Fähren:** Da Russell nur auf einer von Osten her zugänglichen Halbinsel liegt, kann es landfest auch nur von dort her erreicht werden; die oben beschriebene Route weist den Weg. Ansonsten bleiben die zwischen 7 und 21/22 Uhr ständig zwischen Opua (Festland) und Okiato bei Russell verkehrenden Autofähren (10 Min. je Weg) sowie die zwischen Paihia und Russell pendelnden Personenfähren (auch für Fahrräder), die zwischen 7 und 22 Uhr stündlich bis halbstündlich die Strecke bedienen (5 $).

■ **Bus:** Für die Weiterreise ist Paihia zuständig, das von allen Linienbussen sowie Backpackers-Bussen gen Norden oder Süden angefahren wird. Ticket-Reservierungen nimmt man am besten über das Visitors Centre in Paihia vor (s.u.).

Unterkunft:

■ **Camping:** Wer Zeit und ein Zelt hat und sich als Naturliebhaber versteht, sollte erwägen, nicht hier, sondern auf der *Urupukapuka Island* in der Bay zu übernachten: Dort sind zahlreiche *DOC-Camps* eingerichtet; Informationen über diese Camp-Refugien erhält man (im unten unter »Information« aufgeführten) »Visitor Centre« des Bay of Island Parks.

In Russell selbst bieten sich zwei Plätze an, beide sind durchaus empfehlenswert. Aber am meisten nach dem Geschmack europäischer Reisender dürfte der wunderschön 3 km außerhalb Russells gelegene *Orongo Bay Holiday Park* (Tel. 09/403 77 04) sein, der dem YHA-Verband angeschlossen ist, also auch als Jugendherberge fungiert (13 bzw. 16 $ pro Person); die rund 100 Zeltstellplätze kosten 15 $, und auch Cabins und Caravans werden vermietet.

Der *Russell Holiday Park* (Long Beach Road, Tel. 09/403 78 26) ist zwar von der Ausstattung her um Längen besser, liegt aber nicht strandnah, sondern auf einem Hügel mit Blick über den Ort. Die Zeltstellplätze kosten 16 $, die Cabins, Tourist Flats und Zimmer 32–89 $.

■ **Backpackers:** Beste Adresse im Ort ist die seit fast 100 Jahren als Gasthof dienende *Arcadia Lodge,* Florance Avenue, Tel. 09/403 77 56. Gewährt phantastische Ausblicke über Ort und Bay. Betten in allen Preisklassen zwischen 16 und 25 $.

Wer es weniger familiär mag, sollte die *Russell Lodge* an der Ecke Chapel/Beresford Street (Tel. 09/403 76 40) präferieren, die 13 große Backpackers-Cabins zu 12,5–18 $ pro Person vermietet nebst Studios und Familien-Cabins für 50–90 $.

■ **Bed & Breakfast:** *Kay Bosanquet B & B,* Wellington Street, Tel. 09/403 78 43. Mit Zimmerpreisen von 80 $ das billigste Haus in dieser Kategorie.

Orongo Bay Homestead, Orongo Bay, Tel. 09/403 75 27. Bei diesem viktorianischen Schmuckbau in toller Panoramalage handelt es sich um ein mehrfach preisgekröntes Haus, das wir, persönlich gesprochen, für die beste (leider aber auch teuerste) Herberge im Northland halten; die Zimmer sind geschmackvoll eingerichtet, die Zutaten fürs Frühstück kommen aus eigenem organischen Anbau, und das Frühstück, hier stets mit Champagner gereicht, könnte einen Lukull erblassen lassen. Der Preis spiegelt die Qualität wider und liegt bei 270–370 $...

■ **Hotels & Motels:** Das Preisniveau ist relativ hoch, aber außerhalb der Saison kann man stets Preisnachlässe aushandeln.

Das direkt am Meer gelegene *Duke of Marlborough Hotel* (Tel. 09/403 78 29) wurde 1827 gegründet, das älteste Gasthaus des Landes, das auch als erstes eine Alkohollizenz erhielt. Darüber hinaus präsentiert sich der hölzerne Schmuckbau äußerst stilvoll, weist das Interieur in die Vergangenheit; die 29 Zimmer sind korrekt möbliert, aber nicht ganz so charmant, wie das Äußere vermuten läßt. Sie kosten 76 $, und nur für die 3 Suiten muß man 200 $ hinblättern.

Wer lieber seine Ruhe haben möchte, sollte in den 2 km außerhalb gelegenen *Holiday Farm Chalets* (Tel. 09/403 72 55) nächtigen, die sich inmitten eines 60 ha großen Coastal Estate befinden (mit Privatstrand), komfortabel bis luxuriös (und stets mit Küche) ausgestattet sind und 80–130 $ kosten.

Essen und Trinken

■ Wir empfehlen das Speisen auf der überdachten und mit viktorianischen Schnörkeln reich verzierten Seaside-Terrasse des **Duke of Marlborough Hotels** (s.o.), das sich gleichermaßen für Frühstück, Mittagessen, Devonshire Tea und Dinner anbietet, ebenso wie für ein spätes, frisch gezapftes Bier.

■ Ansonsten laden entlang der Uferzone weitere angenehme Restaurants aus der Gründerzeit ein; doch die Preise sind hier überall höher als sonst üblich. So bleiben als Alternative die Takeaways.

Sightseeing:
Russell selbst, idyllisch an der traumhaften Kororareka Bay gelegen, ist mit seiner dichten Sammlung an historischen Bauten eigentlich eine einzige Sehenswürdigkeit; nirgends sonst kann man besser die Spurensuche der frühen Kolonialgeschichte aufnehmen wie hier. »Zentrum« ist die *The Strand* genannte Uferpromenade, an der sich

Cafés, Pubs, Shops und Restaurant aneinanderreihen und ein südländisches Flair verbreiten. An schönen Tagen kann man hier stundenlang sitzen und genießen, erst recht abends, wenn sich Himmel und Bay farbenprächtig auf die Nacht vorbereiten.

■ Begibt man sich nun auf Spurensuche, schlendert man hinüber zum Südufer der Hafenpromenade, wo das 1841 errichtete und seinerzeit dem ersten katholischen Bischof Neuseelands als Wohnsitz dienende **Pompallier House** mit zahlreichen Exponaten aus der Gründerzeit auf einen Besuch wartet. Täglich 10–13 und 14–16.30 Uhr.

■ Ebenfalls an der Waterfront steht das **Captain Cook Memorial Museum**, das an den großen englischen Navigator erinnert und außerdem die ersten Jahre der europäischen Einwanderer im Archipel nachzeichnet. Täglich 10–16 Uhr.

■ Die ein paar Meter landeinwärts gelegene **Christ Church** ist das älteste erhaltene Gotteshaus Neuseelands, 1836 fertiggestellt. Hervorzuheben ist der an prägnanten, teils in Maori verfaßten Grabinschriften reiche Friedhof, auf dem auch zahlreiche Maori-Führer begraben liegen.

■ Bleibt abschließend noch das **Bay of Islands Maritime and Historic Park Centre,** das der Flora und Fauna dieses Schutzgebiets gewidmet und nicht zuletzt wegen seiner audiovisuellen Show mit Thema »Bay of Islands« einen Besuch wert ist.

■ Nun aber ab in den ältesten Gasthof des Landes, ganz bestimmt auch einen der gemütlichsten und charmantesten: ins **Duke of Marlborough Hotel,** von dessen überdachter Veranda man sich bei jeder Wetterlage einem entspannten »Sightseeing« hingeben kann.

■ Zu guter Letzt sei noch darauf hingewiesen, daß man vom hoch über dem Ort gelegenen, per pedes wie auch über die Straße erreichbaren **Flagstaff Hill** (auch: *Maiki Hill*) einen herrlichen Blick über den Ort und die Bay of Islands überhaupt genießen kann – tagsüber und erst recht zur Zeit der Morgen- sowie Abenddämmerung, wenn »Sonnenanbeter« eine faszinierende Lightshow verfolgen können.

Information:

■ An der Uferpromenade befindet sich eine Nebenstelle des in Paihia eingerichteten **Bay of Islands Information Centres** (Tel. 09/403 78 66), wo man alle wesentlichen Informationen zu Ort und Bay abrufen kann.

■ Das ebenfalls an der Uferpromenade gelegene **Bay of Islands Maritime and Historic Park Information Centre** (Tel. 09/403 76 85) informiert ausführlich über das Bay-of-Islands-Schutzgebiet und gibt zahlreiche Karten heraus, auf denen die schönsten Walks im Refugium ebenso verzeichnet sind wie die zahlreichen DOC-Camps. Die (für Naturliebhaber) schönsten Zeltplätze finden sich nicht auf dem Festland, sondern auf der in der Bay gelegenen Urupukapuka Island, wo gleich ein rundes halbes Dutzend solcher Naturcamps einladen; alle verfügen über Toiletten und Trinkwasser, und das »Visitor Centre« organisiert Bootszubringer.

Paihia – Zentrum der Urlaubslust

Das rund 3500 Einwohner große und aus einer 1823 gegründeten Missionsstation hervorgegangene Paihia gilt als »Zentrum der Urlaubslust« an der Bay of Islands. Wer vom beschaulich-charmanten Russell her anreist, kann angesichts der lauten, hektischen und nichtssagenden Touristenstadt durchaus einen »Kulturschock« erleiden. Während der Saison herrscht drangvolle Enge, und so rechtfertigen bestenfalls die Servicestellen wie Banken, Supermärkte etc. einen Aufenthalt – und natürlich das nur 2 km entfernte Waitangi, jene »Wiege der Nation«, das sich für einen kurzen Sightseeing-Stopover aufdrängt.

Aber manch einer liebt ja auch den Rummel, und so sollen nachfolgend die wichtigsten Informationen gegeben werden.

An-/Weiterreise:

■ **Bus:** Paihia liegt an der Route aller Busse und Backpackers-Busse, die von Auckland aus den hohen Norden bedienen. Als Reservierungs- sowie Buchungsstellen für Tickets fungieren das u.g. *Visitor Centre* sowie das *Paihia Travel Centre* im Maritime Building an der Waterfront (Tel. 09/402 78 57), wo man u.a. Geld wechseln, Outdoor-Aktivitäten, Bootsfahrten etc. buchen sowie Autos mieten kann.

Wer mit öffentlichen Verkehrsmitteln unterwegs ist und weiter gen Norden will, sollte erwägen, an einer Bay-of-Islands-Bootsfahrt (s.u. unter »Outdoor«) teilzunehmen und sich dann in Kerikeri absetzen zu lassen, wodurch sich einiges an Geld sparen läßt.

■ **Fähre:** Zwischen Paihia und Russell pendeln zwischen 7 und 22 Uhr ständig Personenfähren (5 $); auch Fahrradtransport.

■ **Zum Cape Reinga:** In Paihia haben sich zahlreiche Veranstalter auf organisierte Allrad-Bus-Touren zum äußersten Norden der Insel spezialisiert; wer nicht genügend Zeit hat, die faszinierende Welt des Cape Reinga (s.u.) auf eigene Faust zu bereisen, wird vielleicht auf solche Tagesfahrten zurückgreifen wollen.

Größter Anbieter ist »Fullers Northland« in Paihia (Tel. 09/402 74 21) und Russell (Tel. 09/403 78 66), der zwei verschiedene, täglich angebotene Cape-Reinga-Trips via

Ninety Mile Beach im Programm hat: Start jeweils gegen 7 Uhr, Rückkehr gegen 20 Uhr; 75 $/Person bzw. 85 $ inklusive Lunch.

»Abenteuerlicher« ist's aber vielleicht mit »4 x 4 Adventure« in Paihia (Tel. 09/402 78 57): Gefahren wird mit umgebauten Unimogs, auch die Kauri-Urwälder im Puketi Forest liegen an der Route, und die Preise belaufen sich auf 60–80 $ für die Tagestour.

Wer's »locker-flockig« mag, wird wohl auf die Backpackers-Busgesellschaft »Kiwi Experience« in Paihia (Tel. 09/402 62 44) zurückgreifen, die ebenfalls täglich Tagestouren zum Kap offeriert.

Unterkunft:

■ **Camping:** In Paihia gibt es keinen Campingplatz; der nächste liegt 2 km entfernt an der Paihia-Opua Road an einer kleinen Privatbucht: *Smiths Holiday Camp & Motel,* Tel. 09/402 76 78. Eine kleine Anlage, recht wenige Stellplätze (20 $) sowie Cabins (ab 45 $) und Flats (58 $), desto schönere Lage.

Ebenfalls 2 km von Paihia entfernt ist der *Twin Pines Tourist Park,* Haruru Falls, Tel. 09/402 73 22. Bei Waitangi nahe Haruru-Wasserfall und Waitangi-Lagune (Preise wie oben). Angeschlossen ist das *Twin Pines Brew House,* ein urgemütlicher Pub (mit selbstgebrautem Bier), das preisgünstige Gerichte serviert und abends häufig Live-Musik veranstaltet.

Mit 4,2 ha der größte Platz ist der 6 km nördlich am Ufer des Waitangi River gelegene *Bay of Islands Holiday Park,* Puketona Road, Tel. 09/402 76 46. Beste Ausstattung sowie Zeltplätze für 8,5 $/Person nebst Caravans und Cabins für 30 und 35 $.

■ **Backpackers:** gibt es ein rundes Dutzend. Wer möglichst nah am Meer wohnen will, steigt ab in *The Mousetrap,* 11 Kings Road, Tel. 09/402 81 82. Nur 100 m vom Strand entfernt und doch zentrumsnah. Angeschlossen ein großer Garten, und obwohl hier nur 25 Personen unterkommen können, gibt es 3 Küchen sowie 3 Aufenthaltsräume. Das Bett kostet 15 $ bzw. 17 $, und im Garten darf man auch sein Zelt aufbauen.

Im Zentrum steht die *Cantabay Lodge,* 27 Selwyn Road, Telefon 09/402 746. Betten ab 13 $. – Zur Zeit das modernste Haus dieser Kategorie ist die soeben erst eröffnete *Peppertree Lodge,* 15 Kings Road, Tel. 09/402 61 22. Schlafsaal-Betten (16 $) sowie Doppelzimmer (alle mit eigenem Bad/WC) zu 20 $.

Sehr beliebt ist auch die *YHA Lodge Eleven,* Ecke Kings/MacMurray Road, Tel. 09/402 74 87. Ein zweigeschossiger Bau nahe Meer und Zentrum, mit Schlafsaal-Betten (16 $), Double (22 $) und Single (30 $).

■ **Bed & Breakfast:** Das zutreffend *Cedar Suite* (5 Sullivan's Road, Tel. 09/402 85 16) geheißene Haus ist von Wald umgeben, beeindruckt mit einer schöner Lage und gemütlichen »Puppenstuben«-Zimmern für 85 $.

Billiger, weitläufiger und ruhiger ist *Liliypond Orchard B & B* (Tel. 09/402 70 41), an der 7 km entfernten Puketona Road (Straße Richtung Kerikeri); inmitten eines großen Apfelhaines gelegen, 35 $ pro Person inklusive eines üppigen Frühstücks.

■ **Hotels & Motels:** Rund 100 Herbergen dieser Art sind hier registriert. Zimmer in allen Preisklassen zwischen 50 und 125 $ für 2 Personen bieten u.a. das *Edelweiss Motel,* 70 Seaview Road, Tel. 09/402 79 82. 50 m zum Meer, ausgestattet mit beheiztem Pool. – *A1 Motel,* 46 Davis Cres., Telefon 09/402 76 84. Ab 45 $. – Und das ruhigere, weil im benachbarten Opua gelegene *Opua Motel,* 24 Franklin Street, Tel. 09/402 76 32. Schöner Buchtblick.

Wer zwischen 115 und 149 $ (für 2 Personen) ausgeben will, bevorzuge das *Pahia Pacific Resort Hotel,* 27 Kings Road, Tel. 09/402 82 21. Die architektonisch ansprechende Anlage erstreckt sich in einem subtropischen Garten, und die 39 Zimmer sind vom feinsten.

Verschiedenes:

■ **Information:** *Bay of Islands Visitor Information Centre,* im Maritime Building an der Waterfront in Paihia. Täglich 7.30–17.30 Uhr. Hier sowie an dem gegenüberliegenden Info-Stand kann man alle Aktivitäten buchen, außerdem auch Unterkünfte und Bus- und Backpackers-Bustickets reservieren.

Für Informationen über das Bay-of-Islands-Schutzgebiet ist das *Department of Conservation* in Russell zuständig (siehe dort), wo man auch hilfreiche Hinweise zu Treks und Trails sowie DOC-Camps erhält.

■ **Essen und Trinken:** Günstige Restaurants machen sich rar, und wer auf sein Budget achten muß, dennoch aber auf gutes Essen und eine gepflegte Umgebung nicht verzichten will, sollte das *Twin Pines Brew House* (s.o. unter »Camping«) zum Stammlokal machen.

Günstig sind auch die Gerichte im treffenderweise *Cheap Eats* geheißenen Restaurant an The Mall in Paihia, und die größte Auswahl an *Takeaways* hat man im unübersehbaren »Shopping Centre« im Zentrum von Paihia.

Gepflegtes Essen mit vorwiegend Fischgerichten bietet das *Tides Restaurant* an der Williams Road (Tel. 09/402 75 57), wo man für abends eine Tischreservierung vornehmen sollte.

Nicht nur fürs Frühstück bietet sich das täglich ab 8.30 Uhr geöffnete *Café Bay* an der Waterfront an, die man vom Speisebalkon aus überblickt.

Waitangi

Paihia kennt, wie bereits gesagt, keine Sehenswürdigkeiten; dafür das nur 2 km entfernte Waitangi, das als »Geburtsstätte« Neuseelands bekannt ist und zum Pflichtprogram der meisten Touristen gehört. In dem bezeichnenderweise »weinendes Wasser« heißenden Ort wurde am 6. Februar 1840 der *Treaty of Waitangi,* der »Friedensvertrag von Waitangi«, zwischen den Maori und dem Repräsentanten des britischen Empires geschlossen; insgesamt 500 Maori-Stammesfürsten setzten in den folgenden Wochen ihr Zeichen unter die folgenschwere Vereinbarung, die die Maori, zumindet auf dem Papier, zu gleichberechtigten Bürgern machte, die volle Souveränität des Landes der britischen Regierung und der Königin Victoria übertrug und in Artikel Zwei festschrieb, daß die Maori das uneingeschränkte Recht am Eigentum an Land, Wäldern, Fischgründen und sonstigem Besitz behalten. Dieser Passus des Vertragswerkes aber wurde von den den »Weißen« niemals eingehalten, ganz im Gegenteil raubte man den Maori den allergrößten Teil ihres Landes, und so ist nur verständlich, daß es hier alljährlich am 6. Februar, wenn der Tag des Vetrags gefeiert wird, zu Protestkundgebungen seitens der »verschaukelten« Maori kommt.

■ Im **Waitangi Historic Park Visitor Centre** (täglich 9–17 Uhr) kann man sich die Einzelheiten des »Vertrags von Waitangi« erklären lassen, bevor es über einen kurzen Walkway zum eigentlichen **Treaty House** geht, 1832 errichtet wurde und Stätte der Vertragsunterzeichnung. Seit 1932 steht es unter Denkmalschutz; zahlreiche Exponate aus der Frühzeit der Kolonialherrschaft sowie eine Kopie des Vertrags sind vor Ort zu betrachten.

■ Eindrucksvoller als das Haus, das nicht viel hergibt, ist das gleich nebenan gelegene **Whare Runanga,** das Maori-Versammlungshaus, das unverändert als ein heiliger Ort von den Maori verehrt wird und mit seinen überreichen Schnitzereien sowie Malereien wunderschön anzusehen ist. Im Inneren, das man auf keinen Fall mit Schuhen betreten darf, symbolisieren Wandreliefs die Geschichte der Maori-Stämme, und wer auch verstehen will, was er hier sieht, sollte an einer geführten Tour teilnehmen.

■ Nahebei, an der Hobson's Beach, wohin ein Pfad führt, ruht in einem offenen Bootshaus das mit 36 m Länge und 2 m Breite größte bekannte **Kriegskanu,** das mit ornamentreichen Schnitzereien versehen ist, aber nie seiner kriegerischen Bestimmung gemäß Verwendung fand: Es wurde erst 1940, anläßlich der 100-Jahr-Feier des Vertrags, errichtet und wird seitdem alljährlich am 6. Februar zu Wasser gelassen, auf daß 80 Maori zur Freude der Touristen durch die Bay of Islands paddeln.

Outdoor aktiv an der Bay of Islands

Würde die Bay of Islands nicht bereits den zugkräftigen Übernamen »Wiege der Nation« tragen, stellte sie sich im Prospekt sicherlich als »Outdoor Capital« vor, wie es so viele andere Regionen in Neuseeland ebenfalls tun. – Will sagen: das Aktivitäts-Angebot ist umfassend, das Zentrum Paihia, obwohl man auch in Russell buchen und zumeist auch zusteigen kann.

Bay-Exkursionen:
Auch wer sich sonst keines dieser üblicherweise recht teuren Vergnügen gönnt, sollte zumindest einen halb- bis eintägigen Bootsausflug auf einem Jet-Katamaran durch die Bay unternehmen, denn nur vom Wasser aus läßt sich die traumhafte Inselwelt der Bay in ihrer ganzen Schönheit erfassen. Wichtigster Veranstalter für Bootstouren ist »Fullers Northland«, mit Buchungsstellen in Paihia (Maritime Building, Tel. 09/402 74 21), Russell (The Strand, Tel. 09/403 78 66) sowie Auckland (Bay of Islands Travel Centre, Shop 2, Downtown Shopping Centre, Customs Street, Tel. 09/358 02 59); zusteigen kann man auch in Russell.

■ Der 65 km lange, rund 6 Stunden dauernde **Cream Trip** zählt zusammen mit den berühmten Bootsfahrten auf dem Milford Sound zu den schönsten und populärsten im Inselreich; er bietet einen faszinierenden Überblick über die »Bucht der Inseln«. Eine Fahrt mit der *Nautilus,* einem Glasbodenboot im U-Boot-Look, kann angeschlossen werden (10 $). Zwischen Oktober und Mai täglich (Start um 10 Uhr) bzw. Mo, Mi, Do und Sa während der Nebensaison; der Preis liegt bei 65 $.

■ Zumindest ebenso schön, fast noch spektakulärer, fanden wir die **Cape Brett Cruise,** die rund ums Jahr täglich um 9 Uhr in Paihia startet, von Oktober bis Mai zusätzlich auch um 13.30 Uhr, rund 5 Stunden dauert, 52 $ kostet und ebenfalls mit einer *Nautilus*-Fahrt kombiniert werden kann. Im Rahmen dieser Tour geht es durch die Bay sowie hinaus zum Cape Brett, vor dem sich die spektakuläre »Hole in the Rock Island« aus dem Meer reckt. Durch das riesige Felsentor geht die Fahrt, die so beliebt ist, daß man möglichst schon eine Woche im voraus reservieren sollte.

■ **Supercruise** ist Name einer Kombi-Tour, die beide Cruises zusammenfaßt und zwischen Oktober und Mai täglich angeboten wird. Start um 9 Uhr, retour gegen 16 Uhr; der Preis beläuft sich auf 85 $.

Segeltörns:
■ Ebenso kann man mit der **»R. Tucker Thompson«,** einem restaurierten Zweimastschoner aus dem

19.Jahrhundert, auf Tour gehen. Anbieter ist ebenfalls »Fullers Northland«, Start ist zwischen Oktober und Mai tgl. um 9.30 Uhr, die Tourlänge beträgt 7,5 Stunden, und der Preis ist mit 75 $ recht moderat.

■ Wer es moderner mag, wird Gefallen finden an der **Gungha's Cruise** einer täglich um 9.30 Uhr in Paihia startenden Tour auf einer modernen 47-Fuß-Segelyacht, die auf ausgewählter Route durch die Bay kurvt. Der Trip dauert 8 Stunden, der Preis liegt bei 60 $, ein Essen inklusive.

Veranstalter ist »Gungha Cruise« in Kerikeri (Tel. 09/407 79 30). Wer ohnehin nach Kerikeri weiter will (s.u.), kann in Russell oder Paihia zusteigen, am Ende aber in Kerikeri von Bord gehen und so die Busfahrt sparen.

Boots-/Yachtcharter:
Die Bay of Islands ist mit einem runden Dutzend Yachtcharter-Firmen »das« Charterzentrum der Nordinsel. Im Gegensatz zu Europa, wo man seine Segelscheine bzw. sein Patent vorlegen muß, um solch ein Gefährt ausleihen zu können, genügt hier üblicherweise der Nachweis der Fähigkeit. Wer aber zur Hochsaison ein Yacht ausleihen will, muß mindestens 2–3 Monate im vorhinein buchen.

■ Einer der größten Veranstalter ist **Morning Yacht Charters** (Tel. 09/402 78 21) in Paihia, wo man nicht nur Yachten ausleihen, sondern auch an »Learn'n Sail«-Trips teilnehmen kann; des weiteren werden Yachten mit Skipper vermietet, Fahrten durch die Bay of Islands wie auch in die Südsee-Gefilde der Fiji- sowie Tonga-Islands durchgeführt.

■ Bei **Charter Yachts** (Telefon 09/407 89 20) in Kerikeri werden Boote in verschiedenen Größen zwischen 70 $ (2 Kojen) und 130 $ (4 Kojen) vermietet und auch »Sailing Lessons« angeboten.

■ **Bradley's Nautical School**, The Wharf, Russell, Tel.09/403 75 96. Verschieden lange Touren auf dem Luxussegler »Vigilant«; zudem steht »Learn while Sailing« auf dem Programm.

Kajaktouren:
Mit ihrem nahezu stets ruhigen Wasser, ihren 144 Trauminseln, unzähligen Stränden und sprichwörtlichem Reichtum an Seevögeln sowie Delphinen gilt die Bay of Islands zusammen mit den Marlborough Sounds (siehe Route 1) im Norden der Südinsel als das beste Seekajak-Revier des Landes. Auch Anfänger können sich hier dem Element »Wasser« getrost anvertrauen; die meisten Kajak-Verleiher führen zudem ein- bis mehrtägige Paddeltouren in unterschiedlichen Schwierigkeitsgraden durch: Regelrechte Ozeanabenteuer entlang der Außenküste sind ebenso möglich wie entspanntes

Insel-»Hopping« und das Erkunden abgeschiedener Mangrovensümpfe.

■ Als Veranstalter kommen u.a. in Frage **Coastal Kayakers** in Paihia (Tel. 09/402 81 05) und Russell (Tel. 09/403 79 51) sowie **Bay of Islands Kayak** in Russell (Tel. 09/403 76 72), mit Touren von bis zu 10 Tagen Dauer im Programm hat, die zwischen 80 und 120 $ pro Tag komplett kosten.

Tauchen:

■ Die größte Tauchbasis an der Bay ist **Paihia Dive** (Tel. 09/402 75 51), wo man u.a. Tauch-Zertifikate (PADI) erwerben, Ausrüstungen mieten sowie an geführten Exkursionen bzw. Expeditionen teilnehmen kann. So werden auch Touren zum Greenpeace-Schiff »Rainbow Warrior« angeboten (ab 150 $), das im von Agenten des französischen Geheimdienstes zerbombt wurde, um zu verhindern, daß die Umweltschützer nach Tahiti auslaufen konnten, um gegen die die damaligen Atombomben-Testserie zu protestieren. 1987 wurde das Wrack in einer feierlichen Zeremonie in der nördlich an die Bay grenzenden Matauri Bay versenkt, wo es nun, in rund 25 m Tiefe, liegt.

Und sonst:

■ Und sonst kann man hier sich den Freuden des freien Falls im Rahmen von **Tandem Skydiving** hingeben (*Sky-Hi Tandem Skydive,* Tel. 09/402 67 44), an Touren mit Namen **Swim with the Dolphins** teilnehmen (*Dolphin Discoveries,* Tel. 09/402 82 34; zweimal täglich, Tourdauer 4 Std.), kann in 500-PS-starken **Jet-Booten** mit Geschwindigkeiten bis zu 100 km/h über die Bay hämmern (*Tornado Black Rocks Blaster,* Tel. 09/402 77 30), kann an einer nostalgischen **Dampflok-Fahrt** zwischen Opua und Kawakawa teilnehmen (*Bay of Islands Vintage Rail,* Telefon 09/404 06 84) und natürlich auch zahlreiche **Walkways** und **Treks** begehen, die im Bay of Islands Maritime and Forest Park (s.u.) angelegt wurden und nachfolgend kurz skiziert werden sollen.

Bay of Islands Maritime and Forest Park

Dieses Schutzgebiet, 1978 durch die Zusammenfassung von über 40 kleinen Reservaten entstanden, umfaßt Festland-Refugien ebenso wie rund 40 Inseln im Bereich der Bay of Islands; es ist insgesamt knapp 8000 ha groß. Seinen Status verdankt das Gebiet einerseits den Beständen an Urwäldern in dieser ältesten Kulturlandschaft Neuseelands: Neben Podocarpaceen kommen hier zahlreiche Bäume subtropischer sowie gar tropischer Herkunft vor; so u.a. der *Kohekohe* aus der Mahagoni-Familie, der *Puriri* aus der Teakbau-Familie nebst diversen Lorbeergewächsen, und auch der »Mammutbaum«

Neuseelands, der *Kauri,* der in manchen Regionen regelrechte kleine Wälder bildet.

In Sachen Fauna sei zuerst die Vogelwelt genannt, die u.a. mit Reihern, Sturmtauchern, vielen Schwalben- sowie Möwenarten, Regenpfeifern vertreten ist. Auch die Unterwasserwelt, die von einer warmen Meeresströmung profitiert, ist reich und farbenprächtig, wie man es ähnlich nur von den tropischen Gewässern her kennt.

■ Informationszentrum für das Schutzgebiet ist das in Russell in an der Uferpromenade gelegene **Bay of Islands Maritime and Historic Park Information Centre** (Tel. 09/403 76 85), wo u.a. zahlreiche Wanderkarten herausgegeben werden nebst Karten, in denen die zahlreichen DOC-Camps vor Ort verzeichnet sind. Auch über geführte Touren zu Land und Wasser (u.a. Kajaktouren) kann man sich beraten lassen, Taucher und Schnorchler können Seekarten zu den interessantesten Revieren abrufen; ansonsten stimmen Displays und audiovisuelle Shows auf das »Erlebnis Natur« in dieser klimaverwöhnten Region ein.

■ Als besondere Attraktion des Schutzgebiets gilt u.a. die nur rund 10 km von Russell entfernte **Motuarohia Island,** deren Unterwasserwelt so einzigartig ist, daß die Parkverwaltung einen Unterwasser-Trail für Schnorchler und Taucher »angelegt« hat; ferner reizen Lagunen und Strände sowie ein halbstündiger Aufstieg zu einem Panoramapunkt.

■ Die östlich vorgelagerte **Moturua Island,** die zweitgrößte der Bay, gilt als »das« Refugium zur Vogelbeobachtung. Ein Rundweg, der rund 2 Stunden in Anspruch nimmt, führt durch tropisch anmutende Teatree-Wälder.

■ Wiederum ein Stück weiter östlich schließt sich die **Urupukapuka Island** an, die von einem Netz an Wanderwegen durchzogen wird, absolute Traumstrände, atemberaubende Schnorchel- und Tauchreviere kennzeichnet sowie zahlreiche DOC-Camps, die selbst einen mehrtägigen Aufenthalt erlauben.

■ Zu all diesen Inseln sowie vielen anderen mehr werden täglich Bootsfahrten organisiert (über das o.g. »Visitor Centre«); auch im Rahmen der unter »Outdoor« aufgeführten Bootstouren werden viele dieser Inseln angefahren. Zudem bleiben die zahlreichen landfesten Refugien mit ausgezeichnet markierten und präparierten Walkways; so der **Waitangi Mangrove Walk,** ein größtenteils über Holzstege führender, etwa 2 Stunden langer Weg durch dichten Mangrovensumpf; oder der zwischen Opua und Paihia verlaufende, 8 km lange **Opua-Paihia Walkway,** der einen teilweise primären Küstenwald durchquert.

In den äußeren Norden

Routen-Alternativen

Je nachdem, wieviel Zeit man noch hat, den hohen Norden der Nordinsel zu entdecken, bieten sich verschiedene Alternativen für die Weiterreise an. Ist der Rahmen eng gespannt, empfehlen sich die ab Paihia möglichen Tagestouren (s.u. »Paihia/Weiterreise«), die entlang der Ostküste hinauf zum Cape Reinga führen, bevor es entlang dem berühmten Ninety Mile Beach (nur mit Allradfahrzeugen) und den Kauriwäldern im Bereich des nördlichen Binnenlands wieder zum Ausgangspunkt zurückgeht.

Wer keine Zeitreserven mehr hat, also nach Auckland retour muß, kann das Ziel über den schnellen Highway-1 in weniger als vier Stunden erreichen, obwohl es wesentlich eindrucksvoller ist, sich einen Tag Zeit zu lassen, um von Paihia aus via Kaikohe auf dem Highway-12 entlang der Westküste und vorbei am großen Kauri-Urwald nach Auckland zu fahren.

Wer hingegen der nachfolgend beschriebenen Route folgt, muß mindestens noch drei Tage Zeit haben; besser sind freilich fünf, obwohl es auch für ein oder zwei Wochen genug zu entdecken gibt.

Kerikeri – Neuseelands »Fruchtschale«

Nach Passieren der etwas außerhalb von Paihia gelegenen Haruru Falls mit Campingplatz (s.o. unter »Paihia«) geht es rechts ab, dem rund 10km entfernten Kerikeri entgegen. Der rund 1500 Einwohner große Ort erstreckt sich inmitten des größten Obstanbaugebiets Neuseelands: Neben Äpfeln, Kirschen und Pflaumen, Aprikosen, Pfirsichen, Kiwis, Birnen und Maracujas reifen hier vorwiegend Apfelsinen, Zitronen sowie Grapefruits heran.

■ Der Ort selbst, eine Ansammlung von Häusern zwischen Supermärkten, bietet zwar keine Reize, doch wer auf Frucht-Shopping aus ist, kann sich wirklich im Paradies wähnen. Auch »Fruit Tours«, also Plantagenbesuche, werden organisiert, u.a. von »Orange Center«, Tel. 09/407 93 97. Ansonsten lohnt es sich, von Kerikeri aus hinunter zum am Meeresarm der Bay of Plenty gelegenen Kerikeri-Inlet zu fahren, wo u.a. die beiden angeblich ältesten Häuser des Landes auf Besucher wartet: Der **Stone Store,** 1832 als Laden errichtet und das älteste Steinhaus, und beinhaltet heute ebenso ein kleines Museum (täglich 10–16 Uhr) wie das angrenzende **Mission House,** 1822 aus Holz errichtet und damit das älteste erhaltene Haus Neuseelands.

■ In der Nähe lädt das nachgebaute Maori-Dorf **Rewa's Village** (täglich 9–16 Uhr) auf einen Besuch ein. Doch Höhepunkt des Ortes scheint uns das Begehen des am Stone Store beginnenden **Kerikeri Walkway,** der durch einen recht jungen Kauri- sowie Totarawald zu den 27 m hohen und beeindruckenden **Rainbow Falls** führt, hinter denen sich, kaum sichtbar, eine große Höhle verbirgt, die in früheren Zeiten den Maori mitunter als Versteck gedient haben soll. Hin und zurück ist man rund 3 Stunden unterwegs.

Wohnen kann man auch in Kerikeri, wo drei Campingplätze, eine Jugendherberge, zwei Backpackers sowie gut 12 Hotels und Motels warten. Aber im Vergleich mit Russell etwa kann der Ort nicht konkurrieren.

»One Million Dollar View Coastal Way«

Daß der Neuseeländer eine ausgeprägte Schwäche für Superlative hat, merkt man rasch. Die Bezeichnung »Eine-Million-Dollar-Blick« nun ist der Stolz gleich mehrerer Küstenabschnitte im Inselreich. Das Versprechen wird auf der nun folgenden Fahrt hinauf nach Whangaroa zumindest im letzten Abschnitt erfüllt.

■ Zuvor freilich geht es durchs Binnenland. Kurvenreich schlängelt sich der **Highway-10** an Kerikeri vorbei und durchs streckenweise bewaldete Hügelland nach Norden. Nach insgesamt 23 km weist ein Hinweisschild »Matauri Bay« zur Küste; durch Kautschukfelder – ein Überbleibsel der einst die ganze Küste bedeckenden, doch von den Pionieren restlos gefällten Kauriwälder: die Bäume lagerten Kautschuk im Boden ab, und im 19. Jahrhundert buddelten hier mehrere tausend Mann nach dem begehrten Rohstoff – geht es über eine bald zur Schotterpiste werdende Straße an die Pazifikküste, die in diesem Abschnitt ein tolles Panorama nach dem anderen ermöglicht.

■ Kenner verbringen eine Nacht in **Matauri Bay**, denn die beiden Unterkünfte sind wie geschaffen für ein paar paradiesische Tage. Der *Matauri Bay Holiday Park* (Tel. 09/405 05 25) erstreckt sich direkt an einem weit geschwungenen Traumstrand, blickt auf vorgelagerte Inseln und umfaßt herrliche Wiesen-Stellplätze (18 $) sowie Miet-Caravans (30 und 40 $), während das etwas nördlich gelegene *Oceans Holiday Village* (Tel. 09/405 04 17) mit voll eingerichteten Wohneinheiten und Lodges besticht, die zwischen 75 und 120 $ kosten. Angeschlossen sind Restaurant und Bootsvermietung, und außerdem werden Fishing-Trips sowie vor allem Tauchexkursionen arrangiert, liegt doch die »Rainbow Warrier« (s.u. unter »Paihia/Outdoor«) direkt vor der Bucht in 25 m Tiefe.

■ Bei Matauri wendet sich die Küstenstraße gen Norden, und

nach weiteren spektakulären 20 km etwa wird das verträumte Hafenstädtchen **Whangaroa** erreicht, das sich am Westzipfel des wunderschönen Naturhafens Whangaroa Harbour (auch: Tauranga Bay) erstreckt. Früher lebten hier mehrere tausend Menschen, zumeist vom Fällen sowie Verschiffen der ehemals das ganze Nordland bedeckenden Kauriwälder; doch heute zählt der Ort nur noch knapp 220 Einwohner. Zahlreiche Unterkünfte stehen zur Verfügung, und am schönsten wohnt es sich wohl auf dem *Tauranga Bay Holiday Park* (Tel. 09/405 04 36), hinter einem schneeweißen Sandstrand auf einer Wiese, mit idealen Badebedingungen sowie Zeltplätzen zu 16 $ und Cabins zu 30 $. – Sehr zu empfehlen ist auch die *Backpackers Sunseeker Lodge* (Tel. 09/405 04 96), die u.a. Seekajak-, Tauch- sowie Angeltouren organisiert und kostenlos Seekajaks verleiht.

Doubtless Bay

Kurz hinter Whangaroa führt der Coastal Way, der nun asphaltiert ist und einen Umweg von rund 40 km beschreibt, wieder an den Highway-10. Nach einer rund 30 km langen Fahrt durchs Binnenland liegt die riesige und landeinwärts von bewaldeten Hügeln gesäumte Doubtless Bay in ihrer ganzen Schönheit voraus. »Ohne Zweifel – eine Bucht«, soll einst Kapitän *James Cook* gesagt und der Bay damit ihren Namen verliehen haben.

■ Früher lebte man hier weitgehend von den zahlreichen holzverarbeitenden Betrieben sowie vom Walfang, doch heute ist der Tourismus der hauptsächliche Arbeitgeber. Während der Hochsaison, aber auch nur dann, geht es in **Mangonui,** dem von alten Häusern geprägten Hauptort der Bay, recht lebhaft zu. Stets einsam ist es im vor Mangonui ausgeschilderten **Hihi** ebenso wie im etwas nördlich gelegenen **Coopers Beach** und **Taipa**. Wer schließlich Strandeinsamkeit total sucht, findet sie im Bereich des **Tokerau Beach**, an der nördlich angrenzenden Karikari Peninsula. In all diesen Orten bzw. Stränden finden sich gute Unterkünfte jeder Kategorie, von denen die besten nachfolgend kurz vorgestellt werden:

■ **Camping:** Der am Südrand der Bucht bei Hihi gelegene *Hihi Beach Motor Park* (Tel. 09/406 03 07) gefällt mit einsamer Lage, einem tollen Strand, bewaldetem Hinterland, einer sehr guten Ausstattung (u.a. Shop, Squash Club) sowie Zeltplätzen für 17 $ nebst Cabins zu 30–48 $ (je Saison), Tourist Flats zu 36–56 $ und Wohneinheiten zu 65–85 $.

Bei Taipa, ein paar Kilometer nördlich Mangonuis, lädt der direkt am Langstrand gelegene *Taipa Caravan Park* (Tel. 09/406 09 95) ein, der 18 $ kostet (Zeltplatz) bzw. 30 $ für schlichte Cabins.

Am abgelegensten ist der auf der Karikari Pensinsula gelegene *Whatuwhiwhi Holiday Park* (Tel. 09/408 7202), der preislich mit dem Taipa-Platz identisch ist und nahebei viele herrliche Sandbuchten bietet, an denen man auch während der Hochsaison für sich allein sein kann.

■ **Backpackers:** »Der« Tip an der Doubtless Bay ist *The Old Oak Inn* (Tel. 09/406 06 65) an der Waterfront Road in Mangonui. Ein 1861 errichtetes, historisches Hotel, das im Gegensatz zum Namen aus Kauriholz besteht, ungemein gemütlich ist und Betten zu 14–30 $ sowie ein umfassendes Outdoor-Angebot nebst ein paar Stellplätzen fürs Zelt offeriert.

■ **Bed & Breakfast:** Bei Mangonui steht an der Hihi Road *Abraham Lincoln* (Tel. 09/406 00 90), wo man gut und aussichtsreich für 60 $ (2 Personen) wohnt. – Nahe dem Coopers Beach dann findet sich *The Olive Branch* (Tel. 09/406 11 71) am Rande großer Bäume; kostet das Double 50 $, so zahlt man als Single 30 $.

■ **Hotels und Motels:** Gut 25 Häuser gibt es in dieser Kategorie. Am besten gefielen uns: die *San Marino Motor Lodge* (Tel. 09/406 02 02). Am Coopers Beach, direkt über dem Meer und Strand gelegene Terrassenanlage; 69–130 $ im Double. – *Blue Pacific Motel* (Tel. 09/406 00 10) in Taipa. Zwischen zwei Stränden auf einer Wiese am Meer gelegen; mit Doppelzimmern zu 55 und 80 $. – Und das *Reef Lodge Motel* (Tel. 09/408 71 00). Direkt hinter dem atemberaubend schönen weißen Sandstrand des Rangiputa Beach, auf der Karikari Peninsula und wie geschaffen für ein Urlaubsdomizil; die Wohneinheiten kosten, je nach Lage und Saison, zwischen 60 und 160 $ für 2 Personen.

Zum Cape Reinga

■ Der Highway-10 entlang der Doubtless Bay beschreibt den weiteren Weg, der ab insgesamt 30 km hinter Mangonui nach **Awanui** führt (ein Campingplatz, ein Motel), wo er in den Highway-1 mündet. 7 km südlich liegt der Binnenort **Kaitaia**, der die letzte Möglichkeit bietet, an einer organisierten Tour zum Cape Reinga via Ninety Mile Beach teilzunehmen. Da dieser Strand, einer der längsten und einsamsten der Nordinsel, nur mit Allradfahrzeugen befahren werden darf, bietet sich so eine Tour natürlich an (obwohl man dann an vielen herrlichen Ecken einfach vorbeirauscht); wer interessiert ist, sollte das *Northland Information Centre* (Tel. 09/408 08 79) in Kaitaia im Jaycee Park an der South Road kontaktieren, wo man, auch telefonisch, entsprechende Allrad-Bustouren reservieren und buchen kann.

■ Doch nun aber auf den Highway-1, der sich von Awanui aus für genau 108 km bis zum Cape Reinga, dem nördlichsten per Straße erreichbaren Punkt Neuseelands, zieht. Während der gesamten Fahrt geht es über die **Aupori Peninsula**, die sich wie ein langer, dünner Finger in den Pazifik reckt und im Durchschnitt nur 8 km bis ca. 20 km breit ist. Auf ihrer Westseite, der Tasman-See zugewandt, verläuft der berühmte **Ninety Mile Beach** als ununterbrochenes, in haushohe Dünenwälle gefaßtes Sandband, und kurvenreich schlängelt sich die Straße durch hügeliges, zumeist schattenloses Gelände.

■ Spektakuläre Aussichten sind hier noch nicht zu erwarten, sehr wohl aber ein ständig zunehmender Wind. Wer die streckenweise etwas langweilige Fahrt auflockern will, sollte in der 37 km nördlich Awanuis gelegenen Siedlung **Houhora** einen kleinen Abstecher zum ausgeschilderten **Wagener Park** (Tel. 09/409 88 50) einschieben. Die riesige Anlage erstreckt sich hinter einem hübschen Eastcoast-Strand auf einer mit Bäumen bestandenen Wiese. Mit immerhin 50 000 Exponaten gilt die Privatsammlung der 1870 aus Bayern eingewanderten *Wagener*-Familie als die größte des Landes und gleichzeitig auch als die kurioseste, handelt es sich doch um ein Sammelsurium aus alten Maschinen und Möbeln, Hausrat und Musikinstrumenten, Waffen, Käfern, Schmetterlingen sowie ausgestopften Tieren. Täglich 8.30–17 Uhr.

Wer genug gesehen hat, kann sich in einer Cafeteria erfrischen und am angrenzenden Strand läßt es sich herrlich baden, surfen, fischen. Schließlich kann man hier auch im Zelt (10 $) sowie im Miet-Caravan (30 $) übernachten.

■ Weiter geht es Richtung Norden, ein paar Kilometer später liegt das verschlafene **Pukenui** mit den nördlichsten Unterkünften Neuseelands am Weg, sieht man von den DOC-Camps einmal ab. Die *Pukenui Backpackers Lodge & Motel* (Tel. 09/409 88 37) hat Betten zu 14,5–17 $ sowie Motelzimmer zu 72 $ nebst einem Swimmingpool und großem Outdoor-Angebot, u.a. Touren zum Ninety Mile Beach, Fishing-Trips, Mountain bikes, Segeltörns auf einem 40 Fuß langen Motorsegler. – Noch einsamer liegt der in Pukenui rechts ausgeschilderte *North Wind Lodge Backpackers*, Henderson Bay, Tel. 09/409 85 15. Freie Abholung an der Hauptstraße, Betten zu 13 $. – Die *Houhoura Chalets Motor Lodge* (Tel. 09(409 88 60) besticht mit zweigeschossigen Spitzdach-Chalets, die komplet ausgestattet sind und 65 $ kosten.

■ Für 52 km tauchen wir nun in das karger werdende Land der Aupori-Halbinsel ein. Erst bei **Waitiki Landing,** noch rund 20 km vom Kap entfernt, bietet eine mit »Spirits Bay« ausgeschilderte Schotterpiste die Möglichkeit eines Abstechers. Nach 11 holprigen Kilometern ist die »Seelenbucht« erreicht, und damit ein toller, einsamer und den Maori einst heiliger Strand, an dem das *Department of Conservation* einen Camping-Ground mit Trinkwasser und WC errichtet hat. – Wer Natur pur liebt und seine Ruhe sucht, ist hier genau richtig.

Auf Schotter geht es aber ab Waitiki Landing auch auf dem Highway-1 weiter; mehr schlecht als recht schaukeln wir nun dem **Cape Reinga,** dem »Ziel der Ziele«, entgegen.

Cape Reinga – Maori-»Tor zur Unterwelt«

Reinga bedeutet »Unterwelt«. Der Name resultiert aus dem alten Maori-Glauben, demzufolge der Geist eines Verstorbenen von hier aus in seine pazifische Urheimat *Hawaiki* zurückkehrt. Er nimmt den Weg über den Ninety Mile Beach, läßt unterwegs alles Irdische zurück, erreicht das Kap und damit einen einzeln stehenden Pohutukawa-Baum – älter noch als die Maori-Geschichte in Neuseeland selbst –, durch dessen Wurzeln er ins nahe Meer gelangt und Richtung Norden entschwindet.

So ist das Kap Heiligtum der Maori und steht auch im Privatbesitz der Ureinwohner, die es mehr als nur bedauern, daß dieses Gebiet, das in ihrer Mythologie eine wichtige Rolle spielt, zunehmend zum Touristenspot verkommt. Doch wer das Nordkap Europas kennt und die dortige Vermarktung »nördlichster Einmaligkeiten«, wird am Cape Reinga nur wenig zu beklagen finden; lediglich ein »nördlichstes Postamt« hat man eingerichtet. Anstatt eines Modells der Weltkugel markiert der alte Leuchtturm das »Weltende«, und da steht man dann, späht in die Tiefe, wo die Tasman-See sich mit dem Pazifik trifft, und schaut in die dunstige Ferne des Horizonts, hinter dem, 19 271 km entfernt, London liegt; zum Äquator sind es 3827 km; Fiji, die nächstnördliche Inselgruppe, ist »nur« 1900 km entfernt; und all diese sowie viele weiteren Entfernungsangaben sind dem großen Wegweiser zu entnehmen, der direkt vor dem Leuchtturm aufs Meer weist und als der meistfotografierte Wegweiser des Landes gilt.

■ **Walks:** Sonstige Sehenswürdigkeiten gibt es keine, doch die Natur allein schon rechtfertigt die lange Anfahrt. Wer sich nicht mit dem Blick vom Kap aus zufrieden geben will, findet zahlreiche Wanderrouten vor: Ein Pfad führt über Klippengrate zum *Te Werahi Beach* hinunter (etwa 30 Min.), ein anderer zum Nordzipfel des Ninety Mile Beach zum Ziel oder zur östlich angrenzenden *Tapotupotu Bay* (s.u.) oder zur Spirits Bay, jeweils im Rahmen längerer Wanderungen. Doch an das rund 50 km östlich vom Cape Reinga gelegene *North Cape,* die tatsächliche Nordspitze des Landes, führen weder Straße noch

Pfad. Wer ornithologisch interessiert ist, kann u.a. zum westlich angrenzenden *Kap Maria van Diemen* wandern, wo der endemische Schwarzflügel-Sturmvogel nistet. Ebenso empfiehlt sich der Besuch der (o.g.) *Spirits Bay,* östlich vom Kap, wo sich im März unzählige Pfuhlschnepfen versammeln, bevor sie sich auf ihren ca. 15 000 km langen Flug in die nordsibirische Tundra aufmachen.

■ **Unterkunft:** Entweder man wohnt in Pukenui (s.o.) oder auf dem DOC-Camp an der Spirits Bay, wenn nicht im *Waitiki Landing Complex* (Tel. 09/4097508) in Waitiki Landing (s.o.), wo der Zeltplatz nur 6 $/Person kostet, Cabins für 25 $ (Single) bzw. 40 $ (Double) vermietet werden sowie Ausritte, Angel- und Tauchtrips organisiert werden.

Der schönste (auch nördlichste und Kap-nächste) aller Übernachtungsplätze aber ist das *Tapotupotu Bay DOC-Camp* an der gleichnamigen Sandbucht, gleich rechts vom Cape Rainga, wohin 3 km vor dem Kap eine (gut befahrbare) Piste abzweigt. Auch Trinkwasser und WC, ja sogar Duschen sind hier zu finden, die Optik ist traumhaft, und außerhalb der Hochsaison steht man meist ganz für sich allein.

Ninety Mile Beach

Nördlich von Awanui, am Schnittpunkt der Highways 1 und 10, verdoppeln sich die Kilometer, denn schließlich muß man ja vom Cape Reinga aus auch wieder zurückfahren. Die meisten Besucher werden das auf der bereits bekannten Trasse tun müssen, doch wer ein Allradfahrzeug hat, kann sich das Abenteuer einer Ninety Mile Beach-Befahrung gönnen, dient doch die weite Festsand-Fläche des insgesamt aber »nur« 64 Meilen langen Strandes den Einheimischen sowie auch den Busunternehmen quasi als Straße.

Befahrbar ist dieser längste Strand des Landes nicht vom Kap aus, sondern vom etwas nördlich Waitiki Landings gelegenen *Te Paki* aus, wo es einen Zugang durch die Dünen direkt zum Meer gibt. Und da steht man dann vor diesem unvorstellbar langen, weißen und von hohen Dünenbergen gesäumten Strand, bevor es über die oft Hunderte Meter breite »Wellblechpiste« am Beach nach Süden geht. Immer wieder müssen Flüsse und Rinnsale übergequert werden, mitunter führt der »Weg« auch ins niedrige Meer hinein, und wer dort mit einem Schaden liegenbleibt, hat spätestens bei Flut »schlechte Karten«... So möchten wir davon abraten, diese Beachstrecke alleine zu befahren bzw. wenn schon, dann morgens, so daß man darauf hoffen kann, im Falle eines Falles von den später kommenden Allrad-Reisebussen abgeschleppt zu werden.

In die Dünen aber sollte man auf keinen Fall fahren, wie man auch über den nicht gerade umweltfreundlichen Beach Ride an sich schon geteilter Meinung sein kann. So viel Spaß, wie man vielleicht denken mag, bereitet es nämlich nicht, über das glutflimmernde Sandband zu hämmern, und auch in den Reisebussen, die hier mit Hochgeschwindigkeit entlang donnern, kommt schnell Langeweile auf. Viel schöner scheint es, an den Strand zu fahren, auszusteigen und zu wandern, zu schwimmen, Body-Surfen zu betreiben und, Riesenspaß nicht nur für Kinder, die hohen Dünenberge etwa auf einem Bodysurfboard oder einfach auf einem Treibholzbrett herabzu»surfen«. Wer Hunger verspürt, kann sich mit *pippies,* einer am Strand vorkommenden Muschelart sättigen; an Treibholz für ein Lagerfeuer herrscht kein Mangel, und hat man ein Zelt dabei, kann man vor einer großartigen »Wüsten-und-Meer«-Kulisse die Nacht verbringen.

Weitere Zugänge an den Ninety Mile Beach finden sich im Bereich von *Pukenui,* wo ja auch mehrere Unterkünfte einladen, s.o. Die allerletzte Möglichkeit bietet *Waipapakauri,* nur noch 10 km nördlich Awanuis gelegen.

Entlang der Kauri Coast zurück

»Kauri-Küste« ist die Bezeichnung für die südlich der Aupori Peninsula beginnende und etwa bei Dargaville endende Westküste von Nordland. Der Name resultiert aus den großen Kauriwäldern, die den Einzug der Moderne überstanden. Insbesondere im Waipoua Kauri Forest, wo bis über 2000 Jahre alte, dabei über 30 m hohe und bis 16,5 m durchmessende Riesenkauris stehen, kann man eine Vorstellung davon gewinnen, wie urwelthaft sich Northland den ersten weißen Siedler dargeboten haben muß; wenig mehr als 100 Jahre ist es erst her, daß die Kauris, nur noch in wenigen Refugien aufzuspüren, das ganze Land beherrschten.

Mit der Ankunft der Europäer ging es rapide bergab mit den enormen Beständen dieses harten, beim Schiffsbau sehr beliebten Holzes. Um 1870 herum fing der Kahlschlag so richtig an, und schon 40 Jahre später gab es Nordland-weit keine zusammenhängenden Kauriwälder mehr. Nur noch wenige Refugien waren erhalten, und diese Restwälder, durch die es im Rahmen der anstehenden Strecke geht, stehen heute allesamt unter Schutz, wie es mittlerweile auch auf Privatland nicht mehr erlaubt ist, ohne Genehmigung die selten gewordenen Kauri-Bäume zu fällen. Doch nicht alle Neuseeländer halten sich an dieses Gesetz, denn Umweltschutz hin oder her: Ein Kauri-Baum soll heute immerhin zwischen 30 000 und 70 000 $ einbringen, je nach Größe. In Anbetracht solcher Summen kann man sich vorstellen, wie viele Kauris trotz der Schutzbestimmungen jährlich der Axt zum Opfer fallen.

Zum Hokianga Harbour

■ Das Cape Reinga ist »abgehakt«, die Aupori Peninsula liegt zurück. Via Awanui und Kaitaia geht es über den Highway-1 weiter nach Süden zu. Nach etwa 15 km kommt Abwechslung in Form des an Baumfarnen reichen **Maungataniwha Forest** ins Spiel; durch diesen Wald, einen der größten des Nordens, geht es quer hindurch. Unterwegs wird der mit 395 m Höhe höchste Straßenpunkt in Northland passiert, und vom südlichen Waldende aus sind nur noch wenige Kilometer bis **Mangamuka Bridge** zurückzulegen. Wer nun in großer Eile ist, wird hier, 38 km südlich Kaitaias und noch 286 km nördlich Aucklands, den schnellen Highway-1 für die Weiterfahrt wählen müssen, verpaßt dann aber die Kauriwälder, die neben der Bay of Islands und dem Cape Reinga die interessantesten Sehenswürdigkeiten des Nordens sind.

■ Wir hingegen biegen in Mangamuka Bridge rechts ab auf eine mit »Kohukohu« beschilderte Nebenstraße, die asphaltiert ist und 23 km später am weit ins Land reichenden Meeresarm des mit der Tasman-See verbundenen Hokianga Harbours endet. Hier erstreckt sich **Kohukohu,** einst Versorgungsstation für den ganzen Norden, doch heute nur noch ein unscheinbares Dorf, das für uns aber insofern von Bedeutung ist, als von hier aus stündlich zwischen 8 und 18 Uhr eine Autofähre über den Hokianga Harbour hinüber verkehrt. Wer übernachten will, sollte das im *Tree House Backpackers* (Telefon 09/405 58 55) tun, einer wunderschönen Herberge, einsam gelegen, gut ausgestattet und Ausgangspunkt für geführte oder auf eigene Faust durchzuführende Segel-, Seekajak- sowie Mountain-bike-Touren; schlafen kann man im mitgebrachten Zelt oder in kleinen Cabins, die 18 $ pro Person kosten.

■ 45 Minuten währt die beschauliche Fährfahrt. Endstation ist das charmante, schön am Meer gelegene **Rawene,** das vom Gestern träumt, als hier mehrere tausend Menschen ein Auskommen in der Kauri-Holzindustrie hatten. Heute leben hier weniger als 400 Einwohner. Einzige Attraktion ist das Trödelmuseum *Clendon House* (täglich 10–16 Uhr), neben dem ein altes Maori-Kanu vor sich hin gammelt. Eine Unterkunft gibt es auch, das *Rawene Motor Camp* (Tel. 09/405 77 20) mit Zeltplätzen zu 7 $ und Cabins zu 16 $ pro Person, aber schöner wohnt es sich fraglos nahe der rund 20 km entfernten Öffnung des Hokianga Harbours aufs Meer.

■ Dorthin führt die weitere Fahrt; teils an ausgedehnten Mangrovensümpfen vorbei, geht es hinunter zum 6 km südlich Rawenes verlaufenden Highway-12, dem wir nach rechts folgen (nach links sind es rund 65 km bis an die Bay of Islands zurück). Die Straße ist asphaltiert, dennoch nicht immer leicht zu befahren (Straßenschäden); doch dafür entschädigt die malerische Farmlandschaft, die desto schöner wird, je weiter man nach Osten kommt. Bei **Opononi** führt der Highway wieder direkt ans Ufer des blaugrün schimmernden Meeresarms, der hier, nahe seiner Öffnung in die Tasman-See, von riesigen Sanddünen gesäumt wird. Dieser Kontrast gibt den prächtigen Rahmen für das 109 Einwohner große Seebad-Dorf Oponuni ebenso wie für das 3 km entfernte, knapp 300 Einwohner zählende **Omapere**. Wer noch ein paar entspannte Urlaubstage mit Fischen, Bootsfahrten, Wandern und Beachen verbringen will, sollte es hier tun, wo traumhafte Sandstrände einladen und auch die Infrastruktur gut ist:

Gleich zwei Campingplätze stehen zur Wahl. Besser ist der *Opononi Holiday Park* (Tel. 09/405 87 91), wo auch Boote und Boogie-Bords (mit denen man die Sanddünen absurfen kann) ausgeliehen werden; Zeltstellplatz 16 $, Tourist Cabins 40 $.

Ansonsten gibt es gleich drei Backpackers. Befindet sich das *House of Harmony* (Tel. 405 87 78; 15 $) in Opononi am Meer, so das *Globetrekkers* (Tel. 09/405 81 83; 14 $ sowie 17,5 $) 2 km außerhalb Richtung Omapere. Beide sind top ausgestattet und organisieren vor allem zahlreiche Outdoor-Aktivitäten, wie Windsurfing, Kajaking, Fishing, Pferdetreks. – Doch wer wirklich mal der Szene entkommen und entspannt wohnen will, sollte das auf der mit Schafen, Kühen und Pferden bevölkerten *Okopako Wilderness Farm* (Tel. 09/405 88 15) tun, die 5 km östlich liegt (kostenlose Abholung) und ebenfalls zahlreiche Outdoor-Aktivitäten arrangiert.

Bleiben das *Opononi Resort Hotel* (Tel. 09/405 88 58). Eine schöne Anlage, am Sandstrand mit Blick aufs offene Meer; Backpackers-Betten (12 $), Budget-Zimmern (45 $) und Wohneinheiten (78 $). – Und das *Omapere Tourist Hotel* (Tel. 09/405 87 37). Ebenfalls am Strand; ein paar Zeltplätze, vor allem aber insbesondere Wohneinheiten für 70–100 $.

Waipoua Kauri Forest Reserve

Nun aber hinein ins satte Urwaldgrün des sich rund 12 km südlich Omaperes und beidseits des Highway-12 erstreckenden Waipoua-Kauriwald-Schutzgebiets, durch das die Fahrt fortan verläuft.

Insgesamt rund 9000 ha stehen hier unter Naturschutz, davon sind aber nur noch knapp 2000 ha mit echtem Kauri-Primärwald bedeckt, weniger als 0,3 % der ehemaligen Fläche aller ursprünglichen Kauriwälder von Northland.

■ Auf dem nun folgenden Weg durch das Refugium hindurch, immerhin fast 20 km lang, fordern mehrere vorbildlich ausgeschilderte »Scenic Points« zu einem Stopp auf. Selbst wer noch so sehr in Eile ist, sollte anhalten und den präparierten Pfaden ins wahrhaft große Grün folgen. Der erste Stopp ist schnell erreicht, und ein paar Minuten nur dauert der Walk zum **Tane Mahuta,** dem 51,5 m hohen, 13,7 m durchmessenden und über 1250 Jahre alten »Gebieter des Waldes«, der angeblich größte lebende Kauri der Erde. Klein und verloren kommt man sich zu Füßen dieses 250 Kubikmeter-Holzgiganten vor, und kaum vorstellbar scheint, wie sich Holzfäller einst aufmachen konnten, an solche »Baumgötter« die Axt zu legen. Ein paar Minuten weiter ist der »Vater des Waldes«, der über 2000 Jahre alte, 16 m durchmessende, aber »nur« 30 m hohe **Te Matua Ngahere,** erreicht. Und nach insgesamt rund 30 Minuten an reiner Gehzeit steht man wieder am Parkplatz.

■ Weiter geht es durch den üppigen und mit Nikau-Palmen, Lianen und zahlreichen Epiphyten rege an einen Tropendschungel erinnernden Kauriwald. Spätestens beim ausgeschilderten **Kauri River Track,** hin und zurück rund 15 Minuten lang, sollte man wieder aussteigen. Dann wird die Brücke über den Waipoua River gequert, und Ziel der nun ausgeschilderten Wanderung ist der **Waipoua Kauri Forest Lookout,** der sich etwa 300 m hoch über das Land erhebt und einen faszinierenden Rundblick über das Refugium freigibt.

■ Noch weitere Walks verlaufen hier; unter anderem der rund 8 km lange **Yakas Kauri Track**. Über alle Walks sowie sonstigen Aktivitäten und Natur-Sehenswürdigkeiten kann man sich im **Waipoua Visitor Centre** am Weg informieren, wo zudem ein DOC-Camp mitsamt Backpackers-Hütte die Übernachtung ermöglicht.

Trounson Kauri Forest Park

Kaum hat man das Waipoua Reserve südlich des (ausgeschilderten, etwas abseits gelegenen) »Visitor Centres« verlassen, führt der Highway-12 an den ebenfalls unter Naturschutz stehenden Trounson Kauri Forest Park heran, der zusammen mit dem Waipoua-Schutzgebiet zum Northland Forest Park zusammengefaßt wurde. Zwar sind die hiesigen Kauris nicht mit jenen Giganten von Waipoua zu vergleichen, aber da hier die Baum-Attraktionen weniger touristisch präsentiert werden, fühlt sich manch einer mehr im Wald als in Waipoua.

Ein etwa 30–40 Minuten währender, an der Straße ausgeschilderter Rundwanderweg lädt auf einen Spaziergang ein. U.a. geht es vorbei an einem etwa 1200 Jahre alten »Methusalem«, einer »Four Sisters« geheißenen Gruppe von dicht zusammengewachsenen Kauris sowie vor allem auch an einem etwa 600 Jahre alten umgestürzten Kauri, an dem man bestaunen kann, welch monumental breites, doch erstaunlich flaches Wurzelwerk diese Bäume hält.

Am Start- sowie Endpunkt der kleinen Wanderung lädt wiederum ein DOC-Camp für die Nacht ein; zur Aussattung gehören sogar heiße Duschen und eine kleine Küche.

Auckland entgegen

■ Allmählich bleiben die Kauris zurück. Bis **Dargaville** hinunter, einem rund 4000 Einwohner großen, doch unscheinbaren Städtchen, führt die Straße durch hügeliges Farmland. Ganz nett gestaltet sich der Besuch des 14 km östlich gelegenen **Baylys Beach,** einem der längsten Strände des Landes (mit Campingplatz). Doch nach all den zurückliegenden Stränden wirkt er nicht mehr so attraktiv.

Zwei Wege bieten sich ab Dargaville an: Der Highway-14 führt ins 56 km westlich gelegene Whangarei zurück (ab dort 169 km bis Auckland), der Highway-12 hingegen entlang dem Wairoa River an den nach 70 km bei Brynderwyn erreichten Highway-1; landschaftlich reizvoller ist die zweite Route, die gleichzeitig ebenso schnell ist.

■ In **Matakohe**, rund 50 km hinter Dargaville erreicht, empfiehlt sich ein letzter kurzen Stopover, um das dort eingerichtete *Otamatea Kauri and Pioneer Museum* zu besichtigen. Das Museum gewährt den bestmöglichen Überblick über die neuseeländische Kauri-Geschichte. Täglich 10–17 Uhr.

Damit ist diese Route durch Northland beendet. Denn der Highway-1 ist nahe, und was es auf dem Weg nach Auckland zurück zu sehen gibt, wurde bereits zu Beginn dieser Route beschrieben.

Distanzen und Reisezeiten – Nordinsel –

	Cape Reinga	Chateau Tongariro	Dargaville	Gisborne	Hamilton	Hicks Bay	Kaitaia	Masterton	Napier	New Plymouth	Paihia	Palmerston North	Rotorua	Taupo	Taumarunui	Tauranga	Thames	Waikaremoana	Waitomo	Whanganui	Wellington	Whakatane	Whangarei
Auckland	8:15 440	5:35 345	3:05 184	8:20 449	1:55 126	9:05 503	6:00 324	9:20 646	6:35 421	6:20 357	4:15 240	7:40 537	3:35 234	4:05 278	4:45 268	3:20 205	1:50 114	7:50 390	3:10 200	8:00 457	9:15 658	4:55 298	3:00 169
Cape Reinga		13:50 784	5:25 285	16:35 939	10:10 566	17:20 943	2:15 116	17:35 1086	14:50 861	14:35 797	4:30 223	15:55 977	11:50 674	12:20 718	13:00 726	11:35 645	10:05 554	16:05 830	11:25 640	16:15 897	17:30 1098	13:10 738	5:15 271
Chateau Tongariro			8:40 529	6:55 429	3:40 219	8:25 467	11:35 669	4:50 332	4:00 240	4:20 242	9:50 585	3:10 223	2:50 177	1:30 97	0:50 59	3:45 236	4:40 303	6:05 283	2:45 159	2:45 141	4:45 344	4:15 262	8:35 514
Dargaville				11:25 683	5:00 310	12:10 687	3:10 169	12:25 830	9:40 605	9:25 541	2:20 129	10:45 721	6:40 418	7:10 462	7:50 470	6:25 389	4:55 298	10:55 574	6:15 384	11:05 641	12:20 842	8:00 482	1:05 58
Gisborne					6:30 394	3:40 180	14:20 823	6:45 448	3:25 215	10:25 585	12:35 739	6:05 393	4:50 286	5:25 332	7:20 449	5:00 298	7:05 410	2:55 162	7:30 445	7:15 467	8:15 538	3:25 201	11:20 668
Hamilton						7:15 398	7:55 450	7:25 520	4:40 295	4:25 231	6:10 366	5:45 411	1:40 108	2:10 152	2:50 160	1:55 106	1:50 108	5:55 264	1:15 74	6:05 331	7:30 532	3:05 193	4:55 295
Hicks Bay							15:05 827	10:25 628	7:05 395	11:10 589	13:20 743	9:45 573	5:35 290	6:55 370	8:50 487	5:45 302	7:50 414	6:35 342	8:15 449	10:40 643	11:55 718	4:10 205	12:05 672
Kaitaia								15:20 970	12:35 748	12:20 681	2:15 107	13:40 861	9:35 558	10:05 602	10:45 610	9:20 529	7:50 438	13:50 714	9:10 524	14:00 781	15:15 982	10:55 622	3:00 155
Masterton									3:20 233	5:15 343	13:35 886	1:40 109	6:35 448	5:15 368	6:05 348	7:40 524	8:25 574	6:30 416	8:00 450	2:50 183	1:50 102	8:00 533	12:20 815
Napier										6:15 412	10:50 661	2:40 178	3:50 223	2:30 143	4:25 260	4:55 299	5:40 349	3:10 183	5:05 306	3:50 252	4:50 323	5:15 308	9:35 590
New Plymouth											10:35 597	3:35 234	5:35 299	5:25 296	3:30 183	5:40 308	6:15 339	10:00 482	3:30 173	2:25 160	5:10 355	7:00 384	9:20 526
Paihia												11:55 777	7:50 474	8:20 518	9:00 526	7:35 445	6:05 354	12:05 630	7:25 440	12:15 697	13:30 898	9:10 538	1:15 71
Palmerston North													4:55 339	3:35 259	4:25 239	6:00 415	6:45 465	5:50 361	6:20 341	1:10 74	2:10 145	6:20 424	10:40 706
Rotorua														1:20 80	2:50 172	1:30 86	2:40 164	4:15 156	2:45 166	4:25 309	6:30 460	1:25 85	6:35 403
Taupo															1:55 117	2:25 156	3:10 206	4:35 186	2:35 163	3:05 229	5:10 380	2:45 165	7:05 447
Taumarunui																4:05 235	4:40 268	6:30 303	1:55 102	3:15 171	5:15 371	4:15 257	7:45 455
Tauranga																	2:05 116	5:45 242	2:30 151	6:35 439	8:00 546	1:35 97	6:20 374
Thames																		6:55 320	3:05 182	6:55 479	8:20 568	3:40 209	4:50 283
Waikaremoana																			7:00 322	7:00 435	8:00 506	5:40 241	10:50 559
Waitomo																				5:10 273	7:10 473	4:05 235	6:10 369
Whanganui																					2:45 195	5:10 358	10:00 626
Wellington																						7:55 545	12:15 827
Whakatane																							7:55 467

Buspreise – Nordinsel

Stand 1996

	Auckland	Bulls	Cambridge	Hamilton	Huntly	Levin	Linton	Manukau City	Otaki	Palmerston North	Paraparaumu	Porirua	Rotorua	Taihape	Taupo	Turangi	Waiouru	Wellington
Auckland		57	20	18	15	61	60	-	62	60	63	65	29	48	34	41	46	67
Bulls	82		43	44	46	-	-	54	-	-	15	17	39	-	28	22	16	20
Cambridge	29	61		-	-	47	46	18	48	45	50	53	-	36	21	27	33	55
Hamilton	26	63	8		-	48	46	15	49	46	51	54	15	36	22	27	34	55
Huntly	21	66	14	11		50	48	-	52	48	53	56	20	38	25	29	35	57
Levin	87	14	67	68	71		-	58	-	-	-	-	43	20	35	29	22	-
Linton	86	11	65	66	69	8		57	-	-	-	14	41	17	32	27	20	15
Manukau City	-	77	25	22	17	83	81		60	57	61	62	27	46	32	36	43	64
Otaki	89	17	69	70	74	8	11	85		-	-	-	45	21	37	32	25	-
Palmerston North	86	8	64	66	69	15	7	82	18		15	18	41	15	31	26	20	20
Paraparaumu	90	21	72	73	76	13	15	87	8	21		-	47	25	41	34	27	-
Porirua	93	24	76	77	80	16	20	89	14	26	9		50	27	43	38	31	-
Rotorua	42	56	19	22	28	62	59	39	64	58	67	71		33	17	21	31	53
Taihape	69	18	51	52	54	27	24	65	30	22	35	39	47		20	14	-	30
Taupo	49	40	30	31	36	50	46	45	53	44	58	62	24	28		-	16	46
Turangi	58	32	38	39	42	42	39	51	45	37	49	54	30	20	14		-	41
Waiouru	65	23	47	48	50	32	29	61	36	27	39	44	44	9	23	16		32
Wellington	96	27	78	79	82	19	22	92	17	28	14	8	75	43	66	58	46	

Standard-Preise für Erwachsene (unteres Dreieck)

Ermäßigte Preise für Senioren, Studenten, Schüler und mit »Backpackers Discount Card« (oberes Dreieck)

Register

Neuseelands Südinsel (Möbius/Ster), 368 S., ISBN 3-85862-248-6, 34,80

Neuseelands Nordinsel (Möbius/Ster) 7	34,80
Neuseelands Südinsel (Möbius/Ster) 7	34,80
Thailand (Möbius) 7	32,80
Indonesien (Möbius) 7	36,80

LIEFERBARE TITEL

STÄDTE

Amsterdam (Schneider) 5	24,80
Barcelona (Igramhan) 1	24,80
London (Igramhan) 6	24,80
Madrid (Igramhan) 2	24,80
New York (Igramhan) 5	32,80
Paris (Igramhan) 6	24,80
Prag (Sorges) 2	32,80
Rio de Janeiro (Allemann) 0	22,80
Rom (Sorges) 2	24,80
St. Petersburg (Sorges) 3	34,80

GLOBETROTTER-HANDBÜCHER

Aquitanien (Klemm) 5	19,80
Bretagne (Klemm) 4	32,80
Chile (Möbius) 6	32,80
Equador, Peru, Bolivien (Helmy/Träris) 9	36,80
Karibik/Kleine Antillen (Castro) 7	34,80
Kanarische Inseln (Stromer) 7	34,80
Madagaskar (Schneider) 6	29,80
Malaysia (Möbius) 6	32,80
Malta (Sorges) 3	29,80
Patagonien (Möbius) 6	26,80
Portugal (Möbius) 4	29,80
Südchile/Feuerland (Möbius) 6	24,80
Südflorida (Igramhan) 4	26,80
Südindien/Goa (Schneider) 4	32,80
Südspanien (Möbius) 4	29,80
Südostasien (Möbius/Treichler) 3	36,80
Südwestfrankreich/Midi Pyrenees (Klemm) 4	26,80

INSELN / LANDSCHAFTEN

(„kleine Reihe")

Antigua (Bossung) 7	19,80
Cornwall (Schmidt) 7	22,80
Dominica (Bossung) 4	19,80
Fuerteventura (Stromer) 4	19,80
Goa (Schneider) 4	19,80
Gomera/Hierro (Stromer) 4	19,80
Gran Canaria (Stromer) 7	16,80
Guadeloupe (Bossung) 4	19,80
Irland/West & Süd (Schmidt) 7	19,80
Kreta (Sperlich/Stromer) 6	19,80
Lanzarote (Stromer) 6	16,80
La Palma (Stromer) 3	19,80
Mallorca (Stahel) 7	16,80
Menorca (Last) 7	16,80
Mykonos (Sperlich) 7	19,80
Niederlande/Wattinseln (Schneider) 6	22,80
Peloponnes (Sperlich) 4	19,80
Sizilien (Sorges) 0	22,80
Südthailand (Möbius) 5	19,80
Teneriffa (Stromer) 7	19,80
Umbrien (Stromer) 7	19,80
Wales (Schmidt) 6	22,80

SKANDINAVIEN-REIHE

NORWEGEN

Norwegen (Geh) 5	36,80
Westnorwegen/Fjordland (Geh) 6	34,80
Lofoten (Möbius) 5	32,80
Autoreiseführer Norwegen (Stromer) 7	39,80
Norwegen/Nordcap mit Wohnmobil (Adams) 7	24,80
Südnorwegen/Oslo 6	29,80

SCHWEDEN

Schweden (Schulte) 5	34,80
Südostschweden (Schulte) 6	29,80
Südschweden (Schulte) 7	39,80
Nordschweden (Schulte)	29,80

DÄNEMARK

Dänemark (Geh) 3	32,80
Dänische Inseln/Kopenhagen (Geh) 4	22,80
Jütland (Geh) 4	22,80

FINNLAND

Finnland (Kreuzenbeck) 1	29,80
Autoreiseführer Finnland 1	24,80
Kanuwandern in Nordfinnland	22,80
Kanuwandern in Südfinnland	22,80

WEITERES

Autoreiseführer Skandinavien 1	36,80
Campingführer Skandinavien 1	29,80
Wandern auf Grönland	26,80

AUCKLAND

1 Aotea Square
2 Art Gallery
– Heritage and New
3 Art Gallery
– Heritage and New
4 Auckland Visitor Centre
5 Auckland Visitor Centre
6 Dept of Conservaton
7 Dept of Immigration
8 Downtown Airline Terminal
9 Ferry Bldg and Terminal
10 Harbour Bridge
11 Holy Trinity Cathedral
12 Hospital
13 International Rugby Hall
of Fame
14 Library
15 Museum
16 N.Z. National Maritime
Museum
17 Oriental Markets
18 Parnell Rose Gardens
19 Police
20 Poste Restante
21 Bahnhof
22 Tennis Centre – ASB
23 Town Hall
24 University
25 Victoria Park Market
26 Wintergardens
27 Yellow Bus-Terminal

P Auckland City
Car Parks

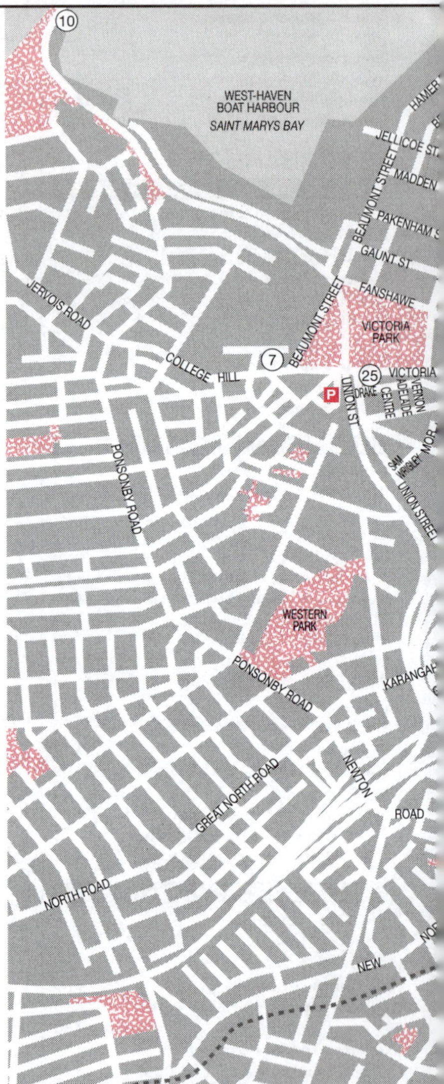